초기 자격체계에서 얻은 교훈

한국산업인력공단

번역자   정해영 전문번역가
책임검토자 양성모 한국산업인력공단 자격동향분석팀
검토자   김동자 한국산업인력공단 자격동향분석팀

2014년 11월 20일 1판 1쇄 인쇄
2014년 11월 20일 1판 1쇄 발행

지 은 이   한국산업인력공단
발 행 인   이헌숙
표   지   김학용
발 행 처   생각쉼표 & 주)휴먼컬처아리랑
          서울특별시 영등포구 여의도동 45-13 코오롱포레스텔 309
전   화   070) 8866 - 2220 FAX • 02) 784-4111
등록번호   제 2009 - 000008호
등록일자   2009년 12월 29일

www.휴먼컬처아리랑.kr
ISBN 979-11-5565-117-9

초기 자격체계에서 얻은 교훈

한국산업인력공단

이 번역서의 원본은 아래의 제목으로 국제노동기구에서 영어로 출판된 것이다. :
Learning from the first qualifications frameworks
저작권ⓒ2009년 국제노동기구

한국어판ⓒ 한국산업인력공단(2012) [초기자격체계에서 얻은 교훈]
국제노동기구(ILO)의 승인으로 한국산업인력공단이 한국어판 번역 및 출판을 하며, 한국어판의 내용과 원본의 일관성에 대한 책임은 한국산업인력공단에 있다.

이 자료는 2009년도 국제노동기구(ILO)에서 발행된 것으로 자격이 어떻게 서로 관련되어 있으며 어떻게 결합하여 직종 및 교육훈련 부문들 간에 경로를 구축할 수 있는지 설명한 보고서입니다. 원문이 필요하시거나 기타 문의사항이 있으시면 한국산업인력공단 자격동향분석팀(02-3274-9705)으로 연락하여 주시기 바랍니다.

머 리 말

자격은 교육과 고용을 비롯하여 개인의 삶에 영향을 미칩니다. 또한 경제적 발전이나 사회적 평등과 같은 보다 거시적인 측면에서도 광범위한 영향을 미칩니다. 세계 각국은 이처럼 개인적, 사회적으로 중요한 자격을 국가적 차원에서 효율적으로 개발, 관리, 활용하기 위하여 국가자격체계를 마련해왔습니다. 그중에서도 영국과 스코틀랜드, 뉴질랜드, 호주, 남아프리카공화국은 선발 주자로서 다른 많은 나라에 모델이 되어 왔습니다. 이 국가들이 도입한 자격체계는 모두 학습결과 위주의 자격체계로, 기본적으로 학습자가 어느 기관에서 얼마만큼 학습했느냐와 무관하게 학습자가 무엇을 할 수 있느냐에 따라 자격을 부여하는 것을 원칙으로 삼았습니다. 이러한 모델은 신자유주의의 영향에 따른 것으로, 교육훈련분야에 경쟁체제 도입과 학습결과와 학습과정의 분리를 표방했습니다. 이 모델은 어느 정도의 긍정적 영향을 미쳤지만 비판 또한 낳았고, 그에 따라 전통적인 방식으로부터의 완전한 단절이 아닌, 전통적인 방식을 어느 정도 존중하는 방식으로 수정을 거쳤습니다. 이러한 모델은 또한 구체적인 적용과 성패에 있어서 나라마다 상당한 차이가 있으며, 나라마다 독특한 진화과정을 거쳤습니다.

이처럼 자격체계는 변화하는 사회적 분위기와 정치적 상황에 영향을 받으며, 끊임없이 변화하고 개선되고 있습니다. 본 자료는 앞서 언급한 선발주자 5개국의 국가자격체계들을 구체적으로 살펴보고, 그 장단점을 분석하고 있습니다. 우리는 이 자료들을 비교, 검토해봄으로써 교훈을 얻고, 앞으로 우리의 자격체계가 나아갈 방향을 모색하는 데 도움을 얻을 수 있을 것입니다.

끝으로 이 자료의 번역을 위해 수고하신 번역자와 관계 직원들께 진심으로 감사를 드립니다.

2012년 11월
한국산업인력공단
이사장 송 영 중

목 차

요약

제1장 영국의 국가직업자격: 기원과 유산 ································ 1
  1. 서론 ·· 1
  2. 왜 국가직업자격인가? ·· 5
  3. 국가직업자격의 기원: 검토에서 실행까지 ····························· 7
  4. CATERBASE: 국가직업자격의 토대가 된 시범 프로젝트 ········ 10
  5. 국가직업자격과 '문서화된 진술'로서 학습결과의 유산 ··········· 12
  6. 새로운 방법론? 기능 분석과 그에 대한 비판 ························ 15
  7. 국가직업자격 '성공' 사례 ·· 18
    7.1 회계 기술자 국가직업자격 ··· 19
    7.2 보건의료 ·· 23
  8. 국가직업자격 경험에서 얻은 몇 가지 교훈 ··························· 25

제2장 스코틀랜드 학점 및 자격체계: 초기 주자에 대한 사례연구 ······ 29
  1. 서론 및 개요 ·· 29
  2. 상황 ··· 33
  3. 종전의 개혁들 ·· 37
    3.1 Standard Grade: 16세 학생들을 위한 보편적 자격 인증 ······· 37
    3.2 실천계획/국가자격증: 초·중급 수준의 '직업' 교육에 대한 모듈식 체계 ················ 38
    3.3 스코틀랜드 직업자격(SVQ): 역량 중심 직업자격의 국가적 체계 ············· 41
    3.4 고급 교과과정 개발 프로그램(ACDP): HNC와 HND(단기 고등교육 자격)의 활용 ····· 42
    3.5 스코틀랜드 학점 누적 및 이전계획(SCOTCAT): 고등교육에 대한 전국적 학점 및 누적 시스템 ······· 43
    3.6 Higher Still: 16세 이후 학교 및 전문학교 수준 학습에 대한 새로운 국가 자격을 위한 '통합된 교육과정과 평가 시스템' ············· 44
    3.7 종전의 개혁들: 개요 ··· 47

4. 스코틀랜드 학점 및 자격 체계(SCQF) ·· 52
　4.1 SCQF의 기원 ··· 52
　4.2 통치체제 ··· 53
　4.3 이해당사자들의 역할 ·· 54
　4.4 목적과 목표 ·· 55
　4.5 구조 ··· 57
　4.6 실행 ··· 61
　4.7 이용과 영향 ·· 63
　4.8 영국과 국제적 측면 ··· 67
　4.9 현재의 의제 ·· 67
5. 쟁점들 ··· 68

제3장 뉴질랜드 국가자격체계의 실행과 영향 ··· 73
　1. 서론 ·· 73
　2. 뉴질랜드의 사회적, 정치적, 경제적 상황 ··································· 74
　3. 국가자격체계(NQF)에 대한 원래의 비전 ···································· 79
　　3.1 NQF의 실행 ··· 87
　　3.2 새로운 투자 접근법 ··· 98

제4장 호주자격체계: 옛것에서 새것으로 ·· 103
　1. 서론 ··· 103
　2. 상황 정리 1: 호주 상황 요약 ··· 105
　　2.1 호주인들의 자격 상황과 학습 참여 상황 ························· 106
　　2.2 노동시장과 자격 ··· 111
　3. 상황 정리 2: 정책과 정부, 교육 부문 개요 ······························ 114
　　3.1 정부 ··· 116
　　3.2 호주 교육 부문의 핵심에 놓인 모순 ································ 118
　　3.3 고등교육 ··· 121

    3.4 직업교육훈련(VET) ··· 125
    3.5 실제 상황 ··· 128
    3.6 학교들 ··· 132
    3.7 요약 ·· 134
  4. 호주자격체계(AQF) ··· 135
    4.1 AQF의 기원: 본질적, 제도적 논리 ··························· 136
    4.2 AQF의 구조와 설계, 결과 ······································ 137
    4.3 결과: 교육적 경로들 ··· 140
    4.4 결과: 자격과 고용 ·· 142
    4.5 경로 지원 체계 ·· 143
    4.6 강점과 약점 ·· 144
  5. '더 강력한' 미래의 AQF ··· 147
    5.1 주요연도와 사건들 ·· 151

제5장 남아프리카공화국 국가자격체계의 변화하는 모습들 ··········· 157
  1. 서론 ··· 157
  2. 배경과 상황 ··· 159
    2.1 남아프리카공화국 ·· 159
    2.2 남아프리카공화국 교육훈련 체계 ······························ 161
    2.3 아파르트헤이트(Apartheid) ····································· 164
    2.4 민주주의로의 이행 ·· 166
  3. NQF: 기원, 영향력, 목적 ··· 167
  4. 설계와 실행 ··· 173
    4.1 NQF 1.0버전(청사진) ·· 174
    4.2 연합/지원 전략 ··· 177
    4.3 구조 마련 ·· 177
    4.4 시작: NQF 1.1 ··· 179
    4.5 NQF 1.2. 검토기간 동안 원래 모델 유지와 몇 가지 변화 ········ 186

4.6 NQF 2.0: 세 가지 연결된 체계 ·· 188
4.7 끝날 때까지는 끝난 게 아니다: 2.1 또는 3.0 버전? ················ 192
4.8 남아프리카공화국 NQF의 현주소(2009월 6월) ······················· 193
5. 영향과 성취 ··· 194
5.1 SAQA의 영향 분석 ··· 194
5.2 이룬 것과 이루지 못한 것 ··· 196
6. 분석과 교훈 ··· 199
6.1 정책, 권력, 경제 ·· 199
6.2 투명성 ·· 200
6.3 품질 보증 ·· 203
6.4 최종 예측 ·· 204
6.5 남아프리카공화국에 대한 부록 ··· 206

제6장 초기 자격체계의 교훈 ·· 215
1. 목표, 설계 특징, 실행 ·· 215
2. 성공과 실패 ··· 220
2.1 성공 ··· 221
2.2 부분적, 조건부 성공 ··· 222
2.3 노동시장 성과 ··· 223
2.4 문제와 실패 ·· 225
2.5 성공과 실패 이해하기 ·· 226
2.6 학습결과와 역량 ··· 228
2.7 경로: 잃은 것과 얻은 것 ··· 231
2.8 NQF란 무엇인가 ··· 232

약어 ··· 235
참고문헌 ··· 239

표 및 그림 목차

[표 3-1] 뉴질랜드 정부와 NQF ·· 75
[표 4-1] 2007년 호주 대학의 수입원(AUD $'000) ···················· 122
[표 4-2] 호주자격체계 ··· 138

[그림 2-1] NQF의 유형학 ··· 30
[그림 2-2] SCQF에 선행한 개혁들: 개요 ·································· 49
[그림 2-3] 스코틀랜드 학점 및 자격체계(SCQF) ····················· 59

【요약】

지금까지 5개국이 국가자격체계(NQF) 개발을 선도해왔다. 이 국가들은 '국가자격체계 1세대' 또는 '초기 주자(early starter)' 등으로 다양하게 불린다. 이 활동보고서는 정책입안자들과 연구자들이 남들의 경험에서 교훈을 얻도록 돕기 위해 이들 5개국의 사례 연구를 취합하고 있다. 사례연구는 각국의 자격체계의 성격과 실행 과정, 성패, 문제점 등에 대한 통찰을 제공한다.

뉴질랜드는 '국가자격체계'라는 공식 명칭이 붙은 NQF를 처음 도입한 국가이며, 그 뒤를 호주와 남아프리카공화국이 바짝 뒤따랐다. 스코틀랜드는 스코틀랜드 학점 및 자격 체계(SCQF)의 토대가 된 자격 개혁과 그 밖의 시스템 개혁이 1980년에 시작되었다는 점에서 이 선두 그룹으로 볼 수도 있고, 한 편으로 2001년에 국가자격체계가 공식적으로 도입되었다는 점에서 후발 그룹으로 볼 수도 있다. 1987년 최초의 스코틀랜드 개혁 직후, 국가직업자격(NVQ)이 잉글랜드와 웨일스, 북아일랜드에서 시작되었다. NVQ는 전 세계 많은 자격 체계의 모델로 이용되어왔다. 저마다 다른 기원과 목표, 체계 실행 방식, 실행 과정에서의 변화와 그 동안의 성과들을 가진 이 다섯 개의 자격체계의 역사는 무척 중요하다. 서로 간의 상당한 차이와 실제 성과의 제한된 증거에도 불구하고, 정책입안자들은 '초기 주자' 5개국을 그들이 따라야 할 공동의 모델로 보는 경향이 있다.[1]

사례연구에 포함된 5개국의 정책입안자들은 모두 자격이 서로 연관성을 갖도록 해주는 방법들을 개선하고(예를 들어 자격들 간의 경로를 마련함으로써), 보다 이해하기 쉽고 사용자의 필요에 맞는 자격을 만들기 위하여 노력하고 있었다. 사용자들을 보면 한쪽에는 고용주, 다른 쪽에는 자격 획득 확률이 가장 낮은 학습자에 집중되는 경향이 있었다. 정책입안자들은 또한 자격체계가 자극제로 작용하여 제공되는 교육의 양과 질을 개선시키고 교육기관들에게 더 많은 책임을 부과하고 교육기관 외부, 특히 직장에서 이루어지는 학습의 인정을 용이하게 해주기를 희망했다. 다양한 방식과 다양한 이유로, 자격체계는 이런 목적들에 기여할 수 있는 정책으로 보여졌다.

그 결과 1980년대와 1990년대 잉글랜드와 뉴질랜드, 스코틀랜드에서 시작된 비슷한 제도와 호주의 역량 기반 훈련(CBT) 직업교육 모델[2]에 기원을 둔 학습결과 중심 자격체계(outcome-based qualification framework)가 전 세계에 급속하게 확산되었다. NQF는 국제적으로 상당한 정책 차용의 대상이 되어왔다. 비슷한 목표를 달성하기를 원하는 정부와 정책입안자들은 NQF의 개념을 취했고, 자격의 모델과 명칭, 형식, 레벨 기술어(level descriptor), 역량이나 단위표준에 대한 설명, 구조, 과정, 때로는 NQF 전체를 '차용'하고 있다.

자격체계를 먼저 개발한 국가의 공식 문서들은 정책입안자들이 바라는 것들을 강력하게 주장하고 있으므로, 그것을 차용하는 국가는 먼저 개발한 국가의 자격체계를 따라하거나 때로는 상황에 맞게 개조하려 한다. 그러나 대부분의 경우 정책을 빌리는 국가에서 원래 국가의 NQF 목적이 달성되었는지의 여부를 공식 문서에서 쉽게 구하거나 찾을 수 없다. 목표를 달성한 경우에도, 원래 개발 국가의 조건과 상황, 정책, 과정과 같은 성공의 요인들이 공식 문서에 분명하게 나타나있지 않다.

제1장에서 마이클 영이 지적하는 것처럼, 종종 정책은 특정한 역사적, 정치적 상황에서 발생한 특정한 문제들을 해결하거나 완화하기 위해 설계된다. 그러나 정책의 측면들이 다른 곳에서 채택될 때, 이러한 상황적 요인들은 쉽게 잊혀지거나 알려지지 않은 채 남는다. 제2장에서 데이비드 라페가 설명하는 것처럼, 스코틀랜드 체계는 'NQF들 사이에서 거의 도덕적인 권위'를 얻다시피 했다. 예를 들어 스코틀랜드 레벨 기술어(level descriptor)를 비롯하여 스코틀랜드 체계의 여러 측면들은 전 세계에서 (때로는 개조된 형태로) 이용된다. 그러나 공식 정책 문서의 내용은 불가피하게 다양한 상황에서 다양한 방식으로 나타날 것이다. 예를 들어 제2장에서 논의하겠지만 스코틀랜드 자격 체계는 아주 긴 기간에 걸쳐서 점진적으로 발전해왔을 뿐 아니라, 특히 현재 NQF를 개발하려는 많은 개발도상국들과 비교할 때 강력한 기관들과 비교적 강력한 경제, 비교적 높은 고용이 뒷받침되는 상황에서 개발되었다. 스코틀랜드는 또한 인구가 작고(약 5백만 명), 비교적 균질적이고 작은 사회다. 자격체계의 개발은 교육기관의 강력한 주도로 이루어졌다. 실제 사용자가 개발한 레벨 기술어(level descriptor)는 보다 신뢰할 만하고 사용자들에게 많은 의미가 있을 것이다. 문서에 얼마나 잘 제시되어 있는지 여부 때문이 아니라, 그런 결과에 도달할 때 수반되는 공동의 과정 때문이다. 인구가 더 많고 인구구성이 다양하고 이해당사자와 정책입안자들 사이의 논쟁이 치열한 국가들에서는, 스코틀랜드 자격체계의 경우와 같은 합의에 기초한 의견일치를 흉내 내기 어렵다. 문제는 레벨 기술어 같은 진술들이 해석의 여지가

너무 커서 거의 무의미해질 수 있다는 점이다. 따라서 그런 진술들의 영향은 그것이 개발되고 해석되고 이용되는 상황에 좌우된다. 제5장 남아프리카공화국 연구는 레벨 기술어가 유용한 역할을 하지 못하고 있다고 공공연히 말하는 주요 이해당사자들을 언급하고 있다.

또한 자국 기관들의 질을 향상시키는 데 자원과 노력을 투자하거나 학생들이 교육에 접근할 수 있도록 재정적 지원을 제공하지 않은 채 스코틀랜드 레벨 기술어를 '차용'하거나 개조하는 국가들에서는 기술어가 그들이 바랐던 학습자들에게 자격을 수여하는 교육적 표준 또는 수준을 개선하는 데 있어서 역할을 하지 못하게 될 것이다.

사실 자격체계를 개발한 국가들의 공식문서에서 굳이 외부 세계를 위해 자국이 경험한 논쟁과 갈등, 문제를 기록하지 않는 것은 수긍할 수 있는 일이다. 그러나 정책 차용의 관점에서 보면, 그로 인해 정책 차용국이 종종 문제를 보지 못하는 결과가 발생한다. 이 활동보고서에 등장하는 다섯 건의 연구에서 알 수 있는 중요한 사실은 '상황이 겉보기와 똑같지 않다'는 것이다. 무언가를 차용하는 것은 종종 움직이는 표적을 사진으로 찍는 것과 같다. NQF는 복잡하고 역동적이고 진화하는 정책 도구다. 이 활동보고서에 포함된 모든 국가들의 NQF는 비판을 받아왔고, 비판은 다양한 방식으로 자격체계에 대해 이야기하는 일련의 정책 검토와 평가로 이어졌다. 모든 NQF는 변화와 발전을 경험했고, 몇몇 경우에는 아주 큰 변화를 겪기도 했다. 이것이 무척 중요한데, 종종 다른 나라에서 '차용하거나', '배운 것'은 특정 시간에, 그와 관련된 바람직한 목표와 함께 문서상에 묘사된 모델이지, 실제로 실행되어 이후 모든 문제와 경험과 변화를 거친 모델이 아니기 때문이다. 공식 문서와 설명은 종종 모델이 처음 만들어진 이래로 실질적 차이가 있었음을 반영하지 않는다. 이것은 당연하다. 그런 문서는 한 국가 내의 사용자들을 대상으로 하며, 자격체계가 어떻게 작동하게 되어있는지에 대한 최신 정보를 제공할 필요가 있다. 그러나 그렇디보니 의도하지 않게 정책을 차용하는 쪽에게 잘못된 인상을 남길 수 있다. 특히 뉴질랜드와 남아프리카 공화국에서 볼 수 있는 것처럼, 사용하는 언어 표현('학습 결과' 같은 용어들처럼)이 상당한 변화를 겪었음에도 여전히 예전과 비슷한 경우는 그렇다.

정책 차용은 특히 원래 개발 국가에 대한 온전한 그림과 상황 차이에 대한 세심한 고려 없이는 위험할 수 있다. 4개국의 공식 정책 문서들은 모두 학습 결과라는 말을 이용하지만, 그것이 모두 동일한 것을 뜻하지는 않으며 그 나라 내에 존재하는 학습 결과에 대한 다양한 관점들을 반영하지 않는다. 그리고 공식문서를 차용하거나 거기에서 정보를 얻어서 실행하려는 국가들은 그러한 차이를 알지 못한다. 공식 보고서들은 어떤 합의점을 소개하기 위한 정치적 문서인 경향이 있는데 자격체계는 각 나라의 중요한 정치적 역학 관계와 관련 있기 때문에, 이러한 문제는 더욱 복잡해진다.

전 세계에서 자국의 자격체계를 개발하려 하는 다른 국가들은 다섯 건의 사례연구에 등장하는 자격체계를 '차용'하거나 학습하고 있다. 우리는 이 활동보고서가 정책 차용과 상대적 의미에서, 정책 **학습**을 장려하고 지원하는 역할을 하기를 바란다. 이 보고서는 각 국가에서 구할 수 있는 공식 문서와 연구, 분석에 의존하는 다섯 건의 상세한 연구를 제공함으로써, 자격체계의 도입 여부를 결정하는 일에 관여하는 이들에게 유용할 것으로 보이는 관점과 통찰, 분석을 제공하지만, 어떤 단순한 방법론이나 '이것이 명심해야 할 다섯 가지 요점이다'라는 식의 단순명료한 교훈을 제공하지는 않는다.

보고서는 국가자격체계(NQF)라는 이름으로 통하는 정책의 유형들이 무척 다양하다는 것을 보여준다. 또한 자격 개혁과 관련된 사항과 가능한 개혁의 결과를 이해하는 것이 무척 어렵다는 것을 보여준다. 체계의 성공과 실패가 각 국가들의 실무자와 정책 입안자들에 접근할 수 있는 분명한 형식으로 일목요연하게 나타나는 곳은 거의 없다. 성공의 내용도 서로 다르고 어떤 성공이 NQF의 성공 때문인지 아니면 다른 정책이나 제도 개혁에 의한 것인지 분명하게 주장하기가 힘들다. 예를 들어 스코틀랜드에 관한 내용을 다룬 제2장에서는 스코틀랜드 NQF의 성취로 간주되고 있는 것의 상당 부분이 체계 자체가 아닌 그에 선행한 일련의 개혁들 덕분일 수도 있음을 지적하고 있다. 스코틀랜드 NQF의 많은 성취들은 하위체계의 성취로 볼 수 있다. 그러나 라페는 그런 하위체계들 하나의 단일한 체계로 끌어 모음으로써 부가적인 가치가 있었던 것도 사실이라고 주장한다. 따라서 스코틀랜드 자격체계(SCQF)에 선행된 연속적인 개혁의 교훈들이 스코틀랜드의 경험에서 도출할 교훈들의 일부를 이룬다.

NQF가 무엇을 할 수 있는가에 대해 끊임없이 주장들이 이어져 오고 있다. 다른 나라의 정책 입안자들이 초기 자격체계의 경험에서 교훈을 얻고자 한다면, 초기 자격체계들이 그 목표를 완수했는지, 그리고 어떻게 완수했는지 알 필요가 있다. 라페가 주장하듯이, 어떤 체계의 성취를 이해하는 한 가지 방법은 그것이 어떻게(얼마나 효과적으로, 그리고 누구에 의해) 이용되었는지에 대한 조사를 통해서다. 다섯 개의 사례 연구는 자격체계의 다양한 이용 방식과 아울러 여러 이해당사자들과 역할 실행자들이 자격체계를 이용할 수 없다고 느낀 상황들을 보고한다. 이 사례 연구는 대체로 시간 순서에 따라 다섯 개의 장으로 배치되었으며, 마지막 장에서는 주요 교훈들을 도출하고 있다.

---

1) 이 사례연구 모음에서 차이가 있는 국가는 프랑스다. 프랑스는 자격체계의 설계와 실행 방식이 매우 다르다. 프랑스는 NQF 정책의 세계에 늦게 진입했지만 여러 해 전부터 발전된 NQF을 갖고 있었으며 프랑스 모델이 유럽과 다른 지역에서 영향력을 행사할 수 있다. 이점에 대해서는 남은 연구 프로젝트를 통해 연구를 시도할 것이다.
2) 호주자격체계(AQF)는 고등학교, 직업교육훈련, 고등교육 부문의 자격들로 구성되어 있으며, 직업교육훈련 자격은 CBT에 입각하고 있다.

제1장 영국의 국가직업자격: 기원과 유산

- 마이클 영

1. 서론

영국에서는 1987년 당시 '정글'에 묘사되었던 기존의 혼잡한 직업자격들을 정리하기 위한 하나의 체계로서 국가직업자격(NVQ)에 도입되었다.3) NVQ는 원래 모든 자격들에 대한 포괄적 국가자격체계(NQF)를 위한 토대로서 만들어진 것은 아니었지만,4) 잇따른 정부들이 NVQ를 다른 모든 **직업** 자격들, 특히 정부 지원이 관련된 자격들을 대체하여 이용했다.

NVQ는 여전히 영국에서 이용되고 있지만, 원래의 NVQ 모델은 여러 차례 변경되었다. 이 NVQ 모델에 의존해온 국가들은 당연히 영국이 저지른 실수와 원래 모델에 대한 과장된 주장에서 교훈을 얻었노라고 주장할 것이다.

그렇다면 어째서, 2009년 NQF에 관한 프로젝트에서, 20여 년 전에 시작된 NVQ의 기원을 살펴볼 가치가 있는 것일까? 이 장은 왜 현재 NQF를 도입하려는 국가들에게 NVQ의 기원과 유산을 고려하는 것이 유용할 수 있는지 제시하는 것으로 시작한다.

1. NVQ는 직업자격의 중심을 역량(competency)에 두려는 최초의 국가적 시도였다.5)

---

3) NVQ의 살짝 다른 버전인, 스코틀랜드 직업자격(SVQ)이 비슷한 시기에 스코틀랜드에서 시작되었다. 이 장은 NVQ를 고려하는 것으로 범위를 한정한다.
4) NVQ 담당 기관인 국가직업자격협의회(NCVQ) 부회장 Gibert Jessup은 NVQ 모델이 모든 자격의 기초가 될 수 있다는 보다 야심찬 목적을 가졌다(1991). 그러나 이러한 제인은 광범위한 지지를 얻지 못했다.
5) 물론 NVQ는 순전히 학습 결과의 측면에서 자격들을 규정하는 최초의 NQF이기도 했다. 두 용어 '역량'과 '학습결과' 간의 관계를 명확하게 할 필요가 있다. '역량'은 누군가 아는 것보다 '할 수' 있는 것을 가리키며, 따라서 직업 자격에 국한되는 경향이 있다. 반면 '학습결과'는 역량의 개념을 포함하는 보다 광범위하고 일반적인 용어다. 이는 기존의 자격들이 교수요목과 필수 학업시간 같은 투입(input)을 강조하는 경향을 극복하기 위해 등장했다.

2. NVQ는 이후 20여 년 동안 세계에서 가장 널리 알려지고 모방되는 동시에, 가장 크게 비판받은 직업자격 체계를 위한 모델이 되었다.

다른 모든 교육정책 도구와 마찬가지로 자격체계는 특정한 역사적, 정치적 상황에서 발생한 특정한 문제들을 극복 또는 완화하기 위해 도입된다. 그러나 비슷한 모델이 다른 곳에서 채택될 때, 이러한 상황적 특징은 쉽게 잊혀진다. 따라서 최초의 학습결과 중심 NVQ 모델의 기원을 살펴보면, 현재의 정책에서 강조되고 있거나 잘 보이지 않는 문제들, 그리고 관계자들이 직면한 문제들을 파악할 수 있을 것이다.

3. 비교적 최근에 도입된 몇몇 학습결과 중심 NQF들은 NVQ 접근법에 대한 비판에 영향을 받았다. 일례로 남아프리카공화국에서는 NQF의 중심을 역량이 아닌 학습결과에 두기로 결정했다. 그러나 자격을 학습 과정과는 무관하게 '문서화된 학습결과'로 표현할 수 있다는 생각은 비록 정도 차이는 있지만 모든 NQF의 공통적 특징이었다. 이런 학습결과에 대한 강조가 정확히 무엇을 의미하는지를 알고 서로 다른 국가들에서 어떤 식으로 "문서화된 학습결과"를 이용하고 있는지를 파악하는 것이 본 프로젝트의 목적 중 하나다. 많은 경우, 특히 개발도상국들에서 '문서화된 학습결과'는 원래의 NVQ에 대하여 제안된 것과 비슷한 방식으로 이용되고 있는 것으로 보인다.

4. NVQ가 애초에 세계 10대 부국 중 하나이며 전 영국 식민지를 비롯한 많은 나라들이 모델로 삼는 교육 시스템을 가진 영국에서 시작되었다는 것은 무시할 수 없는 사실이다. 또한 영국협의회와 국제개발부(DfID), 그리고 런던 도시 및 길드 연구소 같은 영국에 위치한 다양한 수여기관들의 적극적인 홍보와 마케팅에 의해 NVQ의 이런 본보기적 역할은 더욱 중요해졌다.

5. NVQ 학습결과 중심 모델은 정부와 대학, 학교 및 기타 학습 프로그램 제공기관들로부터 비교적 독립적인 영국의 자격 검증 및 수여 기관의 전통에 딱 들어맞는다. NVQ는 고용주 주도의 부문별 조직들과 협력 하에 국가직업자격협의회(NCVQ)와 정부 기관에 의해 설계되었다. 그럼에도 불구하고, NVQ는 수여기관들이 주관한다. 이들은 내부

및 외부 검증자들을 임명하여 평가를 감독하고 학습 과정과 무관하게 학습 결과를 평가하기 위한 기성 모델을 제공하도록 한다.

6. 많은 비판들에도 불구하고(Hyland 1994; Smithers 1999; West 2004; Wolf 1995), NVQ가 특정 부문에서 거둔 '성공'들도 있었다. 이런 성공의 두 가지 예는 나중에 논의할 것이다. 필자는 이런 성공들이 NVQ 모델을 향한 비판에 대한 답이 될 수 있다고 주장하지는 않겠다. 그렇지만 NVQ가 이 프로젝트의 핵심에 놓인 문제인 직업 교육의 개혁과 기술 개발 지원에 있어서 자격의 역할에 대한 대안적 접근법을 제시하는 것은 사실이다.

그러므로 NVQ를 검토해야 한다는 필자의 주장은 NQF를 실행하는 모든 국가들이 NVQ 역량 중심 접근법을 따라왔다는 얘기가 아니다. 또한 자격에 대한 '문서화된 학습 결과' 접근법의 점진적 확산이 모든 국가가 NVQ에 대하여 '학습결과' 접근법을 따르고 있음을 말해준다는 얘기도 아니다.6) 다만 NVQ가 자격을 '문서화된 학습결과'로 표현하는 것과 관련된 구체적인 예를 제공함으로써 하나의 추세가 되었고, 이후 모든 자격 개혁에서 이론의 여지가 없는 하나의 요소가 되었다는 얘기다.

이 시점에 자격과 결과에 관한 두 가지 언급을 해둘 필요가 있겠다. 우선, **모든** 자격들은 자격 소지자들이 아는 것과 할 수 있는 것, 어떤 학습의 **결과**를 제시한다는 의미에서 반드시 학습결과와 관련이 있다. 게다가 대부분의 사회에서 학생과 훈련생, 노동자, 고용주, 입학사정관들은 누군가 무엇을 알고 있고, 무엇을 할 수 있는지에 대한 대리 지표로서, 그리고 노동 시장에서의 '통용 자산'으로서 자격을 이용하고 있고, 많은 학습을 표시하는 자격일수록, 더 '잘 팔린다.'

적어도 당시에는 NVQ 모델이 독특했던 이유는 학습 결과를 학습 달성의 방법과 분리시켰다는 점이었다. 달리 말해 학습의 '상품화' 과정을 한 단계 더 심화시킨 것이다. 이러한 과정의 시초, 그리고 상품화의 다른 표현들과의 연관성을 뒤돌아봄으로써, 우리는 관련된 교육적 득과 실을 파악할 수 있을 것이다.

---
6) 그러나 많은 나라들, 특히 빈국들은 그래왔고 앞으로도 계속 그럴 것으로 보인다.

장의 구성

이 장의 나머지는 다음과 같이 이루어져 있다.

제2절은 보다 자세하게 '왜 NVQ인가?'라는 질문을 제기한다. 제3절은 1980년대 후반 영국에서 NVQ가 시작된 정치적, 사회적, 경제적 배경들을 검토한다. 이 부분은 잉글랜드와 웨일스, 북아일랜드에서 기존 직업자격 시스템을 대체해야 한다는 주장에 대한 몇 가지 정당화를 검토하는데, 특히 NVQ의 계기가 된 정부의 《직업자격 검토(Review of vocational qualification)》에 초점을 맞춘다.

제4절은 NVQ 초기 설계를 위한 토대가 되었던, 호텔 및 요식업 부문에서 실시된 시범 프로젝트를 살펴본다. 제5절은 '문서화된 진술'로서 결과와 관련하여 NVQ가 남긴 것을 보다 상세하게 살펴본다. 제6절은 '근본적 분석', 즉 NVQ 설계를 위해 채택한 방법론과 그에 대한 가정과 주장, 한계에 대해 이야기한다. 제7절은 NVQ의 '성공사례' 두 건에 대해 이야기한다.[7] 회계 기술자와 국가보건국(NHS)의 보건의료 노동자들에 대한 NVQ가 그것이다.[8] 여기서는 이 '성공들'이 NVQ에 대한 비판에 어느 정도 화답하고 있는지 검토하고 이 국가직업자격들을 국가체계를 위한 기초가 아니라, 몇몇 사람들이 주장하는 것처럼 '특정 분야 자격(niche qualification)'으로 간주할 수 있는지를 검토한다. 내가 실시한 두 사례의 분석에 따르면, 두 사례는 교육 개혁에서 자격의 역할에 대한 대안적 접근법을 가리키고 있는 것으로 보는 편이 가장 적합해 보인다. 제8절은 NVQ의 유산이라는 질문으로 되돌아감으로써 제1장을 마무리 짓는다. 또한 교육 개혁의 기초로서 학습결과 중심 자격체계를 도입하려는 국가들, 특히 직업교육훈련(VET)의 제도적 제공이 제한된 국가들이 NVQ를 통해 배울 수 있는 교훈들을 고려한다.

---

7) 여기서 내가 정의한 성공이란 이 두 부문에서 NVQ가 피고용인과 고용주, 경영자들 사이에 광범위한 지지를 얻었다는 것과 NVQ가 취득자들에게 일의 품질과 승진 가능성의 향상과 관련되어 있다는 증거가 있다는 것이다.

8) Unwin과 그녀의 동료들(2004)은 자동차 산업에서 NVQ의 역량 중심 접근법의 또 다른 성공 사례를 인용한다.

2. 왜 국가직업자격인가?

국가직업자격(NVQ)는 어느 특정한 학습 프로그램이나 프로그램 제공 기관과도 독립적인 국가직업자격을 개발하려는 최초의 시도였다. 결과 중심 체계가 정책 입안자들, 특히 국제적 조직에서 활동하는 정책입안자들에게 매력적인 이유는 그것이 공립과 사립 교육기관들을 포함하여 다양한 교육기관들이 공존하는 복잡한 국가 교육 시스템으로부터 '독립'되어 있기 때문이다. 두 번째이자 아마도 더 중요한 요인은 어떤 특정한 학습 프로그램에도 얽매이지 않는 학습결과와 관련하여 표시된 레벨(level)들과 직업 표준들을 갖는 NVQ 모델이 비교적 최근의 NQF에서 발견되는 똑같은 기본적 설계구조를 갖는다는 점이다. 최근 CEDEFOP[9] 보고서 《학습결과로의 전환(The Shift to outcomes)》이 투입(input)에 입각한 자격 체계의 실행불가능성을 지적하는 중립적 방식과 1980년대에 영국에서 제시되었던 학습결과에 대한 주장들(Raggatt and Williams 1999)을 비교해보면 흥미롭다. 래가트와 윌리엄스가 지적한 것처럼, 당시 영국 정부는 '학습결과'의 측면에서 정의된 직업자격이 기존 자격의 '생산자 점령(producer capture)'을 극복하기 위한 토대가 될 수 있음을 명백히 했다.[10]

여기서 NVQ의 학습결과 중심 자격 모델이 그것이 실제 NVQ에 적용된 딱 그 형태로는 아니지만 공립 기관들에 대한 보다 큰 통제권을 추구한 많은 정부들에게 매력적이었음을 지적할 필요가 있겠다. 어째서 그렇게 되었을까? 학습결과 모델에 찬성하는 많은 주장들이 제기되었다. 그 중 네 가지 주장은 지속적인 중요성을 갖고 있으므로 언급할 가치가 있겠다.

1. 학습결과 모델은 국제적인 비교가능성과 이전가능성, 서열 지정을 위한 토대를 제공한다.

---

9) 유럽직업훈련개발센터

10) '생산자 점령(producer capture)'은 공립 기관늘은(그리고 물론 방식은 다르지만 사립 기관들도) 대학들과 마찬가지로 고용주와 학습자의 필요에 반응하는 공공 서비스 제공기관으로서 역할보다 직원들의 이해관계와 그들이 가르치는 것들에 더 초점을 맞추는 경향이 있다는 생각을 일컫는다. NVQ를 시작했을 때 영국 정부의 생각은 대학들이 고용주의 필요에 더 큰 관심을 가져야 한다는 것이었으며, 이것을 NVQ처럼 고용주 주도의 기관이 학습 결과를 정의하는 자격들에 의해 달성할 수 있으리라고 기대했다. 그런데 실제로는 고용주들은 정부가 기대했던 것만큼 학습결과를 정의하는 데 관심이 없었고, 자격은 고용주 못지않게 '평가자'와 자문관들에 의해 '점령'되었다.

2. 학습결과 모델은 정부가 자금을 지원하는 기관들과 프로그램에 더 큰 책임을 물을 수 있게 해주는, 수적으로 표시되는 간단한 도구를 제공한다.

3. 학습결과 모델은 적어도 원칙적으로는 학습 결과를 학습 과정과 분리시키는 것이 가능함을 보여줌으로써, 자격들에 대한 생산자 독점을 무너뜨리는 토대가 되었고, 자격들이 고용주들에 의해 '시장'의 다른 제품들로 분류되는 길을 열었다.

4. 학습결과 모델은 적어도 원칙적으로는 교육 기관들의 확대를 요구하기보다, 기존 기술의 인정을 강조하는 기술 개발에 대한 접근법을 위한 토대를 제공한다.

NVQ는 원래 직업 체험 프로그램에 참여하는 청소년들이 획득한 자격을 인정하기 위한 자격으로 고안되었으며, NVQ 개발의 토대가 된 검토서에서는 NVQ를 새로운 대학 프로그램으로 통하는 것으로 상상하지 않았다. 공립 및 사립 대학에서 제공하고 정부가 자금을 지원하는 새로운 프로그램들이 등장한 것은 많은 고용주들이 정부의 자금 지원에도 불구하고 취업 기회를 제공하기를 꺼렸기 때문이다. 당시 정부는 NVQ를 고용주들이 기술을 심사하기 위해 이용할 도구로 보았지만, 나중에 기존 피고용인들의 비공식적 학습이나 경험적 사전 학습(APEL)을 인정하는 데 있어서 학습결과 중심 자격의 잠재력이 인식되었다.[11]

잉글랜드에서 또 하나 중요한 요인은 NVQ 결과 모델이 일부 진보적 교육자들(특히 학습 상의 어려움을 가진 사람들을 위한 성인 교육과 프로그램에 관여하는 교육자들)에 의해 지지를 받았다는 점이다. 학습결과 모델이 어떤 수준에서 획득된 어떤 종류의 학습과 기술도 인정할 수 있다는 점 때문이었다. NVQ을 옹호하는 교육적 근거는 NVQ 학습결과 모델이 적어도 이론상으로는 비차별적이며 전통적으로 정식 교육에 기초한 자격증이 없는 사람들을 배제해온 대학 같은 기관들에 다녀야 한다고 요구하지 않는다는 점이었다.

---

[11] Graham Debling 같은 NVQ 설계자들은 이러한 잠재력을 초기에 인식했지만(Raggat and Unwin 1990), 당시 그들이 중점을 둔 부분은 접근권보다는 기술 심사였다. 그러나 나중에 APEL을 인정할 것을 주장한 자들은 업무 기반 학습이나 기타 경험적 학습이 상당한 수준으로 인정되려면, 평가를 위한 기반구조를 창조하기 위한 상당한 투자가 필요할 것이고, 그것이 제공되는 정식 VET 프로그램을 확대하는 데 이용되어 장기적인 이득을 가져올 수 있다는 사실을 인식하지 못했다. 필자는 다른 곳에 제시된 APEL에 찬성하는 주장들과 관련된 모순들 몇 가지를 살펴볼 것이다(Young 2007, Ch. 13).

3. 국가직업자격의 기원: 검토에서 실행까지

NVQ 체계에 대한 원래의 제안은 1986년에 보고된 《직업자격 검토(Review of Vocational Qualifications)》에서 이루어졌다. 이 검토서는 당시 정부가 직면한 두 가지 문제에 대한 반응으로 작성되었다. 두 가지 문제 중 하나는 구체적인 것으로, 몇 년 전 정부가 청소년훈련계획(YTS, 이후 청소년 훈련(YT)으로 바뀜)을 발표한 것이다. 이 계획은 원래 견습제도가 감소하고 졸업장이나 자격증이 없는 사람들을 위한 일자리가 빠르게 줄어들고 있는 노동 시장에 직면한 실업자들을 위한 1년 기간의 프로그램이었다. YTS와 YT는 모두 졸업장이나 자격증 없이 학교를 떠난, 예전 같으면 비숙련 일자리를 얻었을 실업자들을 모집했다. 그 프로그램은 또한 학교 졸업장을 취득해서 예전 같으면 기술자 견습생 자리를 획득했을 실업자들도 모집했다. 검토서는 특히 졸업장 없는 실업자들이 습득한 학습을 어떻게 인정할 것인지에 관심을 두었다.

그러한 검토서가 탄생하게 된 두 번째 관련 요인은 많은 일자리가 아주 적은 지식이나 기술만을 요구하던 시기에 개발된 기존의 직업자격 시스템의 한계들이었다. 당연한 얘기지만, 당시에는 많은 직업 부문들에서 자격이라는 것이 존재하지 않았고, 기존 자격들이 서로 관련이 있는 경우가 거의 없었으며, 많은 직업 자격들은 아주 높은 수준에서만 이용되었다. 이러한 각성은 1980년대에 프랑스와 독일 같은 유럽 대륙 국가들에 비해 영국에서는 노동력의 작은 부분에만 자격이 존재했던 상황을 비교한 몇몇 영향력 있는 보고서에 의해 촉발되었다.

직업자격검토(RVQ)는 기존 시스템 대해 비판적이었지만, NVQ 체계보다는 균형 잡힌 시각을 유지했다. RVQ는 기존 시스템이 약점 뿐 아니라 강점도 가지고 있음을 인정했고, 예를 들어 다음과 같은 장점들을 지적했다.

- 직업교육 프로그램을 제공하는 모든 대학들이 사용하고 많은 고용주들이 의지하는 런던 도시 및 길드 연구소[12] 같은 기존 수여기관들의 신뢰성과 상당한 전문성

---

[12] 확신에 의해서건 또는 모든 전통을 거스르는 보다 실용적인 이유에서건, 런던 도시 및 길드 연구소는 1980년와 1990년대에 NVQ가 기초로 삼았던 결과/역량 모델을 열심히 따랐고, 선도적인 '하급 자격' 제공기관으로서 고정된 역할을 맡게 되었다. 물론 쟁점은 학교에서 성취한 것이 별로 없는 사람들에게

- 종종 지방 정부가 관련되기도 하는, 대학과 고용주들 간에 지역적 차원에서 잘 구축된 제휴 관계13)

기존 시스템의 이러한 장점들, 특히 자격에 대한 고용주들의 신뢰를 보강하는 데 있어서 제휴 관계의 역할은 적어도 정부와 NVQ 설계자들이 당시에 생각했던 것보다 훨씬 더 중요한 것으로 판명되었다. 그러나 1987년 정부가 도입한 NVQ 모델은 그런 것들을 고려하여 대학과 고용주 간의 기존 제휴관계를 유지하거나 새로운 자격들을 설계하는 데 있어서 수여 기관들이 가진 경험에 의존하지 않았다.

국가직업자격협의회(NCVQ)의 새로운 학습결과 중심 접근법에 대한 거의 맹목적인 열정이 노동력의 기술 개선보다 노동조합의 힘을 감소시키는 데 더 관심을 둔 정부 의제의 압력과 결합하여 개혁에 대한 균형 잡힌 접근법을 가로막았다. 언원과 그의 공동 연구자들(2004)은 2004년까지 정부의 핵심 우선순위를 다음과 같이 요약했다.

- **참여 촉진**- 자격을 갖추지 못한 젊은이들이 자격에 이르는 훈련 프로그램에 진입하도록 권장
- **대학에 대한 책임성 증가**- 대학 및 수여 기관들에게 제공되는 자금을 수여되는 NVQ의 수와 연결 짓는 '결과에 따른 지불' 방식을 토대로 했다. 이러한 정책은 이후 폐기되어야 했다.
- **기초 기술에 대한 강조**- 일상적이고 수준이 낮은 임무들의 평가에 우선순위를 두고, 자격수여 기관들이 가장 하급 자격에 초점을 두도록 권장했다.

여기서 필자의 요지는 이런 우선순위들을 비판하는 것이 아니다. 이런 우선순위들은 모두 실제 문제들을 해결하려는 시도에서 나온 것이었다. 다만 NVQ가 학습결과 모델과 연관 지어짐에 따라, 직업 자격이 승급의 토대가 되지 못한다거나 학교나 대학에서 취득한 자격보다 열등하다는 관점을 영속화했다는 점을 지적하려는 것이다. 더욱이 자격 취득자에게 발전을 위한 자원을 제공하지 않은 채 자격을 낮은 수준의 기술과 연결시키는 것은 또 다른 장벽을 만들고 새로운 불평등을 초래할 수 있다.

'하급' 직업 자격을 제공하지 말아야 한다는 것이 아니라, 그러한 자격의 성격과 그런 자격들이 승급(progression)을 위한 진정한 토대를 제공하느냐다.

13) 이러한 제휴관계는 뉴질랜드의 Strathee(2005)가 미래의 혁신 주도의 직업교육훈련 시스템의 토대가 되어야 한다고 제안한 '네트워크'와 크게 다르지 않다.

NVQ는 중요한 것이 자격의 설계만은 아님을 우리에게 일깨워주는 중요한 사례다. 자격의 설계와 사용 방식을 결정하는 것은 정부와 고용주 같은 다른 이해당사자들의 우선순위다. 자격이 개혁의 원동력이라고 말할 때도, 사실 개혁은 항상 보다 넓은 정책적 우선순위에 의해 주도된다.

1980년대에 영국 정부의 우선순위는 (a) 대학과 수여기관들의 공적 지출에 대하여 통제력을 강화하고 (b) 직업교육훈련(VET)의 제공에 대한 권한을 고용주 쪽으로 옮기는 것이었다. 학습 결과와 평가를 학습 프로그램과 분리시키는 독특한 특징을 가진 NVQ는 이러한 목적을 달성하는 데 있어서 이상적인 도구로 보였다.

1980년대 중반의 직장 기반 VET 경로에 대한 제안들[14]은 당시 정부가 '신종 표준'이라고 불렀던 것을 토대로 했다. 나중에 이 표준은 '직종 표준'으로 알려졌는데, 뉴질랜드와 남아프리카공화국의 '단위 표준'과 비슷했다. '문서화된 학습결과'로 표현된 이 '새로운 표준'들은 전통적인 직업 표준의 주된 약점들을 해결할 것이라고 생각되었다. 여기서 약점이란 전통적 견습제도가 투입하는 시간을 토대로 한다는 점과 담당 기술자의 '주관적' 판단에 의존한다는 점이었다. 이런 '새로운 표준'은 필기시험과 관련된 표준에 대한 '지식 기반' 접근법에 대하여, 고용과 관련이 보다 큰 엄격한 대안을 제공할 것이라고 생각되었다.

그럼에도 불구하고, 이러한 '신종 표준'의 개발은 두 가지 문제적인 전제에 의존했다. 첫째, 고용주가 훈련생들을 평가할 시간과 의지와 전문성을 갖고 있다는 전제였다. 두 번째 전제는 '표준 임무(standard task)'들을 직장에서의 역량을 판단하기 위한 믿을만한 도대로 사용할 수 있다는 것이었나. 성부의 성책 입안자늘은 고용주들이 이런 새로운 표준의 '주인'이기 때문에(고용주가 이끄는 기관들에 의해 표준이 개발되었으므로), 그 표준을 이용하여 피고용인들을 평가하는 책임을 직접 맡는 것에 관심이 있을 것이라 희망했다. 그러나 많은 고용주들은 시간 소모적이고 관료주의적인 그런 책임을 맡기를 꺼렸다.[15] 그 결과 이러한 평가 임무를 다시 정부의 지원을 받는 수여 기관에서 맡게 되었고, 이들은 평가자와 품질 보증을 위한 내부 및 외부 검증자들의 복잡한 서열을 구축했다.

---

14) 청소년 훈련(YT), 청소년 훈련 계획(YTS), 그리고 이후의 국가 견습 제도
15) 예전에는 평가가 고용주와 대학, 수여 기관들의 제휴에 의해 이루어졌다.

이 전략은 표준화된 임무에 기초하여 평가를 실시하려는 시도에 대한 당연한 논리적 결과였다. 그러나 이런 '임무'들은 원래 기존 자격들이 토대로 했고 기존 자격의 결함으로 간주되었던 신뢰를 대체하기 위해 설계되었음에도 불구하고, 새로운 자격에 대한 신뢰의 토대를 만들어내지 못했다. 표준화된 임무들이 절차에 따른 판단(후보자가 정해진 방식으로 임무를 실행했는가?)을 대체했다. 이러한 변화는 NVQ에만 국한되는 것이 아니라, 품질 및 표준에 대한 접근법과 관련한 보다 넓은 추세의 일환이었다. 우리는 이러한 추세를 '일반적'이라고 말할 수 있을 것이다. 예를 들어 담당 기술자 등 전문가의 판단을 신뢰하는 대신, 모든 직종과 부문에 적용되는 결과를 해석하는 절차의 전문가들을 신뢰하는 것이다. 이 장의 제7절에서 논의할 회계업의 사례에서 볼 수 있는 것처럼, 일부 고용주와 전문 조직들이 계속 필기시험을 고집하거나 여전히 전통적인 자격 유형을 이용하려는 것은 그런 '일반적' 품질 모델에 대한 의구심 때문이라고 볼 수 있다.

4. CATERBASE: 국가직업자격의 토대가 된 시범 프로젝트[16]

NVQ처럼 급진적 혁신조차도 완전한 고립 속에서 개발된 것은 아니다. 수잔 제임스가 보고하는 것처럼(James 2006), NVQ의 주요 특징들의 기원은 1980년 중반에 정부가 자금을 대고 CATERBASE(접객 및 요식조달업 고용주 훈련기구)가 실시한 시범 프로젝트로 거슬러 올라간다. 이 시범 프로젝트는 원래 호텔과 요식업 부문에서, 전통적인 견습제도와 관련된 '담당 기술자의 판단'과 '투입 시간'의 조합을 대체할 현장 학습 평가 체계를 개발하기 위해 설계되었다. 새로운 체계는 접객 및 요식업 부문의 직무와 관련하여 합의된 기술 표준(앞서 '신종 표준'이라고 불렀던)에 기초했다.[17]

CATERBASE 평가 체계는 직업 활동들을 점점 상세한 수준의 임무들로 쪼개는 기능적 임무 분석[18]에 기초했다.[19] 이러한 접근법은 학습이라는 것이 훈련생들과 견습생들이

---
[16] 이 절은 상당 부분 수잔 제임스의 2006년 논문에 의존하고 있다.
[17] 제임스는 잉글랜드에서 자격 설계에 고용주가 개입한 전통이 크지 않고 많은 경우 직업 자격이 개발되지 않은 부분들의 직업 자격을 개혁하려는 일련의 시도들에서 반복적으로 나타나는 점을 지적한다. 접객 및 요식조달업 같은 부분의 일자리는 대부분 고용주의 규모가 작지만, 이런 유형의 고용주가 CATERBASE 프로젝트 또는 표준 개발에 참여한 집단을 거의 대표하지 않았고, 이해할 만한 일이지만, 호텔 체인 같은 대형 고용주들이 이 집단을 이끌었다.

시간이 지나면서 지식과 기술, 그리고 어떤 직종에 몸담는 것과 관련한 광범위한 태도와 가치관을 획득하고 발전시키는 **과정**이라는 사고방식에 기초한 견습 제도의 직장 기반 학습과 극명한 대조를 이루었다. 전통적 학습은 견습 제도의 최종 평가가 학습결과의 평가일 뿐 아니라 견습 기간 동안의 학습과 지속적 평가 과정의 정점이라는 관점을 따랐다. 전통적인 견습제도에서는 과정과 결과가 상호 의존적이었다.

제임스에 따르면 CATERBASE 프로젝트의 초기 평가에 참가한 고용주들의 반응은 다소 혼재되어 있었다. 많은 고용주들이 직장에서의 기술을 강조하는 점을 마음에 들어 했지만, 훈련생들이 '이론' 교육을 너무 등한시하는 것에 불만을 제기했다. 어떤 고용주들은 그 제도를 기존의 대학 제공 프로그램에 비해 부정적으로 생각했다. 그들은 훈련생들의 역량을 판단하기 위한 근거로 훈련생들이 어떤 고용주에게 배치되었는지를 아는 것이 중요하다고 강조했다. 달리 말해 이들 고용주들이 생각할 때, 학습결과 평가만으로는 충분하지 않았다.

그럼에도 불구하고 이 프로그램을 정부는 '성공적'이라고 보았고, 다음을 비롯한 다른 부분으로 확대되었다.
· 의류 제조업
· 소매 유통업
· 경영
· 연금 관리
· 해양 공학

고용주들이 유보적 입장을 표현했음에도 불구하고, CATERBASE에서 개발된 표준 임무나 학습결과의 목록이 NVQ를 위해 채택된 모델이었다.
수잔 제임스(2006)는 이어서 NVQ 설계에서 대체로 무시되었던, CATERBASE 프로젝트의 광범위한 교훈을 지적한다.

---

18) 이 방법론에 관한 이야기는 나중 부분을 참조.
19) NVQ의 한 가지 특징이 나중에 Alison Wolf의 신랄한 비판을 받았다(1995).

... 결과에 대한 강조와 역량이라는 근본적 개념이 훈련 관행과 고용주의 필요와 충돌한다. (NVQ를 수여하느냐 유보하느냐의 근거가 되는) 노동자가 유능한지 그렇지 못한지를 식별하는 것으로는 직장에서 구축되는 기술과 지식의 폭과 깊이를 올바로 평가할 수 없다... 자격은 그 자체로 기술이 아니라 **기술에 대한 대리지표**20)이며, NVQ에서 자격을 인정하는 기술들에 대해서는 논쟁이 있을 수 있다.

이 명백하지만 쉽게 망각되곤 하는 자격의 대리지표적 성격은 CEDEFOP가 말하는 '학습결과로의 전환'에 대한 무조건적 지지에서 종종 빠져있는 내용이다. 자격에 대한 판단과 신뢰는 항상 문서화된 결과에서 표현되지 않는 요인들에 의존하며, '문서화'될 수 없다. 정부가 직업교육 훈련의 개혁을 추진하기 위하여 결과를 이용하면서 자신들이 보다 복잡한 제도적 과정에 대한 '대리지표'에 의존하고 있음을 망각할 때, 정부는 비슷한 문제들을 직면하기보다 회피하는 경향이 있다.

5. 국가직업자격과 '문서화된 진술'로서 학습결과의 유산

이 장의 도입부에서 NVQ(국가직업자격)는 분명 VET 개혁을 위한 학습결과 중심 모델을 국가적 차원에서 도입하려는 최초이자 가장 영향력 있는 예였음을 암시했다. NVQ는 최근 도입된 영국의 자격 및 학점 체계(QCF)와 유럽연합의 유럽자격체계(EQF)를 비롯하여, NQF(국가자격체계)에 대한 최근의 많은 제안들에서 선택된 자격들을 설명하는 하나의 방법으로서 '문서화된 학습결과'의 잠재력을 보여주는 최초의 예를 제공했다. CEDEFOP의 최근 보고서(CEDEFOP 2008)에서 말하는 것처럼, NVQ와 함께 시작된 이러한 '학습결과로의 전환'은 이제 자격에 대해 사고하고, 기록하고 설계하는 방식에 있어서 거의 이론의 여지없는 전 세계적 추세가 되었다.21) NVQ의 유산과 NVQ 학습결과 모델이 낳은 문제점들에서 얻을 수 있는 교훈과 관련하여, 문제는 CEDEFOP가 언급한 그러한 전환의 유의미성이다.

---

20) 인용자 강조.

21) CEDEFOP가 묘사한 결과 중심 접근법의 확산에 관한 '진화적' 관점은 물론 도전받을 수 있다 (Young and Allais 2009). 더욱이 결과가 무엇을 뜻하며 그것이 과정과 어떤 관련이 있는가는 여전히 논란이 분분한 쟁점이다(Brockman, Clark and Winch 2008).

우선 수전 제임스가 인용한 NCVQ의 부대표 길버트 제숩(Gilbert Jessup)의 진술을 살펴보자(2006).

... 따라서 결과 주도의 교육훈련 시스템으로의 전환은 자격 주도 또는 평가 주도의 시스템을 뜻한다... 후보자들은 어떤 특정한 학습 프로그램도 참가할 필요가 없기 때문에, NVQ의 수요는 순전히 평가 결과를 기초로 한다.(Jessup 1991).

제숩은 NVQ 결과 체계가 '학습자의 어떤 특정한 학습 프로그램 참여 여부에 의존하지 않는 평가 위주 시스템'임을 분명히 하고 있다. 이는 극단적 관점으로 보일 수 있으며, 이후 영국과 다른 곳에서 수정되었다. 그러나 본 프로젝트의 몇몇 사례연구들을 보면 꼭 그렇지만은 않다는 것을 알 수 있다. 보다 덜 극단적인 NVQ 모델은 학습결과 주도(outcome-led)가 아닌 학습결과 중심(outcome-based) 모델인데, 바로 이것이 CEDEFOP의 최근 보고서(CEDEFOP 2008)가 제시하는 NVQ의 유산으로 보인다.

학습결과 중심의 자격과 학습결과 주도의 자격을 구분하려다보니 NVQ 경험의 측면에서 두 가지 다른 쟁점들이 드러났다. 하나는 만일 NQF가 NVQ 체계처럼 비공식적이거나 경험적인 학습을 인정하도록 설계된 경우라면, 학습결과 위주 자격과 학습결과 중심 자격 사이에 구분이 적용되지 않는다. 경험적 학습의 인정은 '서면 학습결과'에 의해 **주도되어야** 한다. 학습 프로그램에 의존하지 않다보니, 평가자들이 학습자의 경험을 판단할 때 의존해야 할 것은 학습결과뿐이다.[22] 학습자들은 서면 학습결과를 이용하여 자신들의 경험을 반영하고 재구성 한다.

경험적 학습의 인정(APEL)이 학습결과에 의존하는지의 여부는 그 목적에 달려있다. APEL의 목적은 두 가지로 구분할 수 있다. 첫째, APEL은 정규 교육과 자격에 대한 접근성을 높이는 것을 목적으로 할 수 있다. 둘째, 정규 교육을 대신하여 자격에 직접적인 접근성을 제공하는 것을 목적으로 할 수도 있다. 전자는 평가 형태라기보다는 정규 교육을 거부당한 사람들을 위한 교육학적 전략에 가깝다. 그런 경우 학습결과가 관련되는 것은

---
[22] 학습자들은 자격을 위해 공부를 할 수도, 할 필요도 없다. 그들은 이미 '경험'을 가지고 있다. 물론 학습자들이 학습결과를 이용하여 경험을 반영할 수 있도록 돕는 프로그램을 만드는 것이 가능하다.

순전히 APEL의 목표(결과)가 진입을 위해 정식 자격을 요구하는 프로그램으로 학습자가 성공적으로 이행하는 것이라는 의미에서만이다. 그리고 자격 획득으로 직접 이어지는 APEL의 경우, 과연 인정을 받음으로써 경험적 학습의 가치가 조금이라도 부가되는지가 여전히 문제로 남는다.23)

그리고 보다 근본적인 문제는 '학습결과가 문서의 형태로 진술 가능하다'는 NVQ로부터 물려받은 가정에서 나온다. CCEDEFOP 보고서(2008)는 학습결과(outcome)를 다음과 같이 정의한다.

학습을 마친 뒤 학습자가 알고 이해하고 할 수 있는 것에 대한 진술...

CEDEFOP 정의에서 분명히 나타나있지 않지만, 문서로 쓴다는 것은 진술의 한 형태이므로 진술할 수 있는 학습결과는 당연히 문서화할 수도 있어야 한다. '문서로 명시된' 학습결과로 자격을 적절히 표현할 수 있다는 주장은 NVQ의 독특한 특징이었고, 다른 결과 중심 자격과 자격 체계의 특징이기도 하다.

그러나 '문서로 명시'라는 것의 본질적 불가능성과 그 말을 둘러싼 논란은 영국의 NVQ와 뉴질랜드와 남아프리카공화국의 단위 표준을 위한 표준 마련 과정에서 '적절한 어휘 사용'을 둘러싼 충돌과 전문어를 둘러싼 난제들을 초래했다고 주장할 수 있을 것이다. 능동형 동사의 이용 같은 적절한 어휘 사용은 남아프리카공화국의 SAQA와 잉글랜드의 NCVQ(이후 QCA)에서 일하는 관리들이 표준 마련 과정에서 유일하게 의지할 수 있는 자원이었다.

영국의 NVQ의 경우, 고용주를 비롯한 이해당사자들의 전문어에 관한 많은 불평에 대응하여, 정부는 NVQ에 대한 검토를 준비했고(보몬트 검토), 그 결과 학습결과를 정의하는 기준이 상당히 완화되었다. 한 가지 결과는 학습결과 해석에 있어서 (누군가는 현실적이라고 말할) 불가피한 자의성과 이를 피할 수 있는 전문가의 판단은 없다는 암묵적 인식이었다.

---

23) Irena Grugulis(2003)는 경영 NVQ에 관한 연구에서 경영자들이 경험을 인정받을 수 있도록 '재구성'하기 위해 수행해야 하는 활동은 경영에 필요한 기술이나 지식과는 별로 관계가 없다고 지적한다.

6. 새로운 방법론? 기능 분석과 그에 대한 비판

다양한 부문 및 직종과 관련된 전문가적 지식을 근거로, NVQ가 대체할 자격들의 엄격함과 품질에 대한 요구가 나타났다. NVQ는 이런 '직업적 전문화' 접근법을 모든 직종과 부문에 적용되는 '기능 분석'이라는 일반적 방법으로 대체했다. 이 절은 이 접근법을 보다 자세히 검토하겠다.

기능 분석24)과 학습결과와 역량, '신종 표준'이라는 긴밀하게 연관된 개념들은 1960년대 미국 직업심리학과 그 이전의 과학적 관리의 개념들에서 비롯되었다(Callaghan 1964). 그러나 적어도 1980년대 후반의 영국에서는, 그것은 직업 자격 설계에 대한 사뭇 새로운 접근법이었다.25) 그것은 다음과 같은 1980년대 이전 자격 설계의 두 가지 주요 요소와 단절했다.

- 견습생이 자격을 취득하기 위해 필요한 시간을 정하는 것의 중요성. 1980년대의 정부는 이런 '시간 중심' 접근법을 노동조합에 너무 많은 통제력을 맡기는 것이라고 보았다.
- 학습 프로그램과 사외(off-the-job) 학습의 평가를 위한 **기준으로써 교수요목**. 이것이 교사와 대학, 교육기관에게 너무 많은 통제력을 맡기는 것으로 보고 반대했다.

전통적 자격 설계의 이러한 특징들은 기능 분석 옹호자26)들이 보기에 시대착오적이고 과거 지향적인 것이었다. 기능 분석을 바라보는 한 가지 방식은 그것을 '보수적 현대화'의 시례로 보는 것이었다. 기능 분석은 입무 성과에 대하여 객관적이고 중립적이고 '과학적인' 이론에 바탕을 둘 것을 주장한다는 점에서 '현대화'다. 그리고 자격에 대한 권한을 기존의 교사와 대학, 노동조합에서 고용주에게 옮긴다는 점에서 '보수적'이다.

---

24) 기능 분석에 대한 가장 정교한 설명은 Manfield와 Mitchell(1995)이 내놓은 설명이다.
25) 어떤 이들에게, 이 접근법은 직업 자격과 일반 자격, 학업 자격을 아우르는 모든 자격에 적용될 수 있는 것으로 보였다.(Jessup 1991)
26) 이들은 주로 직업 교육과 훈련에 대한 정부 지출을 통제한 인력위원회(Manpower Service Commission)와 고용부의 표준방법과(Standards and Methodology Branch of the Employment Department), 그리고 이후 NCVQ와 PRIME을 비롯한 광범위한 민간 자문기관에 있는 사람들이었다.

기능 분석은 연구자들이 업무 성과에 대한 진술을 관련 고용주들이 인식하는 방식으로 식별할 수 있다는 전제에서 시작된다. 기능 분석은 그런 진술들에서 일련의 개별 **역량 요소**들과 성과 기준을 도출한다. 그리고 (나중에 직종표준으로 알려지게 되는) 이러한 **역량 요소**들이 모여서 고용주들이 이해하고 중시하여 별도로 인정할 것으로 생각되는 **역량 단위**를 이룬다. 각각의 NVQ는 많은 관련 '역량 단위'들로 구성된다.

그러나 '성과'는 종종 쉽게 관찰되지 않거나 발생 상황과 분명하게 구분되지 않는다. 따라서 지식과 이해에 집중된 평가가 관찰에 입각한 성과들보다 역량을 추정하기에 <u>더 나은 근거</u>를 제시하는 상황들도 있을 수 있다(이 장의 후반에 나오는 회계 기술자의 예를 참조). 더욱이 특정 학습 과정이 역량의 평가와 관련이 없다는 NVQ를 옹호하는 주장들(1991년 Jessup)과 반대로, 많은 종류의 업무 성과와 관련하여 어떤 관찰된 성과(performance)가 역량에 기인하는지를 추론하려면 특정한 결과에 이르는 학습 과정을 아는 것이 필수 요인이라고 주장할 수 있다. 일례로 인적자원 개발이나 인력 관리와 관련된 협상기술을 들 수 있다. 이 분야에서는 후보자들이 참여한 학습 과정을 아는 것이 그들의 성과를 해석하는 데 있어서 아주 중요하다. 어쩌면 학습 과정과 학습결과의 명확한 분리는 판단력이 크게 필요하지 않고 모호함이 적은, 낮은 수준의 NVQ에서 비율이 훨씬 더 높을 수 있다.

기능 분석은 다음과 같은 활동을 수반하는 기법이다.
- 어떤 직업의 주된 목적(또는 기능)을 식별하거나 정의하기
- 어떤 직업의 주된 목적을 달성하기 위해 필요한 성과들을 판단하기 위하여 목적들을 세분화하기
- 직업 자격을 구성하기 위하여 성과들을 다양한 집단으로 분류하고 조합하기

따라서 업무 성과 평가는 역량과 NVQ 획득에 있어서 핵심이다. 기능 분석은 우수한 업무 성과를 위해 필요한 임무들을 분석하기 위한 객관적이고 체계적인 방법론을 목표로 하는 기법이다.

요약하면, 기능 분석은 피고용자와 훈련생이 행하는 활동의 목적들을 식별하고 그 목적들을

'표준'으로 사용할 수 있는 수준까지 충분히 세밀하게 쪼개는 방법이다. 기능 분석은 **역량 판단**27)을 개별적 성과28)에 기초한 **역량 추론 규칙**으로 대체하는 것을 목적으로 한다.

그러나 기능 분석에서 '도출된', 필수적이거나 바람직한 성과의 구성요소에 대한 진술은 자신들에게 성과를 규정하고 성과 관찰의 근거를 추론할 권리가 있다고 주장하는 자들의 진술일 뿐이며, 그들은 주로 고용주다. 따라서 기능 분석은 자격 설계에 대한 '과학적 관리(scientific management)' 접근법의 연장으로 보는 것이 가장 적절할 것이다. 기능 분석은 또한 모든 산업 분야에서 중요한 역할을 해온 제품 표준에 대한 산업적 접근법에도 크게 의존한다. 기능 분석은 인간의 성과를 나사 직경이나 전선의 내마모성처럼 모호함 없이 측정할 수 있다는 가설에 의거한다.

그런 다른 방법들처럼 기능 분석은 스스로를 '과학적'이고 '중립적'이라고 주장하며, 기술 직종에서건 전문 직종에서건 전문가들의 판단을 거부하고 대체하려 한다. 그런데 실상 기능 분석은 절대적 의미에서 그것이 대체한 방법들만큼 더 '객관적'일 것도 없다. 기능 분석의 역할은 어떤 '이론'에 의거하지 않으므로 지극히 자의적이며, 판단할 때 여전히 기능 분석으로 개발한 규칙을 해석하는 작업이 동원된다. 사실상 기능 분석은 다양한 직종과 부문 공동체의 전문가적 지식에 입각한 일련의 판단을 훈련 받은 평가자와 검증자들의 판단으로 대체한 것에 불과하다. 그러한 변화를 설명하는 한 가지 방법은 두 종류의 신뢰를 비교해보는 것이다. NVQ가 대체하는 자격들에 대한 신뢰는 기술자의 전문가적 지식에 의존했다. 한편 NVQ에 대한 신뢰는 성과의 정의의 정밀함에 의존한다. 실제로 성과는 항상 특정한 상황에서의 해석을 수반한다. 더욱 정밀해지고 과도하게 세밀해지면 학습 결과는 평범해지기 마련이다. 그래서 전문가에 대한 신뢰가 올바른 절차를 따르는 것에 대한 신뢰에 의해 대체된다. 기술적이고 다소 모호한 표현에도 불구하고, 부분적으로는 오히려 그런 점 때문에, 그리고 부분적으로는 그것이 사실은 임시적 판단들로 구성되기 때문에, 기능 분석은 새로운 자격들이 적절하고 유용하고 주장할 때 의지할 수 있는 현대적이고 명백한 '상식'이 되었다.

---

27) 이런 의미에서 역량(competency)은 누군가 구체적인 기준에 따라 전에 했던 활동을 다시 할 수 있다고 예측하기 위한 믿을만한 근거를 가졌음을 뜻한다.

28) 이런 의미에서 성과(performance)는 특정한 임무를 완수했을 때 어떤 사람이 하는 일이다. 평가자에 따라 특정한 역량 기준에 부합하면, 성과가 '충분'하다고 판단된다.

물론 필자는 NVQ의 설계와 평가를 위해 채택된 기능분석법에 대한 이렇게 설명했지만, 그렇다고 서면 학습결과를 이용하여 자격들을 정의할 때마다 항상 그런 기법을 따른다고 주장하는 것이 아니다. 그렇지 않을 수도 있다. 기능 분석에 대한 설명에서 필자가 입증하려는 점은 NVQ에서 처음 표현된 '서면 학습결과'가 과학적이고 객관적인 방법론에 입각한 것이라는 주장이 거짓이라는 점이다. 더욱이 영국에서 성공적인 개정이 필요하고, 늘 인기(take-up)도 낮고, 취득자에게 승급의 기회도 별로 제공하지 않는 자격들을 낳은 방법론이다. 비슷한 접근법을 이용할 때마다, 자격이 진정한 기술 개발과 지식 획득을 촉진하기 위해 중요해 보이는 '학습 시간'과 이해 같은 요소들을 과소평가하게 될 것이다. NVQ의 두 가지 '성공 사례'에 대해 이야기하는 다음 절은 이 점을 뒷받침한다.

7. 국가직업자격 '성공' 사례

영국 노동력의 약 12%가 현재 NVQ를 갖고 있다. 그럼에도 불구하고 정부 지원 제도를 통해 취득한 의무적인 NVQ의 비율을 추정하기는 어렵다. 연구자들의 비판과 고용주들의 불평에 대응하여 NVQ를 개혁하려는 성공적인 시도가 있어왔다. 양자에 대한 반응들은 타협점에 도달하기 위하여 원래의 주장과 시도를 지지할 수 없음을 인정한다. 이전 절에서 간략히 이야기한 바 있는 고용주들의 불평에 대한 반응은 NVQ를 단순하고 접근하기 쉽게 만들고 전문용어를 줄이는 데 초점이 맞춰졌다. 사실상 이는 그들의 평가가 '객관적'인 근거로 행해진다는 주장을 약화시키고, 따라서 평가가 (항상은 아니지만 가끔 믿을만한 직업적, 혹은 전문적 지식을 기초로 하는) 개인적 판단에 의존해야 함을 암시한다.

연구자들의 주된 비판은 결과 중심 접근법이 가장 일상적인 업무를 제외한 모든 업무의 기반이 되는 지식의 중요성을 무시하거나 과소평가한다는 점에 초점이 맞춰졌다. 이런 약점을 극복하기 위한 일련의 시도들이 있어왔다. 가장 최근의 시도는 NVQ를 보충할 사외(off-the-job) 자격으로서, 직무 역량과 무관하게 평가되는 지식의 증거를 요구하는 기술자격증(Technical Certificate)을 도입한 것이었다. 그러나 '성과를 입증'하기 위해 이러한 '기반이 되는 지식과 이해'를 보여줘야 한다는 요건은 그러한 지식이 항상 교육학적 또는 교육과정상의 일관성이 없는 주제들의 목록으로 표현됨을 뜻한다(Young 2007, Barnett 2006). 달리 말해, 여기서 지식은 '이해로서의 지식'보다 '사실로서의 지식에 가까운 경향이 있다. 고용주들과 훈련생들이 계속해서 다른 유형의 자격을 선호하는 것도 무리가 아니다.

그럼에도 불구하고, 정부가 NVQ들을 단일한 NQF(국가자격체계)를 위한 토대로 삼겠다는 원래의 목표를 수정하여 그것을 '유용한 특정 분야 자격(niche qualification)'으로 보는 편이 나을 수도 있다고 인정하게 만든 '성공 사례'들이 있어왔다(James 2006).29) 물론 이는 NVQ 학습결과 중심 체계가 모든 직업자격을 포괄할 수 있다는 애초의 주장에 대한 패배를 인정한 것이다.

두 가지 '성공 사례'를 그것이 NVQ 모델에 관하여 무엇을 말해주는지의 관점에서 분석하는 대신, 필자는 구체적 관련 부문이나 직종의 관점에서 고려하고 싶다. 그럼으로써, 이들 NVQ 성공 사례를 '특정 분야 자격(niche qualification)'으로서가 아니라 구체적 필요를 위해 NVQ 체계를 이용하고 수정한 사례로서 검토할 생각이다.

7.1 회계 기술자 국가직업자격30)

회계 기술자(Accounting technician)들은 영국과 다른 나라들에서 공인 회계사와 기타 상급 회계사들을 보조하는 일을 한다. 회계 기술자 국가직업자격(NVQ)에 대한 주요 자격수여 기관은 회계기술자협회(AAT)다. AAT NVQ는 여러 가지 면에서 독특한 자격이다.

a. 회계사 직종 연합 다섯 곳 중 네 곳에서 후원을 받는다.
b. 전통적인 졸업 경로를 따르지 않은 사람들에게 공인 회계사와 상급 회계사가 되기 위한 길을 제공한다(AAT NVQ 취득자의 30%가 상급 단계에서 공부를 계속한다).
c. NVQ를 위한 평가의 일부는 정식 필기시험을 통해 이루어지며, 고용주들이 이를 주장하고 있다.

---

29) 정부가 새로운 자격과 학점 체계(QCF)가 국가적 체계로서 NVQ에게 걸었던 원래의 희망을 달성할 것이라고 주장할 수 있을 것인지는 말하기 어렵다. QCF는 여전히 개발과 실행의 초기 단계에 있다. 이 체계는 분명 학습을 인정하면, 그 개별적으로 인정되는 부분이 아무리 작더라도, 지속적인 평생 학습을 촉진할 것이라는 현대의 믿음에 영향을 받은 것이다. QCF의 시작은 분명 모든 유럽연합 회원국들이 자국의 자격을 EQF(유럽자격체계)에 맞게 조율하도록 만드는 압력을 반영한다.

30) 이 절을 쓸 때 도움을 준 Clare Morley(회계기술자협회 교육훈련 이사)에게 무엇보다 감사한다. 나의 설명은 그녀와 주고받은 이메일과 대화에 의존하고 있다. 그러나 이 글은 내 초안에 대한 그녀의 글과 의견을 내가 해석한 것이며, 그녀는 이러한 해석에 대하여 아무런 책임이 없다.

d. AAT NVQ는 주로 업무 기반 평가 또는 업무 경험에만 의존하지 않는다.

이 모든 특징들 때문에 회계 부문의 NVQ는 다른 NVQ들과 구분된다. 이러한 차이들은 다음과 같은 점들을 반영한다.

a. AAT NVQ 설계와 평가에서 직종별 연합들이 수행하는 핵심적 역할
b. 회계 기술자들이 고용되는 직장과 그들이 수행하는 직무상 역할의 독특한 특성
c. AAT NVQ 설계자들이 다음과 같은 사실을 인식
  ◦ 아무리 선의를 가진 고용주를 만난다 해도, 금융업에서 기술자(technician) 수준의 역할이 NVQ가 일반적으로 요구하는 업무경험 증거 획득을 위해 필요한 경험이나 기회를 늘 제공하는 것은 아니다.
  ◦ 이해할 만한 일이지만, 고용주들은 비록 익명으로라도 고객들에 대한 비밀 정보가 증거자료에 포함되는 것을 원치 않는다.
  ◦ AAT NVQ 획득을 위해 필수적인 사외 훈련을 제공할 준비가 된 고용주가 많지 않다. 그 결과 회계 기술자를 위한 대부분의 훈련은 교실이나 시뮬레이션으로 이루어진다.
  ◦ 대강의 지침으로 AAT NVQ 획득을 위한 학습결과(또는 직업 표준)이 정의되며, 이것은 교육과정이나 시험 등을 도출하기 위한 토대라고 기대되지 않는다.

AAT NVQ는 한 직업 전체의 필요에서 도출되었고, 직종 동업자들이 설계에서 주도적 역할을 하는 자격의 일례다. NVQ 체계에 '끼워맞추는' 대신, 회계업 동업자들은 NVQ 체계를 자신들의 필요에 맞도록 수정했다.

앞서 언급한 내용을 반복하자면, 가장 광의의 학습결과(outcome)란 모든 자격의 특징이다. 회계 기술자가 되기 위해 공부하기로 한 사람들은 NVQ가 자신들에게 회계 기술자가 될 자격을 인정할 것인지 알기를 원한다. 자격들은 프로그램 개발자들에게 안내를 제공하고, 레벨(level)로 표시되어 프로그램들을 승급 경로로 연결시킨다. AAT 사례의 독특한 특징은 그것이 학습결과를 배제한 것이 아니다. 만일 그렇다면 마치 교육적 목표 없는 학교나 정치적 목표 없는 정당과 같을 것이다. 이 사례가 특별한 점은 AAT가 NVQ 체계를 자신들의 목적에 맞도록 조정해야 한다는 사실을 인정했다는 사실이다. 그것은 자격체계에서 출발하여, 획득해야 할 필수 기술과 지식을 도출할 수 있다고 가정하는 접근법과는 전적으로 다르다.

또한 AAT는 자신들의 자격이 NVQ 체계의 일부라는 데 동의함으로써, 회계 훈련생들에게 정부 보조금을 받을 수 있는 자격을 부여하고 그들이 보다 넓은 직업 자격 체계로 연결되어 다른 직업으로 이동하기 쉽도록 해줄 수 있었다. 다른 한편, 회계업종 대표자들은 NVQ 결과에 대한 나름의 해석을 내려서 평가를 체계적인 사외 프로그램 속에 면밀하게 심어 넣었다. 이는 필기시험 형태의 평가를 요구했다. 그 결과 그들은 승급(progression)을 위한 진정한 토대를 제공하고 회계 기술자가 고용되는 많은 다양한 부문들에서 해당 직업 안팎에서 널리 존중받아왔다.

회계 기술자의 사례에서 얻은 주된 교훈은 낮은 수준의 직업자격 개발에서 업종 동업자 단체의 결정적 역할이다. 어떤 업종 동업자들이 고용주와 자격당국(이 경우는 QCA)과의 관계에서 강력한 위치에 있고 자격 수준이 낮은 후배 구성원들의 역량과 승급 가능성에 물질적, 도덕적으로 관심을 가질 때, NVQ 체계에 적응하거나 좌지우지될 필요가 없이 NVQ 체계를 자신들의 필요에 맞도록 만들 수 있다.

회계 NVQ 사례는 많은 질문들을 제기한다. 우선, 그들이 AAT NVQ의 구체적 사례에서 어째서 그런 형태를 취했는가다. 둘째, AAT 사례가 NVQ 결과 모델에 대하여 무엇을 말해주느냐다. 셋째, 회계 기술자 사례가 해당 직종의 하급 구성원들의 전망과 역량에 대한 관심과 책임을 느끼는 강력하고 지배적인 동업자 연합이 없는 직업 분야에서 NVQ에 대해 무엇을 말해주는가다. 그리고 네 번째는 AAT NVQ가 NVQ(그리고 NQF)에 대한 이동성과 이전가능성의 주장에 위배되는가?

이 질문들에 대한 필자의 의견은 사변적인 수밖에 없다.
1. 경력 기회가 걸려있는 곳에서 늘 그런 것처럼, 권력, 권력의 정당성, 권력이 어떻게 이용되느냐에 대한 질문이 있다. 공인 회계사와 다른 상급 회계사들은 영국에서 높은 명성과 민간 및 공공 부문 모두에서 점점 더 크고 중요한 역할을 하고 있는 강력한 직종 동업자들이다. 최근까지 NVQ의 품질 보증을 맡았던 QCA는 회계 분야의 작업이 전체 NVQ 체계에 부여할 명성을 감안할 때 AAT NVQ에 대한 평가 규칙을 수정하는 데 동의함으로써 잃을 것보다 얻을 것이 더 많다고 느낀 것으로 보인다.

2. 여러 가지 면에서 회계 분야는 자격에 대한 공급 중심 접근이 아닌 수요 중심 접근법의 좋은 예다. 이 경우 수요는 QCA가 아닌 동업자들과 고용주들에게서 나왔다. 회계는 또한 설계에 대한 산출 중심 접근법보다 투입 중심 접근법이다. 동업자들이 교육과정과 평가 방법을 결정할 때 근거로 삼는 것은 학습결과가 아닌, 회계 기술자의 직무를 수행하고 공인 회계사가 되기 위한 승급의 기초가 되기 위해 필요한 지식과 기술이다. NVQ 체계의 학습결과는 프로그램 개발자들을 위한 안내서로 역할을 했다. 그렇게 동업자 협회와 AAT는 대학처럼 활동했다. 그들은 국가직업자격협의회(NCVQ)로 하여금 NVQ 체계의 학습결과를 자신들의 목적에 맞도록 조정하게끔 강제할 권력과 명성을 가졌다. 그들은 NVQ 체계를 자신들이 따라야 할 일련의 법칙으로 취급할 필요가 없었다.

3. 회계 기술자 같은 강력한 동업자 협회 주도 직종의 접근법의 예는 자격 수준이 낮은 구성원들이 승급을 도모하고 기술과 지식을 발전시킬 수 있는 정도를 결정하는 것이 인적자원개발(HRD) 전략이며 자격 제체가 이 과정에서 보조적인 역할을 수행할 수 있음을 우리에게 보여준다. 흔히 그런 것처럼 HRD 전략이 상급 피고용인에게 제한된 부문의 경우, 또는 고용주의 규모가 작은 경우, HRD 전략이 거의 존재하지 않으며, NVQ 형식 자격들에 대한 학습결과 중심 접근법은 그들에게 거의 아무런 도움도 되지 않는다. NQF 설계자들은 당연히 업종 동업자들과의 협력을 원한다고 주장하지만, 그것을 실현하는 일은 다른 문제다. 그러기 위해서는 회계업종의 경우에서처럼 대부분의 NVQ 모델에 대해 채택된 것과는 전혀 다른 발전 모델과 자격의 역할이 필요하다. 이 점에 대해서도 마지막 절에서 다시 이야기하겠다.

4. 나는 이 경우에 회계업종의 직업자격 개발에서 동업자 협회가 결정적인 역할을 수행했다고 주장해왔다. 그들이 없다면, 회계 NVQ가 여타의 자격들과 다르다고 생각할 이유가 없을 것이다. 여기에서 그런 조직이 없을 경우 NVQ 결과 중심 체계의 역할에 대한 심각한 질문이 등장한다. 이 점에 대해서는 이 장의 마지막 절에서 다시 이야기 하겠다.

5. 결과 중심 NQF를 제안할 때 크게 강조되는 이동성(portability)과 이전가능성(transferability)의 문제와 관련하여, 회계업종 NVQ 사례는 이러한 과정들이 자격 자체의 설계보다 해당 부문 내에서 회계 직종과 관련 자격들의 위상과 명성에 더 크고

광범위하게 의존한다는 것을 보여준다. 회계업종 동업자 협회의 높은 위상은 금융 부문 안팎의 관련 직종들에서 회계 기술자와 회계 NVQ를 인정받도록 만드는 데 있어서 중요할 것으로 보인다. 회계업종의 예에서 얻은 보다 광범위한 교훈은 자격과 NQF가 관련 직종의 일상 업무에 뿌리를 두지 않는다면, 애초의 주장과는 달리 자격 인플레이션을 낳을 뿐 진정한 승급의 기회를 제공하지 못할 것이라는 것이다.

개발도상국들을 위한 교훈의 관점에서, 공인회계사 동업자 협회들은 남아프리카공화국에서도 적극적인 역할을 수행해왔다. 남아프리카공화국에서 AAT는 회계 기술자에 대한 자격 수여 기관일 뿐 아니라, 지역 회계사들을 위한 성공적인 승급 프로그램을 지원해왔다. 보다 긍정적인 결과는 회계업종에서 수여되는 자격증과 졸업장의 위상이 상당히 높아진 점과 회계 SETA(부문별 교육훈련당국)은 국가적 리더로 널리 인정되고 있다는 점이다.[31]

7.2 보건의료[32]

SKOPE(기술, 지식, 조직성과 프로젝트)에서 앤 콕스는 NVQ에 대한 많은 비판에도 불구하고 왜 그것이 국가보건의료 서비스(NHS)의 고용주와 피고용인에게 유용한 자격이라는 광범위한 합의가 존재하는지에 대한 질문을 던진다. 그녀는 풀러와 언윈(Fuller and Unwin, 2004)이 제안한 '제한된' 업무 환경과 '개방적' 업무 환경 간의 구분을 채택하여, 자신이 연구한 하급 피고용인들에게 NHS는 '개방적 업무 환경'의 많은 특징을 제공한다고 제안한다. 언원과 풀러는 다음과 같은 측면에서 이를 정의한다.

- 학습과 경력 기회의 정도
- 학습자에 대한 정서적, 실질적 지원 정도
- 일자리가 적절히 설계된 정도
- 개인과 조직의 목적이 조율된 정도

---

31) 공공 부문과 민간 부문에서 공히 회계업종 자격과 관련하여 피고용자 단체의 역할이 증가하고 있다는 점이 공공 부문의 부정부패를 최소화시키는 데 있어서 중요한 역할을 할 것으로 보인다는 점도 주목할 가치가 있다.

32) 이 사례는 Anne Cox가 작성한 카디프 대학의 SKOPE(기술, 지식, 조직 성과 프로젝트) 활동 보고서(2007)를 토대로 하고 있다.

콕스는 HRD에 대한 NHS 접근법이 경영자와 직원 모두에게 이로움을 주는 것으로 보였으며, 이런 맥락에서 NVQ는 두 집단 모두에게 유용한 자원으로 인식되었다고 주장한다.

콕스는 경영자에 대한 NVQ 정책의 주요 이로움을 다음과 같이 열거한다.
· 새로운 일자리로 이어지는 지식과 기술 획득의 기회
· 적절한 훈련 프로그램과 연결된 책임 및 승진 기회에 대한 접근성 확대

많은 근무지에서 일하는 경영진과 직원들과의 인터뷰는 양측 모두 NVQ가 간호업 및 조산업으로 진입하기 위한 전문훈련 '입장권'으로서 통용되고 있음을 인정한다는 것을 보여준다. 더욱이 경영자들은 다음과 같은 면에서 엄격했다.
· 교육 품질의 감시
· NVQ에 이르는 프로그램들이 참가자들에게 전문 지식과 새로운 기술로의 접근을 보장하기
· 프로그램과 그에 연결된 자격들의 신뢰성을 쌓기 위해 필요한, 병원과 단과 대학, 지역 대학들 간의 '신뢰의 공동체' 구축

동업자 협회가 핵심적 역할을 수행한 회계업종의 예와는 대조적으로, NHS 사례는 강력한 HRD 정책을 채택한 경영진을 둔 대규모 공공부문 고용주가 개입한 경우다.

정부는 NHS가 정부 기금에 의존하는 공공 부문 고용주로서 NVQ를 채택할 것을 주장하는 입장이었다. 그러나 NHS의 HRD 정책 덕분에 그들은 NVQ를 업무 조직 속으로 통합하여 직원들에게 승급을 위한 기회를 제공하는 데 이용할 수 있었다. 이것은 회계업 사례처럼 고용주들이 NVQ 결과 모델을 수정할 것을 주장한 사례가 아니라, 업무를 조직하는 방식에 NVQ를 통합시킨 사례다.

영국의 가장 큰 고용주로서 NHS는 여러 가지 면에서 독특하며, 이동성과 이전가능성은 외부적이기보다 내부적인 문제다. 반면 자격의 이용에 동력을 제공하는 업무 환경

개선을 위한 압력의 교훈은 회계업종의 사례와 비슷하다. 일단 NHS가 전통적인 직업적 구분을 넘어서는 직원들의 승급(예를 들어 간호보조에서 조산원으로)을 강조하는 HRD 정책을 채택함에 따라, 간호와 조산업 부문의 전문훈련 접근과 같은 추가적 학습기회와 혈액 테스트나 심전도 이용 같은 새로운 기술을 획득하기 위한 기회가 되었고, 이는 NVQ의 구체적 결과가 아니라 NVQ의 신뢰성을 구축하는 데 도움이 되었다.

그런 조건이 적용되지 않거나 대다수의 일자리에 기술 수요가 많지 않은 대다수의 직장에서는, NVQ같은 학습결과 중심 모델이 무엇을 제공할 수 있는지 알기 어렵다.

8. 국가직업자격 경험에서 얻은 몇 가지 교훈

지난 20년에 걸친 상당한 투자와 많은 변화에도 불구하고, 카디프 대학과 옥스퍼드 대학의 SKOPE 팀 같은 연구자들과 비평가들은 NVQ의 도입이 기술 발전이나 영국 (더 정확히 말하면 잉글랜드, 웨일스, 북아일랜드)의 업무 기반 훈련 시스템에서 상당한 개선을 낳은 것으로 보지 않는다. NVQ가 고용주들을 위해 설계되었다고 주장들 했지만, NVQ는 많은 고용주들에게 그다지 환영받지 못했다. 직업자격을 선택한 사람들을 모두 학업에 실패한 사람들로 간주하는 잉글랜드 같은 사회에서, 많은 고용주들은 여전히 주로 학업 자격을 근거로 사람들을 채용하고 있다. 이는 부분적으로는 고용주들의 편견과 영국 교육에서 사회 계급 구분의 오랜 역사 때문이다. 그러나 한편으로 이런 현상은 직업 자격을 선택할만한 사람들은 깊이 있는 지식을 가질 능력이 없다는 암묵적인 가정에 입각하여 공공연히 지식이나 이해보다 성과를 강조하는 NVQ의 취약한 지식 기반을 반영하기도 한다.

NVQ의 유산에 대한 이 짧은 검토는 우리에게 수수께끼를 남긴다. NVQ 모델은 국내에서 인기(take-up)도 높지 않은 데다 기술 향상으로 이어진다는 증거도 부족하고 광범위한 비난을 낳아왔음에도 불구하고, 여전히 전 세계에서 역량 중심 훈련 접근법과 결과에 기반한 NQF에 대한 모델이 되어왔다. 왜 그런 것일까?

우리는 NVQ 모델의 지속적인 인기는 경제 발전에서 지식과 기술의 역할에 관련한 복잡한 문제를 해결하는 것보다 공적 지출을 통제할 방법을 찾는 데 더 관심이 많은 정부들에게 매력적으로 보였기 때문으로 이해될 수 있다. 더욱이 NVQ 형식의 모델은 종종 국제 기관과 기타 원조 단체의 지원을 받기 때문에 개발도상국 정부들에게 매력적일 가능성이 많다.

반면 회계 기술자와 보건의료 직종의 예에서처럼, NVQ는 나름의 '성공'도 거두었다. 두 경우에서, 고용주과 피고용자들에게 특정 NVQ에 대한 신뢰성을 준 것은 관련 부문과 조직의 HRD 정책이었다. 회계 기술자의 경우, 지도자적 역할을 동업자 협회들에서 맡았고, 보건의료 NVQ의 경우는 주요 공공 부문 고용주로서 NHS의 경영진이 맡았다. 이 두 가지 '성공사례'는 NVQ의 초기 형태인 학습결과 모델을 일반화시키는 것에 대한 심각한 문제를 제기한다. 제도적인 차원의 VET 제공 수준이 낮고 효과적인 동업자 협회들이 부재하며 고용주-대학의 훈련 관계가 확립되어 있지 않은 국가들의 경우는 특히 더 그렇다.

성공 사례들은 자격, 또는 구체적으로 말해서 학습결과의 명시와 관련된 자격 설계가 기술 향상을 증진시키는 데 있어서 주된 요인이 아닐 것임을 시사한다. AAT와 NHS는 NVQ를 자신들의 필요에 적합하게 이용했다. 회계업의 경우, NVQ 체계의 많은 규칙을 변경하는 작업이 수반되었다. 보건의료의 경우, 피고용자들이 직업 발전 프로그램(NVQ를 포함하여)을 가치 있는 것으로 보게 만들고, NVQ가 상급 직원들과 자격 취득자들에게 신뢰를 얻도록 도움을 주었던 추가적인 학습자원을 도입하는 것을 수반했다.

NVQ 성공 사례들은 주로 자격들을 재설계하거나 NQF를 수립할 필요성이 아니라, 인적자원개발(HRD) 전략의 일환으로서 직업교육 개혁에 대한 훨씬 더 폭넓은 접근법의 필요성을 지적한다. 이는 제품과 서비스의 발전을 자극하기 위한 혁신적인 접근법과 그것이 가져올 지식과 기술 필요에 대한 긍정적 반응과 함께 시작될 것이다. 그러한 접근법은 불가피하게 고용주와 대학, 전문학교 간의 제휴관계의 발전을 촉진할 것이다.

이런 제휴관계가 피고용자들에게 승급 경로를 제공하기 위해서는, 필요한 지식과 기술에 대한 '대리 지표'와 함께, 그것을 취득할 수 있는 적절하고 가능한 순서와 경로의 지도를 제공하는 자격 체계가 필요할 것이다.

필자는 자격체계의 역할을 폄하하려는 것이 아니라 자격체계에 정책 입안자들이 바라는 역할이 아니라 자격체계가 실제로 할 수 있는 역할을 부여하려는 것이다. 학습결과와 레벨(level)들의 체계에서 시작하여 자격을 기술에 대한 '대리지표'로 만들려는 시도는 성공적인 자격 시스템이 개발된 방식에 역행하는 것이다. NVQ과 관련된 경험은 문서화된 학습결과들의 체계에서 시작할 경우, 두 성공 사례가 보여주는 예외적 상황을 제외하면 애초에 주장한 목적을 달성할 수 없음을 시사한다.

경제 성장을 위한 기술 향상과 지식 획득에 대한 보다 폭넓은 접근법은 직업자격이 시작된 19세기로 돌아가서 21세기의 관점에서 그런 전략들을 해석하는 것이다. NVQ가 대체하려 한 최초의 직업 자격들은 오늘날에도 여전히 관련성 있는 세 가지 특징을 가지고 있었다.
1. 산업화로 인해 자연 과학 분야에 새로운 발견들이 통합되기 시작하던 시절이어서, **고용주 주도의 수요 중심 자격**이었다.
2. 자격의 개발이 **지역 고용주들과의 긴밀한 제휴** 하에 **교육 제도의 개발**과 긴밀하게 연결되어 있었다.
3. 새로운 지식이 만들어지는 **동업자 협회와 대학의 주요 구성원들**이 새로운 직업 자격의 설계와 평가에 **긴밀하게 관여**했다.

이 조건들 중 어떤 것도 '문서화된 학습결과들'의 체계로서 NVQ에 적용되지 않으며, 어떤 것도 학습결과 중심 체계가 흔히 주장하는 것과 같은 역할을 한다고 암시하지 않는다. 그럼에도 불구하고, 세 가지 조건들은, 비록 방법은 나르지만, 앞서 서술한 두 가지 '성공 사례'에 포함되어 있었다. NVQ의 문제는 그것이 과거에서 교훈을 얻고 과거를 바탕으로 하기보다 과거와의 단절을 시도했다는 점이다. 그것이 우리가 NVQ의 유산에서 얻어야 할 교훈이다.

제2장 스코틀랜드 학점 및 자격체계: 초기 주자에 대한 사례연구

- 데이비드 라페

1. 서론 및 개요

　스코틀랜드 학점 및 자격 체계(SCQF)는 2001년에 정식으로 시작되었다. SCQF는 12개의 레벨을 가진 포괄적인 학점 기반 체계로, 스코틀랜드 내의 모든 자격들과 평가 받는 학습들을 수용하려는 의도를 갖고 있었다. SCQF는 학습에 대한 접근을 돕고 교육훈련 시스템을 보다 투명하게 만드는 것을 목표로 하며, 스코틀랜드에서 학습의 '국가적 언어'가 되기를 희망한다. 그것은 원래 두 개의 고등교육 기관과 스코틀랜드 자격국(SQA: 학교와 전문학교 자격에 대한 주요 수여기관), 스코틀랜드 정부의 제휴로 운영되는 자발적인 체계로, 이후 여기에 대학과 더불어 교육기관에서 이루어지는 가장 대중적인 고등 직업교육 및 일반교육의 책임을 맡고 있는 다목적 기관인 전문학교(college)가 합세했다. SCQF의 자격들에는 학점이 매겨져야 하는데, 이는 체계의 주어진 레벨에서 각 단위를 학습 분량(학점)의 측면에서 기술해야 함을 뜻한다. 따라서 불가피하게 단위와 자격을 학습결과의 측면에서 표현해야 하지만, SCQF는 학습결과나 역량 같은 협소한 개념을 부과하지는 않는다. SCQF는 '느슨한' 설계를 가지지만, 보다 엄격하게 규정된 하위체계들을 포괄한다.

　이런 특징들은 여타의 국가자격체계와는 다르다. 연구자들은 자발적이고 느슨하게 규정되고 야심의 수준도 적절하고 상향식 절차를 통해 실행되는 '힘을 실어주는', 또는 '소통형' 체계와 의무적이고 엄격하게 규정되고 교육훈련의 개혁이나 변화를 목적으로 정부나 중앙 기관이 주도하는 '규제적'이거나 '변혁적' 체계를 비교한다(e.g. Young 2005, Allais 2007). 다양한 분석가들이 다양한 조건과 기준을 이용하여 이러한 대비에 대해 이야기해왔다. 아래의 그림1은 다양한 NQF 유형의 특징들을 나열하고 있는데, 이는 다른 연구자들의 유형학에 어느 정도 상응한다. 그림1은 두 개의 관념적 유형인 소통형 체계와 변혁적 체계를 비교하고 있다. 그러나 그림1은 또한 이 두 유형이 양 끝에 있는 연속체에서 많은 NQF들이 이 양극의 중간에 속하며, '개혁형 체계'라고 부르는 것과 닮아있음을 시사한다. 이와는 대조적으로 SCQF는 비교적 극단적인 경우로 보이며 연속체의 소통형 끝에 놓여있다.

이런 관점은 다시 스코틀랜드 체계에 대한 긍정적 설명과 관련된다. SCQF는 비교적 성공적인 체계로 널리 인정되고 있다. SCQF는 적어도 그것이 포괄하는 학습의 비율로 측정했을 때 발전된 실행 단계에 있으며, 접근과 승급, 이동에 있어서 긍정적인 발전과 연결되고, 보다 투명하고 유연한 시스템에 기여하고, 무엇보다 모든 교육훈련 부문의 지지를 유지하고 있다. 이러한 성취들 덕분에 SCQF는 NQF들 사이에서 거의 도덕적인 권위를 누릴 수 있었고 여타의 국가자격체계에 교훈을 제공할 수 있었다. 그리고 이러한 교훈들은 SCQF의 상대적 성공이 소통형 체계로서의 본성 때문임을 보여준다. 따라서 SCQF의 경험은 NQF가 보다 넓은 정책의 일부로서가 아닌 단독으로 교육훈련에서 주요한 변화를 달성할 것으로 기대해서는 안 된다는 것과 포괄적 체계는 느슨한 설계를 가져야 한다는 것, 성공을 위해서는 이해당사자들, 특히 교육훈련 제공기관과 자격수여 기관들의 참여와 주인의식이 꼭 필요하다는 것, 그리고 NQF가 실행되고 영향을 미치기까지 시간이 걸린다는 것을 보여준다.

그림 2-1 NQF의 유형학

NQF의 유형	소통형	개혁형	변혁형
출발점	기존 교육훈련 시스템	기존 교육훈련 시스템	미래의 교육훈련 시스템
목적	・투명성 증가 ・시스템 합리화를 위한 도구 제공, 일관성 증가, 접근, 학점이전, 승급 촉진	・격차 메우기, 품질 향상, 접근, 학점 이전, 승급 확대와 같은 구체적 개혁을 달성	・교육훈련 변화와 새로운 시스템 개발

		· 시스템 합리화를 위한 도구 제공, 일관성 증가	
설계	· 느슨하고, 하위 체계에 따라 다름	· 엄격하지만, 하위 체계에 따라 다름	· 보다 일률적으로 부과되는 엄격하고, 중심적인 규정
지도와 통제	· 자발적 · 상향식 · 교육훈련 기관이 지도 역할을 공유 · 하위체계 차원에서 상당한 의사결정이 이루어짐	· 강제적 · 하향식: 중앙 정부/기관 주도 · 주요 파트너로서 교육훈련 기관. 통제는 하위체계마다 다를 수 있음	· 강제적 · 하향식: 중앙 정부/기관 주도 · 파트너들 사이에 교육훈련기관 · 중앙집중적 통제
변화에서 기대되는 역할	· 변화를 위한 도구: 도구가 이용되도록 하려면 보완적인 조정자가 필요하다	· 구체적 변화를 구동한다. 다른 영향들을 위한 보완적 조정자가 필요하다.	· 시스템 변화를 추진할 것으로 기대됨

출처: 라페의 보고서를 수정(2009a)

다른 비평가들과 함께 필자는 SCQF에 대한 긍정적 설명을 제시해왔다. 나는 위에 요약된 것과 같은 교훈들을 도출했고, 그것들을 다른 NQF에 적용할 수 있었다고 주장했다(e.g. Raffe 2007; Raffe et al. 2007-08). 그러나 SCQF에 대한 대안적 관점(필자는 이것을 '회의적 설명'이라고 부르겠다)은 세 가지 점에서 긍정적인 설명에 이의를 제기한다.

· 첫째, 회의적 관점은 SCQF의 성취의 상당 부분은 체계 자체가 아니라 앞서 일어난 일련의 개혁들 덕분일 수 있음을 지적한다. 종전의 개혁들은 단일화와 학점, 일관된 레벨 체계와 같은 특징을 도입함으로써 SCQF를 위한 길을 열어주었다. 또한 교육훈련 상당 부분에 걸쳐서 학습결과라는 개념을 도입했고, 예를 들어 직업 자격을

업데이트하고 그것을 노동시장 요구와 긴밀하게 조율함으로써 교수법과 내용의 변화를 뒷받침했다.
- 둘째, 이런 개혁들이 모두 소통형 체계의 유형에 부합하는 것은 아니었다. 많은 개혁들이 개혁형 체계들을 더 닮아있었다. 다시 말해 정부나 중앙 기관들이 교육훈련 시스템을 개혁하고 다소 엄격하게 정의된 부문별 체계를 구축하기 위하여 도입한 강제적 개혁들이었으며, 어떤 것들은 SCQF의 일부로 살아남았다.
- 셋째, 이러한 하위체계들을 포괄적 SCQF로 규합한 것의 추가적인 영향은 비교적 미미했다. SCQF는 스코틀랜드 자격국 자격들과 주요 파트너들이 주관하는 하위체계인 대학 학위를 연결했지만 다른 자격들은 서둘러 수용하지 않았으며, 접근성과 학점이전의 확대 같은 목표에 직접적 영향을 미친 증거는 상당히 제한적이다. 이러한 회의적 설명은 긍정적 설명에서 얻은 교훈들을 수정할 필요가 있음을 시사한다. 만일 SCQF가 이룬 성취의 많은 부분이 SCQF의 소통형 체계의 산물이 아닌, 그에 앞선 개혁형 체계들의 산물이라면, SCQF의 성취가 반드시 소통형 체계의 우수성을 입증한다고 볼 수 없다.

주장하건대, 두 설명 모두 SCQF에 대한 통찰과 다른 국가들에게 교훈을 제공한다. 더욱이 회의적 설명은 SCQF를 창조한 개혁들에 관심을 기울인다. 스코틀랜드의 경험에서 얻은 교훈은 SCQF에서만 도출된 것이 아니며, 이전의 개혁들은 정책 학습을 위한 또 다른 풍부한 원천이다. 회의적 관점은 또한 하위체계들을 개발한 개혁들과 둘 이상의 하위체계들을 보다 일관된 하나의 구조로 만든 개혁들 사이의 균형 변화에도 관심을 기울인다.

이 장의 구성

제2절에서 스코틀랜드의 상황적 특성을 요약한 뒤, 제3절에서 SQF 이전의 전개에 관한 짧은 분석을 제시한다. 그런 뒤 제4절에서 SCQF 자체의 개발과 실행에 대한 다소 상세한 설명을 제공한다. 마지막으로 제5절은 전체 개혁 과정의 경험으로부터 몇 가지 문제를 도출한다.

2. 상황

스코틀랜드는 북쪽으로 영국 국토의 1/3을 차지한다. 총 5백만 명의 인구 중 대부분이 글래스고를 중심으로 한 광역 도시권을 포함하는 중부지역에 살고 있다. 그러나 북서부와 남부의 대부분은 인구가 희소하거나 섬들로 이루어져 있어서 다른 형태의 교육제공 모델이 요구된다. 전통적으로 이민 국가인 스코틀랜드는 최근 더 많은 이민자들을 끌어들이고 있어서, 2000년대 중반에는 새로운 EU 회원국들에서 들어온 이민자를 비롯하여 순 유입 인구가 20,000명에 달했다. 현재 경제 불황으로 이러한 인구의 유입이 줄어들고 있는 것으로 보인다.[33]

스코틀랜드는 대영제국의 일부였다가 1707년 이후 영국의 일부가 되었다. 존 녹스가 이끈 프로테스탄트 개혁에 의해 형태가 갖춰져서 이미 잉글랜드보다 발전해 있던 스코틀랜드 교육제도는 여전히 영국의 다른 지역으로부터 분리되어 있었다. 1872년에서 1999년까지 스코틀랜드의 학교와 대학들은 영국 정부의 '지역' 정부기관에서 관리했는데, 이곳은 마침내 스코틀랜드청(Scottish Office)이라고 알려지게 된다. 대학과 산업 훈련은 각각 1992년과 1994년에 스코틀랜드청의 관리 하에 들어가게 되었다. 이러한 '행정적 변화'로 스코틀랜드에게 상당한 자치가 허용되었고, (장학감사단(the Inspectorate)이 이끄는) 상급 전문직 종사자들과 중앙정부 공무원, 그리고 현재 학교를 운영하고 있으며 1992년 이전에는 대학을 운영했던 지방 정부 교육부서 책임자들을 포함한 행정적, 전문적 엘리트들이 그 자치권을 행사했다(Paterson, 2000).

1999년 스코틀랜드 의회가 창설되어 교육훈련을 포함하여 권한을 이양 받았다. 스코틀랜드청은 스코틀랜드 행정부(2007년에 스코틀랜드 정부로 이름이 바뀜)로 대체되었는데, 이 기관은 적어도 교육훈련의 측면에서는 스코틀랜드청과 비슷한 기능을 했지만 이제 스코틀랜드 의회의 감독을 받는다. 따라서 스코틀랜드와 잉글랜드의 교육 정책에 약간의 차이가 생겼다. 스코틀랜드 의회는 4년마다 비례대표제로 선출되며, 따라서 어떤 특정 정당이 과반수 의석을 차지하기 힘들게 되었다. 1999-2004년과

---
33) GRO 2009.

2003-2007년에 활동한 최초의 두 행정부는 노동당과 자유민주당의 연합정부였고, 2007년에는 스코틀랜드 국민당이 소수 정부를 구성했다.

선거 제도는 기존의 정책입안 방식을 두드러지게 할 수 있다. '스코틀랜드 교육의 정책 입안은 '합의와 제휴, 협의'에 기초한다고 '정평'이 나있다(Humes 2008, p.71). 또한 스코틀랜드의 교육 정책 입안은 비형식성과 유연함에 의존한다. 다시 말해 스코틀랜드 교육 정책은 규제와 강제, 자격부여를 피하는 경향이 있다. 그러나 통제의 비형식성이 통제의 부재를 뜻하는 것은 아니고, 제휴와 협의가 모든 파트너들이 동일한 발언권을 갖는다는 의미도 아니다. 행정적, 전문적 엘리트는 제공자의 이해를 포함하며 어느 정도의 '생산자 포획(producer capture)'의 측면을 갖는다. 이들은 합의를 지향하지만, 가장 중요한 것은 광범위한 대중들 사이의 합의가 아니라 이 엘리트들 사이의 합의다. 이런 정책 스타일은 진보적 보수주의라고 표현되는 방식을 낳는다. 진화적이고 포용적이고 진보적인 개혁을 추구하지만, 기존 위계질서와 권력관계에 도전하는 대가는 피하려는 것이다. 그러나 과거의 헌법적 구조의 한 가지 유산은 고용주 이해의 대표성이 상대적으로 약하다는 것이다. 고용주 단체들은 전반적으로 교육훈련 발전을 지원해왔지만, 최근까지 주요 주자들 사이에서 두각을 나타내지 못했다.

스코틀랜드 교육정책 입안 상황의 세 가지 다른 측면은 SCQF 개발과 관련되어 있다. 첫 번째는 규모다. 스코틀랜드 정책 공동체는 비교적 규모가 작다. 이 공동체의 주도적 구성원들은 같은 방에서 만나고, 다음날 다른 모자를 쓰고 다시 만날 수도 있다. 이미 합의가 존재하지 않는다면, 서로 대면한 논의를 통해 합의를 이루기가 쉽다. 또한 같은 의견을 가진 사람들이 그 의견을 추진하기도 쉽다. 두 번째 측면은 제도적 일률성이다. 스코틀랜드 교육기관들의 수는 비교적 적은 편이며, 조직과 표준은 각 유형의 기관들 사이에 일관적인 경향이 있다. 이러한 점이 협의할 이해당사자들의 수를 줄이고 정책입안의 비공식적인 제휴 형식에 일조한다. 이런 점은 또한 중앙집중적 특성에도 일조한다. 예를 들어 스코틀랜드에서는 다양한 유형의 학교와 대학이 존재하는 잉글랜드보다 학교-대학 협력에 대한 논의가 국가적 차원에서 보다 쉽게 이루어질 수 있다. 세 번째 측면은 공적 제공의 전통이다. 스코틀랜드에서는 교육이 공공의 이익을 위해 모든 시민들에게 무상으로 제공된다는 인식이 강하다. 직접적으로 학교를 관리하는 지방 정부와 정책 입안을 주도하는 중앙 정부의 정당성이 신자유주의 개념에 영향을 받는 나라들에서보다 더 널리 인정된다.

학교 교육은 5세에서 16세까지 의무적으로 이루어지고, 3-4세 아동들은 무상 미취학 교육을 받을 권리가 있다. 아이들은 7년 동안 초등학교에 다니며, 이후 4년에서 6년 동안 중학교를 다닌다. 약 5%의 학생들(에든버러의 경우는 그 이상)이 사립학교에 다닌다. 나머지는 선출된 지방 정부에서 운영하는 포괄적인 무상 남녀공학 학교에 다닌다. 학부모들은 학교 선택권이 있지만, 지정된 통학권 학생들에게 우선권이 주어진다. 학교 교육과정은 주로 일반적이며, 15/16세가 속한 4학년 말에는 Standard Grade이라고 불리는 과목별 중등교육 수료 고사를 본다. 약 2/3의 학생들이 학교에 남아 5학년에 다니며(17세까지), 그 중 거의 절반 정도는 6학년(18세까지)까지 다닌다. 학생들은 5학년과 6학년에 다니는 동안 광범위한 레벨에서 이용할 수 있는 추가적 과목별 국가자격의 취득을 시도한다. 상급(Higher level)과 고급(Advanced Higher level) 단계의 자격은 고등교육 진입을 위한 주된 통로를 제공한다. 고등교육기관 (HEI)의 학생들은 대부분 4년제 우수학사 학위(Honours degrees)를 취득하지만 어떤 학생들은 3년제 보통학사 학위(Ordinary degrees)를 비롯한 다른 자격을 취득한다. 해당 나이대의 거의 절반 정도가 고등교육에 입문하지만, 이 중 거의 1/3이 고등교육 기관(HEI)이 아닌 전문학교(college)에 진학하여 스코틀랜드 자격국이 수여하는 단기 고급국가자격증(HNC: Higher National Certificates)이나 고급국가수료증 (HND: Higher National Diploma)을 취득한다. 이런 많은 자격들의 기원과 발전은 아래의 제3절에 기술되어 있다.

학교 졸업생의 거의 1/4이 전문학교에서 선일제 과정에 들어가고, 나머지는 전문 학교에서 주로 현대식 도제제도(Modern Apprenceship)나 훈련 프로그램의 일환으로 파트타임으로 공부한다. 스코틀랜드의 전문학교 43곳은 16세 이상의 학습자들과 14세 이상의 중고등학생들에게 일반적, 직업적 기회를 제공하는 다목적 기관이다.

학생들의 절반 이상이 25세 이상이다. 전문학교는 고용주와 개인의 요구에 접근하고 반응하는 전통을 가졌으며, 교육과정은 소요시간, 전달 방식, 내용과 수준면에서 다양하다. 전문학교 활동의 거의 1/3은 주로 HNC와 HND 및 단기 전문 자격들로 이루어진 고등교육 수준에 속한다. 나머지 교육과정은 국가자격과 스코틀랜드 직업자격, 고용주 및 전문가 조직들이나 '도시와 길드' 같은 다른 수여기관들이 수여하는 자격들을 비롯한 다양한 자격으로 연결된다.

그 밖의 학습 제공에는 직장 훈련과 성인교육, 그리고 자발적 조직과 지방정부 등이 주도하는 지역사회 기반 학습이 포함된다. 2008년에는 정부의 훈련 프로그램과 모든 연령대에 대한 경력관리 서비스, 노동시장 정보를 관리하기 위한 기술 개발 스코틀랜드(SDS: Skills Development Scotland)라는 새로운 조직이 설립되었다. 영국의 나머지 지역에서처럼, 교육훈련, 기술개발에 있어서 고용주의 참여는 지속적인 도전이었다. 영국차원의 네트워크인 부문별 기술위원회(Sector Skills Council)는 고용주 관계자들과 기술 요구를 대변하고 직업표준을 결정하는 것을 목표로 한다. 그들의 기능 중 일부는 잉글랜드에만 구체적으로 적용되며, 스코틀랜드에서 그들의 역할은 학습 및 자격 설계에서 고용주를 대변하는 것을 포함한다(Scottish Government 2007). 그들의 효과는 다양하고, 그들이 고용주로부터 받는 지원도 다양하다.

스코틀랜드 경제는 주로 서비스업을 기반으로 하며, 금융과 관광, 보건, 교육이 고용의 주된 원천이다. 석탄, 강철, 조선과 같은 많은 전통적인 1차 산업과 제조업들은 20세기 후반에 대부분 사라졌다. 노동시장은 영국 전체의 노동시장과 상당 부분 통합되었고, 규제가 약하고 직업적 노동시장도 약한 유연한 구조를 갖고 있다. 직업자격이 토대로 하는 국가 직종 표준들은 영국 전체 차원에서 정의되어 있다. 대부분의 경우 '활동면허'로서 자격을 요구하지 않는데, 다만 가장 자유로운 전문직종과 보건과 안전 문제에 영향을 받는 직업 등은 예외가 된다. 규제를 받는 직업의 수가 증가하고 있으며, 사회복지나 시설보안 산업 같은 분야에서는 새로운 자격 요건들이 도입되었다.

지식 경제의 수사법과 기술의 필요가 스코틀랜드 정책 담론에서 영향을 미쳐왔다. 스코틀랜드의 기술 수준은 적어도 자격으로 대강 가늠한 바에 따르면 영국의 나머지 지역보다 높은 편이지만 생산성 증가의 수준은 낮은 편이다. 따라서 스코틀랜드의 현 정부는 공급보다는 수요에(특히 기술의 활용에) 정책적 초점을 모아왔으며, SCQF를 그런 정책을 추구할 도구로 간주해왔다(Scottish Government, 2007). 정부는 또한 예전 정부들과 마찬가지로 교육이나 고용, 훈련에 몸담지 않은 젊은 층의 비율이 높은 것(OECD에서 가장 높은 수준에 속함)에 대한 우려를 품어왔다 (Scottish Executive, 2006). 이 문제는 낮은 고용률보다는 낮은 교육훈련 참여율을 반영하며, 따라서 스코틀랜드 정부는 젊은 층이 의무교육을 받는 동안 그들을 포용하고 그들이 졸업할 때 다양한 기회를 제공하는 데 정책적 초점을 모아왔다. 현재의 경제 불황으로 실업이 다시 증가하고 있으며 기술 수준이 낮은 사람들의 경우는 더욱 그렇다. 실업 증가는 빈곤 및 사회적 궁핍과 관련된 다른 요인들과 마찬가지로 지리적으로 집중되어 있다. 글래스고와 서부 지역의 예전 산업중심지들이 가장 큰 영향을 받고 있다. 2001년 통계청의 구역별로 적용된 한 복합적 궁핍 지수는 글래스고의 절반 이상이 전국에서 가장 궁핍한 지역 15%에 속해있음을 보여주었다.

3. 종전의 개혁들

이 절에서 필자는 SCQF를 시작하기 이전에 있었던 개혁들에 대한 경험을 검토할 것이다. 단순히 핵심 요점만을 확인하기를 바라는 독자들은 이와 관련된 주요 내용을 요약해놓은 마지막 부분으로 건너뛸 것을 권한다. 이 내용은 또한 그림2에서도 체계적으로 정리되어 있다.

3.1 Standard Grade: 16세 학생들을 위한 보편적 자격 인증

14세에서 16세까지 2년 과정을 기본으로 하는 학교 과정인 Standard Grade는 1984년부터 단계적으로 도입되었다. 각 과목별로 자격이 주어지며 학생들은 보통 여덟 과목을 듣는다. 대부분의 과목은 3개 레벨에서 제공되는데, 학생들은 상위 레벨에서 낙제할 경우 그 아래 2개 레벨의 자격을 시도할 수 있다. 6점 척도(각 레벨 당 2점)로 등급이 주어지는데, 시험과 '점수 관련 기준'에 의거한 기타 평가 방법들을 조합하여 주어진다.

Standard Grade 개혁의 주된 목적은 교육과정을 업데이트하고 보다 능동적인 학습을 권장하고 '모두를 위한 평가'를 토입하는 것이다. '모두를 위한 평가'는 개혁의 청사진을 제공한 1977년 보고서의 제목이기도 하다. 16세 학생들을 위한 기존 자격들은 능력 범위에서 상위 30%를 위해 설계된 것들이었다. 1973년에 최소 졸업 연령이 16세로 높아진 뒤, 많은 학생들이 학교의 '도덕 공동체' 밖에 있는 '자격증 없는' 학급에서 무기력하게 시간을 보냈다(Gray et al. 1983). Standard Grade 개발 프로그램은 상당히 길어졌다. 초기에는 학교를 기반으로 하는 개발을 권장했으나, 나중에 이는 보다 효율화되고 일관적인 접근법에 밀려났다. 복잡한 평가 체계와 위협적인 업무량 증가는 교사들의 반발을 낳았고 '단순화 위원회'가 원래의 계획을 수정하는 타협을 초래했다(Simpson 2006).

Standard Grade는 현대적 의미에서의 자격 체계는 아니었지만, 포괄적 수용의 원칙, 기준을 참고한 평가, 학습 레벨의 개념을 스코틀랜드 자격 제도에 부여했다.

3.2 실천계획/국가자격증: 초중급 수준의 '직업' 교육에 대한 모듈식 체계

1983년 1월에 발표되어 대부분 1984-85년에 실행된 실천계획(Action Plan)은 약 2000개의 모듈이 포함된 단일한 국가적 목록을 기초로 하는 모듈식 체계를 도입했다. 전문학교에서 제공되는 직업교육 중 중급 과정을 제외한 거의 모든 직업교육을 대체하고 학교와 훈련 프로그램에 참가하는 학습자들에게 기회를 제공하는 것이 목적이었다. 목록을 관리하고 자격증을 수여할 단일한 국가 기관(스코틀랜드 직업교육위원회: SCOTVEC)이 수립되었다. 각 모듈은 명목상 40 시간의 수업시간으로 구성되지만, 그 절반이나 두 배의 수업시간으로 구성된 모듈들도 있었다. 전일제 학생은 1년에 최대 20 모듈까지 들을 수 있었는데, 단일한 국가자격증(NC)에 모듈들이 개별적으로 열거되었다. 그러나 전문학교들은 종종 각 프로그램에 단위 명칭이 아닌 통합 자격 수여 명칭(group title)을 붙이기도 했다. 모듈은 레벨 별로 표시되지 않았다. 그렇게 하면 학습결과라는 주요 개념과 일치하지 않는 것으로 생각되었기 때문이다. 모듈은 성과 결과와 성과 기준에 의해 정의되었다. 모듈 기술어는 적절한 학습과 교수법, 학습 상황 등을 시사했지만, 모듈 내용이 상세하게 규정되지는 않았고 강사와 교사는 각 모듈에 '살을 입히는' 방식에 있어서 상당한 재량권을 누렸다. NC 모듈은 내부적으로, 다시 말해 외부 시험관이 아닌 전문학교 직원에 의해 평가되었으며, 단순히 통과/탈락으로만 결과가 표시되었다. 실천계획은 교육과 훈련을 통합하고 직업 프로그램 내에서 광범위한 일반 교육을 유지하는 것을 목표로 했다. 여기에는 개인적, 사회적 발전과 같은 일반적 모듈과 의사소통, 수리력, 언어, 그리고 시간이 지나면서 보다 '학술적인' 주제들이 포함되었다. 그 결과 NC 모듈은 학술 교육과정을 보충하기 위해, 또는 특히 이전 성적 때문에 상급 자격을 시도할 것을 권하기 힘든 학습자들 사이에 격차를 메우기 위해 학교에서 널리 이용되었다. NC 모듈은 또한 청년 실업으로 인해 그 수가 급증한 청년 훈련 프로그램들에 참가한 청소년들에게 자격을 인증하기 위해서도 이용되었다. 처음에는 16-18세를 목표로 했던, NC 모듈은 14-16세를 위한 교육과정 개발에도 이용되었고, 작은 학습 단위에 대해 국가적 인증을 제공하기 때문에 성인에게도 인기가 있음이 입증되었다.

'실천계획의 핵심에 있었던 학습결과 중심 자격 시스템으로의 이행은 논리적으로... 학습자의 나이나 학습 장소에 근거한 구분을 배제할 것으로 보였다. 이는 정책적 혁신이었다.'(Hart and Tuck 2007, p. 107)

실천계획은 몇 가지 목적을 가지고 있었다. 그것은 특히 '덜 학구적인' 학습자들에게 보다 많은 기회를 제공함으로써 낮은 16세 이후의 학습 참여율 문제에 대처했다. 또한 교육 참여를 유도하고 훈련 프로그램에 대한 자격 취득의 기회를 제공함으로써 높은 실업률에 대처했다. 실천계획은 직업자격의 구조를 단순화하고 중복을 줄일 수 있는 모듈식 구조를 제공함으로써 학습 제공을 합리화하려 했다. 그리고 이런 목표들을 지탱하기 위하여, 부분적으로는 훈련기관들을 희생하여 시스템에 대한 중앙집중적 통제력을 증가시키려 했다. 모듈은 '제도적으로 다목적'이었고, 더 이상 특정 전문학교나 정부 부처의 소유가 아니었다(그러나 기관들은 자체적으로 모듈을 개발할 수 있었다). 게다가 스코틀랜드가 통제하는 교육과 영국이 통제하는 훈련 사이의 경계가 점점 더 흐려짐에 따라, 스코틀랜드 당국들은 직업 교육과 훈련에 대한 통제력을 주장하려 했다(Raffe 1985).

실천계획은 교육계가 주도했고, 고용주는 부차적 역할을 맡았다(주로 SCOTVEC 부문별 이사회의 대표자를 통해). 그것은 당시 정부 내부에 있었던 '장학감사단'이 주도한 하향식 개혁이었다. 대학은 따르는 것 외에 선택의 여지가 거의 없었다. 전문학교 강사들이 거부권을 행사하겠다고 위협했지만, 사설 훈련 제공기관들이 모듈을 이용하도록 만드는 과정을 늦추는 것이 고작이었다(Philip 1992). 개혁은 또한 반응성과 유연성과 관련한 전문학교의 명성을 이용했다. 모듈의 신속한 도입(정책 문서화에서 실행까지 18개월)은 Standard Grade와 관련된 긴 시간 지연과 대조된다.

개혁으로 보다 최신 교육과정이 도입되었고, 노동 시장의 요구와 정책 환경에 따른 미래의 변화에 보다 유연하게 반응할 수 있는 구조가 마련되었다. 또한 학교별, 과목별로 차이가 있긴 했지만, 개혁은 훈시적인 교수법에서 실용적 접근법으로의 이행에 기여했다. 만일 직원이 모듈식 평가 요건을 너무 협소하게 해석하면, 학습 경험이 단편화될 수 있었다(Scottish Office 1991). 학교에서 모듈은 중요한 교육과정 요구를 충족했지만 학술적 과정에 비해 위상이 낮았고, 종종 학생들의 필요가 아닌 직원을 구할 수 있느냐에 따라 자의적으로 주어졌다. 모듈과 학술적 과정 간의 특성 및 교수법적 차이는 교육과정 경험의 일관성을 더욱 더 훼손했다. NC가 접근과 학점이전, 승급을 강화할 것이라는 야심은 제한된 수준에서만 실현되었다. 실천계획에 대한 연구에서 이런 연구결과를 표현하기 위하여 '내재적 논리(intrinsic logic)'와 '제도적 논리(institutional logic)'라는 신조어가 만들어졌다(Raffe 1988). '내재적 논리'는 자격 체계가 모듈식 시스템을 통해 '완전하게 연결적인(seamless)' 접근과 학습 이전, 승급을 촉진할 수 있을 것이다. 그러나 실제로는 참여와 승급은 계속 교육기관과 관련된 '제도적 논리'와 보다 넓은 사회적 맥락이 결정했다. NC 체계는 제도적 경계선들에 걸쳐져 있지만, 이 경계들은 전과 마찬가지로 중요해 보였다. 모듈을 채택할 확률과 학습 패턴, 그와 관련된 승급(progression)의 전망은 여전히 주로 제도적 논리에 따라 결정되었다. 학점이전은 제한되었고(많은 청소년들이 전문학교에서 학교 때

들었던 모듈을 또 들어야 했다), 불평등성의 패턴은 여전히 상당 부분 그대로였다. 또한 중복 감소를 통해 효율성이 증가했다는 증거도 많지 않았다. 목록에 있는 모듈의 수는 지속적인 증거의 압력에 직면했다(Croxford et al. 1991; Howieson 1992).

3.3 스코틀랜드 직업자격(SVQ): 역량 중심 직업자격의 국가적 체계

SVQ의 문제들은 잉글랜드에 대한 국가 연구에서 설명된 국가직업자격(NVQ)의 문제들과 많은 부분이 겹쳐지므로, SVQ에 대해서는 간략하게 이야기하겠다. 1986년 영국 나머지 지역에 NVQ가 도입되었다. NVQ는 국가직업표준을 토대로 하며 다섯 레벨 중 하나에 속하는 학습결과 중심의 단일화된 직업 자격이었다. 스코틀랜드에서는 직업자격을 합리화한다는 공언된 목적을 실천계획에서 이미 다룬 바 있기 때문에, NVQ는 원래 스코틀랜드까지 확대되지 않았었다. NVQ는 NC 모듈보다 역량이라는 협소한 개념을 기초로 했으며, 보다 엄격하게 규정되어 있었다. 다른 요건들과 더불어, 평가가 직장 환경에서 이루어져야 하는 요건도 있었다. 이러한 차이들과 교육과 훈련의 통합이라는 NC의 철학에 대한 NVQ의 명백한 거부, 설계와 기본 표준이 영국 차원에서 결정된다는 사실이 합쳐져서, NVQ가 스코틀랜드에 도입되는 것에 대한 강한 반대가 일어났고, 특히 SCOTVEC에서의 반발이 거셌다(Raggatt and Williams 1999). 그럼에도 불구하고 스코틀랜드의 항의는 기각되었고, 1989년 NVQ와 유사한 SVQ를 개발할 것이라는 발표가 있었다.

SVQ와 NVQ는 똑같은 검토와 수정 과정을 거쳤다. 예를 들어 잉글랜드에서와 마찬가지로, 그것은 협소한 규정과 과잉 평가, 비용과 관료주의 때문에 비판 받았고, 실행의 주된 동력은 공적 자금을 지원받는 훈련 프로그램에서 NVQ를 제공해야 한다는 요건이었다(Robinson 1998). 고용주 주도, 직장 기반 자격이라는 수사적 표현에도 불구하고, 자격 개발에 있어서 가장 큰 역할을 한 것은 대학들이었다(Canning 1998). 그럼에도 불구하고 시간이 지나면서 SVQ는 틈새를 찾아 스코틀랜드 자격 지형에서 좀 더 안정되고 인정받는 일부로 자리 잡았다. 아이러니컬하게도 잉글랜드에서 NVQ가 자격 및 학점 체계 속에 통합되고 있는 와중에도 SVQ는 스코틀랜드에서 여전히 생존하고 있다.

3.4 고급 교과과정 개발 프로그램(ACDP): HNC와 HND(단기 고등교육 자격)의 활용

1987년 협의 이후 시작된 ACDP는 실천계획의 원칙들을 주로 전문학교(college)에서 제공되는 SCOTVEC의 단기 고등교육 자격인 고급국가자격증과 고급국가수료증(HNC와 HND)으로 확대했다(SCOVEC 1988). 이 자격들은 40시간 단위 학점을 기반으로 재설계되었다. 국가자격증(NC)과는 대조적으로, HNC와 HND라는 통합 자격수여 명칭(group award title)은 유지되었지만, 또한 개별 단위로 자격증이 수여될 수도 있었다. HNC와 HND는 전에는 각각 시간제와 전일제 학습에 대해 주어지는 서로 구분된 자격이었지만, 이제 12학점 HNC를 토대로 하여 30학점 HND를 취득하는 것이 가능해졌다. 대학을 제외한 고등교육기관(HEI)에 대한 자격수여 기관과의 합의에 따라, 이와 비슷한 대학 학위와의 연계가 허용되었다(HEQC 1993).

고급 교과과정 개발 프로그램(ACDP)의 목적은 실천계획의 목적과 유사하며, 많은 면에서 당연한 결과였다. SCOTVEC가 설립되면서 실천계획과 함께 HNC와 HND의 책임을 맡았다. 이 자격들은 NC와 연계가 잘 이루어지지 않았다. HNC와 HND는 세부 사항이 기존 자격수여 기관들마다 차이가 있었고, 전통적인 형식을 고수하여 주로 시험에 의해 평가가 이루어졌으며, 내용 면에서 시대에 뒤처지는 것으로 인식되었다. ACDP는 또한 교육과정 내용과 프로그램 계획, 평가의 책임을 상당 부분 전문학교에 '위임'함으로써 전문학교 차원의 혁신을 도모하는 것을 목표로 했다(SCOTVEC 1988, p.1). ACDP는 SCOTVEC의 주도로, 중앙에서의 활동과 지역적 활동의 결합으로 진행되었다.

이러한 개혁은 대체로 환영받았다. 개발 프로그램의 평가 결과, NC와의 연계에 대한 관점은 다소 혼재된 것으로 나타났지만 전문학교 직원과 다른 참가자들은 특히 학위 제공의 연계 기회를 높이 평가했다(Black et al., 1992). 그럼에도 불구하고 이러한 유연성의 확대는 이후 보고서들이 강조하게 되는 딜레마를 낳았다. 그것은 바로 HND에서 학위로 이행하기 쉬워질수록, 고용과 연결되는 출구 자격(exit qualification)으로서 HND의 본성을 유지하기 어려워진다는 점이었다. 결국 HND마다 교육적 승급과 노동시장에서의 승급 중에 강조하는 부분이 달랐다. 학습 내용에 대한 통제권이 각 전문학교에 넘겨지면서, 전문학교 내의 혁신이 촉진되는 효과가 있었으나, 이는 HNC와 HND의 다양성으로 이어져 국가적 통용성을 위협했다. 2000년대 초에 있었던 다음 차례의 개혁은 HNC와 HND를 합리화하고 명칭 수를 줄이고 내용에 있어서 국가적 일관성을 확대하는 쪽으로 이루어진다.

3.5 스코틀랜드 학점 누적 및 이전계획(SCOTCAT): 고등교육에 대한 전국적 학점 및 누적 시스템

SCOTCAT 계획은 스코틀랜드 고등교육에 대한 학점 시스템으로서 1991년에 시작되었다. SCOTCAT는 1학점을 10시간 학업시간과 동일한 것으로 정의했다(나중에 평균적인 학생이 학습결과를 달성하기 위한 개념상의 학습시간으로 재정의되었다). 전일제 프로그램의 연간 정상 학습량을 1,200시간 또는 120 학점으로 가정했다. 각 강좌 단위는 학점 평가에 따라 4점에서 120점까지의 학점을 할당받고, 고등교육 학습의 5개 레벨 중 하나에 배정되었다. 4개의 레벨은 4년제 우수학사 학위에 해당하며, 다섯 번째 레벨은 석사학위에 해당했다. 각 대학자격 유형에 대하여 최소 학점수와 레벨이 규정되었다(CNAA 1991).

SCOTCAT은 국가학위수여협의회(CNAA) 스코틀랜드 지국에 의해 주도되었는데, CNAA는 공공 부문의 고등교육기관(HEI)들이 1992년에 대학이 되기 이전 그들에게 학위를 수여하던 기관이었다. 이후 고등교육의 품질보증을 담당하는 기관(현재는 품질보증국)과 HEI(현재는 Universities Scotland인 대표 기관을 통해)이 SCOTCAT를 공동으로 주관하며, 학점에 기반한 학습을 개발하기 위해 협력하기로 동의했다(McGoldrick 1999). 원래의 초점은 '학생들의 국제적 이동성을 확대하고 고용주 및 동업자 조직과의 업무를 증진하고 학생들에게 안내와 교육기관 직원들에게 발전 기회를 제공하는 것'이었다(HEQC 1992, p. 99).

1992년 무렵 모든 HEI들이 SCOTCAT에 서명하고 그에 맞춰서 자신들의 교육 제공을 변경하기로 동의했다. 당시 SCOTCAT의 이용은 주로 전에 CNAA가 관여한 비교적 자립적인 학점 누적 및 이전 계획들에 한정되었다. 이후 특히 모듈식 학부 프로그램과 전문 직업 자격 및 보건과 사회복지, 교육 부문에서 지속적인 승급에 집중된 급속한 개발 과정이 뒤따랐다. 기관들은 자신들의 프로그램을 조직, 설명하고, 복합적 방식의 교육 제공을 뒷받침하고, 다른 자격수여 체계와 직장 기반 학습으로의 연계 및 경로를 제공하기 위하여 SCOTCAT 체계를 점점 더 많이 이용했다. 그러나 SCOTCAT과 SCQF가 학점 기반 학습을 고등교육의 좁은 틈새에서 주류로 옮겨놓았음에도 불구하고, 그 이용은 여전히 HEI 마다 크게 차이가 있었다(McGoldrick 1999). 실천계획과 관련하여 개발된 개념들을 빌어 이야기하자면, SCOTCAT 체계의 공통적인 내재적 논리에도 불구하고, 그 적용은 스코틀랜드 교육의 다양한 제도적 논리에 따라 차이가 났다고 말할 수 있다.

영국 어느 곳에서보다 빠른 발전이 이루어졌다(HEQC, 1993). 이는 부분적으로 (특히 기금과 통치권이 1992년 스코틀랜드로 이양된 이후) 스코틀랜드 고등교육의 비교적 적은 규모와 응집성이 반영된 결과였다. 스코틀랜드 HEI들은 그 다양성에도 불구하고 각자의 관심과 활동을 일치시킬 수 있었고, 이는 SCQF에 있어서 결정적인 요인으로 입증되었다. 추가적인 요인은 전문학교에서 제공되는 HNC와 HND 부문의 규모가 크다는 점이었다. 이들은 신설 대학들에게 잠재적인 신입생 모집의 원천을 제공했다.

3.6 Higher Still: 16세 이후 학교 및 전문학교 수준 학습에 대한 새로운 국가자격을 위한 '통합된 교육과정과 평가 시스템'

1999년부터 실행된 Higher Still은 고등학교 과정과 '직업' 국가자격 모듈을 하나의 통합된 체계로 대체했다(Scottish Office). 설계는 종전의 자격들을 혼합한 것으로, 단위 (unit)를 토대로 하고 있다. 단위들은 모여서 과정(course)이 될 수도 있으며, 내부적 단위 평가와 외부 과정 평가가 함께 이용되었다. 단위와 과정들은 7개의 레벨을 갖는 '사다리식 구조'로 되어있다. 상위 두 레벨은 기존 고등학교 과정에 해당하지만, 새로운 레벨들은 시스템을 보다 포괄적으로 만들기 위해 새로이 추가된 것들이었다. 원래의 계획은 다섯 개의 레벨을 제안했지만, 최하위 레벨이 세 개로 나뉘게 되었다. 그 중 레벨 기술어가 제공되지 않는 가장 낮은 레벨에는 심각한 학습 장애가 있는 학습자들에게 제공되는 과정이 포함되었다.

Higher Still은 '모두에게', 특히 점점 그 수가 증가하고 있는 자격 없이 계속 교육을 받는 16세 학습자들에게 기회를 제공하는 것을 목표로 했다. 그것은 NC 모듈을 기반으로 했으나, 낮은 위상과 자의적 제공, 그리고 16세 이후 학교 교육과정에서 NC 모듈과 전통적인 학업과정의 결합에서 발생하는 교수법과 평가법의 비일관적 혼합 같은 한계들을 극복하려 했다. 또한 직업 교육과 일반 교육에 대한 동등한 존중을 촉진하고 의사소통, 수학, 정보통신기술(ITC), 문제해결, 대인 관계의 다섯 가지 '핵심 기술(core skills)'을 장려하는 것도 목표로 했다. Higher Still은 의무교육 이후의 교육에서 일관성 확대와 통합을 촉진했던 '통합의 논리'를 반영했다(Raffe 2003a). Higher Skill의 목표와 전략은 많은 지지를 이끌었는데, 부분적으로는 정치적으로 좌파와 우파 모두에게 매력적으로 느껴졌기 때문이었다. 좌파에게 Higher Still은 광범위한 기회와 평등을 제공하고 포괄적 교육 원칙을 의무교육 이후 학습으로까지 확대하는 것이었고, 우파에게는 선택과 유연성, 그리고 직업 교육의 반응성과 발전을 약속했다.

이런 광범위한 지지에도 불구하고, Highr Still은 실천계획(Action Plan) 보다도 더 교육계의 주도로 이루어졌다. 고용주 단체는 지지하는 입장이었지만, 그들이 미치는 주된 영향은 핵심 기술에 대한 우선순위를 유지하는 정도였다. 통합된 새로운 체계에 SVQ와 대부분의 업무 기반 학습은 포함되지 않았다. 발전 과정을 지원하기 위해, 정부는 스코틀랜드 교육 사상 가장 큰 협의 작업을 시작했다. 그럼에도 불구하고 강력한 학술 기관들이 개혁의 개념과 전개에 대한 대부분의 영향력을 행사했고, 많은 전문학교와 직업교육 기관들은 그러한 결과에 실망했다(Raffe et al. 2007). 더욱이 모든 레벨과 유형과 위치를 망라하는 16세 이후 교육의 포괄적 체계를 개발할 필요성 때문에, 자기 부문의 이해를 대변할 수 있지만 시스템 차원의 문제들을 고려할만한 자원이나 참고 틀이 부족한 참가자들의 권한을 박탈하는 경향이 있었다(Raffe et al. 2002). 개발과 실행 과정은 '하향식'으로 널리 인식되었고 특히 평가 체계와 같은 주요 제안들은 협의에 붙여지지 않았다.

SCOTVEC은 학교 시험 기관과 합병하여 스코틀랜드 자격국(SQA)이 되었고, 이 기관은 새로운 자격들에 대한 책임을 맡았다. 실행 첫해(1999-2000)는 시험 결과 발표의 지연과 불확실성을 초래한 '고사위기'로 끝이 났다. 평가 부담 증가와 복잡한 평가모델이 결합되어 초래된 상황이었다. 그로 인한 정치적 위기는 개혁 과정에서 학교와 전문학교들의 참여 수순이 불충분했다는 비난으로 이어졌다. 그 결과 주요 이해당사자들, 특히 주요 교육제공 기관들에게 유리하도록 정책 입안 영향력을 재조정하고, 평가 부담을 줄이기 위한 대책들을 마련하고, 다양한 유형의 학습을 수용하기 위하여 통합된 체계들을 느슨하게 규정할 필요성을 인식하게 되었다.

Higher Still에 대한 연구는 그것이 가치와 지위, 관련성이 있다고 생각되는 학습 기회들을 보다 광범위한 청소년들에게 제공한다는 의미에서 '모두를 위한 기회'를 제공했다고 결론지었다(Raffe et al. 2007). Higher Still은 또한 16-18세 단계에서 참여와 성취의 사회적 불평등 감소와도 관련지어 생각되었다(Croford 2009). 그러나 새로운 국가자격이 접근성을 개선했음에도 불구하고, 승급에는 영향을 많이 미치지 못했다. 모든 학습자들이 나름의 속도와 방식과 방향으로 진도를 나갈 수 있게 해주는 유연한 '사다리식 구조'를 설계, 구축, 실행하는 것은 말처럼 쉬운 일이 아니었다(Raffe et al. 2007). 유연한 전달과 유연한 경로 같은 다양한 유연성의 차원들이 서로 상충했다(Howeison et al. 2002). 자격 수준이 낮은 젊은이들은 그들의 필요에 맞게 재단된 수업을 들었음에도 불구하고 여전히 많이들 낙제하고 중퇴했다. 또한 직업교육과 일반학습을 공식적으로 동등하게 존중했음에도 불구하고, 통합된 시스템은 적어도 단기적으로는 직업 과정을 선택한 학생들의 수와 부류에 큰 영향을 미치지 못했다.

　이전 개혁들과 마찬가지로, Higher Still은 동등한 존중과 참여 및 성취의 패턴이 통합된 자격 체계라는 내재적 논리보다는 거시적 차원의 제도적 논리를 포함하여 교육과 훈련의 제도적 논리에 의해 좌우되는 부분이 더 크다는 사실을 입증한 것으로 보였다(Young 2002). 제도적 논리의 중요성은 서로 대조적인 논리를 가진 학교와 전문학교들이 개혁을 실행하는 상이한 방식들과 이 두 부문에서의 상이한 승급 패턴에서도 명백히 드러났다(Raffe et al. 2007). 그로 인해 기대했던 것 보다 차별화된 제공 패턴이 생겨났지만, 이것이 꼭 바람직하지 못한 것만은 아니었다. Higher Still은 적어도 일부 스코틀랜드 정책입안자들 사이에 기대와 인식의 변화를 촉진했다. Higher Still은 하나의 체계가 동등한 존중과 같은 목표를 달성할 수 있는 능력에 관해 현실적인 인식을 갖게 하는 데 도움이 되었을 뿐 아니라, 통합된 체계를 다양성을 조율하기 위한 원칙에 획일성을 부과하는 수단으로 보았던 기존의 인식을 변화시키는 데도 이바지했다. Higher Still은 평가 절차 같은 체계들이 '목적에 맞아야' 할 필요성과 따라서 시스템에 따라 다양해져야 할 필요성을 강조했다.

3.7 종전의 개혁들: 개요

그림 2는 앞서 논의한 개혁들에 대한 도식적 개요를 제공한다. 첫 번째 열은 각각의 개혁에 대해 간략하게 설명한 내용이다. 둘째 열은 나중에 스코틀랜드 자격체계(SCQF)의 구조에 기여한 각각의 개혁들이 도입한 구조적 특징들을 나열한 것이다. 그 결과 2001년에 SCQF가 시작되었을 때, 이 구조의 상당 부분이 이미 마련되어 있었거나 발전된 실행 단계에 있었다. 대부분의 주류 스코틀랜드 자격들은 학습결과에 기반하고 있었다(비록 학습결과(outcome)에 대한 해석은 다양하고 대체로 느슨하지만). Standard Grades를 제외한 대부분의 자격이 통합되어 있었다. 대부분의 자격은 특정 레벨에 위치했는데, 레벨들 간의 경계와 그것이 정의되는 방식은 자격 유형에 따라 사소한 차이가 있었다. 그리고 스코틀랜드 직업자격(SVQ)을 제외한 대부분의 자격은 학점의 개념에 기초하고 있었는데, 여기서도 정의 및 측정에 있어서 비교적 사소한 차이가 있었다. 고등교육과 SQA 자격에 대해서는 품질 보증 시스템이 잘 확립되어 있었다. 그리고 교사와 강사들은 학습자 중심 접근법과 연관된 교수법 및 평가 절차에 익숙해져 있었다. 이보다는 덜 확실하지만, 학점과 같은 개념들의 보다 광범위한 인식과 자격 시스템을 지탱하기 위해 신뢰가 필요하다는 믿음을 낳은 문화적 변화의 흔적이 있었다.

더욱이 2001년까지 대부분의 주류 자격들은 비교적 구분이 뚜렷한 세 자격군들 중 하나에 속했다. 세 자격군이란 SQA의 국가 자격(Standard Grades와 SQA 단위들을 기반으로 하는 다양한 규모의 통합 자격수여(group awards)를 포함)과 고등교육 자격(HNC와 HND가 포함되는 SCOTCAT), 그리고 스코틀랜드 직업자격(SVQ)이다. 이 자격군은 SCQF의 주요 하위체계가 되다 개혁의 순서에 따라 하위체계 내에서의 빌진과 하위 시스템들 간의 통합 간의 균형 관계가 달랐다. 순서의 끝으로 갈수록, 특히 Higher Still의 경우 강조점은 통합 쪽으로 기울었다. 가장 큰 두 하위체계(SQA와 고등교육)의 '주체'들은 보다 통합되고 일관된 자격 시스템을 향한 노력을 계속했다. 직원들(고등 교육의 경우, 스코틀랜드의 주요 대표 기관과 품질보승 기관의 직원)은 이러한 과정을 진행시키기 위한 경험과 전문성, 전략적 이해, 열의를 갖추었다.

그림 2의 세 번째 열은 각 개혁의 특성들, 그리고 특히 실행 스타일을 요약하고 있다.

대부분의 개혁은 정부나 중앙 정부부처에 의해 주도되었고, 대부분 자기 분야나 부문에서 구체적 변화를 이루는 것을 목표로 했으며, 적어도 주요 대상 기관들에 대해서는 의무적이었다. 어떤 것들은 상당히 '엄격한' 설계였고, 개발 과정에 교육 기관을 참여시키려는 바람과 본질적으로 하향식인 개혁의 본성 사이에 잦은 갈등이 있었다. 달리 말해 SCOTCAT을 제외하면, SCQF에 선행한 개혁들이 소통형 체계보다 개혁형 체계의 유형과 닮아있다.

그림 2의 마지막 열은 각 개혁의 경험이 제기한 문제와 교훈들 몇 가지를 요약하고 있다. 이 문제들 중 상당 부분이 개혁의 과정 전체에서 발생했는데, 이는 그 문제들이 개별 시도들의 구체적 특징 뿐 아니라 자격 체계의 일반적 측면들을 반영한다는 것을 암시한다. 예를 들어 제도적 논리의 중요성과 포괄적 정책적 토대의 필요성, 평가 제도의 중요성과 그것을 복잡하지 않게 유지해야 할 필요성, 체계의 범위와 엄격함 사이의 긴장, 체계 내 단위들이 증식하는 경향 등이 개혁의 순서 전체에서 반복적으로 발생한다. 그리고 전체 과정에 대한 추가적인 문제들이 제기된다. 개혁을 위한 장기적 일정과 변화의 점진적 성격, NQF 개발과 최종적 구조에 있어서 하위체계들의 중요한 역할 등이 여기에 포함된다. 제4절은 SCQF와 종전의 개혁들을 참고하여, 스코틀랜드의 경험에서 얻은 교훈들에 대해 이야기할 것이다.

그림 2-2 SCQF에 선행한 개혁들: 개요

개혁	SCQF의 구조와 문화에 기여한 점	체계 유형/실행 스타일	문제/교훈
Standard Grade: 14-16세까지 학교 과정을 인증하기 위하여, 컴퍼치지도 세 개의 레벨에서 주어지는 과목별 자격	· 포괄적 포함의 원칙 · 레벨들(level) · 기준을 참고한 평가 · (NQ 하위체계의 일부가 되었음)	· 정부 주도 · 학교들에 대해 의무적 · 긴 개발 프로그램에 교사의 참여	· 통합된 체계가 전체 범위를 포괄함 · 평가를 복잡하지 않게 유지해야 할 수 있음을 보여줌 필요
국가자격증(NC)(실천체화): 전문학교의 중등급 자격 체공을 대신하기 위한, 학교와 민간 제공기관들이 이용할 수 있는 국가적 모듈식 체계	· 통합화 · 학습 결과 · 기준을 참고한 평가 · 이동성/학점 이전 · 직업자격과 일부 일반 자격의 통합 · (학업 과정과 통합되어 Higher Still NQ 하위체계를 형성)	· 정부 주도(장학감사단) · 교육 중심(고용 중심이 아님) · 신속한 하향식 개발과 실행 · 전문학교들에 대해 의무적	· 제도의 논리적 제약 · 포괄적 정체적 토대의 필요 · 통합된 체계가 시스템을 더욱 반응적으로 만든다. · 교육과정과 교육법을 결정하는 데 있어서 평가의 역할 증가 · 모듈 수의 증가
스코틀랜드	· 통합화 · 학습 결과 · 레벨들(level) · 기준을 참고한 평가 · (SVQ 하위체계의 일부가 되었음)	· 정부의 주도 · 산업이 주체라는 수사적 표현, 정부가 임명한 산업체들이 부가 개발 · 정부 지원 훈련프로그램에 대하여 의무적	· 포함 범위와 체계의 엄격함 사이의 긴장 · 정체 포괄성의 필요 · 비용, 관료주의의 문제 · 평가 요건이 접근을 제약하고 비용을 높인다.

개혁	SCQF의 구조와 문화에 기여한 점	체계 유형/실행 스타일	문제/교훈
고급 교과과정개발프로그램 (ACDP): HNC/HND(전문학교에서 제공되는 학사 학위보다 낮은 자격)의 활용	· 통합화 · 학습 결과 · 기준을 참고한 평가 · 이동성/학점 이전(대학 하점까지 포함) · (SCOTCA와 함께 SCQF의 HE 하위체계 개발에 기여)	· 자격수여기관 주도(SCOTVEC) · 개발에 전문학교가 참여 · 전문학교에 대해 사실상 의무적이지만 프로그램 내용에 대한 통제권은 이양	· 실천계획과 유사 · 중구 자격으로서의 역할과 승급 간의 긴장 · 전문학교가 통제권을 이양함으로써 프로그램/자격의 수와 다양성을 증가시킴
스코틀랜드 학점 축적 및 이전 제도(SCOTACAT): 고등교육에 대한 국가적 학점 시스템	· 학점(10시간 측정 기준) · 레벨들 · 학습 결과 · 통합화/모듈화 · (ACDP와 연계하여 SCQF의 HE 하위체계를 위한 토대가 되었음)	· 처음에는 비패학 하에 대하여 수여기관 주도, 나중에는 HEI와 품질 보증기관이 주도 · 자발적이지만 모든 HEI가 서명	· 다양한 제도적 논리의 영향 · 기관 주도로 실행이라 더디고 차이가 심할 수 있다 · 기관들의 체계 이용이 훨씬 더 가변적이 되었다.
새로운 국가자격(Higher Still): 7단계 사다리 구조로 되어 있고 학교와 전문학교에서 제동되는 학술적, 직업적 의무교육 이후 자격 제공의 통합된 시스템	· 학습 자격과 직업 자격의 통합 · 레벨들 · 학습 결과 · 통합화 · (NC 모듈, 학습 과정들과 연계하여 SCQF의 하위체계가 되는 NQ를	· 정부 주도(장학감사단) · 아주 광범위한 협의가 있지만 하향식으로 인식된다. · 시스템 전체 차원의 개발이 초래한 '건한 바닥' 효과	· 통합된 체계가 전체 범위를 포괄함 · 제도적 논리의 제약: '사다리 구조로' · NQF는 '동등한 존중'을 억지로 부과할 수 없다.

개혁	SCQF의 구조와 문화에 기여한 점	체계 유형/실행 스타일	문제/교훈
개혁의 흐름: 하위체계 내에 서의 발전과 하위체계들 간 통합을 향해 나아감	• 학습 결과, 레벨, 통합, 학점, 등 그리고 변화된 교수법과 평가와 평범한 창조를 위한 문화적 변화	• 주로 '소통형' 체계가 아닌 '개혁형' 체계: 협의와 교육기관의 참여의 정도와 효과의 정도는 다르지만 중앙 정부의 역할이 강력한 '하향식' 변화	• 체계의 포괄 범위와 엄격함 사이의 긴장 • 평가를 간단하게 유지해야 할 필요 • 변화 과정을 위해 필요한 시간 • 포괄적 체계로 접근수록 점진적으로 늘어나는 과정들 • NQF 개발과 설계에서 하위체계 간의 차이 • 개혁은 전문성과 미래의 변화에 대한 관심을 가진 조직들을 창조한다.

이 장의 앞부분에서, 나는 SCQF의 '긍정적' 설명에 대해 이야기하며, 이러한 설명이 세 가지 면에서 '회의적 설명'의 도전을 받았다고 밝혔다. 이 절은 두 가지 도전에 대한 부연설명을 제공했다. 어떻게 SCQF 종전의 개혁들에 의해 SCQF의 토대가 마련되었는지를 보여주고, 이전 개혁들이 SCQF의 소통형 체계 모델보다 개혁형 모델에 더 가까웠음을 보여주었다. 다음 절에서는 세 번째 도전-SCQF 자체의 추가적 효과가 미미하다는 주장-을 살펴보겠다.

4. 스코틀랜드 학점 및 자격 체계(SCQF)

4.1 SCQF의 기원

하나의 포괄적 체계라는 개념은 1990년대 중반 Higher Still과 SCOTCAT 체계를 개발하는 사람들 사이에서 등장했다. 이들은 두 체계와 SVQ를 합쳐서 단일한 국가적 체계로 만들 가능성에 대해 이야기했다. 1997년에 디어링 경이 이끈 고등교육조사위원회는 '학습 수준과 SCOTCAT 학점에 기초한 통합된 자격 체계'를 권고했다(NCIHE 1997, p.39). 흥미롭게도 이 권고는 정부가 아닌 다른 네 개의 조직들을 대상으로 한 것이었다. 네 조직이란 SQA, HEI를 대표하는 조직(현재 Universities Scotland), 고등교육 품질보증국(QAA), 그리고 SCOTCAT을 관리하는 위원회였다. 그러나 정부는 이 체계를 지지했고, 평생학습 전략에서 '그런 체계를 개발하기 위한 집단에 합류하겠다'고 약속하며 1999년 8월까지 포괄적 체계가 마련될 것이라고 낙천적으로 기대했다 (Scottish Office 1998. p.63).

1999년 3월에 세 고등교육 기관과 SQA와 정부는 학습 결과의 수준과 학습 결과의 분량에 관한 주요 개념들에 기초한 하나의 체계를 대략적으로 제안하는 의견수렴 보고서 (consultation paper)를 발표했다(COSHEP et al. 1999). 보고서는 기존 체계들이 정의하는 레벨들을 단일한 11 레벨 체계로 규합할 수 있다고 제안했다. 분량은 1학점이 개념적 '10시간의 학습 시간'을 통해 달성한 결과와 같다는 SCOTCAT 원칙을 이용하여 측정했다.

그 의견수렴에 대한 반응은 긍정적이었고, 2000년에는 SQA와 Universities Scotland, QAA, 그리고 새로이 권한을 이양 받은 스코틀랜드 정부, 이렇게 네 부류의 '개발 파트너'들이 개발 및 실행 계획에 동의했다. 이 계획이 다루는 활동은 체계 개발하기와 주요 자격을 체계 내에 배치하기(2003년까지), SCQF를 주요 학습 언어로 확립하기 등이었다. SCQF는 그 원칙과 구조를 개략적으로 소개한 문서에 기초하여, 2001년 12월에 12단계 체계로서 공식 출범했는데, 문서에는 '최초의 활동 지침으로서 제공된 레벨 기술어(level descriptor)도 포함되어 있었다. 레벨 기술어는 나중에 피드백에 따라 수정될 예정이었다(SCQF 2001, p. 26).

4.2 통치체제

공식적으로 시작되어 2002년-2006년에 대한 첫 실행 계획이 발표되었을 때, 이 체계는 고용주와 동업자 협회, 공동체 조직 및 교육훈련 관계자를 비롯한 주요 이해당사자들을 대표하는 합동자문위원회의 자문을 받아 네 부류의 개발 파트너들이 이끌었다. 초기 작업의 대부분은 기존 하위체계를 규합하고 체계를 확대하고 사전학습인정(RPL)과 학점 이전을 비롯한 다양한 목적으로 체계를 이용하기 위한 절차와 원칙을 마련하는 것으로 이루어졌다. SCQF 자체에 대한 인적자원은 거의 없었다. 출범 첫 해에 정규직 직원이라고는 개발 담당자 한 명뿐이었다.

이런 구조는 두 가지 주요 측면에서 변했다. 오랜 기간 동안 신청한 끝에, 2006년에 전문학교 대표자 조직이 다섯 번째 개발 파트너가 되었다. 2006년 11월에 SCQF 파트너십이 비영리 기업으로 재출범했다. SCQF 파트너십은 개발 파트너들이 주관하고 이사회를 임명했지만, 보다 강력해진 행정력과 더 많은 직원들을 갖게 되었다. 새로운 SCQF 품질위원회는 SCQF 지침을 관리하고 자격과 학습을 인정하는 과정과 기준에 일관성을 기하고(학점 평가-아래 참조) SCQF를 다른 국가적, 국제적 체계들과 조율하는 일을 맡았다. 그리고 합동자문위원회를 대신하여 SCQF 포럼이 주요 이해당사자들의 이익을 대변하고 체계의 이용을 증진하고, 그 설계와 실행에 대한 피드백을 제공하는 일을 한다.

4.3 이해당사자들의 역할

SCQF는 두 하위체계의 '주체'들인 SQA와 고등교육기관에 의해 시작되고 주도되었다. 정부는 지원해주는 역할과 함께, 이동을 촉진하고 자극하며 핵심적 역할을 하지만, 유일하거나 주된 주체로 나서지 않으려고 조심해왔다. 주요 이해당사자와 SCQF의 초기 개발 참가자들은 정부가 그 체계를 맡은 것으로 일방적으로 주도하는 것으로 보인다면 SCQF 체계에 지장이 생길 것이라고 주장했고, 그런 주장을 정부 자신이 받아들인 것으로 보였다 (Raffe 2003b).

다른 교육훈련 기관들은 다소 간접적인 영향력을 행사해왔다. 초기에는 전문학교들이 개발 파트너에 포함되어 있지 않았고, 그들은 이에 분개했다. 전문학교들은 강력하고 성공적인 체계에 대해 다른 어떤 부문보다 더 큰 관심을 가지고 있고, 때로는 자신들의 바람대로 체계를 만들지 못하는 것에 좌절감을 느껴왔다. 예를 들어 SCQF가 학점 이전과 유연성을 증진하려는 주된 영역들 중 하나는 전문학교/대학의 이전이다. SCQF는 학사보다 낮은 레벨의 전문학교 자격에서 대학 학사 자격으로 학점을 이전하기 위한 토대를 제공하지만, 전문학교의 관계자들은 그러한 이전이 당연히 이루어지는 것으로 생각하는 반면, 대학 관계자들은 학점을 인정할 것인지 아닌지에 대한 재량권을 유지하고 싶어 한다. 전문학교들을 개발 파트너들에서 배제한 구실은 SCQF가 자격을 수여하는 기관들에 의해 주도된다는 것이었다. 대학은 학위를 수여하는 반면, 대다수의 전문학교 자격은 SQA에서 수여했다. 한편 나중에 전문학교를 포함시킨 구실은 전문학교가 일부 자격을 독자적으로 수여한다는 것이었다. 양 경우 모두에서, 그러한 구실들이 통제력과 관련한 근본적 문제를 가렸다. 개발 파트너들이 체계를 통제하려는 바람과 이해당사자들을 개입시켜야 할 필요 사이에 균형을 잡기 위하여 합동자문위원회가 구성되어 이 임무를 효과적으로 관리했다.

다른 이해당사자들은 보다 주변적인 자문 역할을 맡아왔다. SCQF가 고용주와 동업자 협회를 충분히 참여시키지 않았다는 반복되는 우려가 있어왔고, 공동체 조직과 관련해서도 비슷한 우려가 표현되었다. 그럼에도 불구하고 고용주와 다른 이해당사자들의 대표자가 SQA의 직업 자격과 SVQ와 같은 SCQF의 '하위체계'들을 만들기 위한 협정에 참여했다.

SCQF의 구성자격들을 통한 개입을 제외하면 이해당사자들이 SCQF에 개입하려는 동기에는 다소 차이가 있다. SCQF에 이해당사자들을 개입시키는 문제는 다른 교육계 주도의 개혁에서와 흡사하다. 예를 들어 지지의 입장을 보여 왔고 종종 적극적으로 참여하기도 하는 고용주 대표 기관을 개입시키는 편이 각자 파편적으로 관여하고 있는 개별적인 고용주들을 개입시키는 것보다 용이하다.

4.4 목적과 목표

스코틀랜드 학점 및 자격제도(SCQF)의 출범 문서(launch document)는 다음과 같은 SCQF의 '일반적 목적'에 대해 이야기했다.
· 모든 연령대와 상황의 사람들이 자신의 개인적, 사회적, 경제적 잠재력을 온전히 발휘하기 위하여 평생 적절한 교육과 훈련에 접근할 수 있도록 돕는다.
· 고용주, 학습자, 일반 대중이 스코틀랜드 자격의 전체 범위와 자격들이 어떻게 서로 연관되는지, 서로 다른 유형의 자격들이 어떻게 노동력의 기술 향상에 기여할 수 있는지를 이해할 수 있도록 한다(SCQF 2001, p. vii).

따라서 하위체계들로부터 독립적으로 살펴보면, SCQF는 기존 교육훈련 시스템을 출발점으로 삼아 그것을 합리화하고 일관성을 향상시키고 접근성을 확대하고 프로그램들 간의 이전과 진입을 위한 기회를 강조하기 위하여 보다 투명하고 이해하기 쉽게 만드는 것을 목표로 하는 소통형 체계의 전형적 사례다.

이 어느 정도 합의된 목적에 덧붙여, 주된 이해당사자들은 구체적인 참여 동기를 갖고 있다. 학습 참가자들과의 인터뷰에 입각한 SCQF 도입에 관한 한 연구는 다음과 같이 말한다.

고등교육계의 역할이 결정석으로 중요했다. 고등교육계가 이미 SCOTCAT을 개발하고 있었고 더 광범위한 체계로부터 얻을 것이 다른 부문보다 적은 상태에서, 왜 군이 고등교육계가 사업을 주도하게 되었는지 물었을 때, 한 응답자는 '이타주의'라고 대답했다. 또 다른 응답자는 고등교육계는 미래와 특히 전문학교에서의 채용 패턴 변화를 바라보고 있다고 대답했다. 또 다른 응답자는 최근(1992년) 스코틀랜드 대학들에 대한 책임이 스코틀랜드국(Scottish Office)으로 이양된 사실과 별도의 스코틀랜드 고등교육 기금 위원회의 창설을 언급했다. SCQF는 '귀환한' 스코틀랜드 고등교육 시스템이 스스로의 경로를 결정하고 나머지 스코틀랜드 교육계와의 연계를 강화할 기회를 제공했다. SCQF의 주된 옹호자 중 하나인 고등교육 품질보증국 스코틀랜드 사무국은 또한 스코틀랜드 교육 시스템 내에 포함되어 영국 모기관(parent body)으로부터 자율권을 확대하기를 바랐다. 더욱이 SCQF를 주도함으로써, 고등교육계는 그것을 모양 짓는데 도움을 줄 수 있었고, 따라서 고등교육계가 국가자격체계의 개발에서 배제된 느낌을 가졌던 남아프리카공화국과 뉴질랜드 같은 국가들의 경험을 피할 수 있었다(Young 2001, Mikuta 2002). 필자는 이 모든 설명들에 어느 정도 진실이 있다고 생각한다. 그리고 많은 스코틀랜드의 시도들과 마찬가지로 SCQF는 몇몇 주요 개인들의 열정과 헌신 덕분에 탄생했다는 설명(Raffe 2003, pp. 245-246)에도 어느 정도 동의한다.

SQA의 목적은 스코틀랜드 국가자격기구로서의 위상과 국가자격의 통합된 교육과정과 자격체계를 개발, 관리하기 위해 만들어진 기관으로서의 기원을 반영했다. 그 체계를 Higher National과 SVQ와 같은 다른 SQA 자격을 비롯한 여타의 스코틀랜드 자격들과 연계시킨 개혁은 그러한 통합 노력을 계속하는 한편 국가 기구로서 SQA의 위치와 반독점적 지위를 확인해준다. 많은 SQA 직원, 특히 SCOTVEC에서 합류한 직원들은 SCQF가 토대로 하는 학점과 유연성 면에서 혁신의 오랜 경험을 가지고 있었다.

SCQF의 보다 광범위한 정치적 호소력과 관련하여, 다른 국가들에서 NQF를 이끌었다고 이야기되는 일종의 '신자유주의적' 정치 의제가 SCQF에 대한 지원의 원동력이었다는 증거는 거의 없다(Philips 1998, Allais 2003, Young 2007). SCQF는 경제적 요구에 반응하고 기회와 접근법 확대와 사회적 포용을 촉진하기 위한 수단으로서 보다 통합적이고 개방적이고 유연한 학습 시스템을 주장하는,

합의에 의한 정치적 관점에 호소했다. 예를 들어 스코틀랜드 의회 1차 회기에서 한 영향력 있는 위원회 보고서는 경제와 사회정의, 시민권, 품질이라는 원칙에 입각한 평생학습 전략을 제안했다. 그 보고서는 '일과 학습의 세계 사이에... 다리를 놓고, 개방적이고 접근가능한 학습 환경을 조성하기 위한 수단으로서' SCQF를 반겼다(Scottish Parliament 2002, p.23).

다른 이해당사자 집단들의 동기와 관점도 비슷한 가치관과 인식에 의해 영향을 받았다. 고용주와 동업자 조직, 노동조합은 대체로 지지하는 입장이었고, 다만 체계의 인정과 이용이 국가적 지도부와 대표 기관들을 넘어서 널리 퍼지기까지 시간이 걸렸다. 전문학교는 모든 교육훈련 부문들 중에서 기술 획득과 경제적 요구에 대한 반응, 접근성 확대, 사회적 포용을 결합한 SCQF 철학과 가장 가까운 부문이었다. 전문학교는 유연하고 반응적인 학습기회 제공기관으로서, 그리고 다른 모든 학습 부문들(학교, 대학, 직장 등)과 접점을 갖는 부문으로서 자신들의 역할을 강화하는 모든 발전에 강한 관심을 가지고 있었다.

4.5 구조

SCQF 파트너십의 현재 구조도는 그림 3에서 제시하고 있다. SCQF는 하위체계들을 규합함으로써 창조되었지만, 특정 하위체계에 속하지 않는 자격들 역시 수용한다. 이는 SCQF의 '느슨한' 규정을 설명한다. SCQF는 기존 하위체계를 일관된 방식으로 포괄하도록 설계되었다. SCQF는 새로운 자격들을 설치하거나 기존 자격을 정비하기 위해 마련된 것이 아니다. 이는 또한 구조의 가 요소들이 어떻게 설정되었는지를 설명해준다.

SCQF의 레벨 1에서 레벨 11까지는 국가자격의 일곱 레벨과 SCOTCAT의 다섯 레벨을 토대로 했다(이 두 하위체계는 SCOF 레벨 7에서 겹쳐진다). 여기에 레벨 12가 박사 과정을 포함하기 위해 추가되었다. 레벨 기술어(level descriptor)는 지식과 이해, 실천(응용된 지식과 이해), 일반 인지 능력, 의사소통 기술/ICT/수리능력, 자율성, 책임성, 타인과의 협력, 이렇게 다섯 가지 표제 아래(각 레벨에 대한 '일반적 학습결과'들을 규정하고 있다(레벨 1은 제외). 이것은 SCOTCAT 체계와 뒤이은 QAA의 학위 척도, 국가자격(Standard Grade와 Higher Still 레벨 기술어와 SQA의 핵심 기술 체계), 그리고 SVQ의 기술어들을 비롯한 여러 기술어들을 참고했다. 경험에 비추어 기술어를 수정하겠다는 의도가 표명되었지만, 현재(2009)의 기술어들은 2001년에 발표된 것과 동일하다. 학점은 SCOTCAT 정의를 토대로 하여, 1학점이 개념적 학습시간 10시간을 통해 성취한 학습결과에 해당하는 것으로 했다.

그림 2-3 스코틀랜드 학점 및 자격체계 (SCQF)

SCQF 레벨	SQA 자격		고등교육기관 자격	스코틀랜드 직업자격
12			박사학위	
11			통합석사/석사 학위 준석사 수료증 준석사 자격증	SVQ5
10		전문적 개발 자격 (레벨 6-12)	우수석사 학위 학사 수료증 학사 자격증	
9			학사/보통 학사 학사 수료증 학사 자격증	SVQ4
8		고급 국가수료증 (HND)	고등교육 수료증	
7	고급 (Advanced Higher)	고급 국가자격증 (HNC)	고등교육 자격증	SVQ3 (레벨 6, 7)
6	상급 (Higher)			
5	중급(Intermediate)2 학점 Standard Grade	국가 전문자격 (레벨 2-6)		SVQ2
4	중급1 일반 Standard Grade	국가자격증* (레벨 2-6)		SVQ1
3	초급(Access)3 기초 Standard Grade			
2	초급2			
1	초급1			

* 국가자격증(NC): 국가 단위들(National Units. 실전계획이 도입한 NC 모듈이 아님)을 기초로 하는 통합 자격수여(group award).
출처: SCQF 2009.http://www.scqf.org.uk [1 Nov. 2009]에 나온 도표를 수정한 것.

SCQF 자체는 자격 유형들을 규정하지 않지만, 몇몇 하위체계들은 주로 주어진 자격에 요구되는 각 레벨별 학점수를 명시함으로써 자격 유형을 규정하고 있다. 대부분의 SQA 자격은 적어도 학점수의 절반이 해당 자격 레벨에 속할 것을 요구하지만, SCQF의 모든 자격이 그런 것은 아니다. 예를 들어 우수학사 레벨의 학사학위는 480학점을 필요로 하지만, 이 중 90학점만 해당 학위의 수준인 레벨10에 속하면 된다.

자격과 적절한 경우 그 구성단위들이 체계에 배치되려면, 체계의 한 레벨에 배치되고, 주어진 학점수를 할당받고, 유효하고 신뢰할만하고 품질을 보증할 수 있는 방식으로 평가되어야 한다. 개발 파트너들은 자신들의 자격을 체계 안에 배치시킬 책임을 맡는다. 학점 평가(credit-rating)는 다른 기관들의 자격을 인정하기 위한 과정에 주어진 이름이다. SCQF 안내서에 따르면, 그것은 해당 과목과 학업분야, 직업, 기술 분야에 대한 경험과 지식을 통해 가장 인정받는 사람들이 수행하는... 전문적 판단의 과정'이다 (SCQF 2007, p.23). 학점 평가 과정에서 중요한 도구인 레벨 기술어는 '각 단계에서 학습의 특성들에 대한 일반적이지만 의미 있는 주요한 지표를 제공한다. 레벨 기술어는 각 레벨에서 요구되는 학습에 대한 정확하거나 포괄적인 진술을 제공하려는 것을 목적으로 하지 않는다.'(ibid., p.7) SCQF는 학습결과를 중심으로 하지만, 영과 알레스(Young and Allais, 2009)가 표현한 것처럼 제도적 상황과 무관하게 학습결과를 해석하고 적용하는 '학습결과 주도'의 체계는 아니다.

같은 이유로 SCQF는 교육훈련의 통제권을 전문 교육자와 훈련자에게서 박탈하려는 체계 유형에 상응하지 않는다. 오히려 그 반대다. 전문적 판단에 관한 언급은 '생산자 점령(producer capture)'과 스코틀랜드 교육 통치구조 내에서 오랫동안 주제가 되어온 전문적 리더십을 강화시키는 것으로 이해될 수 있다. 그리고 학점 평가 제도도 마찬가지다. 원래 SQA와 HEI만 SCQF에 대한 학점 평가를 수행할 수 있었다. 이 기능은 주로 자체적인 자격에 대해 실행되었지만, SQA와 한 두 곳의 대학이 다른 수여기간들에게 학점 평가 서비스를 제공하는 시설을 세웠다. 그러나 다른 자격들이 포함되는 더딘 속도로 인해 학점 평가 기관의 수를 확대해야 할 압력이 생겼다.

2005-06년 시범 실시 이후, 전문학교들은 학점 평가 기관이 될 수 있었고, 2007-08년의 추가적인 시범 실시와 협의로 다른 조직들이 학점 평가 권한을 획득할 수 있는 새로운 기준과 절차가 마련되었다. 2009년에는 이러한 지위가 각각 은행과 경영 부문을 대표하는 전문 기관 도시와 길드(영국의 자격수여 기관)와 스코틀랜드 경찰 전문학교에 주어지게 된다. 학점 평가 기관은 일반적으로 이런 능력을 이용하여 SCQF에 자신들의 자격을 배치할 것이고, 따라서 적절한 품질보증 제도가 학점 평가 권한을 부여받기 위한 중요한 조건이다. SCQF의 2009-11년 운영계획의 첫 번째 활동은 품질위원회에게 'SCQF에 대한 학점 평가를 돕기 위하여 건실하고 투명한 품질 과정을 개발, 실행하는 일을 맡기는 것이다(SCQF 2009, p.2). 새로운 지침과 절차는 2009년 후반에 개정된 SCQF 안내서에서 발표될 것이다.

4.6 실행

SQA와 HEI는 SCQF에 자신들의 자격을 맞추기 위해 필요한 수정을 책임져왔다. 어떤 SQA 자격들은 추가적인 설계상의 변화가 필요했다. 예를 들어 HNC와 HND를 구성하는 단위들을 이 자격들이 포함하는 두 레벨(레벨7과 8)에 할당할 필요가 있었고, HNC를 구성하는 단위의 수가 12개에서 15개로 증가했다. 국가자격(NC)의 학점 가치(credit value)가 재조정되어, 다양한 레벨에 속하는 교과과정의 상대적 학점 가치가 변경되었다. 이 과정은 주로 볼로냐 요건에 부합하기 위하여 어느 정도 국가적으로 조율되었다(SCQF 고등교육 부문의 유럽고등교육부문 체계와의 양립성이 2006년에 입증되었다). 그럼에도 불구하고 고등교육 프로그램과 자격의 많은 조율 및 수정은 프로그램 검토와 개발, 품질 강화와 같은 일상적 과정의 일환으로 일어나거나, 기관들이 나름의 목적으로 시작한 모듈화와 학기제화(semesterization: 학습 프로그램 제공을 학년제에서 학기제로 바꾸는 것) 같은 과정들과 일치하도록 조정되었다. SCQF는 맥락을 제공했고 아래에서 설명하는 것처럼 이 제도적 과정들에 대한 '유용한 도구'를 제공했다. SCQF는 또한 2001년 이래로 NQ 통합 자격의 재설계와 Standard Grade를 대체하기 위한 현재의 제안을 포함하여 SQA 자격들의 개정과 갱신을 위한 도구를 제공했다.

SVQ는 여러 가지 이유로 SCQF에 포함시키기가 더 힘들었다. 우선 레벨들을 SCQF와 맞게 조율해야 했고, SVQ의 다소 극단적인 '학습결과 중심' 철학이 개념적 학습 시간에 근거한 학점의 개념을 적용하기 어렵게 했으며, 주체가 보다 산만하게 퍼져 있었고, 많은 자격들이 영국의 산업체들의 소관이었다. 그리고 영국의 나머지 부분에서 NVQ의 개혁으로부터 어떤 종류의 모델이 등장할지 분명해지기도 전에 큰 변화를 꾀하는 것은 권장할 만한 일이 아니었다.

2005년 무렵 SCQF에는 가장 '주류적인' 자격들이 포함되어 있다고 말할 수 있었다. 그러나 같은 해 SCQF에 관한 정부가 후원한 평가는 직업자격과 업무 기반 자격, 전문 자격, 공동체 기반 학습을 포함시키는 데 있어서 진전이 더디다고 보고했다. 보고서는 이들 분야에 강력한 잠재력을 지적했다. 보고서는 그런 더딘 진전을 부분적으로는 제휴 모델의 탓으로 돌렸다(Gallacher et al. 2005). SCQF는 적절한 중심적 자원을 갖고 있지 않았고, 업무의 상당 부분은 개발 파트너의 간부들이 보조했는데, '이들은 일주일에 한번 점심시간에 짬을 내서 일을 하는' 수준이었다(Raffe 2003b, p.247). 또한 의견 불일치가 쉽게 해결되지 않아 안 그래도 더딘 진전을 더욱 늦추었다. 그리고 제휴 모델이 SCQF를 개발하고 주요 하위체계들을 서로 연계시키는 데는 효과적일 수 있었지만, 보다 광범위한 자격과 이해당사자들을 참여시키기 위해 필요한 실행 과정에는 그다지 알맞지 않았다. 이러한 우려에 따라 2006년 11월 새로운 'SCQF 파트너십'이 만들어졌다. 그리고 이듬해 9월에 새로운 '스코틀랜드 정부 기술 전략은 SCQF 파트너십에게 학점 평가 기관의 수를 늘리고, 업무 기반 학습 프로그램의 포함을 촉진하고, 비공식 학습의 인정을 장려함으로써, SCQF가 보다 많은 학습 기회를 이용할 수 있도록 보다 신속하게 움직일 것'을 주문했다(SG 2007, p.49).

이 SCQF는 안내서 제2권에 사전학습인정(RPL)에 관한 지침을 발표했다 (SCQF 2007). 앞서 언급한 정부 기술전략의 주문에 따라, SCQF 파트너십은 스코틀랜드의 RPL의 상태에 대한 보고서를 의뢰했다. 이 보고서는 공급측의 자원과 기반시설이 제한되어 있으며, 수요를 촉진하기 위해서는 단합된 마케팅 노력이 요구된다고 결론지었다 (Inspire Scotland 2008). 파트너십은 RPL 네트워크를 구축하고 사용을 지원하기 위한 도구 마련을 위해 작업하고 있다.

평가 결과 스코틀랜드 교육의 국가적 언어가 되는 과정은 더디게 진행되고 있음이 발견되었다(Gallacher et al. 2005). 교육 기관들과 그 평가에서 연구한 다른 조직들 사이에서 SCQF에 대한 지식 수준에 상당한 차이가 있었다. SCQF 체계와 그 실행에 직접 개입하고 체계에 대해 알 필요가 있는 주체들의 인식과 이해가 더 큰 경향이 있었다. 반면 학습자와 고용주, 일반 대중들 사이에 SCQF에 대한 인식과 이해는 보다 제한적이었고, 제공되는 대부분의 자격이 대부분 SQA에서 수여하는 NC이고 학습자와 교사가 그보다 광범위한 SCQF에 대해 알아야 할 필요성이 적은 학교 부문에서도 체계에 대한 인식이 제한되었다.

2005년 평가 이래로 SCQF에 대한 인식과 이해는 거의 확실히 증가했다. SCQF는 점점 더 정책 문서에 언급되고 데이터 수집을 위한 기초로 이용되고 제공을 계획하고 검토하기 위해 통용되는 언어가 되어갔다. 이 과정에서 중요한 한 걸음은 SQA 자격과 관련한 각 학습자의 누적기록부(cumulative record)인 스코틀랜드 자격 증명서(Scottish Qualifications Certificate)에 SCQF 레벨과 학점을 포함하도록 개정한 것이었다.

4.7 이용과 영향

SCQF 도입에 관한 이전 연구는 SCQF의 전면적 실행에 대한 두 가지 대조적 관점에 관심을 기울였다.

좁은 관점에서 실행은 (i) 모든 자격들을 배치하고 (ii) SCQF 레벨과 학점의 언어를 이용하여 모든 제공과 모든 자격들을 묘사했을 때 완료된다. 이후로 체계의 역할은 도움을 주는 역할이다. SCQF는 행동 변화를 초래할 것으로 기대되지만, 어떻게 변화시킬지를 결정하는 것은 사용자에게 달려있다. 이러한 실행에 관한 관점은 체계의 모든 공식적 언어표현에 반영되어 있다. 이보다 넓은 관점에서, 체계가 특정한 방식으로 이용되도록 담보하는 것, 그리고 특히 SCQF 학점이 실제로 학점 이전을 위해 인정되도록 만드는 것이 실행의 임무다 (Raffe 2003b, p.250).

이 평가서는 또한 SCQF 지도부에게 체계가 직접적으로 시스템의 변화를 구동하는 변화의 원동력으로 예상되는지, 아니면 다른 '주체'들이 이용할 변화의 도구로 예상되는지에 대해 분명할 것을 요구하면서 이와 비슷한 구분을 했다(Gallacher et al. 2005). 실제로 평가서는 SCQF가 변화의 도구만을 제공한다고 결론지었다. 몇몇 응답자들은 그것이 '유용한 도구'라고 느꼈고, 누구도 그것 자체가 스코틀랜드 교육을 변화시켰다고 느끼지 않았다. 그러나 어떤 응답자들은 그렇게 되기를 여전히 희망했다.

따라서 이 장에서는 SCQF 체계의 실행과 이용을 구분하겠다. 몇 가지 이용들이 아래에 제시되어 있다.

- 아마도 가장 중요한 것은, SCQF가 평가와 이전, 승급을 지원하기 위한 언어와 도구를 제공하고 있다는 점이다. 그러나 2005년의 평가는 대체로 이 언어와 도구가 사실 'SCQF가 없었다면 도입되었을 체계들'의 기초를 보강했음을 발견했다(Gallacher et al., 2005, p.4). 그러나 이는 부분적으로 SCOTCAT이 SCQF로 흡수되기 전에 이미 조금 덜 포괄적이지만 비슷한 언어를 제공하고 있음을 반영한 이야기다. 그런 언어가 없다면, 보다 유연한 접근과 이전, 승급 체계를 계획하고 실행하는 임무가 훨씬 더 어려웠을 것이다. 평가 이후 4년 동안 이웃한 고등교육기관(HEI)들과 전문학교들 사이에 연계 시스템을 계획하기 위한 '지역적 구심점'들에 대한 자금 지원 같은 보완적 정책 방안들에 의해 자극을 받아 추가적인 진전이 있었고, 이는 수많은 지역적 시도들에 반영되었다. 사전학습인정(RPL. 아래 내용 참조)과 HND와 HND에서 대학 학위로의 연계와 관련된 이전을 포함하여 보다 광범위한 이전과 승급 유형에 대한 관심도 증가했다(Knox and Whitaker 2009).
- SCQF는 RPL에 이용되어왔다. 그것은 몇몇 의료서비스와 금융 같은 몇몇 직업 및 전문 분야에서, 예를 들어 자격 요건 면제를 제공하기 위하여 널리 이용되었다. RPL에 관한 최근 검토는 몇몇 긍정적 사례들을 발견했지만, 일관되게 접근 가능하거나, 산업 및 교육훈련 부문들 간에 널리 적용되지는 않았다(Inspire Scotland 2008). RPL이 효율적 학습 전달에 기여하는 것으로 보이는 견습제도와, 자발적 부문인 지역공동체 학습, 교내 경력 지도(아래 내용을 참조) 등이 발전 분야에 포함되었다.

• 경력 정보와 조언, 안내를 제공하기 위한 전연령대를 포괄하는 국가 기관인 Careers Scotland는 SCQF를 업무에 이용했다. 그러나 2008년 그 직원들을 상대로 한 설문조사에서 직원들은 SCQF 체계를 알고 있고 이용했지만, '고객들의 경력 계획과 발전 목표'에 도움을 얻기 위한 효과적 이용법에 관한 추가적 지도'를 필요로 했다(SCQF 2008, p.6). 현재 교내 경력 지도를 지원하기 위해 SCQF에 기초한 RPL의 이용을 검토하는 시범사업이 진행 중이다.

• 기관들은 품질 향상을 도모하고 예를 들어 HEI 프로그램의 모듈화와 학기제화(semesterization)를 계획하는 도구로서 구조적 개혁을 유도하기 위하여, 교육과정 개발에 SCQF 체계를 이용해왔다. 그런 변화들은 SCQF가 주도한 경우가 드물었지만, 볼로냐 체계가 만들어낸 새로운 요구들(유럽 전역의 고등교육에 대한 자격 체계의 창조 등)에 반응한 것들이었다.

• 고용주와 동업자 협회들은 자체적인 훈련 제공을 계획 및 조직하고 자체적 자격과 RPL을 인정하기 위하여, 채용에 SCQF 체계를 이용해왔다. 지금까지 이루어진 활동은 크지 않았으며, 특정 하위체계들이 아닌 SCQF에 참여함으로써 구체적 이익이나 필요에서 벗어나는 경향이 있다. 예를 들어 스코틀랜드 전문학교는 자체적인 제공을 조직하고 인정하기 위해 SCQF를 이용한다. 육군 역시 자체적인 훈련에 대한 국가적 차원의 인정을 제공하는 데 관심이 있다. 사회봉사 부문은 직원들에 대한 자격 요건 강화에 대처하기 위해 자격을 이용해왔다.

• 비슷한 이용들이 비정규적인 학습 분야, 특히 자발적 조직과 공동체 단체들, 지자체가 제공하는 청소년 및 성인 교육에서도 확인되었다. 예를 들어 SCQF의 소식지는 최근 지역공동체 활동 프로그램을 설계하고 인정하기 위한 SCQF의 이용에 대해 소개했다(SCQF 2008).

• 마지막으로 SCQF는 추가적 정책 개발이 추진되는 상황을 제공한다. 처음 도입된 이래로 SQA는 자체적인 자격 포트폴리오 검토에 착수했고, 그 결과 새로운 통합 자격수여(group award)를 고안하게 되었다. 2008년에 정부는 3세에서 18세까지의 학습자들에 대한 학교 및 전문학교 교육과정의 개혁을 뒷받침하기 위하여 Standard Grade를 대체하기 위한 새로운 자격을 마련할 계획에 대해 의견을 수렴했다(SG 2008). 그리고 SCQF는 정책 개발을 위한 새로운 기회를 창조한다. 예를

들어 스코틀랜드 학교교육에 관한 OECD의 2007년 검토는 16세 이상의 모든 학습자들이 학교에서나 전문학교에서, 또는 직장에서 시도할 수 있는 유연하고 통합된 졸업장을 제안했다. 정부는 이 제안을 거부했지만, SCQF를 토대로 하는 신중하게 설계된 단체 자격이 스코틀랜드에서 16-18세 학습자 교육이 직면한 많은 문제들을 해결할 잠재력이 있었다.

SCQF의 이용을 나열하기는 상대적으로 쉽지만, 그것들을 수량화하기는 훨씬 더 어렵다. 이런 목적의 시스템 차원의 데이터가 존재하지 않는다. SCQF는 소통형 체계로서의 특성을 반영하듯 학습자와 데이터에 대한 중앙 차원의 데이터베이스가 없으며, 감시 기능은 하부체계에 맡겨져 있다. 이용 가능한 데이터들은 SQA의 자격 포트폴리오 내에서 참여와 성취, 승급을 분석하기 위한 상당한 여지를 제공하며, 고등교육 학생들에 대한 중앙 차원의 데이터는 존재한다(그러나 승급에 대한 정보는 많지 않다). 그러나 SQA와 고등교육 하위체계들 사이, 또는 이들과 SCQF의 다른 자격들 간의 이전과 승급에 대한 국가적 데이터베이스는 없다.

SCQF의 영향을 평가하는 것도 마찬가지로 어렵다. 그것이 조건법적 서술의 판단을 요구하기 때문이다. 만일 SCQF가 없었다면 상황이 어떻게 달라졌을까? 접근과 이전, 승급의 경우에는, SCQF가 기존 하위체계의 효과 이상의 추가적 영향을 그다지 많이 미치지 못했지만, 그 영향은 그 때 이후로 분명 증가했다고 평가서는 결론지었다. 포괄적 체계로서 SCQF는 이전의 SCOTCAT처럼 단일한 하위체계보다 접근과 이전, 승급을 돕는 도구로서 상당히 폭넓은 가능성을 가졌다. 경력 지도와 RPL, 고용 및 비정식 학습과 관련한 이용을 포함하여 앞서 열거한 SCQF의 이용은 대부분은 포괄적 체계가 없다면 성취하는 것이 불가능까지는 아니어도 상당히 어려울 것이다.

평가가 결론짓는 것처럼, SCQF는 유용한 도구이며, 그것의 잠재적 적용에 대한 인식과 이해가 증가하고 있다. 그럼에도 불구하고 이 도구의 실제 이용은 자금조달 등 다른 정부 정책들과 현지 및 제도적인 구상, 그리고 '제도적 논리'라는 용어가 포괄하는 광범위한 요인들에 달려있다.

4.8 영국과 국제적 측면

앞서 언급한 인터뷰의 모든 응답자들은 'SCQF에게 국제적 모델은 없었다고 입을 모았다. 스코틀랜드가 선봉에 선 것이다'(Raffe 200b). 그럼에도 불구하고 다른 곳에서 아무런 영향도 받지 않은 것은 아니다.

SCQF를 개발할 때 남아프리카공화국과 뉴질랜드(실천계획(Action Plan)의 영향을 받은), 북아일랜드, 웨일스 같은 다른 나라들과의 교류가 있었다. SCQF 레벨 기술어는 주로 종전의 개혁들이나 다른 개발 작업에서 개발한 기존 스코틀랜드 모델에 기초했지만, 나미비아와 뉴질랜드, 북아일랜드, 남아프리카공화국에서의 최근 경험도 고려했다(Hart 2008). 국제적 전개가 때로는 변화의 속도와 방향에 영향을 주었다. 볼로냐 과정은 탄력을 유지하고 SCQF의 고등교육 부문을 독특한 하위체계로 보전하는 데 있어서 중요했다. 국제적 전개와 영국 내의 전개는 때로 스코틀랜드에서의 진전을 더디게 했다. SCQF에 SVQ를 배치하는 작업은 영국의 NVQ의 더딘 전개와 보조를 맞출 필요성에 영향을 받았다. 유럽자격체계(EQF)와 유럽직업교육훈련학점(ECVET) 시스템의 불확실성 역시 어느 정도 영향을 미쳤다.

아일랜드와 스코틀랜드는 볼로냐 체계에 대하여 스스로를 인증한 최초의 국가였고, EQF를 참고하여 조율하는 과정을 이끌었다. 스코틀랜드의 전문성은 이런 체계들과 유럽 내외의 다른 NQF의 개발에 기여했다. 스코틀랜드는 현재 진행 중인 비정규 및 비공식 학습의 인정에 관한 OECD 검토 같은 다른 국제적 활동에 참여해왔다. 아일랜드와 영국 체계 간의 교류로 인해 이런 체계들을 비교해놓은 대중적인 인쇄물이 탄생했고, 체계들 간의 상호참조의 가치 있는 경험이 발생했다(Hart 2009).

4.9 현재의 의제

교육계 주도의 제휴에서 탄생했음에도 불구하고, SCQF는 지속가능한 경제 성장을 달성하기 위한 스코틀랜드 정부의 전략과 기술 개발 및 전달을 위한 일관되고 응집력 있는 구조를 창조하려는 기술 전략, 그리고 개인적 발전을 촉진하고 보다 강력한 경제적 분발을 이끌어내려는 전략에서 중추적 역할을 맡고 있다. 이러한 전략은

SCQF 파트너십에게 업무에 기반한 학습과 RPL을 포함하여 학점 평가 기관의 수를 늘림으로써 SCQF 실행에 박차를 가할 것을 주문했다.

SCQF 파트너십의 전략은 크게 세 가지 목적을 갖는다. SCQF의 품질과 통일성을 유지하기, 평생학습을 지원하는 도구로서 체계를 발전시키기, 유럽과 미국을 비롯한 다른 국제적 체계들과의 관계를 발전, 유지시키기가 그것이다. SCQF 파트너십은 새로운 2009년 전반에 운영계획을 발표했다(SCQF 2009). 현재의 우선사항에는 학점 평가 기관의 수를 늘림으로써 체계 확대하기, 2009년 후반에 발표할 새로운 안내서를 위한 지침들을 업데이트하기, 다양한 소통 전략을 통한 고용주 참여를 촉진하기, 그리고 현재 영국과 국제적 전개들에 관여하기 등이다. 이런 우선사항들은 계속해서 외부 상황에 좌우될 것이다. 경제 불황은 채용감소를 낳았고 따라서 고용주 참여의 속도를 늦추었다. 한편 이민자 수의 감소는 미래에 영향을 미칠 수 있다. 현재 이주 근로자와 난민들을 위한 지원 메커니즘을 검토하는 사전 연구가 진행 중이다.

5. 쟁점들

이 장을 시작하면서 나는 SCQF에 대한 긍정적 설명과 회의적 설명을 구분했다. 긍정적 설명은 SCQF를 성공적인 체계로 보고, 그 성공이 소통형 체계로서의 특성을 반영한다고 간주한다. 이 장에 제시된 증거는 이러한 관점을 뒷받침한다. SCQF는 상당히 성공적이었다. 거의 모든 주류 자격을 포괄하고 교육과 훈련의 국가적 언어의 일부가 되었다는 의미에서, SCQF의 실행이 잘 이루어졌다. SCQF는 모든 자격들과 평가가 이루어지는 모든 학습들을 포함하기까지 아직 가야할 길이 남았지만, 3년 전보다 더 빠른 진전을 보이고 있다. SCQF는 다양한 목적으로 이용되어왔지만, 아직 잠재력의 많은 부분이 이용되지 않고 있으며, 소통형 체계로서 위상에 맞게 이러한 잠재력의 온전한 이용은 다른 정책과 자금조달 대책, 그리고 직접적 통제력을 넘어서는 광범위한 제도적, 사회적 요인들에 의존할 것이다. SCQF는 더딘 진행을 보이고 있지만, 어쨌든 앞으로 나아가고 있다. SCQF는 스코틀랜드 시스템의 하나의 성취이며 토대로 삼아야 할 강점으로 널리 인식되고 있으며, 그 잠재적 이용과 응용이 점점 더 인식되고 이해되고 있다.

그리고 이러한 성취들은 소통형 체계로서의 본성과 연결될 수 있다. 느슨한 설계와 다양성을 수용하는 능력, 개발의 점진적 과정, 그리고 교육제공기관과 수여기관의 주도적 역할에 힘입은 자발적 특성 같은 것들이다. 이런 특징들은 여러 가지 긍정적, 부정적 영향을 미쳐왔다. 다양한 교육 관계자들 간의 갈등이 있었고, 제휴 모델이 진전을 지연시켰으며 중앙의 지도력을 강화시키기 위한 행동을 요구했다. 그리고 체계의 이용과 영향은 가변적이었고, 종종 다른 곳에서의 임의적 구상들에 좌우되었다.

그럼에도 불구하고 긍정적 설명을 뒷받침하는 증거들이 있다면, 적어도 회의적 관점의 처음 두 가지 주장을 뒷받침하는 증거도 있었다. SCQF가 그에 선행하는 일련의 개혁들을 토대로 한다는 주장과 이들 개혁의 대부분이 도입한 모델이 소통형 체계보다 개혁형 체계에 가깝다는 주장이 그것이다. 두 주장은 모두 제3절의 증거들이 뒷받침하고 있다. 세 번째 주장, 즉 SCQF가 그 자체로는 이전 개혁들의 영향 이외의 이렇다 할 추가적인 영향을 미치지 않았다는 주장은 위의 두 주장들에 비해 다소 의심스럽다. 일부 SCQF의 이용(예를 들어 전문학교와 대학들 간의 이전과 승급을 지원하기 위한 이용)은 여전히 기존의 하위체계의 기능이지만, 포괄적 체계로서 SCQF의 특성은 새로운 차원을 보탰다. 이전 개혁들은 SCQF의 실행에 크게 영향을 미쳤지만, 그 개혁들을 단일한 포괄적 체계로 규합하고 나서야 잠재적인 면에서건 현실적인 면에서건 현재와 같은 이용 범위가 확보되었다. 실제로 이것이 우리가 체계들의 유형과 목적들에 대한 설명으로부터 기대하는 것이다(그림1 참조). 많은 이전 개혁들은 접근과 이전, 승급을 촉진하는 목적과 더불어 학습 제공의 격차를 메우고, 학습 내용을 업데이트하고, 학습 제공을 합리화하고, 새로운 교수법과 평가 방법을 추진하고, 품질을 개선하거나 직업자격을 규제하는 등 구체적 목적을 가진 하위체계들을 만들어냈다. SCQF의 목적은 달랐다. 투명성을 조성하고 시스템을 이해하기 쉽게 만들기 위한 언어를 제공하고, 그래서 접근과 이선, 승급을 촉진하는 것이었다. 어떤 측면에서 이것은 종전의 체계들보다 협소한 목적들이었다. 그러나 어떤 측면에서는 교육훈련 시스템 전체와 관련되기 때문에 보다 야심찬 목적이었다. 그런 목적들은 하위체계들을 포괄적인 SCQF로 규합함으로써만 달성할 수 있었다.

따라서 우리는 회의적 설명을 전적으로 받아들일 수는 없다. SCQF는 이전 계획들을 토대로 하고 있지만, 다른 목적을 가지고 있으며 따라서 목적 성취에 기여하고 있다. 그럼에도 불구하고 우리는 또한 긍정적 설명, 또는 성공의 이유를 소통형 체계로서 SCQF의 특성으로 돌리는 설명이 너무 단순하다는 점도 인정해야 한다. 실제로 다양한 NQF 유형들을 비교하여 각 유형의 상대적 성공이나 그것들이 직면한 전형적 문제들을 비교하는 단면적 비교 연구의 약점을 지적하는 분석이 있다. 유형학이 유효하지 않기 때문이 아니다(위의 논의는 소통형과 개혁형 체계들 간의 구분이 타당하며 분석적으로 도움이 된다는 것을 시사한다). 그 보다 이유는 한 국가가 한 유형 이상에 속할 수 있기 때문이다. SCQF는 앞선 체계들 대부분과 다른 체계이며 그 안에 위치하는 하위체계들과도 다르다. 우리는 소통형 SCQF와 개혁형 하위체계들 간의 관계, 그리고 이 하위체계들 간의 차이점의 측면에서만 SCQF의 작동 방식과 강점과 약점을 이해할 수 있다.

이런 관계들은 또한 역사적 관점에서 이해해야 한다. SCQF는 제휴관계에 기초하고 느슨하게 규정된 자발적 체계일지 모르지만, 그 기초가 된 보다 엄격하게 규정된 하향식 의무적 개혁들의 결과로 존재하게 되었다. 따라서 NQF의 단면적(cross-sectional) 유형학은 NQF가 시간에 따라 발전하고 변화하는 방식에 대한 역동적 모델에 의해 보완될 필요가 있다. SCQF와 다른 체계들의 경험을 참고하여, 필자는 그런 모델들에 다음과 같은 요소들이 포함될 수 있음을 제시한다.
· 개발과 실행, 영향에 대한 장기적 척도
· 이해당사자들의 참여와 개입
· 체계 개발과 실행의 점진적 과정
· 체계와 관행을 서로에게 조율하는 반복적 과정
· 하위체계 개발과 체계 전체 차원의 개발 간의 변화하는 균형(Raffe 2009.a, b).

이 과정에서, 예를 들어 소통형에서 변혁형에 이르는 연속체에서의 위치 같은 체계의 특성들이 변하지 않는다면 오히려 놀라울 것이다. 예를 들어 SCQF는 '변화하는 균형'이 하위체계들에서 체계 차원의 개발로 이동함에 따라, 개혁 또는 변혁형 접근법에서 소통형 체계로 강조점이 옮겨질 수 있음을 보여준다.

따라서 다양한 체계 유형의 상대적 효과에 대하여 SCQF에서 단순한 결론을 도출한다면 오해를 불러일으킬 수 있다. 스코틀랜드 체계에서 얻은 보다 유용한 교훈들은 그러한 유형학의 기저에 놓인 쟁점들과 과정들에 초점이 모아지며, 이런 것들은 국가별 차이와 시간에 따른 변화를 고려할 필요가 있다. 이런 것들은 SCQF 자체뿐 아니라 이전 개혁들에 영향을 받는다.

한 가지 교훈은 NQF의 설계에 관한 것이다. 스코틀랜드의 경험은 체계 규정의 '엄격함'과 체계의 범위 간의 긴장을 지적한다. SVQ와 Higher Still은 목표 제공 범위를 포괄하는 데 있어서 어려움이 있는데, 부분적으로 이는 상대적으로 엄격한 설계 때문이다. 통합적이거나 포괄적인 체계는 느슨할 필요가 있다. 스코틀랜드 정책입안자들은 이런 교훈을 얻었고, 최근의 개혁들은 자격 설계에서 '목적 적합성'을 더욱 강조해왔다. 이제는 통합된 체계의 목적이 획일성을 확립하는 것이 아닌 다양성을 조율하는 것이라고 여겨지고 있다. 그러나 스코틀랜드 경험은 어떤 체계가 적절히 규정되면, 다양한 학습 유형을 수용할 수 있고, 통합적 체계에 대한 인식론적 장벽이나 기타 장벽들을 극복할 수 있다는 것을 시사한다. 그리고 스코틀랜드 경험은 이를 이룰 수 있는 방법들도 시사한다. 느슨한 포괄적 체계 안에 엄격한 하위체계들을 위치시키고, 결과를 '제도적 투입(input)'과 전적으로 분리시킬 수 있다고 가정하는 '순수한' 결과 모델을 피함으로써(Young and Allais 2009, p. 15), 그리고 교수법과 교육과정에 대한 평가 체계와 시스템의 원활한 관리, 그리고 개발 과정에서 쉽게 나타나는 지나치게 복잡한 평가모델을 피하는 것의 결정적 중요성을 인식함으로써 그것이 가능할 것이다.

두 번째 교훈은 실행과 관련된 것이다. 스코틀랜드 개혁은 넓은 의미에서 자격체계의 정치적 특성을 예시한다. 개혁늘은 다양한 중앙 당국들 간(예를 들어 실천계획에서 스코틀랜드 당국과 영국 당국)의 권한과 통제력을 재분배할 수 있고, 또한 중앙 당국들과 교육기관들 간(대부분의 정부 주도개혁의 경우), 학교와 전문학교(Higher Still) 또는 전문학교와 대학(SCQF) 같은 다양한 교육 부문들 간, 그리고 주류 교육과 주변적 학습 형태 간에 권한과 통제력을 재분배할 수 있다. 모든 NQF는 중앙의 조율과 방향제시의 필요성과 이해당사자들, 특히 교육제공기관과 직종 동업자들을 참여시킬 필요성 사이에 긴장에 직면해있다. 일부 종전의 스코틀랜드 개혁들은 중앙의 방향 제시 쪽에 서는 오류를 범함으로써 교육관계자의 지지를 잃고 실제와 괴리된 실행 불가능한 제안들을 내놓은 것으로 인식되었다. 한편 SCQF는 이해당사자 참여의 편에 서는 오류를 범해서, 제휴 모델이 진전을 늦추었고, 그러다가 2006년 보다 강력한 운영진과 함께 SCQF 파트너십이 재출범하게 되었다.

그러나 문제는 이해당사자들의 참여를 늘일 것이냐 줄일 것이냐의 단순한 선택만은 아니다. 실행 과정은 또한 외부 이해당사자들과 교육훈련 관계자들(일관되게 스코틀랜드 개혁을 주도했던)의 상대적 힘, 그리고 다양한 교육훈련 관계자들 간의 상대적 힘(스코틀랜드에서는 '학술적' 교육훈련 관계자들이 득세하는 상황)에 의해 결정된다. 스코틀랜드의 경험은 포괄적인 NQF의 특별한 역관계를 예시한다. 부문별 이해당사자들이 역량이나 인식 부족으로 부문 차원의 문제들에 참여하지 못하면 개발 과정에서 권리를 박탈당하게 될 수 있다. 그리고 그것은 자격체계를 개발하고 관리하기 위해 세워진 기관들이 어떻게 그 자체로 이해당사자가 되고 운동의 방향을 유지하기 위한 전문성과 관심을 갖게 되는지를 보여준다. SCOTVEC와 SQA가 그 일례다. 소규모 집행부를 가진 SCQF 파트너십은 이와 흥미로운 대조를 보여준다.

마지막으로 스코틀랜드의 경험은 NQF의 이용과 영향에 관한 문제들, 그리고 자격들 자체만으로 교육과 훈련에 전반적 변화를 달성할 수 있는 능력의 한계에 관한 문제들을 제기한다. Higher Still에 관한 연구가 결론내린 것처럼, "교육과정과 자격 개혁 자체만으로 위치 경쟁의 규칙을 근본적으로 변화시키거나 완전한 '동등한 존중'을 성취할 수 없다"(Raffe et al. 2007, p. 505). 실천계획에 관한 연구 과정에서 '제도적 논리'의 개념과 그것이 '내재적 논리'보다 더 강력할 수 있다는 관념이 등장했고, 이는 다른 모든 개혁에도 적용될 수 있음이 입증되었다. 여러 연구들이 학습에 대한 접근과 이전, 승급, 그리고 다양한 경로와 프로그램들의 상대적 위치와 자격들의 시장성 등이 자격체계의 구조자체보다 (넓게 정의하여) 주변 제도들의 논리에 의해 더 많이 의존한다는 것을 거듭거듭 보여준다. 여기서 적어도 두 가지의 중요한 함의가 나온다. 첫째, '포괄적 정책적 토대(policy breadth)'의 중요성이다. 효과적인 NQF는 그 사용을 촉진하기 위한 보완적 대책들이 수반되어야 한다. 소통형 체계의 경우는 특히 더 그렇지만, SCQF에 선행했던 개혁형 체계들에서도 마찬가지다. 둘째, 기대치는 현실적이어야 한다. SCQF에 대한 기대치들은 상당히 다양했으며, 특히 초기에는 지나친 현실주의가 이해당사자들의 열의를 저해하기도 했다. SCQF의 존재하는 내내, 기대의 관리는 SCQF의 주된 도전들 중 하나였다.

제3장 뉴질랜드 국가자격체계의 실행과 영향

- 로브 스트라스디

1. 서론

이 장은 뉴질랜드 NQF의 도입을 가져온 주요 요인들 일부를 개략적으로 소개하고 있다. 또한 NQF의 설계, 개요, 그리고 1991년 도입된 이후 일어난 변화를 기술하고, 오늘날 그 영향을 살펴본다.

뉴질랜드자격국(NZQF)이 통합된 자격체계를 도입하려 시도한 뉴질랜드 사례는 아주 흥미로울 수 있다. 이 시도의 발상은 국가가 자금을 지원하는 모든 형태의 교육훈련 (그리고 그렇지 않은 교육훈련까지)이 학습을 평가하고 기록하는 공통의 시스템을 채택하는 것이었다. 그렇게 되면 완전하게 연결되는(seamless) 교육훈련 시스템을 창조할 수 있을 것이라는 주장이었다. 따라서 다양한 교육훈련 제공기관들이 인적 자원을 구축함에 따라 학습자들이 훈련제공기관들 사이를 쉽게 이동할 수 있게 될 것이다. 그러나 이 장에서 보다 상세히 설명하고 있는 것처럼, NZQA가 원래의 비전을 실행하려 할 때, 대학과 다른 집단 및 단체들의 저항을 비롯하여 다양한 요인들이 NZQA에 불리하게 작용했다. 또한 뉴질랜드가 다른 많은 공공 정책에서 광범위하고 신속한 개혁에 착수했던 시기에, NQF에 대한 원래의 야심찬 제안이 정치적 영향력을 얻게 되었다고 주장하는 것도 합당하다. 상이한 목적을 가진 뒤이은 행정부들은 NZQA의 원래 비전에 대하여 그다지 협조적이지 않았다.

NQF의 영향을 정확하게 평가하는 것은 항상 쉬운 일이 아니다. 학술 문헌의 측면에서 보면, 존재하는 문헌의 상당 부분을 비판적 정책연구로 정의할 수 있다. 이 문헌은 중요한 질문들에 대한 견고한 경험적 해답을 제공하기보다, 주로 NQF에 대한 결정적 '질문들'을 제기하는 데 관심이 있다(e.g. Black 2001; Irwin et al. 1995;

Jordan and Strathdee 2001; QCA 2005, Robert 1997; Robson 1994; Sako 1999; Strathdee 2003, 2004, 2005a, 2006). 그럼에도 불구하고, 아래에서 보다 상세히 서술하고 있는 것처럼, NQF의 영향에 관하여 발표된 경험적 연구 논문들의 수는 점차 증가하고 있다.

이 장의 구조

제2절은 뉴질랜드의 상황을 서술한다. 제3절은 개혁을 위한 NZQA의 비전을 서술하는 데 관심을 기울인다. 그리고 제4절은 NQF의 실행을 서술하고 시간이 지나면서 도입된 변화들을 강조한다. 비교적 단순한 개혁으로 시작되었을 수도 있지만, 그동안 이루어진 타협과 변경들은 현재의 NQF가 1980년대에 상상했던 것과는 아주 다르다는 것을 뜻한다.

2. 뉴질랜드의 사회적, 정치적, 경제적 상황

뉴질랜드는 남태평양에 위치한 작은 나라다. 인구는 4백만을 조금 넘고(OECD에서 세 번째로 작다) OECD 30개국 중 네 번째로 경제 규모가 작다(아일랜드, 룩셈부르크, 슬로바키아 공화국 다음으로). 뉴질랜드의 인구는 2004년 406만 명에서 2026년 473만, 2051년 505만 명으로 증가할 것으로 예측된다(Statistics New Zealand 2005). 뉴질랜드 인구의 다수는 유럽의 후손들이다. 그러나 인구의 상당 부분이 마오리족(뉴질랜드 토착민)과 퍼시피카(태평양 섬 이민자들)들이다. 인구 중 마오리와 퍼시피카 후손이 비율은 증가할 것으로 보이며, 따라서 뉴질랜드의 인종적 다양성을 더욱 커질 것이다. 유럽 후손의 비율은 2001년 79%에서 2021년 70년으로 감소할 것으로 예측된다.

뉴질랜드의 주요 언어는 영어지만, 최근 마오리 언어(te reo Māori) 사용자를 늘리려는 단합된 노력이 있었다. 수업할 때 사용하는 주 언어가 마오리 언어인 활발한 학교 네트워크가 있으며 2개 언어로 방송하는 텔레비전 방송국이 출범했다.

국가의 작은 규모를 감안할 때 놀라운 일이 아니지만, 뉴질랜드는 일원제 정치 시스템을 갖고 있다. 이는 정부가 쉽게 변화를 추진할 수 있음을 뜻한다. 그러나 비례대표제의 도입으로 다른 정당과의 협의 없이 행동할 수 있는 정부의 능력이 제한되어왔다.

정치적 지형은 국민당과 노동당, 이렇게 두 주요 정당에 의해 지배된다. 국민당은 잉글랜드의 보수당에 비견될 수 있다. 보수당과 마찬가지로 국민당은 신자유주의와 신보수주의 가치를 지지한다(즉, 자유 시장을 지원하는 작고 강력한 정부 창조에 힘쓴다). 그러나 최근 선출된 국민당 정부는 보다 중도적 입장을 채택할 기미를 보여 왔다. 반면 노동당은 뉴라이트가 장악했던 기간을 제외하면(아래 내용 참조) 사민주의적 성향을 유지해왔다. 앞서 지적한 것처럼 비례대표제는 소수 정당들이 연합정부를 구성함으로써 의사결정에 영향력을 행사할 힘을 키울 수 있게 하는 역할을 했다. 다음 표는 NQF을 향한 다양한 정부들의 입장에 대한 독자들의 이해를 돕는 것을 목적으로 한다.(주의: 이 표는 뒤 따르는 자료와 함께 읽을 필요가 있다).

표 3-1 뉴질랜드 정부와 NQF

기간	명칭	성향	NQF에 대한 기여
1984-1990	노동당 정부	신자유주의/ 신보수주의	NQF의 애초의 비전을 확립한 법률 제정 민간 훈련 제공기관들이 국가 기금에 더 쉽게 접근할 수 있게 함으로써 교육훈련 시장을 창조
1990-1999	국민당 정부	신자유주의/ 신보수주의	교육훈련 시장 창조를 추진 모든 제공기관들이 NQF의 원래의 비전을 채택하도록 강제하지 않음. 전통적 고사제도를 유지해야 한다고

			믿음. 그 결과 • 기존 고사제도가 존속하여 NQF와 함께 이용되었다(예를 들어 학교 졸업 시험과 대학입시 고사) • 대학이 여전히 NQF와 별도로 존재했다.
1999-2008	노동당 주도 정부	현대적 사민주의	'확대된' NQF 도입. 그 결과 • 고등학교 (senior school) 학생을 위한 새로운 자격 도입(NQF 레벨1에서 3까지 제공되는 국가교육성취자격증 (National Certificate of Educational Achievement)) • 총명한 중학생들을 위한 장학금 자격 도입(레벨4에서) • 학교의 '학술 영역'에 성취 표준 도입 • 품질 보증 자격 등록부 마련-국가 기금을 받는 모든 자격들이 등록되어야 한다. 그러나 등록은 NQF의 비전에 훨씬 못 미쳤다. 시장 주도의 훈련 시스템이 실패했다고 주장했지만 NQF를 지지하는 입장. '시장의 힘'이 결과를 결정하도록 놔두지 않고 정부가 훈련 결과를 쟁취하는 '투자 접근법'으로 이동
2008	국민당 주도 행정부	실용주의적이지만 자유 기업을 지지	불분명하지만 NQF를 변화시킬 것 같지 않음. 대부분의 변화는 학사 이하의 훈련 제공(예를 들어 성인 및 공동체 교육의 학사 이하의 레벨에서

				이루어지는 교육)을 감소시킴으로써 비용을 줄이기 위한 것임. 이전 행정부의 '투자 접근법'에서 멀어지는 기미를 보임.

   뉴질랜드는 인구밀도가 낮고 고립된 작은 국가이기 때문에, 경제적 발전의 수입 의존도가 크다. 1960년대와 1970년대 초에, 높은 농산물 수출가격 덕분에 뉴질랜드는 비교적 높은 생활수준을 누렸다. 당시 청소년들이 최대한 빨리 학교를 떠나서 좋은 직장을 얻는 것이 일반적으로 가능했다. 그러나 1970년대 중반부터 농업 수익률이 감소했다(최근 낙농 제품 가격 상승은 눈에 띄는 예외이다). 그 결과 1970년대 후반의 뉴질랜드의 실업률 또는 노동력 비율로 표시된 실업자 수는 꾸준히 증가하여 1992년에는 11%로 최고조에 달했다. 보통 그렇듯이 실업률은 청년층과 소수민족을 비롯한 가장 취약한 층에서 가장 높았다. 1980년대 초 15세에서 19세 사이 청년층의 실업률은 약 17%에 달했다. 보다 최근에는 높은 경제 성장과 기타 사회복지의 변화로 인해 완전 고용과 기술 부족 상태에 되었다(그러나 현재 다시 실업률이 증가하는 추세다).34)

   시간이 지나면서 뉴질랜드 사람들이 일하는 노동시장 영역이 변했다. 가장 중요한 변화는 서비스 부문의 규모 증가다. 과거 뉴질랜드 인들의 대다수는 농업 관련 산업에서 일했다. 공업은 여전히 중요한 부문이지만, 새로운 부분들이 점점 더 중요해지고 있다(예를 들어 금융, 관광, 보건서비스 및 기타 서비스 부문 직종들).

   개인들이 새로운 형태의 기술에 대한 요구를 충족하도록 돕기 위하여, 잇따른 정부들은 기술 개발과 학습에 투자해왔다(NQF는 그러한 투자의 중요한 일부분이다). 그러나 정부들이 모두 그런 기술 개발 투자에 열의를 보였음에도 불구하고, NQF가 어떻게 기술 개발에 기여할 수 있는지에 대한 믿음은 각 정부마다 달랐다. 신자유주의적 정부에게, NQF의 가치는 그것이 고용주의 목소리가 거센 교육훈련 시장을 창조한다는

---

34) 뉴질랜드 통계청이 산출한 것이다.
(www.stats.govt.nz/products-andservices/table-builder/table-builder-labour-market.htm〔10 June 2009〕.

점이었다. 예를 들어 적어도 이론상으로는 다양한 메커니즘을 통해 고용주가 요구하는 기술들을 보다 잘 파악할 수 있게 된다(Strathdee 2003).

인정되는 학습의 대부분은 뉴질랜드 의무교육 부문과(5세에서 16세까지 의무교육, 무상교육이다. 다만 교육부장관은 학생들이 이보다 일찍 학교를 떠나도록 허락할 재량을 가졌다.) 뉴질랜드의 주요 3차 교육 기관에서 이루어진다. 2007년 학생들의 약 5%(2,834명)가 자격을 거의, 또는 전혀 획득하지 못한 채 학교를 떠났고 (New Zealand Ministry of Education 2007a) 1930명이 조기 면제를 받아 떠났다(ibid. 2007b). 면제는 해당 청소년이 예를 들어 견습제도 같은 다른 인정받은 훈련으로 이동한다는 증거가 있을 때만 주어졌다.

뉴질랜드 사람들의 학업성취도는 다른 OECD 국가들에 비해 여전히 높은 편이지만, 사회의 일부 집단들의 성취도에 대한 우려가 지속적으로 존재한다. 예를 들어 다른 많은 서구 국가들과 마찬가지로, 뉴질랜드 정부는 학교와 직장에서 개인들의 낮은 문해력 수준을 걱정한다. 또한 의무교육 이후 수준에서 뉴질랜드는 다른 OECD 국가들에 비해 학업성취도가 저조한 편이다. 예를 들어 1997년 국제성인문해력조사 (International Adult Literacy Survey)(ibid. 1999) 결과 뉴질랜드 인구의 약 20%만이 효과적인 문해력 수준을 가졌으며 추상적 개념을 다루고 정보 해석에 전문화된 지식을 동원할 수 있는 것으로 나타났다. 그러나 국제적 경험이 보여준 것처럼, 낮은 문해력 수준은 소수민족 집단과 실업자들에게 집중된 것으로 나타났다. 이런 현상을 뒤집기 위하여, 정부는 성인 문해력 및 수리력 전략(Adult Literacy and Numeracy Strategy)을 도입했다.[35]

이런 설명들을 고려할 때, 뉴질랜드가 OECD 국가들 중 가장 높은 문해력 수준을 기록하기도 했던 점을 기억할 필요가 있다. 예를 들어 15세 뉴질랜드 학생들은 PISA(국제학생평가프로그램) 2000년 평가에서 아주 높은 독해력 수준을 보였다 (Sturrock and May 2002).

---

35) http://www.tki.org.nz/r/literacy_numeracy/litnum_stra_e.php [10 June 2009].

3. 국가자격체계(NQF)에 대한 원래의 비전

다른 많은 나라들에서 그런 것처럼, NQF는 1980년대 정치, 경제적 관리에 대한 접근법으로서 신자유주의의 등장에서 분명하게 드러난 정치적, 경제적 위기 속에 직접적인 기원을 갖는다. 1980년대와 1990년대 뉴질랜드에서(그리고 이전에 다른 나라들에서)는, 상당한 경제적 구조조정과 경제적 규제완화를 향한 움직임이 있었다. 이러한 움직임은 효율성을 개선하고 기업을 장려하기 위한 것이었다.

널리 알려져 있지 않지만, NQF의 도입은 1980년대 뉴질랜드의 경제적 문제에 대한 보다 넓은 신자유주의적 정책 대응이었다. 이러한 대응은 세계 시장에서의 경쟁력 제고의 필요성과 교육적 불평등성을 감소해야 할 필요성, 평생학습을 장려할 현대적 교육 제도를 창조해야 할 필요성, 그리고 노동 시장에서 기술 수준을 높여야 할 필요성을 강조한 일련의 보고서들에서 나타났다. 전반적 전략의 일환으로 모든 형태의 지식이 동등한 가치를 가지며 학문적 지식과 직업 지식 간의 구분은 시대에 뒤떨어진 계급 기반의 편견을 반영한다는 주장이 있었다. 실제로 시장이 지식의 가치를 결정할 최고의 공간이라는 주장이 있었다. 사민주의자들은 노동 시장의 본성이 변했다면, 뉴질랜드 교육기관이 가르치는 것들과 이러한 학습을 평가하는 방법 역시 변해야 한다고 주장했다 (Strathdee 2005b).

NQF는 이러한 변화를 달성하기 위해 설계되었다. 따라서 NQF는 참여를 증대시키고 평생학습 문화를 창조하고 전체적 성취도를 높이고 직업적 학습과 학술적 학습의 위상을 조율할 필요가 있다고 생각되었다(NZQA 1991). 예전에는 교육 정책 개입들이 사실상 학습자들을 교육훈련에서 일터로 최대한 빨리 내보내기 위해 고안되었지만, NQF 옹호자들은 포스트포디즘적 경제 또는 고임금/고기술 경제에서 일자리를 획득하고 유지하려면 학습자들이 다양한 기술을 배우기 위해 더 장기간 교육훈련에 머물러야 한다고 주장했다.

그럼에도 불구하고 교육의 통합적 기능을 개선하려면 학생들을 평가할 때 단순히 그들을 서로 비교하여 등급을 매기는 것에서 고용주들에게 학생들이 실제로 무엇을 할 수 있는지를 알려주는 것으로 방법을 변화시켜야 했다. 전 교육부 장관 빌 렌위크는 뉴질랜드의 중등학교 교육과 관련하여 이렇게 말했다.

분류하고 점수를 주는 교육의 기능은 한 세대 전에 비해 교사들의 교육적 책임 교육에서 그다지 중심적인 부분이 아니다. 공교육은 이제 배분해야 할 희소상품으로 간주되기보다, 모든 대중이 다양한 이유로 다양한 인생의 시점에서 다양한 방식으로 이용할 필요가 있는 서비스로 간주된다... 만일 직업 생활을 위한 교육에 대한 새로워진 관심이 이룬 것이 있다면, 학교 수료증(School Certificate)과 대학 입학 성적표(University Entrance result card)는 잠재적 직원들에 대한 유용한 정보로 충분치 않다는 점에 관심을 돌린 것이다. 고용주들은 이제 미래의 직원에 대하여 시험 성적표가 말해주는 것 이상을 알기를 원한다(Renwick 1981, p.10).

또한 빈약한 정보 흐름은 특히 실업률이 높은 기간 동안 자격 인플레이션에 기여한 것으로 간주된다. 그렇게 된 이유는 자격증이 취업 희망자들이 취득한 기술을 정확히 표시해주는 것이 아니라 단순한 선택 장치의 역할을 하는 경향이 있었기 때문이다. 또한 뉴질랜드 자격국(NZQA)은 유용한 정보의 부족이 고용주들이 교육자격에 갖는 신뢰도를 감소시킨다고 주장했다. 그로 인한 한 가지 결과는 고용주들이 특정 일자리를 위해 필요한 자격을 훨씬 능가하는 자격을 요구하는 것이다. 그래야 자신들이 원하는 실제 기술을 가진 사람을 찾을 수 있다는 기대 때문이다(Strathdee, 2005b). 정보 제공을 개선하기 위하여, NAQA는 모든 학습자들에게 그들이 성취한 것과 할 수 있는 것을 분명하게 보여주는 개별적 학습 기록을 제공할 것을 제안했다.

마지막으로, 규준을 참조한 일회성 시험에 능하지 못한 학생들은 평가 시스템 속에 갇혀서 꼼짝없이 낙제할 수밖에 없는 것으로 보였다. 이는 교육적 기회 불평등에 일조했다.

뉴질랜드에서 중등교육이 모든 아이들의 권리가 되었을 때, 현행 시스템은 배경과 무관한 기회의 평등성을 보장하는 수단으로 보였다. 애초의 의도는 모두에게 공정한 것이었다. 능력을 타고난 모든 아이들이 성공할 것이라고들 주장했다. 그런데 불행히도 모든 아이들에게 동등한 기회가 주어지지지 않았음을 경험이 보여주었다. 타고난 능력보다 인종, 계급, 소득이 성공을 좌우할 가능성이 더 컸다. 필기시험에 대한 강조는… 인간의 능력을 지적 능력이라는 협소한 범위에서만 인정하는 것을 뜻했다. 예를 들어 실용적이고 창조적인 기술은 그런 시스템에서 인정받지 못했다(Hood 1986).

NZQA의 전 정책개발과장 앨런 바커에 따르면(Barker 1995), 규준을 참조하는 당시의 평가 시스템이 암묵적으로 가정하는 것은 특정한 사람들만이 학습할 능력이 있다는 것이다. 모든 학습자들을 산업화 이후 경제적 요구에 부응하도록 충분히 준비시켜서 세계경제화의 세계와에 직면하여 경제적 경쟁력을 유지하려면, 사회계급이나 인종, 성별에 관계없이 모든 학습자들이 새로운 기술을 배우고 평생학습에 대한 애정을 품는 것이 필수적이라고 생각된다.

그러나 '새로운' 경제가 제기하는 도전에 대응하기 위해 요구되었던 것은 새로운 형태의 학습 평가와 기록만이 아니었다. 새로운 형태의 교육과정 역시 요구되었다. 교육과정이 노동시장의 변화하는 요구와 보조를 맞추지 못해왔다는 주장이 있었다. 고용주가 요구하는 기술과 학교에서 제공하는 기술 간의 불일치가 발생하는 한 가지 이유는 교육과정 개발의 전통적 접근법이 고용주와 교사, 정부관리 및 기타 이해당사자들을 포함하는 광범위한 집단들이 개입하여 가치 있는 지식이 무엇인지를 집단적으로 결정하는 사민주의 모델에서 발전되었기 때문이었다(Jesson 1995). 그러나 빠르게 전개되는 최근의 기술적 변화는 이러한 방법들을 무력한 것으로 만들었다. 그런 방법들은 교육 시스템이 기술적 변화에 빠르게 대응할 수 있는 능력을 제한하기 때문이다.

훗날 뉴질랜드 자격국을 이끌게 된 데이비드 후드에 따르면(1986), 이러한 목적과 다른 목적들에 대한 해답은 내부 평가를 확대하고 교육과정 개발에 고용주의 참여를 증대하기 위한 정부 개입에 있었다. 당시 뉴질랜드에서는 이런 목적을 향해 나아가려는 정치적 의지가 있었고, 1987년 당시 노동당 정부는 교육이사회를 설립하고 이사회가 내부 평가를 다른 학교교육 영역으로 확대할 수 있도록 관련 법률을 제정했다. 이로 인해 정책입안자들은 이해당사자들과 협의를 시작하여 필요한 변화를 만들어가는 작업을 시작할 수 있었다.

그러나 정치적 상황은 변하고 있었다. (1984년 선거에서 집권한) 노동당이 1987년에도 재선되었지만, 이 단계에서 교육부는 극적으로 달라졌고 협의는 중요한 결정들을 지연시키는 것으로 보이기 시작했다. 실제로 교사 같은 이해당사자 집단들이 점점 더 정책 입안을 '장악'하는 세력으로 간주되었다. 그 결과 교육이사회는 구성원들의 이익에 복무하는 것으로 보였다. 마찬가지로 평가에 대한 토론이 확대되어 3차 교육 부문까지 포함해야 한다는 관점이 등장했고, 이는 좀 더 광범위한 초점을 요구했다. 교육이사회는 설립 이후 곧 해산했다(Selwood 1991).

이 시점에 뉴질랜드가 일원제 정치 시스템을 갖고 있음을 주목할 필요가 있다. 1996년까지 공직 선거는 '단순 다수득표주의(first past the post)' 시스템을 이용하여 결과가 결정되었다. 정당들은 쉽게 하원의 과반의석을 차지할 수 있었기 때문에 정치적 안정성이 컸다. 이런 상황이 뉴질랜드 정부가 급진적인 개혁을 추진할 수 있었던 이유를 어느 정도 설명해준다. 예를 들어 뉴질랜드판 신자유주의는 다른 곳에서의 신자유주의적 운동들보다 훨씬 더 심화된 형태임이 널리 인정된다. 추가적인 경험적 조사의 문제가 남아있지만, 일원 체계를 도입하려는 시도의 뒤에는 똑같은 요인이 자리 잡고 있다고 이야기된다. 효과적인 정치적 견제 시스템이 부재하기 때문에, 뉴질랜드 정부는 타협 없이 결정권을 가질 수 있었다(Palmer 1979). 특히 뉴질랜드 실험[New Zealand experiment: 1980년대 중반 이후 뉴질랜드가 도입한 급진적 구조조정 프로그램]의 도입을 낳은 권력 남용과 뉴질랜드의 급진적 신자유주의 적용에 대응하여(Kelsey 1997), 1996년 비례대표제가 도입되었다. 그 결과 대부분의 정부는 이제 소수 정당과 연합하여 통치하고 있으며 행정부가 의기양양 행동하기가 힘들어졌다.

NQF는 1990년 7월 교육개정법 제253항에 따라 노동당 정부가 시작했으며, 1970년대까지 거슬러 올라가는 일련의 교육적 검토와 보고서들에 그 기원을 둔다.

이중 가장 영향력 있는 보고서는 《의무교육 이후 교육훈련에 관한 실무집단 보고서》 (Hawke 1988)였다. 내각사회평등위원회에게 제출한 보고서에서, 책임자인 게리 호크는 '뉴질랜드의 의무교육 이후 교육훈련 시스템은 우리 사회의 다른 부분들과 마찬가지로 경제적 효율성과 사회적 평등에 더 많이 기여할 수 있다'고 진술했다 (ibid., p.6).

이 보고서는 광범위한 교육 기관들을 규합하기 위한 중앙 교육당국의 설립과 완전하게 연결적인(seamless) 교육 시스템의 창조를 제안했다. NQF와 관련한 주요 권고사항은 아래와 같았다.
· 제공기관의 책임성 확대와 사용자 지불 증가 같은 공공부문 금융관리 개선에 발맞추어 PCET(의무교육 이후 교육훈련)을 개혁해야 한다.
· 기관들 사이의 접근과 이동을 가로막는 장벽을 감소시키는 데 도움이 될 자격에 대한 포트폴리오식 접근법(portfolio approach)으로 국가적 자격 체계를 마련해야 한다(idem).

《의무교육 이후 교육훈련에 관한 실무집단 보고서》(1988)는 《평생학습》(뉴질랜드 교육부 1989) 발표의 토대를 제공했다. 《평생학습》은 의무교육 이후 교육 영역에 대한 정부의 의도를 진술한 내용이다. 많은 실무집단이 《평생학습》에 반응하여 토론을 벌였고, 이에 정부는 《평생학습2》에서 의무교육 이후 교육의 개혁에 관한 정책 결정의 일부를 발표했다(ibid). 기본적으로 교육 시스템은 너무 파편화되고 비효율적으로 보였다. 당시 정책 지침을 지배했던 신자유주의적 언어를 반영하듯, 보고서에서 제시한 이유 중 하나는 교육 시스템이 소비자에게 혼란과 좌절을 안겨주는 규칙과 규정들에 의해 통치되고 있다는 것이었다. 공식적인 설명에 따르면, 따라서 교육 시스템이 압력 단체 정치에 취약하고 교육기관들이 보유 자원을 효율적으로 관리할 동기가 별로 없다는 것이다. 또한 그 때문에 훈련 기관들이 특정한 기술을 가진 노동자들에 대한 노동 시장 내의 변화하는 수요에 더디게 반응하게 된 것으로 보였다.

참여와 성취를 향상시키기 위하여 정부는 교육을 보다 접근가능하게 만들기를 원했다.

이는 교육의 선택적 기능을 줄임으로서 달성할 수 있다고 정부는 제안했다. 또한 고등 교육에 계속 자금을 대야 하는 중요한 이유도 있지만, 보다 넓은 자금 조달 기반을 개발할 필요성도 있다고 밝혔다. 달리 말해 교육비용에서 학습자들의 본인 부담 비율을 늘려야 한다는 것이다.

이런 목표들을 달성하려는 열망이 NZQA 설립을 위한 맥락을 제공했다. NZQA는 원래 법률을 해석하고 실행하는 기능을 맡았다. NZQA의 주요 기능 중 하나는 중등학교와 고등교육훈련 부문에서 국가자격들에 대한 체계를 개발하는 것이었다.

> 모든 자격들(Access Training Scheme 하에서 제공되는 취업전 과정 포함)은 학생과 대중이 이해할 수 있는 목적과 서로에 대한 관계를 가진다. 그리고 이미 달성한 역량을 인정받음으로써 자격을 획득할 수 있는 유연한 시스템이 있다(Government of New Zealand 1995, p. 242).

다른 국가들이 채택한 접근법과 대조적으로 원래 NQF는 **모든** 기존 자격들을 통합된 자격체계의 다양한 레벨에 등록되어 있는 일련의 자격증과 수료증, 학위들로 대체하도록 설계되었다. 이런 목표를 달성하기 위하여, NZQA는 다른 모든 형태의 평가 형식을 대체할 표준에 기반을 둔 평가를 개발함으로써 평가 관행을 철저히 재정비하기로 결정했다. 표준에 기반을 둔 평가의 주된 특징은 학습 결과의 평가의 책임이 중앙 기관에서 교사 및 학습자가 미리 정해진 레벨의 성취를 이루었는지를 평가할 다른 당사자들에게 넘겨진다는 점이다. 과거에는 교육부와 대학부총장위원회 같은 중앙 기관들이 규준 참조적 국가고시를 확립하고 관리했다. 그러나 NQF 하에서는 애초에 NZQA가 모든 평가 관행을 관장하게 되어 있었다. 여기에는 훈련 제공기관을 인정하고, 모든 자격들을 하나의 체계에 등록시키고, 평가자의 판단에 일관성을 기하기 위하여 조정 시스템을 마련하고, 그것이 효력을 발휘하도록 담보하는 것이 포함되었다.

NQF는 학습 단위(단위 표준)에 기초한 모듈식 교육과정의 개발을 촉진하도록 고안되었다. 이러한 단위들을 만들어 내기 위하여, NQZA는 모든 학습 분야의 표준을 마련할 많은 기관들을 설립했다. 이들은 국가표준기구(NSB)라고 알려졌으며, 산업훈련기구(ITO)도 포함되었다.

단위 표준은 미리 정해지고 분명하게 규정된 학습 결과들의 집합으로 간주된다. 단위 표준은 NQF의 특정 레벨에 위치하며 NZQA에 의해 발표된다. 단위 표준은 서로 결합하여 다양한 자격을 손쉽게 만들어낼 수 있는 학습 수단이다.

1992년에 도입된 산업훈련전략(Industry Training Strategy)은 NQF와 긴밀하게 연관되어 있다. 산업훈련전략은 사내 학습의 양과 질을 끌어올리는 것을 목적으로 했다. 이 전략은 산업계가 (NQF에 등록되고 ITO가 마련한) 기술 표준 수립을 포함한 산업 훈련 프로그램의 개발과 실행, 관리를 통제하기 위한 과정을 제공했다.

ITO가 관장하는 훈련의 대부분은 NQF의 레벨1에서 레벨4에 속한다. ITO는 반드시 훈련 자체를 제공할 필요가 없지만, 현장 평가와 기술 전문대학(polytechnic), 또는 민간 훈련기관에서 훈련을 구입하는 등의 사외 훈련을 준비해야 하며, 단위 표준 취득과 궁극적으로 전체 자격을 취득하기 위해 요구되는 성과 표준을 수립한다). ITO는 고용주의 필요와 바람을 직접적으로 대변하도록 되어있다. 따라서 목표는 뉴질랜드 산업 훈련 시스템이 생산한 기술을 이용하는 이들, 즉 고용주들이 학습결과와 성과 표준의 개발을 주도하도록 하는 것이었다. 학습 결과가 등록되면, 품질을 보증 받은 모든 훈련 제공기관이 해당 부문의 훈련을 제공할 수 있다. 따라서 표준 규정을 통해, ITO는 국가적 교육과정 개발을 이끄는 데 도움을 줄 능력을 갖는다.

ITO와 다른 국가표준기구(NSB)들에게는 완전한 자격을 개발하는 책임이 있는 반면, 학교와 기술 전문대학 및 기타 교육 기관, 그리고 직장에서 활동하는 지도 교사 등을 비롯한 자격 제공자들은 전달 및 교수 방법을 주관했다. 단위 표준은 완수를 위해 필요한 학업량에 따라 크기가 다양하도록 설계되었으며, 난이도에 따라 NQF의 다양한 레벨에 등록되도록 되어있었다. 원래 NQF에는 8개 레벨이 있었다.

• 국가자격증(National Certificate)은 레벨1과 4에서 수여된다.

- 국가수료증(National Diploma)은 레벨5와 레벨6에서 수여된다.
- 대학 학위는 레벨7에서 수여된다.
- 다른 학위와 더 높은 레벨의 자격증은 레벨8에서 수여된다.

이론적으로는 레벨1 단위 표준에는 최소한의 표준이 없지만, 11학년 학생(약 15세)의 평균적 능력과 동일시된다.

원래의 비전은 학생들이 다양한 제공자들로부터 자격을 획득하는 완전하게 연결적인 (seamless) 교육 시스템의 관점을 장려했다. 중등학교 학생의 경우, 이런 비전을 온전히 시행한다면 학교들이 보호 감독의 기능을 잃게 됨을 뜻했다. 학생들이 학습을 통해 산업계에서 설계한 국가자격에 덧붙여 대학 입학을 위한 국가교육성취자격 (NCEA)까지 취득할 수 있도록 하려는 생각이었다(그러나 정확한 세부사항은 제공되지 않았다).

아래에서 보다 자세히 설명하고 비판적으로 평가하겠지만, 뉴질랜드 NQF의 공식적 관점은 다음과 같은 목적으로 달성하는 것이었다.
- 조율된 단일한 자격 체계를 창조한다.
- 장소에 관계없이 교육적 성취의 인정에 대한 일관된 토대를 제공한다.
- 광범위한 성취에 대한 인정을 확대한다.
- 교육훈련 제공자들 사이에 다양성을 유도하고 학문적 자유를 인정한다.
- '학문적 기술'과 응용 기술의 통합을 유도하고 이론과 실천을 결합한다.
- 교육적 성취의 표준을 점차적으로 높인다.
- 교수 활동을 학생 중심 학습으로 옮긴다.
- 자격의 품질 보증을 제공한다.
- 자격들이 변화, 발전할 수 있게 한다.
- 와이탕기 조약의 원칙을 인정한다.
- 자격에 대한 합리적인 명칭 체계를 제공한다.
- 자격 누적 및 이전 시스템을 제공한다.

· 자격을 유연하게 만든다.
· 광범위한 교육 환경을 유도한다.
· 교육훈련에 대한 개인적, 집단적 투자를 증가시키기 위한 동기를 제공한다.(NZQA 1996)

공식적인 관점이라는 사실을 감안하더라도, 이 희망사항 목록은 인상적이다. 당시 NZQA는 뉴질랜드 교육훈련 부문을 혁신하려는 활동가적 접근법을 채택했다. 그리고 그것은 모든 영역에서 신속하게 정책 변화를 이룰 필요가 있다는 것이 정부의 지배적 관점이었던 시기에 도입되었다. 이는 당시 뉴질랜드의 통치 시스템 때문에 가능했다.

애로사항들 중 하나는 이 목표들의 상당 부분이 그저 비전으로 남아서 주로 NQF를 공동체에 '선전하기' 위해 이용되었다는 점이다. 많은 비전들이 구체적 전략과 실현을 위해 필요한 자금지원으로 뒷받침되지 못했다. 또한 1990년 보수적인 국가행정부 선출은 정치적 지형이 바뀌고 있음을 보여주었다. 다음 장에서 상세히 설명하겠지만, 이는 NZQA에 대한 많은 문제들로 이어졌다.

3.1 NQF의 실행

NQF는 1991년에 출범했으나 오래지 않아 문제에 봉착했다. 우선 직업 분야를 살펴보면, 몇몇 분야에서 단위 표준을 개발하고 새로운 자격을 창조하는 데 진전이 있었다. 몇몇 분야에서는 NQF 자격이 뿌리를 내렸지만, 많은 다른 분야에서는 사용자들의 마음을 사기 위해 고전했다. NQF와 관련된 수치에 기초하여, 산업훈련연맹(ITF)(2006)은 등록된 훈련생들의 수적 성장(2001년에 81,343명에서 2005년 161,676명)이 산업훈련의 성취를 확인해준다고 보고했다. 다른 증거에서 3차 교육 위원회(TEC)는 산업 훈련이 1992년 16,711명에서 2006년 176,064명으로 상당히 증가했다고 기록한다(TEC 2006). 부분적으로 이러한 증가는 현대도제제도(Modern Apprenticeship Scheme) 같은 새로운 개입들의 영향을 반영했다. 현대도제제도는 2002년 노동당 정부에 의해 도입되었는데, 노동당 정부는 부분적으로 산업훈련전략 자체가 기대했던 영향을 미치고 있지 못하다는 우려에 직면하여 현대적 사민주의 행정부로 탈바꿈했다. 시장 주도 산업훈련 시스템이 온전한 효과를 거두는 데 예상보다 기간이 더 길어졌을 수도 있다. 그러나 영국의 경우처럼, '고용주 주도'임에도 불구하고 고용주가 집단적으로 새로운 훈련 체계를 수용하고 있다는 명백한 증거는 거의 없었다 (따라서 아래에 서술한 새로운 투자접근법의 필요성이 제기되었다). 예를 들어 고용주들이 NQF 전반에 대해, 그리고 특히 ITO에 대해 '이중적인' 태도를 보이고 있다고 주장하는 보고서가 있었다(Long et al. 2000). 당시 15세에서 19세까지의 청소년들 중 10% 미만이 NQF와 관련된 훈련을 받았다(그래서 현대도제제도가 도입되었다). 반면 50세 이상의 사람들의 35%가 훈련을 받았다. 훈련의 양은 분야들마다 크게 달랐다. 수치들이 한참 이전의 것이긴 하지만, 약 30%의 훈련생들이 건축업 및 도급업자 ITO에 있었던 반면, 다른 산업들은 전혀 수치가 표시되지 않았다(New Zealand Office of the Prime Minister 2002). 또한 고용주 주도임에도 불구하고 뉴질랜드 고용주의 45%가 ITO에 포함되지 않았다. 고용주들이 산업훈련전략을 채택하기를 주저한 이유 중에는 ITO 모델이 고용주/직종 집단의 욕구를 충족하지 못한다는 믿음도 한몫했다. 또한 자격과 필수 진입 요건들이 예를 들어 대학 시스템을 비롯한 다른 수단을 통해 이미 마련되어 있다는 주장도 있었다. 마지막으로 산업계는 직원들의 임금 인상 요구를 부추길지도 모르는 훈련에 참여하기를 여전히 주저하고 있다(Strathdee 2005b).

NQF와 관련된 훈련에 참가하는 훈련생들의 수가 계속 증가하고 있지만, 초기에 생긴 보급률 불균형의 패턴이 여전히 계속되고 있다. 이는 몇몇 자격들이 여전히 활용되고 있지 못함을 뜻한다. 실제로 일부 산업훈련조직은 비교적 큰 수의 훈련생들을 갖고 있는 반면(예를 들어 뉴질랜드 토목, 식품, 제조업 ITO인 Compentenz), 다른 조직은 상대적으로 적게 갖고 있고(예를 들어 뉴질랜드 말(馬) ITO), 또 어떤 조직은 지원 부족으로 인해 곤경을 겪고 있다(예를 들어 금융 부분을 지원한 ITO).

몇몇 분야에서 NQF에 대한 저조한 이해는 포스트포디즘 의제들의 타당성에 관한 의문을 제기한다. 짧게 말하면 포스트포디즘은 업무가 점점 더 기술을 요하고 있으며, 따라서 개인들은 보다 많은 훈련을 필요로 한다고 가정한다. 그럼에도 불구하고 이 이론이 노동 시장의 모든 분야에 적용되는지는 확실치 않다. 예를 들어 다른 곳에서 자세히 이야기하고 있다시피(Strathdee 2003), 많은 노동시장 분야는 근로자들에게 고도의 기술 및 전문성을 요구하지 않으며, 어떤 분야에서는 기술이 회사의 경쟁전략의 작은 부분에 불과하다. 적어도 처음에는 NZQA가 포스트포디즘이 여전히 몇몇 분야에 영향을 주지 못하고 있지만, 고임금/고기술 고용을 초래한 글로벌 경제의 방식으로 경쟁하려면 결국 뉴질랜드가 노동력을 현대화할 필요가 있으며, 그렇지 못할 경우 계속되는 소득 감소에 직면할 것이라고 주장하는 경향이 있었다. 보다 최근에는 NZQA가 이런 측면에서 NQF에 대한 가능성들에 대해 할 얘기가 별로 없어졌기 때문에, 현존하는 체계를 지원하기 시작했다. 이점은 매우 주요한데, 그것이 기술 향상에 대한 고용주의 투자 동기의 핵심에 있기 때문이다. 경쟁 전략이 기술 수준 증가의 필요성을 포함하고 있지 않다면, 고용주가 NQF가 만들어낸 기회를 끌어안을 가능성이 적다. 실제로 아래에서 더 자세히 소개하겠지만, 많은 노동시장 분야에서 고용주들은 그러한 기회를 끌어안을 필요성을 느끼지 못하고 있으며, 정부는 고용주들을 강제하지 않았다.

NQF가 고용주에게 미치는 영향에 대한 의문은 여전히 남아있지만, 인정받은 학습을 제공할 수 있는 제공자들의 수를 증가시킴으로써 뉴질랜드 교육훈련 부문에 영향을 미쳐온 것은 분명하다. NQF는 특히 서로 경쟁하는 제공자들이 인정받은 훈련을 제공할 수 있는 수단을 제공함으로써 교육훈련 부문에서 시장을 창조하는 데 일조해왔다.

첫째, NZQA 인정 과정은 많은 신규 제공자들이 인정받은(따라서 정부 보조금을 받는) 훈련을 제공할 수 있게 해주었다. 그 결과 새로운 훈련 제공자들이 전통적 제공자들과 학생들을 두고 경쟁함에 따라 훈련 시장이 생겨났다(그러나 아래에서 서술하는 것처럼, 최근의 정책적 전개는 이를 줄이고 있는 추세다). 여기에서 주된 원동력은 민간 교육제공자들이 상당한 국가 기금을 이용할 수 있다는 점이었다. 개혁 이전에 뉴질랜드에는 많은 민간 훈련 제공자들이 있었다. 이들은 국가와의 계약에 따라 2차직 훈련 기회를 제공하는 것에서 나른 훈련 제공자들처럼 학생들을 직접 모집하여 그들에게 필요할 것이라고 생각되는 교과과정을 제공하는 자격을 제대로 갖춘 훈련 제공자가 되는 쪽으로 이행했다.

둘째, NQF가 도입된 곳에서는 늘 그러하듯(Young Allais 2009), 뉴질랜드의 NQF는 꼭 필요한 지식이 무엇인지를 결정하는 데 있어서 고용주의 개입을 증가시키고 그들에게 믿을 수 있는 정보를 제공하는 것을 목표로 했다. 이 과정의 일환으로 NQF는 교육 부문에서 엘리트 교육기관 졸업생들이 좋은 명성을 가지고 있는 것으로 인식된다는 이유로 고용주들과 기타 조직들이 그들을 선호하는 '명성 효과'를 감소시키고자 한다(Strathdee 2009b). 발전을 위해 공개경쟁을 조장하려는 시도는 분명 가치 있는 야심임이지만, 불행히도 집단으로서 고용주들이 NQF 자격을 종전 자격들보다 더 신뢰하는지, 아니면 '전통적' 채용 방법(예를 들어 사회적 인맥을 통한)이 채용에 대한 보다 믿을만한 정보원을 제공한다고 믿는지에 대한 확실한 증거는 거의 존재하지 않는다. 이러한 추론이 정확하다면, 이는 학습결과 중심 평가 시스템에 대한 신뢰와 실행 사이의 연관관계를 이해하기 위한 미묘한 접근법이 요구됨을 시사할 것이다(Young and Allais 2009).

셋째 꼭 필요한 지식이 무엇인지에 대한 결정 과정에서 고용주의 개입 증가가 뉴질랜드 훈련 시스템이 생산하고 가르치는 지식의 적절성에 관한 우려를 해결할 것이라고 생각되었다. 고용주의 목소리를 키우기 위한 시도(Hirschman 1970)는 ITO 시스템에서 가장 분명하게 드러난다. ITO의 창조는 신자유주의 관계자들이 표현하는, 경제적으로 적절한 자격을 제공하는 데 있어서 비효율성에 관한 우려를 완화하는 데 도움이 되었다. 그럼에도 불구하고 고용주와 다른 제공자, 학생과 같은 자격 이용자들이 NQF 자격을 정책입안자들이 원하는 방식으로 이용하고 있는지는 여전히 불분명하다.

최근의 연구는 고용과 자격, 노동시장 간의 관계가 분야 효과(field effect)에 의해 좌우될 가능성이 큼을 보여준다(Strathdee 2009b). 몇몇 분야에서 NQF 자격은 고용주가 관심을 갖는 능력들을 알려주고 신뢰할만한 정보를 제공해주는 것으로 보인다. 그런 경우 고용주들은 NQF 자격을 높이 평가할 가능성이 크다. 그러나 다른 분야에서는 상황이 다를 가능성이 크다. 대학의 경우 국가교육성취자격(NCEA)을 3차 교육 진입을 위한 선택의 토대로 사용한다. 이는 자격이 학교에서 위상을 갖고 있음을 뜻한다. 그러나 정부 정책 변화(아래에 서술된)는 NCEA의 유용성이 이제 떨어졌으며, 예를 들어 NCEA 결과를 평균점수로 전환하는 등 새로운 선별 방식을 추구하고 있음을 시사한다.

넷째, 국가자격체계는 단위 표준 형식을 채택한 부문에 공통의 자격통용성(common qualification currency)을 제공함으로써 교육 시장 창조에 기여했다. 이런 공동의 통용성은 경제에서 돈과 마찬가지로 교육자격 제공자들 사이의 경쟁 증가를 촉진하는데, 많은 기관들이 같은 방식으로 학습을 인정하고 보상하고 있기 때문이다. 이는 퇴출을 촉진함으로써 교육훈련 분야의 시장 창조를 돕는다(Strathdee 2003). 따라서 공통적 교육 통용성의 창조는 고객의 선택을 증가시키고, 공식적 주장에 따르면 새로운 교육훈련 경로와 노동시장 진입 경로를 창조한다. 이론상으로 이는 학생들이 동일한 프로그램을 제공하는 다양한 제공자들 중에 선택을 할 수 있고, 따라서 자신들이 최상이라고 생각하는 제공자를 선택할 수 있음을 뜻한다.

그러나 다른 영역에서는 광범위한 집단들의 저항이 계속 NQF의 영향을 제한했다. 결정적으로 NZQA는 대학들에게 단위 표준 모델을 채택하도록 설득할 수 없었고, 당시 정부는 그들을 강제하지 않았다. 구체적으로 1994년에 NQF에 대해 비판적인 한 보고서(New Zealand Vice Chancellors' Committee 1994)가 발표된 후, 뉴질랜드 대학 부총장 위원회는 표준에 입각한 평가는 학생들의 학습 의욕을 저하시킬 것이며, (대학 교육의 본질인) '우수성'을 적절히 확인할 수 없고, 대학에서 이루어지는 교수와 학습의 특질을 적절히 반영할 수 없다고 우려했다. 개발 당시 NQF를 도입하면 지식과 학습의 파편화가 초래될 것이며 고급 대학 자격증들을 단순히 작은 단위표준으로 쪼갤 수 없다는 우려도 표명되었다.

그러나 뉴질랜드의 급진적 체계를 채택하는 데 있어서 문제가 된 것은 대학들만이 아니었다. NQF 출범 당시 정치적 지형은 다시 한 번 변동을 겪어서 당시 국민당 행정부는 선택적 평가(즉, 규준을 참조하는 평가)를 선호했고, 부분적으로는 교육 부문의 표준 관련 의제 덕분에 선출되었다. 여기서 아이러니는 NQF가 교육에서 표준을 강화시킬 것이라는 근거로 정당화되었다는 사실이다(이는 정치적 담화의 유연성을 보여준다). 그런데 NQF는 많은 논란을 일으켰고 교육에서 표준을 약화시킨 것으로 보였다. 예를 들어 자신들의 위상을 보전하기 위해 혈안이 되어 NQF 대신 국제적 시험을 이용하겠다고 위협하는 보수적인 학교들이 우려를 표명했고, 자식들의 진로를 걱정하는 학부모들과 다른 집단들도 있었다. 대학들과 마찬가지로,

이러한 개인과 집단들은 정부가 제안한 변화들이 학생들의 성취 의욕을 저하시키고 사회적 이동성의 기회를 차단하게 될 것을 두려워했다. 또한 경험적 증거는 부족하지만, NZQA의 노력에도 불구하고 일반적 학부모와 학생들은 그 대책을 정말로 이해하지 못했다고 주장하는 것이 합당해 보인다(Strathdee and Hughes 2001). 당시 몇몇 과목에서 어떤 학생들은 규준을 참조한 평가를 통해 평가 받고 어떤 학생들은 표준에 입각한 평가를 받으면서 이원적 평가 시스템이 등장했다. 그리고 어떤 경우 학생들은 규준 참조적 평가와 표준 기반 평가 모두에 의해 평가되었다. 그 결과 교사들이 기존 시스템을 유지하는 동시에 새로운 시스템을 적용하려 노력함에 따라, 교사의 업무량이 극적으로 증가했다(idem). 게다가 학교와 기술전문대학 등 다른 교육기관들 사이에 학습자의 이동은 적었다. 이유가 무엇이건, 실제로는 대부분의 학생들이 적어도 당시 학교를 떠나는 최소 연령인 15세에 이를 때까지는 학교에 남았고, 다른 제공자들 사이의 이동이 별로 없었다.

문제는 정부 내에서도 존재했고, 때문에 NQF 도입이 더욱 더 어려워졌다. 결정적으로 교육부는 몇몇 교과목에서 단위표준의 적용가능성에 대해 우려했다. 구체적 우려는 단위표준에 근거한 평가가 전통적 교과목들에는 적절치 않다는 것이었다. 학교 차원의 교육과정을 개발하는 일을 담당하는 것은 교육부이기 때문에, 이는 NZQA에게 문제거리였다. 교육부의 지원 없이는, NZQA는 의무교육 부문에서 '전통적인 교과목'의 개혁을 진척시킬 수 없었다. 단위표준은 학교 교육과정의 일부 분야에서 실행되었다.

대학들이 NQF에서 발을 뺀 뒤 전개된 정치적 상황은 복잡하며, 이에 대한 추가적인 연구가 필요하다. 그러나 1990년대 중반 무렵 NQF의 실행에 관여한 다양한 기관들 사이에 교착상태가 있었다. 국민당 정부가 행동을 하지 못하면서 NQF 실행의 진척은 제한되었다. 1999년 정부는 다시 노동당으로 넘어갔다. 노동당은 NQF가 직면한 문제에 정면으로 맞섰다. 교착상태에 대한 해결책은 1999년 보다 확대된 NQF 개발을 알리는 백서를 발표하는 것이었다. 이러한 변화의 세부사항은 복잡하다. 그러나 아래에서 좀 더 자세히 이야기하겠지만, 그러한 변화는 보수적 이해당사자들의 승리를 반영했다. 전통적인 방식을 유지하고 대학이 전통적인 방식으로 운영을 계속할 수 있게 되었기 때문이었다. 백서의 결과, NZQA는 '포괄적'이지만 대학들이 단위 표준 모델을 채택하도록 강제하지 않는 NQF를 개발할 수밖에 없었다. NQF를 확대하기 위해 채택된 실제 전략은 품질이 보증된 자격들의 등록부(the Register)를 만드는 것이었다. 2001년에 출범한 등록부는 뉴질랜드 3차 교육기관(대학, 기술전문대학, 마오리 대학(wānanga), 민간 훈련기관)과 중고등 학교에서 제공되는 모든 승인된 자격들을 규합하는 구조를 제공한다. 달리 말해 대학자격은 품질이 보증된 자격의 등록부에 속해있지만, 대학은 자체적인 교육과정을 정하고 전통적인 방식으로 학습 결과를 평가할 수 있었다. 이는 엘리트로서 대학의 위상을 보존하는 데 도움이 되었다. 그러나 다른 교육기관들 역시 인정을 획득하여 학위를 제공할 수 있었다.

모든 승인된 자격들은 과정의 목표와 학습 개요의 측면에서 서술되어야 하며, NQF에 등록된다. 그러나 그런 자격들이 모두 반드시 NQF 표준이 정의한 자격들은 아니다. 또한 NZQA는 대학들에게 자체적 자격의 품질을 보증할 책임을 위임했다. 이 임무는 뉴질랜드대학부총장위원회의 하위 위원회인 대학학술프로그램위원회가 실시하고 있다.36)

이 시점에 다음과 같은 점들을 다시 한 번 되새겨볼 가치가 있다.
1. 등록부에 등록된 모든 자격들은 공인된 기관(예를 들어 산업훈련기구(ITO) 또는 뉴질랜드 대학 부총장 위원회)이 승인하고, 인정받은 교육훈련 기관(예를 들어 대학)이 제공하는 자격들이다.

2. 성과 표준과 단위 표준을 통해 학습을 인정하는 자격은 등록된 자격들의 하위 집합이다.

3. 모든 자격들은 과정의 목적과 학습 개요(learning profiles)의 측면에서 서술되어야 한다.
4. 자격의 품질 보증 책임은 뉴질랜드 대학 부총장 위원회 같은 다른 기관들에게 있다.

---

36) http://www.nzvcc.ac.nz/aboutus/sc/cuap [10 June 2009].

개혁 과정으로 돌아가서, 학교 차원에서 백서는 오랫동안 기다려온 국가교육성취자격(NCEA)이 기존 학교 자격을 대체할 것을 알렸다. 이러한 변화의 한 가지 중요한 측면은 NCEA 덕분에 전통적인 교과목 분야에서 학습을 표준에 의거하여 평가할 수 있는 방식이 확대되었다는 점이다. 승인된 교육과정 관련 교과목의 경우, 세 가지 중 한 가지 방법으로 미리 정해진 표준에 의거하여 학습을 평가한다.

1. 첫째, 성취 표준으로 알려진 새로운 수단이 교과목 전문가 위원회(즉 전통적인 교과목의 경우 교육부가 임명하는 표준설정기구들)에 의해 개발되었다. 성취 표준은 학생들이 NCEA 획득을 위한 학점을 받기 위하여 각 과목에서 획득해야 하는 표준을 명시하고 있다는 점에서 단위 표준과 유사하다. 그러나 단위 표준과는 달리, 만족스러운 성취, 좋은 성취, 우수한 성취를 '이수(credit)', '우수(merit)', '탁월(excellent)' 등급으로 인정할 수 있도록 설계되었다. 등급화된 평가를 포함시킴으로써 원래의 단순한 통과/낙제 평가 시스템이 학생들의 학습의욕을 저해한다고 믿는 사람들의 우려를 어느 정도 완화시켰다.

학생들은 대체로 11학년(약 14세)에 NCEA 레벨1, 12학년(약 15세)에 레벨 2, 13학년에 레벨3을 획득하는 것을 목표로 한다. 또 하나의 새로운 자격인 국가 수료증은 레벨 5에서 7, 초급 학위(initial degrees)는 레벨 7에, 고급 학위(advanced degrees)는 레벨 8에 배치되었다. 레벨 8은 원래 대학에서 개발한 자격을 포함하여 모든 대학원 자격을 포괄했다. NQF의 최고 레벨들이 고급 대학원 레벨을 인정하지 않는다는 우려에 반응하여, 추가적인 두 개의 레벨이 NQF에 추가되었다. 또한 'Scholarship'이라고 알려진 새로운 자격(NQF의 레벨4에 해당)이 아주 명석한 학생들의 성취를 인정하기 위하여 고등학교 수준에 도입되었다.

2. 둘째, 적절한 경우 단위 표준에 입각한 평가가 계속되며, '표준에 도달했는지/아직 도달하지 못했는지'에 따라 학점이 계속해서 주어질 것이다.
3. 셋째, 학점 획득을 위해 다른 시험이나 자격을 이용할 수 있다. 새로운 자격이 엄격함을 갖게 하기 위하여, 정부는 대부분의 전통적 교과목의 최종 점수에서 적어도 60%를 외부 시험을 이용하여 결정할 것을 주장해왔다.

NCEA는 여전히 '학점' 모델이지만, 복잡하게 섞인 성취 표준과 단위 표준들로 구성되어 있다.

국가교육성취자격증(NCEA)의 레벨들

· 레벨1

레벨 1 이상에서 80학점 이상이면, NCEA 레벨1을 획득한다. 이중 8 학점은 수리력 표준 8학점은 문해력 표준에서 획득해야 한다. 문해력은 영어 또는 마오리 언어로 평가할 수 있다.

· 레벨2

레벨 2 이상에서 60학점, 다른 모든 레벨에서 20학점. 학점은 하나 이상의 자격에 대해 이용할 수 있고, 따라서 NCEA 레벨1의 학점 중 일부를 NCEA 레벨2를 획득하는 데 계산할 수 있다. 레벨2에는 구체적인 문해력 및 수리력 요건이 없다.

· 레벨3

80학점 이상. 이중 60점은 레벨3 이상이어야 하고, 20학점은 레벨2 이상이어야 한다.

· 성취에 대한 보상

학생들은 이제 '우수(merit)' 또는 '탁월(excellence)' 등급의 NCEA 자격을 획득할 수 있다. '탁월' 등급을 얻으려면, 요구되는 80 학점 중 50학점 이상이 탁월 레벨에서 수여되어야 한다. 50학점 이상을 우수 레벨(또는 우수와 탁월의 혼합)에서 획득하면, '우수' NCEA이 수여된다.

앞서 급한 것처럼, 교육과정 모듈화가 고등학생들을 위한 교육의 품질에 미치게 될 영향에 관한 우려가 있었다. 그러나 최근 연구들은 NCEA가 고등 교육의 성과에 미치는 예측적 효과는 수학 부문에서 높고(Jame et al. 2008), 전체적으로도 높음을 보여주었다(Shulruf et al.2008). 그러나 Shulruf와 그의 동료들(2008)이 지적한 것처럼, 최근 연구들은 학생들이 학점 누적을 강조해왔음을 보여주었다(Mayer et al. 2006). 그들이 지적하는 것처럼, 만일 NCEA 후보자들이 대학에서 성공하기를 원한다면, 최대한 많은 학점을 획득하기보다 적은 학점으로 높은 성취를 보이는 쪽으로

초점을 옮기는 것이 적절할 것이다.

 전반적으로 표준에 근거한 평가가 기존 시스템보다 학생들에게 더 큰 동기부여가 된다거나, 전통적인 평가 형식에서 성적이 저조했던 학생들이 새로운 평가 형식에서 더 좋은 성적을 거둔다는 증거는 많지 않다. 물론 완전한 성과를 발휘하려면, 새로운 자격들이 보다 동기부여적이고, 동시에 고용주들이 자격을 능력의 증거로 신뢰하는 것이 필수적이다. NQF 옹호자들에게는 불행하게도, 실상이 그렇다는 증거는 거의 없다. 마찬가지로 NQF 옹호자들은 직업자격과 학술자격 간의 동등한 존중을 이루기를 희망했다. 한 소규모 연구는 학생들이 대학 자격을 가장 높이 평가하고 있음을 보여주었다 (그리고 그런 자격은 대학에 입학해야 얻을 수 있다)(Strathdee and Hughes 2001). 그러나 고용주들이 자격을 어떻게 받아들이는지는 여전히 불명확하다. 그러나 자격 인플레이션과 더 많은 학생들이 높은 수준의 교육 및 훈련으로 이행하는 경향에 따라, 이 문제의 중요성은 줄어들고 있다.

 뉴질랜드 3차 교육 시스템의 어떤 영역에서 이수율은 여전히 기대보다 낮은 편이다. 이는 NQF가 아직 주요 목적 중 한 가지를 이루지 못하고 있음을 암시한다. 예를 들어 최근 교육부 보고서37)는 뉴질랜드의 고등교육 자격 이수율이 겨우 58%로 OCED 국가 중 가장 낮은 수준임을 보여주었다(반면 호주는 72%였다).

 NCEA가 최종 학교 자격으로 널리 인정되고 있긴 하지만(대학에 대한 접근권을 제공하므로), 여전히 논란은 계속되고 있다. 예를 들어 몇몇 교과목에서 장학금 수여는 해마다 달랐다. 예를 들어 2002년 수학에서는 5,000명 이상의 학생들이 수학 표준에서 '탁월' 등급을 받았지만, 2003년에 그 수치는 70명에 불과했다(논란이 일어난 이후). 매년 결과가 발표될 때마다, 성취의 표준에 대한 우려가 표명되었다. 그 해에도 다르지 않았다.38) 그런 논란은 NZQA를 변화시킬 수밖에 없게 만들었다(NZQA 자체는 세 차례 외부 검토를 받았으며, 일부 CEO의 변화도 있었다).

---

37) http://www.educationcount.govt.nz/publications/tertiary_education/42059 [10 June 2009].

38) 예를 들어 http://www.stuff.co.nz/sunday-star-times/news/2417397/National Certificate of Educational Achievement-credits-for-reading-Wikipedia-sending-emails [10 June 2009]를 참조.

그러나 다른 문제들도 있었다. 위에서 언급한 것처럼, 교육부는 교육과정 개발 책임을 맡고 있으며, NZQA에 따르면 교육부는 또한 성취 표준을 개발할 궁극적 책임을 맡고 있다(NZQA의 문서를 믿는다면). 그런데 불행히도 교육과정 개발과 표준 수립 과정은 항상 함께 가지 않으며, NZQA는 여전히 성취 표준을 수립하는 책임을 어느 정도 맡고 있다. 예를 들어 고등학교 역사 과목의 경우, 2002년 NCEA의 도입에 맞추어 표준설정기구(Stadard Setting Body)가 성취 표준을 개발했다. 이 과정이 어떻게 이루어졌는지, 이해당사자들과 얼마나 많은 협의가 있었는지는 불분명하다. 그러나 이후 교육부는 학교교육 부문 전체에 걸쳐 새로운 역사 교육과정을 도입했고, 이것은 성취 표준에 맞게 조율해야 했다(11-13학년). 새로운 교육과정 문서가 발표되었지만, 학생들의 학습 평가를 위해 사용될 성취 표준은 아직 개발되지 않았다. 이 문제는 복잡하고 혼란스럽다. 예를 들어 교육부에서 나온 정보는 교육부가 NZQA와 성취 표준 개발에 대한 공동 책임을 맡고 있음을 암시하지만, 해당 분야의 학습을 성취 표준의 측면에서 어떻게 평가해야 할지에 대한 어떤 고려도 없이 교육과정이 발표된 것처럼 보인다. 설상가상으로, 그 사이에 국민당 주도의 정부가 선출되었고, 고등학교 역사 과목과 관련된 상황은 적어도 교착상태에 부딪힌 것처럼 보인다.

그러나 이 장과 관계가 있는 것은 NQF의 다른 실패들에 대한 노동당 정부의 반응이다. 1999년 처음 선출된 이후 노동당 정부는 NQF(그리고 특히 NQF가 포함된 시장 주도의 교육 시스템)가 약속했던 사회적, 경제적 목적을 이행하는 데 실패했다고 주장했다. 몇몇 교육제공 기관들의 자금 조달과 관련된 논란은 이 부분에 대한 정부의 믿음을 더욱 확고하게 했다(Strathdee 2009a). 행정부는 3차 교육 시스템이 고용주의 욕구를 반영하고 있지 않았고, 기대만큼 소득 증가가 없었으며, 제공되는 많은 과정들의 품질이 낮다고 주장했다. 이러한 관점에서 정부가 전략적 우선순위 분야에 투자한다면 상황이 더 나아질 것으로 보였다. 2005년 무렵 원래 NQF의 주된 목적들에 영향을 미친 새로운 자금지원 및 계획 시스템이 마련되었고, 이에 따라 기술 개발이 고용주 주도로 바뀔 것이라는 기대 속에 교육훈련 부문에 시장을 형성하게 된다. 이 이야기는 다음 절에서 보다 자세히 검토할 것이다.

3.2 새로운 투자 접근법

위에서 언급한 것처럼, 시장 주도의 의무교육 이후 교육시스템은 많은 주요 원칙들을 토대로 했다. 이 원칙들은 잘 알려져 있으며, 여기서는 간략하게 요약만하겠다.

- 첫째, 국가의 자금지원은 학생들의 선택을 반영해야 한다.
- 둘째, 특정 종류의 기관을 편애하면 시장의 왜곡이 있을 수 있으므로 같은 종류의 훈련을 제공하는 다양한 유형의 제공자들에게 같은 수준의 자금이 제공되어야 한다.
- 셋째, 학생들은 수업료를 지불해야 한다.
- 넷째, 제공자들은 훈련 제공에 대한 독점권을 갖지 않는다. 이는 예를 들어 대학이 학위를 제공하는 유일한 기관이어야 할 이유가 없음을 뜻한다.

처음 두 가지 원칙들을 뒷받침하기 위해 마련된 정책들은 3차 교육 참여의 극적인 증가를 낳았다. 이러한 증가의 상당 부분은 NQF의 도입으로 과거에는 공공 부문 제공 기관과 마오리 대학들에게만 제공되었던 자금지원에 대한 접근권이 확대되자 이를 이용하기 위하여 생겨난 민간 훈련 시설에서 발생했다. 이 기관들은 자금지원을 더 많이 얻기 위한 방편으로 등록자 수를 증가시키는 데 집중했다.

연이은 행정부들이 위에서 제시한 세 번째 원칙을 완전히 이행하기를 꺼림으로써 확대는 더욱 더 촉진되었다. 이는 국가개입에서 사민주의의 지속적 영향력을 상당 부분 반영한다. 시간이 지남에 따라 수업료는 점차 증가하여 전체 비용의 25%까지 올라갔다. 그러나 정부는 여전히 비용의 상당 부분을 지불했다.

더욱이 가난한 학생들이 참여 기회를 놓치는 것을 방지하기 위해, 학생들에 대한 학자금 및 생활비 대출이 더 쉬운 조건으로 제공되었다. 또한 대학들이 학위 취득으로 이어지는 훈련 제공에 대한 독점권을 잃게 됨에 따라, 네 번째 원칙의 달성을 향한 진전이 이루어졌다. 또한 한 기술전문대학은 대학의 지위를 얻었다.

이런 정책들의 결과는 어떤 특정 집단에 맞춰지지 않은, 정책들의 혼합으로 결정되는 3차 교육 부문의 창조였다. 사민주의자들은 학위 수여 기관의 범위 확대처럼 학습에 대한 접근을 확대하는 정책과 학생들에 대한 대출 제공과 사용자가 3차 교육을 위해 부담해야 하는 비용의 제한처럼 신자유주의가 학생들에게 미치는 영향을 제한하는 정책들의 도입을 반겼다. 한편 신자유주의자들은 소비자의 선택 증가를 향한 움직임에서 어느 정도 만족감을 얻었다. 그러나 강력한 가격 메커니즘의 부재는 학생들의 선택이 반드시 노동시장에서의 기술 수요를 반영하지 않음을 뜻했다. 따라서 원래 NQF의 창시자들이 상상했던 종류의 '시장'은 존재하지 않았다. 보수주의자들은 그러한 개혁을 반길만한 이유가 없었다. 고등교육에 대한 접근이 사실상 중고등 교육을 마친 모든 사람들에게 개방되었고, 대학들과 NQF에 등록된 자격의 다른 제공자들은 소수정예 형식의 지식을 보존하기보다 학생들을 끌어들이기 위해 고안된 새로운 프로그램을 제공하고 있었다. 게다가 노동자 집단들은 이전 제도에서보다 더 큰 접근권을 갖게 되었고, 대부분이 뉴질랜드의 대학에 들어가기 위한 자격을 얻었다(Hughes and Pearce 2003; Strathdee and Hughes 2007).

노동당 주도의 연합정부 역시 만족스럽지 못했다. 이런 대책들이 등록률을 극적으로 증가시키긴 했지만, 그들이 볼 때 그 결과는 제공되는 훈련의 품질과 생산되는 기술의 적절성의 측면에서 만족스럽지 못했다. 여기서 아이러니는 애초에 노동당은 바로 이런 목적들 때문에 NQF를 도입했다는 점이다. 그러므로 기술에 대한 고용주들의 관심을 대변하기 위한 ITO 시스템에도 불구하고, 두 가지 중요한 문제는 여전히 남았다. 첫째, 집단으로서 고용주들이 NQF를 환영하고 있다는 강력한 증거가 없었다. 둘째 학습자들이 노동 시장과 어느 정도 거리를 두고 훈련에 관한 결정을 내리고 있다는 증거가 있었다. NQF와 관련된 훈련 제공자들은 제공되는 자격의 노동 시장에서의 가치와 관계없이 학생들에게 매력적인 훈련을 제공하고 있었다. 예를 들어 어떤 제공자들은 노동시장과 별로 관계없는 '야간골프(twilight golf)' 강좌로 학생들을 끌어들였다(Strathdee 2009). 설상가상으로 강좌에 등록한 학생들이 수업을 들음으로써 실제로 기회를 이용했다는 증거가 별로 없었다. 이를 비롯한 다른 문제들이 소득 감소에 일조했다(New Zealand Office of the Prime Minister 2002). 실제로 노동당 정부는 고용주들이 충분히 교육훈련에 투자하지 않고 있기 때문에, 이전 행정부의 훈련에 대한 자발적 또는 '신자유주의적' 접근법(사실은 노동당이 도입했던)이 국가를 경제적, 사회적 위험에 빠뜨렸다고 주장했다(Strathdee 2005a).

선출되자마자 노동당이 이끄는 정부는 주요 3차 교육 시스템에 손을 댔다. 전략적 차원에서 정부는 3차교육자문위원회(TEAC)를 수립하는 것으로 시작했다. 이 위원회는 무엇보다 3차 교육 부문을 협동적이고 협력적으로 만들고 제휴관계에 대한 인식 증가를 꾀하는 임무를 맡았다. 정부가 밝힌 전반적 목적은 시장 기반 훈련 제공을 포기하고 3차 교육에 대한 정부의 투자를 전략적으로 적절한 영역으로 돌리는 것이었다.

NQF가 주로 성취를 인정하고 보상하는 방법으로 남아있으므로, 이론적으로 그러한 변화들이 NQF에 직접적인 영향을 미치지 않는다는 것을 주목할 필요가 있다. 그러나 그런 변화들은 NQF가 인정하는 다양한 학습의 종류에 대한 이해에 중요한 영향을 미칠 것이다.

노동당 주도의 연합정부는 1999년에 3차 교육훈련 제공에 문제점들을 인식하고 시스템 개혁을 위한 조치를 취하고 있었지만, 변화는 더뎠고 정부는 눈앞에 펼쳐진 도전들을 해결할 자세가 되어있지 않았다. 2002년 중반 무렵 3차 교육전략이 마련되었고, 2003년에 그것을 실행할 3차 교육 위원회(TEC)가 조직되었다. NQF가 실행될 때 만들어진 규칙에 따라, 기관들은 자신들이 원하는 만큼 등록을 늘일 수 있게 되었다. 시장의 힘이 훈련의 수요와 공급을 결정하게 된 것이다. 그럼에도 불구하고, 비용이 증가함에 따라 정부는 등록에 상한선을 두었다.

TEC가 일반적으로 비용을 줄이기 위한 대책을 실행하는 동안, 변화를 관리하는 데 고전했고, 처음 2년 동안은 넓어진 교육 부문에서 구조와 통치와 역할을 점검하는 세 차례의 중요한 재검토의 대상이 되었다. 국가의 교육훈련을 관리하기 위한 국가의 능력을 제한하는 다른 문제들 역시 등장했다. 예를 들어 정부는 그 법률이 일단 학생들이 등록하면 정부가 제공자에게 자금지원을 거절할 수 없으며, 강좌를 실제로 제공하거나 이수할 경우 자금을 환수할 수 없음을 뜻한다는 것을 깨달았다. 또 하나의 문제는 해당 부문의 행정적 통제가 TEC(지불과 관련하여 강좌들을 승인)와 NZQA(품질과 관련하여 강좌들을 승인) 사이에 나뉜다는 점이었다. 어느 조직도 완전한 통제권을 가지고 있지 않았다. 실제로 NZQA는 품질 보증을 몇몇 제공자들에게 위임했다(예를 들어 마오리 대학과 뉴질랜드 대학 부총장

위원회). 주로 교육기회를 놓친 성인들에게 제2의 교육 기회를 제공하는 기관이 뉴질랜드 최대의 대학인 오클랜드 대학보다 정부 지원금을 더 받은 경우도 있었다(Strathdee 2009).

이 문제에 대한 해결책의 일환으로 노동당 주도의 정부는 성장 및 혁신 체계(GIF)에서 표현된 성장 전략을 마련했다. GIF는 국가 경제 성장에 결정적으로 중요한 세 개의 활동 영역(생명기술, 정보통신 기술, 설계)을 규정하고, 경제적 성과 개선을 목적으로 하는 많은 전략들을 입안했다. 이전 시기를 특징지었던 시장 주도의 제공 시스템과 대조적으로, 새로운 중도좌파 정부(1999-2008)는 3차 교육에 대한 새로운 접근법을 채택했다. 이것은 '투자 접근법'이라고 불린다. 전반적 원칙은 교육에 대한 투자가 지역적, 국가적 우선순위를 반영한다는 것이다. 새로운 자금지원 모델을 마련하는 일환으로, 2006년까지 모든 3차 교육 제공자들이 적절성 테스트를 받게 되었다. 제공자들이 NQF에 등록된 어떤 자격이건 제공할 수 있었던 이전 접근법과는 대조적으로, 정부는 이제 정부가 정한 전략적 방향에 적절해 보이는 프로그램에만 자금을 지원한다. 적절성을 입증하기 위해 각 3차 교육기구는 훈련이 NQF와 연관이 있는 승인받은 헌장(Charter)과 개요 (Profile)을 가져야 한다. 두 문서 사이에 중요한 차이가 있지만, 헌장과 개요는 (3차 교육의 자금지원을 관장하는) TEC와 3차 교육 제공기관 사이에서 협상되며, 국가에 3차 부문의 품질과 방향을 감시할 길을 제공하는 것을 목적으로 한다.

일반적으로 TEC는 제공자들의 활동을 다음과 같은 네 가지 전략적 우선순위에 입각하여 평가한다: 우수성(학습자들에게 필요한 기술과 역량을 갖추게 하기 위한 교수와 학습, 연구의 품질 향상)과 적절성(3차교육기구의 활동이 3차교육전략과 정부3차교육우선순위에 제시된 국가의 주요 경제적, 사회석 목표에 기여하도록 보장), 접근성(학생들, 특히 마오지 족과 남태평양 원주민들에 대한 접근과 기회의 동등성 보장), 수용능력(조직과 시스템의 수용능력을 제고). 자금지원 우선순위를 결정하고 제공자에게 그 우선순위에 따라 훈련을 제공하도록 권장하는 과정의 일환으로, 3차교육위원회는 지역에서 대리인들을 고용하여 제공자와 고용주 사이의 연계를 만들도록 했다.

제공자들에게 그들의 개요와 제한된 성장에 따라 자금지원을 함으로써, 당시 정부는 보다 효과적으로 3차교육과 훈련에 대한 투자를 하게 되기를 희망했다. 교육제공의 네트워크를 형성함으로써, NQF와 그들이 제공하는 훈련의 적절성을 증가시키기 위하여 3차 교육 제공자들이 서로 경쟁하지 않고 지역 내의 고용주들과 긴밀하게 일하도록 하려는 발상이었다. 실제로 경쟁 대신 협동이 강조되었다.

본질적으로 뉴질랜드는 현재 모든 자격을 강좌의 목적과 학습 개요의 측면에서 서술해야 하고 모든 자격을 NQF에 등록해야 하는 시스템을 운영하고 있다. 그러나 훈련기관들은 처음 생각했던 방식으로 표준에 입각한 평가를 채택하지 않고 있으며, NZQA는 프로그램을 인정하는 책임을 뉴질랜드 대학 부총장 위원회 같은 다양한 조직들에 위임하고 있다. 투자 접근법의 도입은 제공 기관들이 훈련을 제공하려면 추가적 승인을 얻어야 함을 뜻하고, 훈련이 제공 기관의 헌장 및 개요와 일치해야 함을 뜻한다. 또한 제공자들은 학생 수에 따라 자금을 지원받지 않고, 정부가 자금지원을 미리 결정한다. 국가교육성취 자격증의 결과가 학생들을 선별하는 쉬운 방법을 제공하지 않기 때문에, 이러한 전개는 어려움을 낳았다(Vlaardingerbroek 2006).

마지막으로 이 장을 쓰는 시점에 2008년 선출된 새로운 국민당 정부는 이전 정부의 투자 접근법을 계승하기를 원치 않는다는 표현을 했다. 이것이 정책적으로 무엇을 의미할지는 두고 볼 문제다. NQF와 관련하여, 단위표준과 성취 표준이라는 용어를 그냥 '표준'이라는 용어로 대체하자는 의견도 있다. 그러나 성취 표준과 단위 표준이 다른 방식으로 구성되어 있으므로, 그러기에는 문제가 있다.

제4장 호주자격체계: 옛것에서 새것으로

- 리사 휠라핸

1. 서론

호주자격체계(AQF)는 1995년에 확립된 '제 1세대' 자격체계(Tuck 2007, p. 1)다. 이 자격체계의 목적은 '의무교육 후의 교육훈련이 제공하는 모든 자격을 위한 종합적이고 국가적으로 일관적이며 유연적인 체계'를 구축하는 것이다(AQFAB 2007, p. 1). 이 체계는 다음과 같은 호주의 모든 의무교육 후 자격을 포함한다: 고등학교(senior school) 자격, 직업교육훈련(VET) 자격, 고등교육(higher education) 자격. 이 체계는 자격을 인정하거나 품질을 보증하는데 있어 직접적인 역할을 하지 않으므로, 상대적으로 '약한' 혹은 '느슨한' 자격체계의 대표적인 예로 종종 제시된다.[39] Jack Keating(2003, p. 16)은 '강력한 협력자들이 AQF를 개혁을 진전시키기 위한 체계로서 기꺼이 사용하는가에 따라 AQF의 영향력이 결정된다고' 말했다. 이는 AQF의 장점이기도 하고 약점이기도 하다. AQF는 국가적인 VET 체계 및 국가적으로 인정되는 VET 자격을 형성하는데 중요한 역할을 했으므로 VET 부문에 가장 많은 영향을 미쳤다고 할 수 있다. 하지만 대학 부문에서는 영향력이 그보다 덜하며, 고등학교 자격 부문에서도 영향력을 인식하기 어렵다(Keating 2008b).

그러나 변화의 시기가 찾아왔다. 2007년 11월 보수적인 성향의 호주 정부가 11년간의 집권을 끝으로 자리에서 물러났고, 그 자리에 새로운 노동당 정부가 들어섰나. 호주 노동당(2007a, p. 5)은 "교육 혁명"을 실시하여, 호주를 세계에서 가장 교육이 잘 된 국가, 가장 기술력을 잘 갖춘 국가, 가장 훌륭한 인재를 가진 국가로 거듭나게 할 것임을 약속했다. 그 중에서도, 노동당 정부는 호주자격체계(AQF)를 관리하는 새로운 기구인 호주자격체계 협의회(AQFC)를 설립했다. 이 기구는 처음에는 고등교육, 후에는

---

[39] 전반적으로 이러한 상황에서, 호주자격체계는 기타 체계들을 통해 간접적으로나마 더욱 규제적인 역할을 하기 시작했다. 이에 대해서는 이 장의 후반부에서 논의하기로 한다. 호주의 약화된 또는 권한부여적인 자격체계에 대한 논의와 관련해서는 다음 참조. Keating (2000; 2003, p. 279), Young (2005, p. 13), Tuck (2007, p. 32)

직업교육훈련(VET)을 맡게 될 새롭고 더욱 강력해진 국가 규제기관 내에 위치하게 될 것이다(Commonwealth of Australia 2009). AQFC는 정부의 뜻에 따라, AQF를 더욱 강력하고 "견고하게" 하는 방안에 대해 자문을 제공하는 임무를 부여받았다 (Gillard 2009c). AQFC(2009)는 현재 주어진 임무를 최상으로 수행할 방안에 대해 공개 자문 과정을 실시하고 있다. 새로운 AQF는 학습 결과의 분류 체계, 명확한 수준, 학습의 양(또는 시간)에 대한 측정에 바탕을 둘 가능성이 크다. 앞으로도 살펴보겠지만, 이러한 "체계"는 기존의 AQF보다 더욱 폭넓고 광범위하다. 이러한 변화로 인해 AQF의 향후 규제적인 역할이 더욱 강화될 것이라고 장담할 수는 없지만, 정책의 폭이 더욱 넓어진다는 점을 생각하면 그렇게 될 가능성이 크다.40) 새로운 노동당 정부는 VET 뿐만이 아닌, 의무교육 후 교육의 모든 부문에 대해 더욱 강화된 규제 및 의무 협약을 마련하고 있으며, 이 과정에는 AQF의 강화 역시 포함된다.

따라서 이 장에서는 호주가 상대적으로 약한 자격체계에서 보다 강한 자격체계로 이행해가는 중요한 과도기에 대해 살펴보고자 한다. VET 자격이 교과과정에 대한 역량 중심의 훈련 모델에 바탕을 두는 반면, 고등교육 자격 및 고등학교 자격은 교과과정에 대한 투입 중심의 모델에 바탕을 두기 때문에, AQF의 중심에 근본적인 긴장이 존재한다는 주장이 제기된 바 있다. 이로 인해 AQF의 주요 목표 중 하나인 교육 부문들 간의 학생 이동, 경로, 학점 이전(credit transfer)을 용이하게 하는 일이 효과적으로 실행되지 못하고 있다. AQF가 이 목표를 제대로 수행하지 못한 점은 현 평가가 다루려는 문제들 중 하나다. 호주자격체계 협의회(AQFC)의 의장인 존 도킨스는 다음과 같이 설명한다:

> 우리는 부문들 간의 시너지 효과를 극대화하고 진입 경로(entrance pathway)와 부문들 간의 이동성을 최적화하는 것을 목표로 삼아야 한다. 그리고 이를 토대로, 호주 전역의 인재 역량을 강화하는 학생들의 흐름과 성과로써 학계와 VET를 연계해야 한다(Dawkins 2009).

---

40) 이는 새로운 AQFC의 구성을 봐도 알 수 있다. 호주 정부는 존 도킨스를 새로운 AQFC의 의장으로 임명했다. 도킨스는 1980년대 후반 노동 교육부 장관을 지냈으며, 선진화된 교육 체계를 가진 2년제 대학과 4년제 대학을 통합하여 고등교육 체계를 통일하고, 교과과정에 대한 역량 중심의 훈련 모델에 기반하여 국가적인 VET 체계를 마련하는 임무를 수행했다. 이러한 3차 교육과정의 변화를 줄여서 "도킨스 개혁"이라고 부른다. 도킨스(2009)는 "AQF를 새로운 규제기관 안으로 통합시키게 되면 AQF가 더욱 폭넓은 범위에서 준수될 것"이라 말한 바 있다.

강화된 호주자격체계(AQF)는 자격들 간의 더욱 확실한 관계에 기여할 것이며, 의무교육 후 교육훈련의 모든 부문에 걸쳐 종전과는 다른 운영 방식을 촉구함으로써 이들 부문 사이에 보다 원활한 정비가 이루어지도록 할 것이다. 그러나 앞으로 논의하겠지만, 현재 제기된 AQF의 개혁 계획이 서로 비교 불가능한 두 교과과정 모델 사이의 충돌을 해결할 수 있을지는 미지수다. 이 장에서는 또한 교육 정책의 더욱 대대적인 변화의 일환으로서 AQF의 개혁이 이루어져야 하며, '포괄적 정책적 토대(policy breadth)'에 의해 뒷받침되는 통일된 '느슨한' 체계와 달리, 통일된 '엄격한' 자격체계가 성과가 될 경우, AQFC의 자문 보고서에 제시된 선택 사항들이 문제를 일으킬 수 있다는 점을 지적할 것이다(Raffe 2005).

이 장의 구성

이 장의 제2절은 호주 사회의 주요 특징, 교육 부문의 참여 및 성과, 그리고 각종 자격 및 노동시장 간의 관계를 조명함으로써, 보다 광범위한 맥락에서 AQF를 다룰 것이다. 그리고 제3절에서는 AQF를 개발한 더욱 광범위한 정책, 호주 정부의 연방 구조 및 교육에 대한 의무를 개괄적으로 살펴볼 것이다. 또한 고등교육, 직업교육훈련, 학교 부문을 간략하게 살펴보고 정책의 궤도에 대해서도 논의할 것이다. 제4절에서는 AQF의 기원, 발전, 속성, 구조에 대해 알아보고, AQF가 역할을 수행한 교육 결과에 대해 알아볼 것이다. 또한 AQF의 장단점에 대해 논의하고 이러한 논의의 이유에 대해서 설명할 것이다. 마지막으로 제5절에서는 AQF의 미래에 대해 논의할 것이다.

2. 상황 정리 1: 호주 상황 요약

호주의 인구는 약 2200만 명이다.[41] 1778년에 영국의 식민지가 되기 전, 최소 5만 년 동안 문화적, 사회적, 언어적으로 다양한 호주 원주민 및 토러스 해협 섬 원주민들이 호수에 살았다.[42] 호주는 1901년이 되어서야 단일 국가가 되었고, 당시 영국의 6개

---

[41] Source: Australian Bureau of Statistics (ABS),
http://www.abs.gov.au/ausstats/abs%40.nsf/94713ad445ff1425ca25682000192af2/1647509ef7e25fa
aca2568a900154b63?OpenDocument [10 June 2009].

식민지가 하나의 연방으로 통합되어 현재는 6개의 주와 2개의 준주로 구성되어 있다. 호주는 이주민들의 땅으로, 전체 인구의 약 4분의 1이 해외 태생이다(ABS 2008a). 이 광활하고 건조한 섬 대륙 국가에서는 문화적으로 다양한 인구의 대다수가 해안 지역의 대도시에 집중적으로 몰려서 거주한다. 호주는 자연 자원이 풍부하며, 최근 국제적인 금융 위기가 오기 전까지 지속적인 경제 성장을 이루었다(Knight and Mlotkowski 2009, p. 12). 호주의 이러한 번영은 인플레이션과 물가 인상을 감안할 때, 호주가 생산하는 상품과 서비스의 양이 15년 전보다 50% 이상 증가했다는 사실을 보면 알 수 있다(Buchanan et al. 2009, p. 7). 그러나 이러한 번영은 인구들 사이에서 고르게 분배되지 못하는 실정이다. 즉, 도시에 거주하는 인구가 그 외 지역에 거주하는 인구보다 소득이 더 높으며, 경제력이 상위 20%인 인구가 전체 가계 자산의 61%를 차지하는 반면, 경제력이 하위 20%인 인구는 전체 가계 재산의 1%를 차지한다(ABS 2008b, pp. 276, 279).

2.1 호주인들의 자격 상황과 학습 참여 상황

호주의 중등교육(여기서 중등교육은 중고등학교 과정을 말함) 과정을 마친 학생들의 재등록 비율(rate of retention)은 2007년에 74%를 조금 넘는 수준이었고, 이는 72%를 살짝 밑도는 수치를 기록한 1997년 이래 거의 변하지 않은 수치다(ABS 2008d, p. 4). 최근 이루어진 호주 고등교육 평가(Review of Australian Higher Education)에 따르면, 이 수치는 (2005년) OECD의 평균인 69%와는 비슷한 수준이지만, OECD 상위 6개국과 비교하면 여전히 낮은 수치다(Bradley 2008, pp. 17, 19). 대부분의 호주 주 정부들은 의무교육이 완료되는 연령을 15~16세에서 17세로 늘렸거나 향후 늘릴 계획이며, 학생들은 "일터로 나가 돈을 벌거나 학교에서 더 배워야" 한다.

비-학교 자격, 즉 학교 자격이 아닌 자격을 지닌 호주인들의 비율이 지난 10년간 증가했다. 1998년에는 15~64세의 호주 인구 중 비-학교 자격을 지닌 인구의 비율이 42%였던 반면, 2008년에는 이 수치가 약 54%로 증가했다(ABS 2008c, p. 3). 이러한 증가율은 기존에 지니고 있던 최고 자격이 학사 학위(bachelor degree) 또는 그 이상인 집단에서

---

42) http://www.culture.gov.au/articles/indigenous/ [11 June 2009]

가장 큰 폭으로 나타났고, 최고 자격이 고급 준학사(advanced diploma)/준학사 (diploma) 또는 그 이하인 집단에서는 완만한 증가율을 보였다(ABS 2007b, p. 1). 고급 준학사/준학사 이하의 비-학교 자격은 수료증 IV(Certificate IV), 수료증 III, 수료증 II, 수료증 I에 해당한다. 2008년 15~64세의 호주 인구 중 22%는 최종 자격으로 학사 학위 또는 그 이상을 소지했고, 이 수치는 25~34세의 호주 인구에서 32%로 늘어났다 (ABS 2008a, Table 14). 호주는 학사 또는 그 이상의 학위를 소지한 25~34세 인구의 비율이 1996년에는 OECD 국가 중에서 7위였다가 2006년에는 9위로 순위가 하락했다. 이 연령 집단에서의 이러한 수치는 OECD 평균과 비슷하나, OECD 상위 6개국에 비하면 다소 낮은 수치다(Bradley 2008, p. 18).

2008년에는 15~64세 인구 중 약 31%가 최고 자격으로 고급 준학사/준학사 또는 그 이하를 소지했다(ABS 2008a, p. 3). (2007년에) 남성들이 소지한 가장 일반적인 비-학교 자격은 수료증 I-IV (31%)과 학사 혹은 그 이상의 학위(23%)였고, 여성들의 경우에는 25%가 학사 또는 그 이상의 학위를 소지하고 19%가 수료증 I-IV를 소지했다. 호주 통계청(ABS 2007b: 1)은 이 현상을 토대로 호주의 성별에 따른 직종 분리, 즉 직업 자격을 요하는 직종(전통적인 견습 기간을 요구하는 산업 직종)에 대한 여성들의 진출이 남성보다 활발하지 못함을 알 수 있다고 설명했다.

대다수 국가에서 나타나는 전형적인 패턴(Santiago et al. 2008)과 마찬가지로, 호주에서 의무교육을 마치고 고등학교(senior school)에 진학할 가능성이 가장 적은 집단은 사회경제적 지위(SES)가 낮은 학생들이다. 이 학생들은 또한 고등학교 과정의 일부로 교내 직업교육훈련 과목에 참여하는 학생들 사이에서 과다 대표(over-represent)되고 있다(Teese et al. 2006). 사회경제적 지위가 높은 학생들은 대학에 진학할 가능성이 훨씬 더 높은 반면, 사회경제적 지위가 낮은 학생들은 직업교육훈련(VET)으로 빠질 가능성이 크다. 사회경제적 지위가 낮은 학생들은 고등교육을 받는 전체 학생 중 15~16%를 차지하는데(최소한 1990년대 초반부터 이 수치를 유지했다), 호주 전체 인구에서 이들이 차지하는 비율을 감안하면, 그 수치는 25%가 되어야 한다(CSHE 2008). 사회경제적 지위가 낮은 학생들은 VET 내에서 과다 대표되지만, 그 중에서도 낮은 수준의 VET 자격 내에서 가장 크게 과다 대표되며, 이들은 VET 부문 내 준학사 및 고급 준학사 부문에서 20%만을 차지한다(Foley 2007). VET 준학사 및 고급 준학사는 VET 학생들이 학사 학위를 얻기 위해 사용하는 가장 주된 자격이다. 이로 인한 한 가지 결과는 이들 경로가 기존 사회집단의 고등교육 참여를 활발히 유도하나, 과소대표된 소외계층 학생들의 참여는 유도하지 못한다는 점이다(Wheelahan 2009c). AQF의 핵심 목표가 VET 경로를 통해 소외계층 학생들에게 고등교육에 대한 참여를 제공함으로써 평등을 실현하는 것임에도, 이러한 상황은 해결되지 않고 있다.

호주 성인들의 정규, 비정규, 비공식 학습 참여는 국제적인 기준으로 볼 때 높다. 호주 통계청(2007a, p. 3)은 정규 학습(formal learning)을 (직장을 비롯한) 기관 및 조직 내에서 이루어지며 AQF 내에 속한 정식 자격을 제공하는 체계적인 학습이라 규정했다. 비정규 학습(non-formal learning)은 AQF 내에 속한 자격을 제공하지 않는 체계적인 학습이며, 비공식 학습(informal learning)은 일, 가족, 공동체 사회, 여가 등과 관련된, 기관 내에서 이루어지지 않는 비체계적인 학습이다. 2007년 25~64세의 호주인들 중 12%가 정규 학습에 참여하고 있다고 응답했으며, 30%가 비정규 학습에 그리고 74%가 특정한 종류의 비공식 학습에 참여하고 있다고 응답했다. 성인의 연령이 낮을수록 정규 학습에 참여하는 비율이 높고, 모든 연령 집단에서 비슷한 숫자의 사람들이 비정규 및 비공식 학습에 참여했다. 단, 60~64세는 예외다. 모든 형태의 학습에 대한 참여는 교육 자격의 수준이 높아질수록 높아지며, 따라서 학사 또는 그 이상의 학위를 소지한 자들이 그보다 낮은 자격을 지닌 사람들 또는 비-학교 자격을 지니지 않은 사람들에 비해 모든 형태의 학습에 참여하는 비율이 높았다. 이와 비슷하게, 정규직에 채용된 사람들이 특정 형태의 학습에서 높은 참여율(84%)을 보였는데, 이 수치는 비정규직에 종사하는 사람들(82%)과도 비슷했으나[43] 실직 상태의 사람들(76%)이나 경제활동인구가 아닌 사람들(62%)에 비해서는 높았다(ibid., 표 1). 또한 소득이 높은 계층이 소득이 낮은 계층보다 모든 형태의 학습에서 참여율이 높았다.

---

43) 그러나 정규 학습에서는 정규직 종사자들과 비정규직 종사자들의 참여율이 비슷했으나, 비정규 학습에서는 정규직 종사자들의 참여율이 비정규직 종사자들보다 높았다. 수치는 각각 38%와 29.5%.

호주 정부는 고등학교, 직업훈련교육, 고등교육 자격과 관련하여 다음과 같은 새로운 목표들을 설정했다.

- 학사 학위를 소지한 25~34세 호주 인구의 비율을 2008년의 32%에서 2025년까지 40%로 확대

- 수료증 III을 소지하지 못한 20~64세 인구의 비율을 2020년까지 절반으로 줄임

- VET 이상의 자격(준학사 및 고급 준학사)을 취득하는 인구의 비율을 2020년까지 2배로 확대

- 12학년 수료 혹은 그와 동등한 수준의 자격을 취득하는 청소년의 비율을 2007년의 74%에서 2015년까지 90%로 확대

- 대학교 내 사회경제적 지위가 낮은 학생들의 비율을 2007년의 15~16%에서 2020년까지 20%로 확대

- 토착민 학생들이 12학년 수료 혹은 그와 동등한 수준의 자격을 취득하는데 장애가 되는 요인들을 절반으로 줄임(Commonwealth of Australia 2009, p. 12)

호주 정부는 세계 경제에서 경쟁력을 유지하고 보다 평등하고 사회 통합적인 국가가 되기 위해서는 위의 목표들을 반드시 실현해야 한다고 말했다. 호주의 부총리이자 교육부 장관인 줄리아 길러드(2009b)는 경제가 호황을 누리던 당시 노동당의 교육 정책이 최초로 마련되었을 때보다, 현 세계의 경제 위기 속에서 "숙련도 향상(upskilling)"이 더욱 절실하게 필요하다고 말했다. 호주 정부는 경제 위기가 젊은이들에게 초래한 일부 부정적인 영향을 완화시키기 위한 다양한 정책을 도입할 예정이다. 여기에는 25세 이하 청년들을 위한 훈련 장소를 제공하고, 훈련 참여도에 따라 조건적으로 소득 보조 혜택을 제공하는 계획도 포함되어 있다(Rudd 2009). 이는 훈련 수료 여부를 혜택 제공의 조건으로 설정한 호주

정부의 보다 광범위한 "복지에서 노동으로의 정책"과 궤를 같이 한다. 그러나 이들 정책의 효과에 대해서 림(2008)이 의문을 제기한 바 있다. 그는 이들 정책이 복지 혜택 수혜자들의 기술을 강화하기 위한 노동시장의 정책이라기보다는, 정책을 강화하는 행위에 가깝다고 주장했다. 바네트와 스포르(2008)는 현행 정책들이 단기의 불안정한 고용을 위한 훈련과 양질의 고용에 필요한 훈련을 제대로 구별하지 못한다고 지적했다.

2008년 호주 고등교육 평가(Review of Australian Higher Education)에서는 향후 10년에 걸쳐 호주가 학사 학위 및 고급 준학사/학사 학위를 가진 졸업생들의 부족 현상을 겪게 될 것임을 보여주는 경제 모델링을 실시했으며, 이는 정부 정책에 영향을 미쳤다(Bradley 2008, p. 16). 기타 선진국에서와 마찬가지로, 기여 인자(contributory factor)는 인구의 노령화였다(Knight and Mlotkowski 2009, p. 13).44) 그 결과, 호주는 고용 상태에 있는 고령 근로자들을 확보, 유지하고, 특히 이들이 학교 교과과정을 제대로 수료했거나 의무교육 후 자격을 갖춘 경우가 많지 않다는 점을 고려하여, 이들의 기술을 발전시키는 쪽에 비중을 둔 정책을 마련하게 되었다(Karmel 2008a). 이렇게 고령 근로자들을 유지하고, 의무교육을 마친 뒤 비-학교 자격을 취득한 젊은이들의 비율을 늘리는 정책의 목적은 호주가 경제 호황 당시 겪었던 것과 동일한 종류의 기술 부족 문제를 겪지 않도록 하는 것이다.

높은 수준의 자격을 갖춘 인구의 비율을 늘리자는 호주 정부의 주장은 호주의 사회 통합 정책과도 관련이 있다. 높은 수준의 자격을 갖춘 자라면, 직업을 갖고 더 많은 급여를 받을 가능성이 크기 때문이다(Gillard 2009d). 그러나 사회 통합은 시장화된 사회에 대한 사회적 참여를 위한 기반으로서의 노동 시장으로의 통합으로 이해된다. 그리고 이는 분배 정의에 대한 논의와는 동일하지 않다. 이 논의에서는 보다 폭넓은 사회적, 시민적, 정치적 관심사를 위한 기반으로서 교육이 도출하는 사회적으로 정의로운 성과들이 주요 사안이다. Knight and Mlotkowski (2009, p. 22)가 다음과 같이 설명한다:

---

44) 그러나 곧 일어날 기술 부족 현상에 대해 지나치게 우려를 할 필요는 없다는 의견도 제기되었다. 또 인구학적 추세보다 경기 변동이 기술 부족 현상에 더 큰 영향을 미칠 수 있다는 의견도 제기되었다(Karmel 2009a).

호주에서 [인적자본 모델은] 교육훈련과 노동시장 간의 연결고리를 생각하는 주된 방식이 되었다. 이 모델 하에서, 교육과 훈련은 개인의 생산 역량에 대한 투자로 간주되며, 투자수익률에 대한 기대에 의해 동기를 부여받는다.

2.2 노동시장과 자격

키팅(2008a, p. 9)은 호주와 비교하여, '대부분의 OECD 국가들이 제조 부문에 많은 인력을 두고 있으며 임시 고용(casual employment)이 낮은 수준'이라고 설명했다. 호주에서는 기능직 및 고급 사무직, 서비스직과 같은 중간급 기술직이 감소하고 그 대신 고급 기술직으로의 전환이 이루어진 반면, 기술 수준이 떨어지는 일자리의 비율이 소폭 감소했다(Cully 2008, pp. 5-6). 단, 기술 수준이 낮은 직종의 일자리가 늘어난 곳이 있다면 바로 서비스직 및 지원직 분야다. 이는 기존에는 가정에서 제공되었던 서비스에 대한 "지식 근로자들의 수요"에 의해 형성된 것이다(Cully 2008, p. 6). 일부 영어 사용 국가들과 마찬가지로, 호주에서는 여성들의 참여 비율이 증가했다. 시장의 규제가 철폐되고 노동조합의 권한을 약화시키는 정부 정책이 시행됨에 따라, 노동조합과 자격 보호가 쇠퇴했다. 또한 노동시장이 점차 임시 고용의 형태를 띠게 되었다(van Wanrooy et al. 2007). 그리고 현재 "일반적인" 형태의 정규직 종사자들이 소수를 이루는 가운데, 근로 계약이 점차 이질적이고 혼합적인 속성을 띠게 되었다(Cully 2008, p. 4). 포콕(2009, p. 10)에 따르면, '2007년 호주 근로자들의 24.1%가 주당 20시간 혹은 그 이하로 고용되어 일한 반면, OECD 전체에서 이에 해당하는 수치는 15.4%였다'고 한다. 키팅(2008a, p. 9)은 호주의 노동시장과 보다 규제가 강한 유럽의 노동시장을 대조했다. 후자의 경우, '각 직종 및 업종 유형마다 필요한 자격의 종류와 수준을 구체적으로 명시한 규제 혹은 부문 차원의 합의사항'이 존재한다. 그는 또한 기타 많은 국가들이 중, 고등학교에서의 직업교육훈련(VET)을 크게 강조하며, 학교 중심의 VET 체계를 산업 부문에 집중 연계시키고 있다고 설명했다.

호주의 경우, VET 및 고등교육 부문 내의 자격들과 학생들이 준비하는 직업적인 목적지 사이의 '일치성'이 매우 느슨하며, 기능직 및 기타 규제 직종(예: 전기기사, 의사)만이 예외다(Karmel et al. 2008). 게다가 VET 및 고등교육 졸업생들의 노동시장 목적지가

VET 고급 준학사/준학사 졸업생들의 노동시장 목적지와 크게 차별화가 되지 않고 있다. 후자의 졸업생들은 동일한 일자리를 두고 학사 학위 소지자들과 종종 경쟁을 벌이기도 한다. 그리고 많은 산업 분야에서는 진입의 자격으로서 준학사 대신 학사 학위가 선호되고 있다(Foster et al. 2007; Karmel and Cully 2009). 그러나 카르멜과 컬리 (2009, p. 10)는 다음과 같이 설명한다:

.......면허가 있어야 하는 직종(특히 전문직 및 일부 기능직)을 제외하고, 고용주들은 취업 지원자들로 하여금 비-학교 자격을 갖도록 요구하는 일이 좀처럼 없다....... 고용주들은 개인이 갖춰야 할 일련의 기술과 개인적인 자질을 구체적으로 제시하는 경우가 더 많다. 달리 말해, 여러 일자리가 한 가지 직종에 배정될 수 있으며, 특정 자격을 요구하는 순수한 직업 노동 시장의 범위는 한정되어 있다.

직업별 분야를 광범위하기보다는 구체적으로 고려했을 때, 전반적으로 2007년 VET 학생 졸업자들의 37%가 본인의 VET 자격과 관련이 있는 직종에서 일한다고 응답했으며, 이는 직종 분야마다 크게 달라서, 관리자 직종에서는 이 수치가 14%였고 기술자 및 기능인 직종에서는 이 수치가 61%였다.[45] 추가로 41%는 본인이 받은 훈련이 본인의 직업과 관련이 있거나 매우 관련이 있다고 응답했으며, 21%는 본인이 받은 훈련이 본인의 직업과 그다지 관련이 있지 않다고 응답했다(Karmel et al. 2008: 19). Knight와 Mlotkowski (2009, p. 24)가 인용한 한 연구에 따르면, '근로자의 57.8%가 본인의 기술 및 능력이 본인의 현재 직업과 잘 조화를 이룬다고 답했으며, 30.6%는 본인의 기술 수준보다 다소 떨어지는 직업을 갖고 있으며 11.5%는 본인의 기술 수준보다 크게 떨어지는 직업을 갖고 있다고' 응답했다.

고용주들이 VET를 참여하는 정도는 산업 분야에 따라 그리고 기업 규모에 따라 다르다. 스탠윅(2009)은 2007년 전체 고용주의 54%가 VET 체계를 어느 정도 사용했다고 보고했다. 대규모 기업들은 소규모 기업들보다 훈련에 참여할 가능성이 높으며, 이는

---

[45] 자격의 의도한 목적지와 학생들의 실제 목적지 사이의 일치성은 견습 및 수습이 이루어지는 직종에서 훨씬 높았지만, 직종마다 큰 차이가 있었다. 관리자 직종에서는 이 수치가 11.7%였던 반면 기술자 및 기능인 직종에서는 이 수치가 84.6%였다 (Karmel et al. 2008, p. 13).

역시나 구체적인 산업 분야가 피고용자들에게 직업적인 자격을 어느 정도로 요구하는가에 따라, 또는 규제적인, 허가적인, 혹은 직업적인 보건 및 안전상의 요건이 있는가에 따라 달라진다. 2007년 전체 고용주의 33%가 일자리에 직업적인 자격을 요구했다고 응답했으며, 22%는 국가적으로 인정되는 훈련을 사용했다고 응답했다. 또 29%는 견습생이나 수습생들을 고용했으며, 49%는 비인증(비-정규) 훈련을 사용했다고 응답했다. 또 71%는 무형식 훈련을 사용했으며 14%는 아무런 훈련을 사용하지 않았다고 응답했다(Knight and Mlotkowski 2009, Table 17).

컬리(2005, p. 8)에 따르면, 고용주들은 VET에 대해 알고 있으나 이것이 지나치게 복잡하다고 생각한다고 한다. 이것은 중소기업에게 특히 문제이나, 심지어 대기업마저도 이 체계를 파악하고 다루기가 힘들다고 한다. 이 체계를 성공적으로 파악하고 다룬 기업은 사내에 훈련을 공식적으로 담당하는 직원이 있는 기업이었다. 그러나 일자리에 직업 자격을 요구한 고용주들 중 81%가 자사의 기술 필요성을 만족시키는 것과 관련하여 VET에 만족감을 나타냈다(NCVER 2008b). 카멜과 컬리는 고용주의 훈련 관행을 형성하는데 정부 차원의 효과적인 재정 지원과 동기 부여가 필요하다고 지적했다. 이들은 다음과 같이 주장했다.

> 1997년에서 2005년에 걸쳐 훈련생들을 위해 고용주에게 지불되는 보조금은 증가한 반면, 근로시간당 고용주가 제공하는 훈련의 시간은 22% 감소했고, 동시에 기존의 근로자 훈련이 훈련 개시의 삼분의 일을 차지한다.[46] 이는 정부의 일부 유인책이 훈련의 수준을 크게 올리지 못하고 있음을 의미한다(Karmel and Cully 2009, p. 10)

고등교육에서와 마찬가지로, 고용주의 VET 훈련 참여는 전체 VET의 작은 일부에 불과하다. 2005년 비-학교 자격을 공부하는 학생들의 대다수는 자비를 들여 자발적으로 해당 공부를 한 반면, 21%는 고용주로부터 재정 지원을 받아 해당 공부를 한 것으로 나타났다. VET 전체에서 학생들의 약 30%가 고용주로부터 재정 지원을 받았다. 고급 준학사/준학사 과정을 거치는 학생들 중에서는 이 수치가 21%, 수료증 III/IV 과정을

---

[46] '기존의 근로자 훈련'이란 기업 내에서 이미 고용된 직원에 의해 실시되는 훈련을 말한다.

거치는 학생들 중에서는 이 수치가 대략 40%, 수료증 I/II 과정을 거치는 학생들 사이에서는 이 수치가 10%이었다. 수료증 III/IV 과정에서 이 수치가 가장 높은 이유는 대부분의 견습생들이 이 수준의 과정에 해당하기 때문이다. 이와 대조적으로, 학사 과정을 거치는 학생들 중 단 7%만이 고용주로부터 지원을 받았다. 하지만 이 수치는 준석사/수료증 과정을 거치는 학생들의 경우 28%였고, 석사 과정을 거치는 학생들의 경우에는 23%였다. 준석사/수료증 과정 및 석사 과정은 상당히 직업적인 성격이 강했고, 학생들 역시 직업적인 '숙련도 향상'을 위해 해당 과정을 수료하는 경우가 많았다(ABS 2005, Table 4).[47]

개인, 정부, 기업, 그리고 교육의 결과에 관심이 있는 기타 주체들이 교육에 관여하는 방식은 호주의 정부 체계 그리고 호주의 교육 구조에 따라 영향을 받는다. 우리는 이제 이점을 살펴볼 것이다.

3. 상황 정리 2: 정책과 정부, 교육 부문 개요

호주 교육의 구조와 속성은 지난 20년에 걸쳐 크게 변화했다. Raffe (2002, p. 9)에 따르면, 일반적인 세계의 추세로 인해 16세 이후의 교육에서 직업 교육과 일반 교육을 결합시켜야 한다는 압력이 생겨났고, '지식 경제, 평생 학습, 존중의 동등성(parity of esteem), 경로의 유연성과 같은 공통되는 정책상의 수사학적 표현'이 생겨났다고 한다. 호주의 교육 개혁은 기타 영어권 국가와 공통점이 많다. 이 영어권 국가들 사이에서는 서로 간에 유사한 노동시장의 구조와 신자유주의 시장 원리와 정책에 대한 이들 국가의 결의에 기초하여, 상당한 규모의 정책 이주와 정책 차용이 이루어졌다(Priestley 2002). 영어권 국가들은 교육의 목적을 경제의 필요성을 충족시키는 것으로 재정의했으며, 이에 따라 교육이 '경제적인 경쟁력에 필수적인 것으로 간주되었고, 경제 재건에 동원되었으며, 미시경제 개혁, 민영화, 시장화에 뿌리를 내리게 되었다(Marginson 1997, p. 151).'

영어권 국가의 정부들은 시장이 서비스를 제공할 수 있는 최상의 방법이라고 생각한다. (그들이 추정하기에) 경쟁에 의해 상품 및 서비스 제공업자들이 고객의 요구에 더 민감하게

---

[47] 호주 통계청은 이 보고서에서 15~69세의 연령대를 사용한 반면, 통계청의 대부분의 보고서에서는 15~64세의 연령대를 사용했다.

반응하기 때문이다. 그 결과, 이러한 관점에 따라 교육이 하나의 시장이 됨으로써, 교육기관들의 이른바 '생산자 점령(producer capture)'을 줄이고 이들로부터 경쟁적이고 사업적인 행동을 유도하여 '고객'의 요구에 반응해야 한다. 각국 정부는 이러한 개혁의 목표가 교육을 교육기관에 의한 '공급 중심'이 아니라, 학생과 고용주에 의한 '수요 중심'의 것으로 만들기 위한 것이라 말한다(Young and Allais 2009, p. 2). 그러나 최소 20년에 걸쳐 이러한 정책들을 꾸준히 실행했음에도, 정책의 실효성을 나타내는 증거를 찾아볼 수 없으며, 특히 완전히 경합이 가능한 교육 시장을 통해 정부가 의도한 성과가 실현되었음을 보여주는 연구 역시 찾아볼 수가 없다(Wheelahan 2009b).[48]

영어권 국가의 자격체계는 교육기관의 힘을 줄이는데 도움이 된다. 이 체계가 교육기관과는 관계없이 학습 결과와 자격을 정의하기 때문이다(Young 2008). 터크(2007, p. 4)는 이점은 기타 자격 체계에서는 반드시 발견된다고 볼 수 없는 영어권 지역의 국가자격체계(NQF)가 지닌 하나의 특징이라고 말했다. 호주자격체계(AQF)의 범위는 일부 영어권 국가들의 국가자격체계(NQF)만큼 넓진 않다. 하지만 이들 국가와 마찬가지로, AQF는 후에 논의할 어떤 이유로 인해, 고등교육 및 학교에서보다 VET 부문에서 자격과 기관 사이의 연결성을 더욱 더 확실하게 분리했다. 그럼에도 불구하고 AQF는 호주에서 자격들의 시장을 확립하는데 중요한 역할을 했다(Moodie 2008). 자격체계는 각종 자격이 통화의 단위(석사, 학사, 준학사 등)처럼 간주되는 자격 시장을 구조화하고 규제하는데 필요하다. 자격체계는 그 안에서 수업료, 자격, 일자리들이 교환되는 메커니즘이다. 이 점 때문에 (최소한 호주에서는) 자격체계가 고등교육 부문의 경우 VET 부문에서만큼 학습 결과를 정확하고 구체적으로 명시하지 못함에도 고등교육 부문에 적용되는 것이다.

호주의 교육 개혁과 기타 영어권 국가의 교육 개혁들이 상당한 공통점을 보임에도, '현지 차원의 전통 및 영향과 국제적인 추세가 결합한 결과' 이들 개혁 사이에 중요한

---

[48] VET의 시장화 정책에 참여했던 Robin Ryan(2008, p. 11)은 매우 솔직한 내용의 논문에서, 이들 정책이 별다른 증거를 토대로 하지 않고 개발되었다고 말한 바 있다. 그는 이렇게 말했다. "VET 내 시장의 힘의 바람직함에 대한 근본적인 핵심은 거의 대부분 단순한 주장에 의해 제시되었고, 때로는 동일한 신념의 행위를 주장한 과거의 보고서를 인용함으로써 제시되었다."

차이점 역시 존재한다(Priestley 2002, p. 122). 국제적인 압력들은 국가 내에서 정치 과정 및 정부에 의해 중재되므로, '교육의 변화를 주도하는 것은 경제적 압력 자체가 아니라 이들 압력이 어떻게 인식되는가'이다(Raffe 2002, p. 5). 세계화의 담론은 또한 내부의 변화를 주도하기 위한 메커니즘으로서 국민국가의 정부에 의해 사용되며, 영어권 국가의 경우에는 신자유주의 개혁을 실행하기 위한 메커니즘으로서 사용된다(Jarvis 2007). 이는 또한 영어권 국가들 사이의 교육 개혁의 유사성과 더불어 차이점을 설명하는 데에도 도움이 된다.

구지(Goozee, 2001, p. 62)에 따르면, 1987-1990년에 걸쳐 호주에서는 특징적으로 국가의 경제적 요구에 반응하기 위해 강력한 간섭주의 정부 정책이 마련되었고, 그 결과 호주의 모든 교육 부문에서 변화와 지속적인 구조 조정이 이루어졌다고 한다. 그러나 정부는 이 과정에 대해 무한한 권한을 갖지 못했다. 키팅(2008b, p. 3)은 다음과 같이 주장한다:

> 대략적으로 자격의 소유와 관리와 관련하여 다음과 같은 세 주체가 존재한다. 훈련제공기관(4년제 대학, 2년제 대학, 전문대학, 일반 학교)과 전문적, 직업적, 산업적 공동체의 형태를 띠는 정부 및 시민 사회, 그리고 각종 조직이 그것이다.

이 세 '주체'들 사이의 각기 다른 관계들은 각기 다른 사회관계, 그리고 각 교육 분야 내 혹은 분야들 사이에서 각 사용자층이 갖는 상대적인 힘뿐만 아니라 호주 정부의 연방 구조에 따라, 학교, VET, 고등교육 내에서 각기 다른 방식으로 성립된다.

3.1 정부

호주에서 정부의 힘은 국가 정부(호주 연방정부)와 8개의 주 및 준주 정부들에 의해 공유된다. 교육은 헌법상 주 정부의 책임이지만, 교육에 대한 의무와 재정지원 책임은 연방 정부와 주 정부가 공유한다. 호주의 세 가지 주요 교육 부문은 학교, 직업교육훈련(VET), 고등교육이다.49) 원칙적으로는 호주 연방정부가 고등교육에 대해 책임을 지니고,

---

49) 성인공동체교육(Adult and community education, ACE)은 제 3차 교육을 위한 새로운 장관급

주 및 준주 정부가 학교 및 VET에 대해 책임을 지니지만, 실제로는 두 차원의 정부 사이에서 의무와 재정 지원이 공유된다. 연방정부는 고등교육을 위한 거의 모든 정부 차원의 재정을 지원하지만, 학교 및 VET 부문에 대해서도 일부 재정을 지원한다. 노동당 및 보수당 정부 모두 지난 15년간 소수 민족에 대한 재정 지원을 통해 VET 정책을 적극적으로 추진했으며, 현재 집권한 노동당 정부 역시 과거 보수당 정부가 그랬던 것과 마찬가지로, 이번에는 학교 부문에 대해서 이와 같은 정책을 점차 적극적으로 추진하고 있다.

교육 정책의 조율이 호주 연방정부, 주 정부, 준주 정부의 교육훈련부 장관들을 포함한 장관급 협의회를 통해 이루어진다. 호주의 새로운 노동당 정부는 기존의 보수당 정부 하에 있었던 장관급 협의회 체계를 점검한 뒤, 2개의 새로운 장관급 협의회를 구성했다. 첫 번째 협의회는 교육, 조기 개발, 청소년 문제 각료협의회(MCEEDYA)이고, 이 장의 논의와 가장 연관이 있는 두 번째 협의회는 3차 교육 및 고용 각료협의회(MCTEE)다.[50] 3차 교육 및 고용 각료협의회(MCTEE)는 고등교육, VET, 국제교육, 성인 및 공동체 교육, 호주자격체계, 고용, 청소년 정책 부문을 다룬다(Commonwealth of Australia 2009, p. 43). MCTEE의 설립은 더욱 응집적인 3차 교육의 체계 안에서 VET와 고등교육을 통합하려는 의무교육 후 교육의 구조조정을 위한 하나의 요소다. 보수 정권 하에서는 VET 부문을 전담하던 직업기술교육 각료협의회(MCVET)를 따로 두고, 기타 모든 부분은 종전의 각료협의회인 MCEETYA 하에 남겨둠으로써, 부문 간 분리 현상이 심화되었다. 그런데 이제 MCTEE가 이제 MCVET를 대신하게 되었다.

협의회의 고려 대상에 포함되긴 하지만, 하나의 부문으로 포함될 때도 있고 그렇지 않을 때도 있다. ACE는 일부 주(뉴 사우스 웨일스와 빅토리아)에서는 하나의 부문으로 간주되며, 주 정부 인프라의 지원과 함께 자금 지원을 받는 공인된 VET 프로그램을 비롯한 다양한 프로그램을 제공한다. 기타 주에서 ACE는 TAFE 기관 및 기타 공동체 기반의 기관들이 제공하는 일종의 규정이다. 여기서 기타 공동체 기관들은 공인된 VET 프로그램을 제공하는데 자금을 지원받지 않는다(Wheelahan et al. 2002). 한편 유치원 및 초기 아동 교육 역시 점차 교육의 한 부문으로 간주되고 있는데, 특히 호주의 모든 4세 아동에게 전문적인 아동 전담 교사를 통해 주당 15시간의 체계적인 교육을 제공하겠다는 노동당 정부의 공약이 발표된 이래 그러한 현상이 더 뚜렷해졌다(Australian Labor Party 2007b).

50) 두 장관급 협의회 및 MCEEDYA의 임무에 대해서는 교육고용노동관계부 웹 사이트를 참조. http://www.deewr.gov.au/Skills/Programs/Pages/Ministerial_Council.aspx [22 Nov. 2009].

정부들 사이의 공식적인 합의 관계는 협력적으로 보이지만, 연방 정부 및 주 정부 사이의 관계는 호주 내에서 늘 갈등의 관계로 비춰졌다. 교육훈련 정책에서도 마찬가지다. 주 정부 및 연방 정부 사이의 관계는 두 정부 차원에서 동일한 당이 집권을 했다 하더라도 갈등이 존재할 수 있으며, 모든 주 정부와 연방 정부 간에 다른 당이 집권하고 있을 시에는 이러한 갈등이 더 심화된다. 지난 11년의 상황이 그러했다. 즉, 연방 정부에서는 보수당이 집권하고 모든 주 정부 및 준주 정부에서는 대개 노동당이 집권한 결과, 연방 정부와 주 정부 사이의 관계가 특히 어려웠으며 서로 공개적으로 적대감을 드러내는 경우도 많았다. 현재 호주에서는 노동당이 집권하는 국가정부가 들어섰으며 단 한 곳의 주에서만 보수당이 집권하고 있다. 하지만 대부분의 정치 논평가들은 이 상황이 오래 지속되지 않을 것이라 말한다.

노동당 출신의 새로운 호주 총리인 케빈 러드는 모든 주와 함께 협력하는 연방주의를 실현할 것임을 약속했으며, 현재까지 모든 주들이 이 과정에 기꺼이 참여하고 있다. 그 결과, 어떤 기관에도 비교할 수 없는 막강한 권한을 지닌 호주정부협의회(Council of Australian Governments, COAG)가 생겨났다. 이 협의회는 호주 총리와 모든 주 및 준주의 총리(이들 정부에서 선출된 지도자)들로 구성되며, 학교 및 VET 정책과 관련하여 중요한 역할을 수행한다. 이로 인해 호주정부협의회(COAG)는 특히 VET 정책과 관련하여, 각 주의 교육훈련부와 이 부서의 장관들을 논의 과정에서 우회하고 있다(Moodie 2009; Ross 2008).

3.2 호주 교육 부문의 핵심에 놓인 모순

대부분의 영어권 국가와 달리, 호주는 VET와 고등교육의 자격, 교과과정, 학습과정, 결과, 목적을 각각 구분하는 분화된 3차 교육 체계를 갖고 있다. 반면 대부분의 영어권 국가와 마찬가지로, 호주의 중등 교육 체계는 분화되지 않고 통일되어 있다. 이 사실은 호주의 의무교육 후 교육훈련이 지닌 모순의 핵심을 이룬다(Moodie 2005b, 2008; Keating 2006).

마이클 영(2005, pp. 15-16)에 의하면, 국가자격체계(NQF)는 자격들을 고안하는데 사용된 서로 충돌하는 가정들로부터 생성된 두 가지 긴장에 바탕을 둔다고 한다.

첫 번째 긴장은 다름의 원칙과 유사함의 원칙과 관련된 것이고, 두 번째 긴장은 투입을 토대로 하여 고안된 자격들과 산출을 토대로 하여 고안된 자격들과 관련된 것이다. 전통적인 '분화된' 자격체계는 다름의 원칙을 사용한다. 이들 체계가 VET 및 고등교육 자격들의 저마다 다른 목적과 이들 자격이 제공하게 될 저마다 다른 직업적 목적지를 강조하기 때문이다. 이 체계는 졸업생들이 상대적으로 안정적인 노동시장의 목적지에 진입하고, 분화된 체계를 통해 졸업생들을 각 부문마다 구별된 지식 기반으로부터 도출된 일자리나 직종에 효과적으로 할당할 수 있을 때, 효과가 있다(Moodie 2003). 반면 '통일된' 체계는 시장 그리고 생산 공정 및 기술의 변화에 반응하여 지식과 기술의 요건이 변화하는 보다 유동적인 노동시장의 요구를 충족시키기 위해 고안되었다. 따라서 이 체계는 공동의 지식과 기술 요건에 의해 뒷받침된다. 그러므로 자격들과 자격들이 제공하는 직업적 목적지 사이에 '일치성'이 다소 떨어진다. 이러한 사실은 일반 기술을 자격들의 중요한 요소로 간주하는 정책에서 가장 확실하게 드러난다. 유사성의 원칙은 일반 교육 및 직업 교육으로의 그리고 그로부터의 점진적인 진전을 강조하는 통일된 체제 내의 자격체계를 뒷받침한다(Young 2005, p. 15).

투입에 기초한 자격들은 강의계획서, 학습과정, 평가, 학습이 이루어진 기관의 환경과 별개로 자격들을 규정할 수 없다고 가정한다. 이는 대개 모든 이해관계자들 사이의 높은 수준의 신뢰를 필요로 한다. 영(2005)은 이러한 유형의 자격체계를 과정 중심의 체계 혹은 기관적 체계라고 칭한다. 한편 산출에 기초한 자격들은 기관과 학습 결과 사이의 연결고리를 분리한다. 학습이 언제, 어디서, 어떻게 이루어졌는지와 상관없이 학습 결과들을 규정할 수 있다고 가정하기 때문이다. 과정 중심의 체계는 내용, 학습, 평가와 관련하여 이해관계자(예: 전문기관)들 사이에서 이루어진 공동의 합의를 사용하는 반면, 결과 중심의 체계는 국가적인 체계 내의 '객관적인' 기준에 명시된 내용을 사용한다(Young 2001, p. 11). 정부들은 결과 중심의 자격체계를 사용함으로써, 교육훈련 기관과 수여 기관의 '제공자 문화'에서 '사용자 주도'의 시장화된 체계로의 전환을 뒷받침했다. 국가적 기준은 이해관계자들 사이에서 신뢰의 수준이 낮고, 이들의 행동을 규제하기 위해 그리고 자격 시장 내의 구매와 판매를 규제하기 위해 '규범들'이 사용될 때 필요하다. 유동적인 노동시장에서는 자격들 자체가 개인의 지식, 기술, 자질을 나타내는 척도가 된다 (Young 2005).

북유럽의 자격체계는 분화되고 과정 중심적인 경향을 보인다. 이와 대조적으로, 영어권 국가들의 자격체계는 통일되고 결과 중심적인 경향을 보인다(idem). 이는 각 국가가 자국의 경제를 각기 다른 방식으로 운영함을 보여준다. 북유럽의 경제는 고용주, 기업, 노동 간의 사회적 협력관계를 이용하여 졸업생들을 상대적으로 안정된 노동 시장의 일자리에 할당하는 반면, 영어권 지역의 자유 시장 경제에서는 상당히 가변적인 노동시장의 일자리에 졸업생을 할당하기 위한 메커니즘으로서 시장을 사용한다(Hall and Soskice 2001).

호주에서 모순이 발생하는 이유는 호주가 영국 및 미국과 같은 자유 시장 경제이면서도, 많은 면에서 북유럽의 체계와 유사한 깊이 분화된 VET 및 HE 부문을 갖고 있기 때문이다. 그러나 중등교육이 분화된 북유럽의 많은 국가들과 달리, 호주의 중고등교육 과정 내의 고등학교는 상대적으로 분화가 되어 있지 않으며, 고등학교 자격은 주로 경쟁적인 대학 입학을 위해 학생들의 등급을 매기려고 고안된 것이다(Keating 2006, pp. 62-63). 키팅은 다음과 같이 설명한다:

> ....이러한 유형 분류 체계의 논리는 호주의 의무교육 후 교육 부문이 영국, 북미, 뉴질랜드와 유사해야 함을 의미한다. 호주는 이들 국가와 마찬가지로 분화되지 않은 중고등교육 체계를 갖고 있으며, 이 토대 위에서 보다 다양화되고 통섭적인 의무교육 후 교육 부문을 확립해야 한다. 영어권 국가의 통섭적인 학교 체계의 개방된 속성은 의무교육 후 교육 부문과의 보다 규제가 덜한 연결고리를 허용하며, 이들 부문은 각기 다른 방향 및 통섭적인 기관에 적응될 수 있다. 이는 더욱 전문화된 의무교육 후 교육 부문과의 상대적으로 직접적인 연관을 갖는 유럽 중등 교육 체계의 학문적, 직업적 분화와는 대조를 이룬다(ibid., p.60).

이러한 모순은 자격들과 이들 자격이 제공하는 직업적 목적지 사이에 일치가 잘 이뤄지지 않는다는 사실을 생각하면 더욱 극명하게 드러난다. 분화된 체계들이 제공하는 직업적 구분이 상대적으로 분화가 되지 않은 노동 시장에 적용된다. 이 시장에서는 VET 내 고급 준학사/준학사 과정의 졸업생들이 학사 학위 소지자들과 동일한 일자리를 두고 경쟁을 한다.

호주자격체계(AQF)는 부분적으로는 이러한 모순을 해결하기 위해 생겨났으나, 본래 의도대로 이 모순들을 제대로 해결하지는 못하고 있는 상황이다. 그 이유는 AQF가 VET와 고등교육의 구분을 강화하는 광범위한 정책에 의해 확립되었으나, 그 과정에서 대학 입학을 위해 학생들의 등급을 매기는 것을 주로 강조하는 고등학교 자격에 대해서는 이의를 제기하지 않았기 때문이다. 호주 정부는 1980년대 후반 4년제 대학 및 2년제 대학을 통합하여 통일된 고등교육 체계를 확립함과 동시에, 역량 중심의 교과과정 모델과 '산업 리더십'에 토대하여 기술 개발과 산업 훈련을 실시하는 것을 내용으로 하는, 국가적인 VET 체계를 형성하기 위한 정책들을 시행했다(ibid., p. 61). 특히 전문직과 관련하여 고등교육이 직업적인 역할을 한다고 강조하면서도, 카멜 등(2008, p. 9)은 다음과 같은 주장을 했다:

> 직업교육훈련(VET)은 정의상으로 그리고 취지상으로 직업적이다. VET의 목적은 분명히 수단적이며, 일터에서 사용할 기술을 습득하는 것을 내용으로 한다. 이는 학교 교육 및 대학 교육의 보다 포괄적이고 광범위한 목적들과는 대조된다. 학교 및 대학 교육에서 교육은 그 자체로 목적으로 간주되기도 한다.

이러한 차이는 이들 부문과 더불어 이들 사이의 관계를 구조화했다.

3.3 고등교육

호주에는 37개의 공립대학이 있으며, 아주 많은 수의 소규모 사립 교육기관들이 있다. 후자에는 규모가 작은 사립 비영리 대학 두 곳, 사립 영리 대학, 종교 대학, 공립 대학 및 민간 기업이 설립한 예비 대학(preparatory college)이 있다. 공립 직업교육훈련 기관인 열 곳의 기술전문대학(TAFE)은 2년의 교육과정 후 준학사 및 학사 학위를 제공한다. 물론 학위 제공은 공공 재정 지원의 대상이 아니며, 등록금을 완전히 지불해야 제공된다. 2007년에는 모든 고등교육 학생들의 94%가 공립대학에 등록했다.[51]

호주 연방 정부가 대학들에 대해 주된 책임을 맡지만, 이들 대학은 주 정부의 의회

---
[51] DEEWR (2008b): Table (ii): Summary of student load EFTSL (Equivalent Full-Time Student Loads), 2006 and 2007 full year.

제정법에 의해 설립되었으며, 대학들이 어떻게 운영될지 그리고 대학들이 교육 제공 및 경제에 어떻게 기여해야 할지에 대해 주 정부들이 역할을 수행한다. 각 주 정부는 신규 대학 또는 캠퍼스를 어느 부지에 설립할지 결정하는데 중요한 역할을 하는데, 이는 상당히 중요한 문제다. 대학들이 지역의 경제 및 지역사회에 기여하는 바가 크기 때문이다. 단 빅토리아 주는 예외다. 이곳에는 8개의 공립대학이 있는데, 이 중 네 곳이 고등교육과 TAFE 부문을 모두 포함하는 '이중 부문(dual sector)' 대학이다. 호주에는 그 외의 이중 부문 대학이 한 군데 더 있는데, 이 대학은 토지가 광활하고 인구가 희박한 지역인 노던 준주(Northern Territory)에 위치해 있다.

지난 20년 동안 대학 수입과 비례하여 정부 지원금이 지속적으로 감소했으며, 호주 연방 정부는 현재 대학들의 수입의 41%를 제공하는 반면, 호주의 주 정부 및 지방 정부들은 4%를 제공하고 있다. 학생들이 등록금으로 지불하는 금액의 비율은 점차 늘고 있으며, 현재는 대학 총 수입의 38%에 해당한다. 호주 대학의 수입원은 표 1에 나와 있다.

표 4-1 2007년 호주 대학의 수입원 (AUD $''000)

수입원	$''000	%
호주 정부 지원금	7,016,258	41
학생 등록금 및 요금	6,563,790	38
기타 수입	1,336,455	8
투자 수익	837,062	5
자문 및 계약	791,276	5
주 정부 및 지방 정부	691,297	4
저작권, 상표, 면허	79,039	0
총액	17,315,177	100

Source: DEEWR (2008a) Adjusted statement of financial performance for each Higher Education Provider (HEP), 2007 (AUD $''000)

호주의 국제 교육 서비스는 호주 경제 및 대학 수입에 있어서 점차 중요해지고 있다. 이 시장은 등록금을 전액 지불하는 국내외의 외국인 학생들로 구성된다. 교육 서비스는 현재 호주에서 가장 규모가 큰 서비스 수출 부문이며, 전체적으로는 석탄과 철광석에 이어 세 번째로 규모가 큰 수출 분야다(Bradley 2008, p. 87). 유학생들에 의한 수입은 현재 대학 수입의 15%를 차지하며, 유학생들이 전체 고등교육 학생들 중 25%를 차지한다. 호주 고등교육의 국제화는 긴요한 경제적 사안일 뿐만 아니라, 문화적, 교육학적 사안으로 간주된다(ibid.). 호주는 현재 민간 VET 제공기관들이 자국 내 유학생들에 대해 열악한 교육을 제공한 결과, 국제 학생 시장에서 위기를 겪고 있다. 점차 많은 수의 소규모 민간 영리 대학들이 실패를 겪고 있으며, 이에 따라 호주 국가정부 및 주 정부들이 규제와 품질 보증을 강화하기 위해 노력하고 있다. 이것이 VET 부문 내의 '문제'임에도, 이로 인해 호주의 3차 교육기관 전체의 명성이 타격을 입었으며, 대학들은 이로 인해 각 대학 교육과정에 대한 유학생들의 수요가 감소하게 되지 않을까 우려하고 있다.

공립대학은 정부로부터 재정을 지원받아 학사 학위 및 연구 학위 과정(연구 석사 및 박사)에서 공부하는 자국 학생들의 학비를 부담한다. 하지만 기타 대학원 과정의 학생들은 대개 등록금 전액을 자비로 지불해야 하는데, 여기에는 준석사 수료/준석사 학위 (graduate certificates/diplomas), 석사 학위(course-work master), 전문 박사 학위(professional doctorate)가 포함된다. 노동당 정부는 종전의 보수당 정부의 결정을 뒤집어, 공립대학의 자국 학생들이 등록금 전액을 자비로 지불하는 일이 없도록 금했다. 공립대학의 학부 학생들은 어떤 학과에 등록하는가에 따라 본인의 학위 취득에 드는 비용을 어느 정도 부담하는지가 결정된다. 2009년의 경우, 이 부담 비율은 경영 및 법 분야의 경우 84%, 인문학 분야의 경우 52%, 의학 분야의 경우 32%, 그리고 과학 분야의 경우 22%였다.[52] 연구 학위 과정의 자국 학생들은 수업료를 지불하지 않는다. 국가의 등록금 지원을 받는 혹은 등록금 전액을 자비로 지불하는 학부 및 대학원의 자국 학생들은 공립대학과 인가를 받은 민간 고등교육 기관의 경우, 취업 후 학자금 상환제 (income-contingent loan)를 통해 등록금 지불을 연기할 수 있다. 즉, 학생들의 수입이 어느 지점에 다다르면, 소득에 대한 세금을 통해 수입의 일부분을 지불하는 것으로, 이 금액은 평균적인 주당 소득에 해당하며, 이들의 채무에는 실질 이자율이 적용되지 않는다.

호주 정부는 2012년까지 공립대학에 대한 재정 지원과 관련하여, 학생들의 등록 현황에

---

[52] Bradley (2008) and Commonwealth of Australia (2009) Indexed amounts for 2009 http://www.dest.gov.au/sectors/higher_education/publications_resources/summaries_brochures/resources_for_student_administrators.htm [20 July 2009].

기초한 수요 중심의 재정 지원 체제를 도입하겠다고 밝혔다(Commonwealth of Australia 2009, p. 17). 교육부 장관 줄리아 길러드(2009d)는 이것이 학생을 위한 바우처 제도가 아니라고 주장하나, 학생들이 대학에 등록을 해야만 해당 대학에 지원금이 제공되고 학생들은 자신이 등록할 대학을 자유롭게 선택한다는 점(물론 적정 자격이 되어야 함)을 생각할 때, 그리 설득력 있는 주장은 못 된다. 참고 문헌을 보면 이와 비슷한 조처들이 '간접적 바우처'라고 언급된다(Agasisti et al. (2009, p. 39)와 그 안에 인용된 문헌 참조). TAFE를 비롯한 기타 고등교육 기관들은 이러한 지원금 혜택에서 배제되었으나, 논평가들은 정부가 경쟁적인 민간 고등교육 기관들로 구성된 시장 주도의 고등교육 분야를 실현하고자 한다면, 이러한 입장을 유지하기가 어려울 것으로 내다보고 있다. 게다가 정부는 TAFE 없이는 고등교육의 확장 목표를 달성하기가 어려울 것이다. 따라서 TAFE가 공립 고등교육을 제공하도록 자금을 직접 지원하거나 TAFE와 대학 사이의 프랜차이즈 계약을 체결하도록 해야 한다.

오직 대학들과 극소수의 기타 교육기관만이 자체 인증(self accrediting) 기관이다. 고등교육 자격을 제공하려는 기타 교육기관은 반드시 해당 주에 있는 고등교육 등록기관에 등록을 해야 하며, 제공하려는 각 교육 프로그램 역시 반드시 인증을 받아야 한다. 고등교육 기관의 등록 및 자격 인증 절차는 모든 주에서 비슷하다. 모든 주가 MCEETYA 고등교육 승인 과정을 위한 국가 규약을 준수하기 때문이다. 이 국가 규약의 목적은 다음과 같다:

........호주의 고등교육 기관이 관련 기준을 모두 준수하며 적절한 정부 규제를 받고 있음을 학생들과 지역사회에 확인시킴으로써, 호주 고등교육의 입지를 국내외적으로 보호하는 것이다(MCEETYA 2007, p. 1).

이 규약의 기준은 다음과 같은 경우 반드시 준수해야 한다: 대학 설립 시; 대학이 아닌 고등교육 기관에 자체 인증 자격을 부여할 시; 자체 인증 자격이 없는 고등교육 기관이 등록을 할 시; 호주에서 운영을 하고자 하는 국제 고등교육 기관을 승인할 시. 등록 요건 중 한 가지는 인증된 고등교육 자격들이 호주자격체계의 고등교육 명칭 및 자격 기술어를 반드시 따라야 한다는 것이다. 대학들은 이 요건을 준수하지 않으나, 주 정부 등록기관들에 의해 기타 모든 고등교육 기관이 이를 준수하고 있다. 이는 호주 자격체계가 간접적으로 보다 규제적인 역할을 하는 한 가지 방식이다. 하지만 이로 인해 비-대학 기관들 사이에서 불만이 제기되었다. 불만의 내용은 비-대학 고등교육 기관들이 본인들의 프로그램을 인증 받는데 있어 대학들보다 더 높은 기준을 준수해야 한다는 것이다(Wheelahan et al. 2009). 이와 더불어, 비용을 전액 자비로 부담해야 하는 자격들을 외국인 학생들에게 제공하고자 하는 모든 교육 부문의 기관은 모든 교육 과정을 연방정부 교육기관 교과과정 기록부(CRICOS)에 등록해야 하며, 모든 교육 과정이 AQF의 기준을 준수해야만 이를 등록할 수 있다.

호주대학품질국(AUQA)은 호주 대학의 품질을 심사하며, 대학들을 대상으로 5년마다 심사를 실시한다. 호주 주 정부의 고등교육 등록기관들은 자신들이 인증하는 고등교육 프로그램의 질에 대한 책임이 있으며, 이들 기관 역시 AUQA의 심사를 받는다. AUQA는 또한 대학이 아닌 고등교육 기관을 선택하여 심사할 수 있다. 그러나 현재의 이러한 모델은 '투입과 과정에 지나치게 집중하며, 결과와 표준을 보장하고 제시하는데 충분한 무게를 두지 않는다는' 인식이 널리 퍼져 있다(Bradley 2008, p. 115). 더욱이 고등교육 기관의 등록과 직업교육, 유학생 소비자 보호에 대하여 여러 관할권과 규제, 품질 체계가 서로 겹치는 것에 대한 우려가 존재한다(idem). 그 결과, 3차교육 품질 표준국(TEQSA)이라는 기구가 신설될 예정이다. 이 기구는 '품질 및 결과에 대한 객관적이고 비교적인 평가기준'을 자체적으로 개발하고, 이에 토대하여 고등교육 기관을 평가하는 임무를 맡게 된다(Commonwealth of Australia 2009, p. 31). 이 기구는 2010년까지 설립되고 2013년에는 VET 부문까지 다룰 예정이다.

3.4 직업교육훈련(VET)

1980년대 이래 호주의 직업교육훈련(VET) 부문에 대한 다양한 개혁은 호주 국가, 각 주, 각 준주의 노동당 및 보수당 정부들로부터 널리 지지를 받았다. 이러한 개혁들이 이루어지기 전, 각 주 및 준주는 자체적인 자격들과 인증 체제를 운영했다. 그런데 이 자격들과 체제는 동일한 직종에 해당되는 것일지라도 다른 주에서는 인정되지 않는 경우가 종종 있었다. 국가적인 VET 체계의 구축은 VET를 미시 경제적 개혁의 지렛대로 활용하고,

산업 구조조정과 노사관계에 대한 개혁을 추진하려는 정부 노력의 핵심이 되었다. 정부의 개혁은 다음을 목표로 한다:
- 개방적이고 경제적인 훈련 시장 형성

- 국가적으로 인정되며 널리 통용되는 자격들과 더불어 역량 중심의 훈련체계에 기반한 국가적으로 일관적인 '산업 중심의' 훈련 체계의 구축

이들 개혁의 결과로, 국립기술전문대학(TAFE)은 경쟁적인 VET 시장에서 유일한 교육 '제공기관'이 되었다. 인증된 VET 자격을 제공하고자 하는 모든 교육기관은 해당 주의 훈련당국에 등록을 함으로써 '등록된 훈련기관(RTO)'이 되어야 한다. 호주에는 59개의 TAFE들과 2,000개 이상의 기타 RTO들이 있는데, 이 중에서 약 30%가 공동체 교육기관 혹은 기타 정부 교육기관인 반면, 나머지는 '기타' 교육기관이다. 후자에는 민간 훈련기관, 그리고 인증된 VET 자격들을 사용하여 직원들을 훈련시키기 위해 등록된 소수의 '사업체' 기관들이 포함된다. 그러나 TAFE는 여전히 주요한 교육기관이며, 2007년에는 전체 학생의 약 79%를 감당했고, VET 내에서 학생의 수를 측정하는 척도인 '교육 제공 시간의 수' 중에서 약 84%를 차지했다(NCVER 2008c, Tables 8 and 9). 2006년에는 VET 학생들의 19%가 견습생 및 수습생이었다(idem, Table 3). 전체 견습생 및 수습생의 3분의 2가 남성이었고, 전체 견습생의 46%가 기능인 및 관련 직업군에 속했다. 전체 남성 견습생 및 수습생의 60% 이상이 이 직업군에 속했고, 이에 비해 여성의 경우 이 수치는 16% 이상에 불과했다(ABS 2008b, p. 387).

호주 연방 정부, 주 정부, 준주 정부들은 서로간의 관계에 때때로 긴장이 발생했음에도, 상호 협력을 통해 국가적인 VET 체계를 구축하려고 노력했다. 이 체계 안에서 가장 중요한 것이 국가기술체계(National Skills Framework)다. 이 체계는 호주품질훈련체계(AQTF)[53]와 훈련 패키지(training package)로 구성된다. 호주품질훈련체계(AQTF)의 목적은 VET의 품질과 VET가 제공하는 자격들에 대한 국가적 인정을 보장하는 것이며, 훈련 패키지는 국가적으로 널리 인정되는 VET 자격들로 구성된다. 정부의 자금을

---
[53] VET의 품질보증체계의 명칭이 AQTF인 것이 유감스럽다. AQF와 명칭이 매우 유사하기 때문에 VET 체계를 이해하고 AQTF와 AQF를 구분하는데 있어서 상당한 혼란이 따르기 때문이다.

지원받는 VET 자격들은 반드시 국가적인 훈련 패키지에 토대를 두어야 하며, 이 훈련 패키지는 '산업' 분야 고유의 역량 단위(units of competency)들을 사용하는 역량 중심의 자격들로 구성된다. 역량의 단위들은 개별적인 직업 요건 그리고 직장에서의 업무나 역할을 수행하는데 필요한 지식, 기술, 자질에 대해 기술한다(DEST 2007c). 훈련 패키지는 영국국가직업자격(British National Vocational Qualifications, NVQs)과 동등한 것이다. 다른 방식으로 호주품질훈련체계(AQTF) 및 훈련 패키지를 설명하고 이 둘을 구분해보자면, AQTF는 훈련 제공기관을 규제하고 이들이 양질의 훈련을 실시하도록 보장하는 것인 반면, 훈련 패키지는 이들 기관이 부여하는 자격들에 관한 것이다.

AQTF는 2001년에 처음 도입되어 가장 최근에는 2007년에 수정되었다(DEST 2007a). 2007년 AQTF 필수 표준(AQTF 2007 Essential Standards)은 다음과 같은 세 가지 요소로 구성된다:

- 등록을 위한 필수 표준: 등록된 훈련기관(RTO)은 국가적으로 인정되는 자격들을 제공, 평가, 발행하기 위해 반드시 이 표준을 준수해야 한다. 등록된 훈련기관은 이 표준에 기초하여 품질 지표를 통해 심사를 거친다. 품질 지표에는 고용주 만족도, 학습자 만족도, 역량 단위에 대한 이수율(idem, p. 6)이 포함된다.

- RTO의 등록과 관련하여 주 및 준주 차원의 등록 기관들이 준수해야 하는 표준

- 자발적인 '우수성 기준': RTO가 '성과 개선'을 위해 사용할 수 있으며, 따라서 이들 기준의 준수와 관련하여 인정을 받을 수 있는 기준

VET 자격들이 국가적으로 인정된다는 말은 취득한 자격 혹은 수료한 자격(역량의 단위들을 취득하기 위한 훈련을 모두 수료했으나 완전한 자격을 취득하지는 못함)이 호주 전역의 다른 RTO들에 의해서도 반드시 인정된다는 애기다.

VET의 산업 '리더십'은 다음과 같은 몇 가지 메커니즘에 의해 실현된다(Knight and Mlotkowski 2009, p. 29).

- 국가품질협의회(National Quality Council, NQC): 3차교육과 고용각료협의회 (MCTEE) 산하 위원회로, AQTF의 적용과 품질 보증을 담당한다. 또한 훈련 패키지를 승인하는 의무도 수행하므로 상당히 영향력이 큰 기구다. 이 협의회는 고용주 단체의 대표들, 조합 대표 한 명, 주 정부 및 연방정부 관리들, 공공 및 민간 교육기관의 대표 각 한명씩, 두 명의 형평성 대표들로 구성된다.54)

- 국가산업기술협의회(National Industry Skills Council, NISC): 훈련, 인력 계획, 훈련 우선순위와 관련하여 MCTEE에게 자문을 제공한다.55)

- 11개의 산업기술협의회: 훈련 패키지를 개발, 유지하고, 산업 기술 보고서를 작성하여 훈련 요건과 관련한 산업 '정보'를 제공한다.56)

또한 새로운 노동당 정부는 '스킬스 오스트레일리아(Skills Australia)'라고 하는 법정 기구를 설립했는데, 이 기구는 직업교육 및 고등교육 부문에서의 현재 및 미래의 기술 요건에 대해 정부에 자문을 제공한다.57) 또한 주 정부 및 준주 정부의 사업 훈련 자문 기구들도 있다. 스킬스 오스트레일리아는 VET 부문 내의 관리 및 산업 자문 협의가 지나치게 복잡하기 때문에 간소화할 필요가 있다고 말한 바 있다.

3.5 실제 상황

직업교육훈련(VET)이 원칙적으로는 국가적인 체계임에도, 실제로는 여러 주마다 상당한 차이가 있다. 그 이유는 각 주들이 여전히 VET에 대한 권한을 유지하고 있으며 VET 체계를 관리하기 때문이다. 호주 연방 정부는 VET 부문에 반복적으로 지출되는 공공 지원금의 25%를 충당하고 있으나(Productivity Commission 2009, pp. 5-9), 이 중 대부분은 여러 주들을 통해 분배된다. 각 주는 저마다 VET 체계를 조직하는 방식이

---

54) The NQC 웹 사이트: http://www.nqc.tvetaustralia.com.au/ [10 June 2009].
55) NISC 웹 사이트: http://www.nisc.tvetaustralia.com.au/ [10 June 2009].
56) 다음 사이트는 11개 산업기술협의회에 대한 정보와 이 협의회들로의 링크를 제공한다. http://www.isc.org.au/display_main.php?id=about [10 June 2009].
57) Skills Australia 웹 사이트: http://www.skillsaustralia.gov.au/SkillsAustraliaHome.htm [10 June 2009].

다르며, 특히 TAFE 체계를 조직하는 방식이 다르다. 빅토리아 주는 다른 주들보다 TAFE가 정부로부터 더 독립을 유지하도록 허용하지만, 더욱 시장화되고 경쟁적인 환경을 조성한다. 빅토리아 주는 또한 국가 평균보다 약 13% 낮은 금액을 TAFE에 지원하고 있으며, 일부 주에 비해서는 지원 수준이 훨씬 더 낮다(Knight and Mlotkowski 2009, Table 16). 또한 학생들이 지불하는 등록금 역시 주마다 상당한 차이가 있다. 빅토리아 주는 공공 및 민간의 자금을 지원받는 VET 자격들에 대해 취업 후 학자금 상환제(income-contingent loan)를 실시하는 반면, 다른 주들의 경우 이 상환제는 VET 준학사 및 고급 학사 과정에 대해 등록금을 전액 지불하는 학생들에 대해서만 실시된다.

VET는 성인 교육을 주로 실시하는 부문으로 간주되며, 고등교육은 학교 졸업생들을 주로 다루는 부문으로 간주되곤 한다. 그 이유는 2006년 고등교육을 받는 전체 학생의 약 60%가 25세 이하의 젊은이들이었던 반면, 같은 해 VET 부문에서는 25세 이하의 젊은이들의 비율이 대략 43%였기 때문이다. 그러나 절대적 수치로 보자면 한 해에 VET 부문에서 교육을 받는 학생들이 고등교육을 받는 학생들보다 더 많으며, 따라서 젊은이들의 수 역시 고등교육 부문보다 VET 부문에서 훨씬 더 많다. 2006년 호주의 고등교육 부문에서는 25세 이하의 자국민 학생들이 437,649명(유학생들까지 합치면 600,512명)이었던 반면, VET 부문에서는 같은 연령의 자국민 학생들이 715,800명이었다.[58] VET 자격들이 직장 내에서의 훈련이라는 개념에 바탕을 두며 학생들이 직장에 있다고 가정하기 때문에, 이러한 사실은 중요하다. AQF 웹 사이트를 보면 VET 자격들에 대해 다음과 같이 설명한다:

> 한 가지 직업 자격에 대해 평가를 받으려면, 직장 환경에서 본인의 기술과 지식을 사용할 수 있으며, 따라서 직장 내에서 훈련의 상당수가 이루어질 것임을 보여야 한다. [59]

그러나 대부분의 훈련은 직장에서 이루어지지 않는다. 나이트와 플로트코프스키

---

[58] DEST 2007b, Tables 19 and 20; NCVER 2008c, Table 2.

[59] Emphasis in original. AQF 웹 사이트 참조: http://www.aqf.edu.au/aboutqf.htm [13 June 2009].

(Knight and Mlotkowski, 2009: 34)에 따르면, 2006년 공공 VET 체계 내에서 실시된 VET의 단 6.8%가 직장에서 이루어진 반면, 75.2%가 캠퍼스 또는 교실에서 이루어졌고, 5.3%가 온라인이나 기타 캠퍼스 외의 장소에서 이루어졌으며, 나머지 12.7%는 기타 방식으로 이루어졌다고 한다. VET 부문의 젊은 학생들은 고등교육 부문의 학생들과 동일한 요건을 갖는다. 둘 다 사회 참여를 위한 기반으로서, 취업 대비, 추가적인 학습에 대한 준비, 더 나은 발전을 위한 교육을 필요로 한다. 그러나 VET 학생들은 이론적 근거, 교육학, 교과과정이 직장에서의 훈련에 초점이 맞춰진 자격들에 도전해야 한다.

거스리(Guthrie, 2009, p. 25)는 산업 기구들과 기술 협의회들 사이에서 역량기반 훈련(Competency-Based Training, CBT)이 널리 지지를 받고 있으며, 'CBT를 제공하는 기관들 사이에서 그리고 많은 대학들 사이에서도 널리 지지의 의견이 표명되고 있으나 여전히 우려의 목소리도 존재한다고' 말했다. 그는 '역량이라는 개념, 그리고 훈련 패키지 및 훈련 체계가 운영되는 방식을 해결하는 보다 정교한 CBT 모델'이 필요하다고 말했다(idem). 그는 '전반적으로 대안적인 접근법에 대해 강력한 주장이 제시되지 않았다고' 말했다(idem). 그러나 후에 그는 더 나은 변화 관리 전략이 필요하며, '비결은 훈련의 산물 및 과정에 회의를 보이는 사람들에게 관심을 집중함으로써 그들에게 변화에 대한 확신을 심어주는 것'이라고 주장했다(idem, p. 27). CBT 및 훈련 패키지에 대한 비판에 대한 거스린의 완곡한 발언은 관련 문헌의 많은 내용을 반영하지 않으며, 산업 기구들과 기술 협의회들의 견해를 반영한 것일 가능성이 크다.

2004년 훈련 패키지에 대한 고급 평가에서 스코필드 등(Schofield et al, 2004, p. 10)은 다음과 같이 언급했다:

…………AQF 자격들을 위한 요건들 사이에 충분한 차별화가 존재하지 않을 수 있다. 이는 차별화가 적절하게 이루어지지 못한 결과물들을 초래할 수 있으며, 역량 단위들의 동일한 집단들이 매우 상이한 내용과 훈련에 대한 다양한 자격 결과물로 이어질 가능성이 있다.

반면 훈련 패키지 자격들의 규모와 차원에는 상당한 편차가 존재했다. 자격들을 AQF의 자격들에 맞게 정비시키는 일은 'AQF 기술어 및 문서에 대한 산업계의 해석'에 의해 이루어졌다. 그리고 일화적인 증거에 의하면, 일부 경우 AQF 레벨을 자격에 할당하는 일이 자격의 내용(예를 들면 새로운 견습 제도 장려책에 대한 적격성)과는 거리가 먼 요소들의 영향을 받을 수 있다고 한다(idem).

호주의 VET에 대한 최근 OECD 평가에 따르면, 훈련 패키지와 관련하여 많은 문제가 있다고 한다(Hoeckel et al. 2008, p. 36). 이 보고서에 의하면, 훈련 패키지는 개발 과정의 협의적 속성으로 인해 모든 이해관계와 관심사를 수용하기 위하여 확대되는 경향이 있다고 한다. 제공기관들은 고등교육의 자격들을 사용하길 계획했다고 보고했는데, 그 이유는 이 자격들을 다루기가 더 쉬우며 고용주들 역시 훈련 패키지의 현 형태에 불만족을 나타내는 것처럼 보이기 때문이다. 훈련 패키지는 개발하는데 많은 시간과 비용이 소요되므로 산업계와의 관련성이 떨어진다. 일부 산업 분야의 경우 기술 요건이 자주 변하기 때문이다. 이들 패키지는 일자리(그리고 직장 업무 또는 역할)를 중심으로 고안되지만, '특정 분야에 대해 공부하고 싶으나 특정한 직업을 염두에 두지는 않은 학생들'에게는 유용하지 않다. 또한 호주의 일자리를 중심으로 고안되었으므로 외국인 학생들에게도 적합하지 않다(idem). OECD 팀은 훈련 패키지를 개발하는 사람들이 산업계의 요구를 제대로 반영하지 않았다는 불만이 제기되었다고 지적했다. 이 팀은 또한 국가적인 평가가 부재한 상태에서 '특정 기술이 사실상 습득되었다고 보장할만한 기준이 없다고' 주장했다. 더욱이 훈련 패키지가 '지나치게 복잡하기 때문에 이 패키지의 개발 과정에 관여하지 않은 교사와 훈련자들이 이를 파악하기가 어렵다. 이들은 2006년에 공개적으로 기록된 등록 중 약 80%가 180개 자격들에 속했다고 말한다(전체 자격은 1709개). 2006년에 약 70개의 자격들이 전혀 사용되지 않았고(idem), 따라서 다음과 같은 결론이 도출되었다:

국가적 차원의 시스템이 잘 정립된 상태에서, 〔훈련 패키지〕는 특히 이를 개발, 유지하는데 소요된 시간과 노력을 생각할 때, 그 유용성에 비해 오래 유지되었다 (idem, p. 37).

그러나 이들은 호주가 단순하고 더 간략한 기술 표준을 도입해야 한다고 권장했으며, 한 가지 가능한 모델로서 NVQ를 제시했다. 또한 더욱 대외적인 국가 평가와 더욱 철저한 시장화 그리고 수요 중심의 학생 지원 모델도 권장했다.

훈련 패키지는 또한 TAFE 교사들 사이에서도 논쟁의 대상이다. 훈련 패키지에 대한 고급 평가에서, Schofield와 McDonald (2004, p. 27)는 특히 '훈련 패키지와 교육, 학습, 평가 사이의 관계에 대해 교사들 사이에서 상당한 혼란'이 있음을 발견했다. 뿐만 아니라 교사들이 훈련 패키지를 단순히 이해하지 못하는 것이 아니라, 훈련 패키지에 대해 적대감 역시 갖고 있었다. Schofield와 McDonald (2004, p. 33)는 훈련 패키지가 '새로운 합의'에 기반을 두려면 이 상황을 반드시 다룰 필요가 있다고 주장했다. 이들은 훈련 패키지의 도입이 '고객(여기서는 교사들)'들을 참여시키는 첫 번째 단계로서 더욱 원활하게 다뤄질 수 있었다는 사실을 모든 당사자가 알 필요가 있다고 주장했다. 또한 훈련 패키지를 뒷받침하는데 있어 '새로운 합의'가 필요하며, 이 새로운 합의의 일부로서, 규제를 완화하고 교사들의 전문성에 대한 믿음을 키워야 한다고 주장했다.

3.6 학교들60)

호주 연방정부가 정부 정책의 준수 여부를 조건으로 학교 재정을 지원함으로써 학교 교육에 대한 통제를 강화하고자 함에도 불구하고, 학교 교육은 여전히 주 정부의 관할 하에 있다. 2006~2007년의 경우, 호주 연방정부가 자금의 8.8%를 공립학교에 지원한 반면, 주 및 준주 정부는 자금의 91.2%를 공립학교에 지원했다. 이러한 비중은 비공립 학교의 재정의 경우 달라진다. 연방 정부가 공적 자금의 72.5%를 제공한 반면, 주 및 준주 정부는 공적 자금의 27.5%를 제공했다(Productivity Commission 2009, p. 4.4).

2005년 호주 전체 학생의 67.2%가 공립학교에 재학한 반면, 32.8%가 비공립학교에 재학했다. 2005년 비공립 초등학교에 재학한 학생들의 비율은 29.1%였고, 비공립 중고등학교에 재학한 학생들의 비율은 37.9%였다(MCEETYA 2009).61) 키팅

---

60) 여기서는 주로 Jack Keating(2000, 2003, 2006, 2008b)의 연구에 바탕을 두었다.

61) Table 4, Appendix 1, Statistical Annexe, National Report on Australian Schooling 2005 (MCEETYA 2009).

(Keating, 2003, p. 272)은 비공립학교를 학비가 저렴하고 비교적 입학이 쉬운 학교와 학비가 비싸고 입학이 어려운 학교로 구분할 수 있다고 설명했다. 2005년 비공립학교에 재학하는 학생들 중 61%가 가톨릭 학교에 재학 중이었다(MCEETYA 2009). 또 1997년에서 2007년에 걸쳐 공립학교 재학생의 비율이 1.7% 증가했으며, 같은 기간에 걸쳐 비공립학교 재학생의 비율은 21.9% 증가했다(ABS 2008d, p. 4). 라이언과 왓슨(Ryan and Watson, 2004)은 이렇듯 사립학교로 학생들이 몰리는 현상으로 인해 공립학교 내 사회경제적 배경이 낮은 학생들의 비율이 높아졌다고 했다. 학비가 비싼 명문학교들이 명문대학 그리고 특히 전문직으로의 진입을 장악하고 있다(Keating 2003, p. 272; Teese 2000). 키팅(Keating, 2003, p. 272)은 다음과 같이 설명한다:

…….기타 거의 모든 OECD 국가와 달리, 그리고 벨기에와 네덜란드와 같은 기타 대규모 비공립 체계(Eurydice 2001)와 대조적으로, 호주의 비공립학교들은 학생들의 성적 및 기타 기량과 더불어 등록금을 지불할 수 있는 능력에 의거하여, 자유롭게 학생들을 선발한다.

호주 각 주에서는 자체적으로 고교 졸업 시험을 실시하여 졸업장을 수여하며, 주 정부의 교육부로부터 독립된 법정기관인 교육위원회(a board of studies)를 두고 있다. 교육위원회는 고등학교의 교과과정 및 시험 그리고 고교 졸업 자격 부여와 관련하여 책임을 지닌다. 고교 졸업 자격은 대학 입학을 위한 조건이며, 학생들은 고교 졸업 시험 점수에 따라 '등급'이 매겨져 대학 입학 순위(tertiary entrance rank)를 받게 된다(Keating 2000, 2003). 키팅(2003, p. 272)은 교육위원회가 명문 학교 및 대학에서 강력한 지지자들을 지니며, 덕분에 고교 졸업 시험 및 자격 수여와 관련하여 개혁이 이루어지는 과정에서도 별다른 영향을 받지 않고 상대적인 자율성과 지위를 지닐 수 있다고 말했다. 이러한 관계는 과목 또는 교과과정 위원회 및 기타 네트워크의 회원 자격을 통해 유지된다(Keating 2006, p. 61). 그러나 고교 졸업 시험 및 자격 수여와 관련하여, 학교의 참여 및 재등록 비율 증대, 학생 및 의무교육 후 경로의 다양성 심화와 같은 다양한 요구에 반응해야 한다는 지속적인 압력이 가해지고 있다. 현재 모든 주에서는 고등학교 수료 과정의 일부로 교내 직업교육훈련(VET)을 포함하고 있다. 물론 각 주마다 교내 VET를 대학 입학 평가에 포함시키는 정도가 다르긴 하다. 대부분의 중, 고등학교는 교내 VET를 제공하며, 고등학교 학생들의 34%는 고등학교 졸업 자격의 일부로서 VET에 등록되어 있다(NCVER 2008a, Table 1). 교내 VET는 대개 VET 수료증 I과 II로 구성되는데, 이 훈련 과정의 품질에 대해 우려가 제기된 바 있다(Polesel 2008). 또한 학생들이 고등학교 과정을 이수하면서 견습 과정에도 참여하는 학교 기반의 견습 제도 역시 학생들이 이용할 수 있다. 물론 아직까지 그 숫자는 (점차 늘어나고 있으나) 미미한 수준이다. 2007년 3월 31일 전까지 12개월 동안 17,000명이 이 과정을 시작했다(ABS 2008b, p. 384).

호주 정부는 학교 교육에 대한 통제를 점차 강화하고 있다. 호주에서는 현재 국가적으로 저학년에서부터 문해력 및 수리력을 검증하는 시험을 실시하고 있다. 학생들의 시험 결과에 대해 평가가 이루어지고 등급이 매겨지며, '투명성'에 대한 정부의 정책의 일환으로, 개별 학교의 결과 그리고 특정 학교가 '유사한' 학교들과 어떻게 비교되는지에 대한 정보 그리고 학생 인구에 대한 정보가 발표된다(Gillard 2008, 2009a). 호주 정부 역시 국가적인 교과과정 위원회를 설립하여, 모든 차원의 학교 교육을 위한 국가적인 교과 과정, 우선적으로는 영어, 수학, 과학, 역사와 같은 기본 과목의 교과과정을 마련하고자 한다(ABS 2008b, p. 378).

3.7 요약

정부 정책은 두 가지 측면에서 부문간 분리를 완화시키는 데 기여를 한다. 첫째, 호주 정부는 모든 부문을 위한 더욱 강력한 규제 협약 및 품질 보증 협약에 기반한, 일관성 있는 제 3차 교육 체계에 필요한 '구조'를 확립하고 있다. 여기에는 다음이 포함된다:
- 교육고용노동관계부를 조직하여 고등교육과 VET를 동일한 '집단' 내에 있게 한다.
- 강화된 AQF
- 3차 교육을 위한 장관급 협의회
- 최종적으로 VET를 포함하게 될 고등교육을 위한 새로운 규제 기관
- 일부 VET 자격에 대해 취업 후 학자금 상환제를 확대 실시함으로써 등록금의 일관성을 더욱 강화한다. 이 과정은 향후 반드시 확대될 예정이다.

둘째, 교육 분야에서 시장을 형성하려는 정부의 정책들이 부문간 분리를 해소하는데 기여한다. 대부분의 교육기관은 여전히 그들이 속해 있는 부문에 의해서 규정되긴 하지만, 교육 부문들은 점차 각 부문을 구성하는 교육기관들의 유형이 아닌, 각 부문에서 인증되는 자격들에 의해 규정되고 있다. 호주의 37개 공립대학 중 많은 수가 VET 자격들을 제공하도록 등록되어 있거나, 혹은 이를 목적으로 기업들을 설립했다(Karmel 2009b). 그리고 현재는 10개의 TAFE들이 고등교육 프로그램을 제공하도록 등록되어 있다(Wheelahan et al. 2009). 위에서 설명한 바와 같이, 대부분의 학교에서도 고등학교 과정의 일부로서 VET를 실시한다. 뿐만 아니라, VET 및 고등교육 부문에서 민간 교육기관의 수도 최근 들어 상당 수준 늘어났다. 이들 기관 중 많은 수는 VET 자격과 고등교육 자격을 모두 제공한다(Watson 2000).

그러나 이 정책들과 시장 압력이 부문간 분리를 완화시키는 데 기여하고는 있으나, 여전히 중요한 모순이 존재한다. 첫째, 정부는 공립대학이 자국 학생들이 등록금 전액을 지불해야 하는 학사 과정을 제공하도록 허용하지 않을 것이지만, VET 부문 내의 공공 교육기관(TAFE)은 등록금을 전액 지불하는 학생들의 비중과 수입을 늘릴 것으로 예상된다.62) 각 부문에서 형성되는 '시장'은 서로 다르다. 이것은 아마도 일시적인 모순일 것이다. 이보다 더 중요한 것은 VET 자격들이 '산업 중심'의 체계 내에서 역량 중심이 되어야 하는 반면, 학교와 고등교육은 투입 중심의 교과과정 모델을 사용해야 한다는 주장이다.

4. 호주자격체계(AQF)

여기서는 호주자격체계(AQF)의 기원에 대해 알아볼 것이다. 그리고 AQF의 개발을 주도한 본질적, 기관적 논리에 대해 알아볼 것이다(Raffe et al. 1994). 이어서 AQF의 구조에 대해 개괄할 것이며, 여기에는 부문간의 연계 교육, 학점 이전, 사전 학습 인정(RPL)에 대한 논의도 포함될 것이다. 이후 AQF에 대한 평가를 실시할 것이다. 이 장 마지막의 부록에는 호주의 3차 교육이 발전하는 과정에서 있었던 주요 사건 및 일자를 수록했다.

---

62) 여기서는 교육 부문에서의 시장과 등록금 전액 지불을 묵인하는 것이 아니라, 정책의 비일관성을 지적하는 것이다.

4.1 AQF의 기원: 본질적, 제도적 논리

호주자격체계(AQF)는 1995년에 도입되었으며, 5년에 걸쳐 단계적으로 실시되었다. 키팅(2000)은 이 자격체계가 다음과 같은 3가지 포괄적인 목적을 지닌다고 말한다:

- 각기 다른 사법권, 이해관계자들이 자격들을 인정하도록 보장함으로써, 연계 교육, 학점 이전, 경로, '완전한 연결성(seamlessness)'와 관련하여 자격들 사이의 동등성과 연결성을 확립한다.

- 품질 보증, 체계에 대한 사용자 확신, 자금 지원을 관장하는 품질 관리 체계가 된다.

- 일반 교육 및 직업 교육 사이의 응집성을 강화함으로써, 결과의 측정 및 비교를 위한 기반과 핵심 기술 교육을 위한 기반을 제공한다.

이런 것들은 자격체계의 '본질적 논리', 즉 개혁의 실행 맥락과 무관하게 국가자격체계가 정당화되거나 지지되는 이론적 근거가 된다(Young 2003, p. 201). 그러나 개혁은 언제나 다양한 주체들의 경제적, 사회적 이해관계에 의해 그리고 각 부문과 그 안의 기관들에 의해 조정된다. 라페 등(Raffe et al. 1994)은 이를 개혁의 제도적 논리라고 부른다.

제도적 논리는 AQF의 속성과 그에 따른 발전에 강력한 영향을 미쳤다. 다른 국가 자격체계들과 마찬가지로, AQF의 구축을 이끈 주된 동기는 국가적인 차원의 직업훈련 교육(VET) 체계를 만들겠다는 것이었다(DEST 2003, p. 12; Tuck 2007). 이는 AQF의 목표 중 한 가지에 드러나 있다. 그 목표는 '……일터에서의 요건과 직업적 요구를 두루 만족시키는 자격들을 통해 보다 양질의 직업 교육훈련의 제공을 장려하는 것이다.' AQF의 경우 각 주들의 고등교육 및 고등학교 자격들에 대해 국가적인 일관성을 수립하겠다는 목표를 갖고 있지 않다. 이는 제도적 논리의 영향, 구체적으로는 대학과 고등학교 체계 내의 강력한 이해관계자들의 상대적인 자율성을 반영하는 것이다(Keating 2003). 이는 또한 AQF가 왜 주로 VET 부문에 적용되는지를 설명한다.

1990년대에 국가적인 VET 체계가 구축되었을 때, 비즈니스 부문 및 노동조합들이 이 체계의 구조 및 지배와 자격들의 속성을 역량 중심으로 형성했다. 산업계의 이해관계가 AQF의 구조를 형성했다. 예를 들어 키팅(2006, p. 65)은 다음과 같이 설명한다:

2002년에는 체계를 기술할 때 '레벨(levels)'이라는 언급을 제거하겠다는 결정이 이루어졌다. 이 결정은 자격 레벨들이 산업 자격들에 연결되지 않도록 해야 한다는 사업 부문의 압력에 의해 이루어졌고, 이에 따라 AQF의 주요한 그리고 유일하게 가시적인 기능이 인정을 받게 되었다. 산업계로부터 도출된 역량 단위들에서 비롯된 VET 자격들을 통합하는 일련의 기술어들의 기능이 그것이다.

그러나 AQF가 주로 VET 부문에 적용됨에도 불구하고, 고등교육 부문이 AQF의 구조를 형성하고 VET 부문과 고등교육 부문 사이의 부문간 차별화를 유지하는데 상당한 영향력을 발휘했다. 2004년에는 2년제 학생들에게 수여되는 전문 학사(associate degree)가 고등교육의 자격으로서 AQF에 추가되었다. 그런데 당시 VET 부문을 관장하는 주요 법정기관이 전문 학사를 고등교육 자격으로 간주함과 동시에 VET 자격으로도 간주해야 한다고 주장했음에도, 이러한 결정이 내려졌다. 뿐만 아니라 VET 부문의 주요 이해관계자들은 준석사 학위(graduate diploma)와 준석사 수료(graduate certificate)가 고등교육 자격이 됨과 동시에 VET 자격 역시 되어야 한다고 주장했다. 대학 분야를 대표하는 기관은 이 주장에 반대를 제기했으나, 'VET 부문 내의 자체적인 자격을 마련하여 수여하는 것'에 대해서는 VET의 입장을 지지했다(DEST 2003). 이에 따라 2005년에 VET 준석사 학위 및 준석사 수료 자격이 AQF에 추가되었다.

이는 AQF가 왜 규제적인 기능이 약하고, 학습 결과에 대한 분류, 명확한 레벨들, 학습의 양(또는 시간)에 대한 측정과 같은 기타 NQF들이 수행하는 많은 기능들이 부재한 '느슨한' 자격체계인지 설명하는데 도움이 된다.

4.2 AQF의 구조와 설계, 결과

여기시는 AQF의 기원, 구조, 목적, 각 부문과의 관계에 대해 알아볼 것이다. AQF는

1995년에 확립되었고, 고등학교, VET, 고등교육 부문에서 각각 인정하는 모든 자격을 열거한다. AQF는 호주 3차 교육 등록 체제(Register of Australian Tertiary Education)가 구축한 '주요 국가 3차 교육 자격 레벨(Major National Tertiary Course Award levels)'을 대체한다(Goozee 2001, p. 88).

AQF 웹 사이트에 따르면, AQF는 '.......품질이 보증된 국가적인 자격체계'라고 한다.63) 이 자격체계의 주된 목적은 사전 학습의 인정을 통해 부문들 간의 그리고 일터 및 실생활의 경험과 자격들 간의 경로, 학점 이전, 연계 교육을 촉진하고, '호주에서 제공되는 자격들에 대한 국내외적인 인식을 제고'하는 것이다(AQFAB 2007, p. 2). AQF가 구축되었을 당시 12개의 자격들이 있었지만, 2004년에 전문 학사가 추가되고 2005년에 VET 준석사 학위 및 준석사 수료가 추가되어 현재는 15개의 자격들이 있다(ibid.).

표 4-2. 호주자격체계

학교 부문	VET 부문	고등교육 부문
고등학교 자격		박사 학위(Doctoral degrees)
		석사 학위(Masters degrees)
	VET 준 석사 학위	준 석사 학위(Graduate diploma)
	VET 준 석사 수료	준 석사 수료(Graduate certificate)
		학사 학위(Bachelor degree)
	고급 준 학사	고급 준 학사(Advanced diploma) / 전문 학사(Associate degree)
	준 학사	준 학사(Diploma)
	수료증(Certificate) IV	
	수료증 III	
	수료증 II	
	수료증 I	

AQF는 각 자격마다 포괄적인 '학습 결과의 특징들'로 구성되나, 학습 결과들에 대한

---

63) 이는 새로운 AQF 협의회의 설명에 따른 것이다. AQF 웹 사이트 참조. http://www.aqf.edu.au/AbouttheAQF/TheAQF/tabid/108/Default.aspxAQF [22 Nov. 2009]. 이와 대조적으로, 종전의 AQF 자문위원회는 AQF를 '국가적 자격들로 구성된 통일된 체계'라고 설명했는데, 이는 2009년 6월 15일까지 AQF 웹 사이트에 게재되었다. http://www.aqf.edu.au/aboutaqf.htm [15 June 2009].

분류 체계는 갖지 않는다. AQF는 고등학교 과정을 수료하기까지 혹은 고등교육 자격을 취득하기까지 어느 정도의 시간이 걸릴지에 대해서는 규정하지만, VET 자격들을 취득하기까지의 시간에 대해서는 측정하지 않는다(VET 자격이 역량 중심에 기반을 두기 때문이다). 각 부문과 관할권은 프로그램 개발, 인증, 품질 보증 책임을 맡으며, 이는 각 부문의 '학습 결과를 담당하는 당국'을 구체적으로 명시하는 AQF에 나타나 있다. AQF는 또한 각 자격을 취득하고 추가적인 학업을 이어가기 위해 경로들을 어떻게 이용할 수 있는지 보여주며(예를 들면 준학사, 고급 준학사, 또는 전문 학사 소지자가 학사 학위를 어떻게 취득할 수 있는가), 이러한 방식을 통해 자격들 간의 관계를 확립한다. 그러나 앞에서 언급했듯이, AQF는 자격들 간의 관계를 확립하나 '레벨(level)'들에 대해서는 구체적으로 명시하지 않는다. VET 부문의 '학습 결과를 담당하는 당국'은 VET 자격들은 학습 결과의 달성을 '일터에서의 업무 성과의 수준들을 위한 일련의 역량들'로 파악하는 '국가적으로 인정되는 역량 표준들에 바탕을 두고 있다고 설명한다(AQFAB 2007, p. 6).' 이와 대조적으로, 학교 및 고등교육 부문의 '학습 결과를 담당하는 당국'은 교육과정의 속성에 대해 명시하지 않으며, 결과를 산출하는 데 관여하는 이해관계자들에 대해서만 명시한다. AQF는 다음과 같은 것들에 의해서도 뒷받침된다.

- 부문간 연계에 대한 국가적 지침: 고등교육 자격들 내에서 VET 자격들을 위한 학점의 '특정 양'에 대해 자문을 제공한다.64)
- 사전 학습 인정(RPL)에 대한 국가적 원칙 및 운영상 지침65)

이와 더불어, VET에서 고등교육 부문으로의 학점 이전을 지원하는 두 가지의 MCEETYA 원칙들이 있다.

- 학점 이전 및 연계 교육을 위한 모범사례 원칙
 (Good Practice Principles for Credit Transfer and Articulation)

---

64)
 http://www.aqf.edu.au/AbouttheAQF/Pathways/Crosssectorqualificationlinkages/tabid/157/Default.aspx [22 Nov. 2009].

65)
 http://www.aqf.edu.au/AbouttheAQF/Pathways/RecognitionofPriorLearningRPLpathway/tabid/158/Default.aspx [22 Nov. 2009].

- VET에서 고등교육으로의 학점 이전 및 연계 교육에 대한 모범사례 정보 제공을 위한 원칙 (Principles for Good Practice Information Provision on Credit Transfer and Articulation from VTE [VET] to higher education)[66]

4.3 결과: 교육적 경로들

이와 관련된 데이터는 문제가 많으며 따라서 열띤 논쟁의 대상이 되고 있다. 이러한 상황이 발생하는 이유는 부분적으로 부문들마다 학생들에게 각기 다르게 재정을 지원하고 이들을 다르게 평가, 보고하기 때문이며, 또한 학점 이전 및 사전 학습 이력에 대한 데이터 대부분이 학생의 자율적인 보고를 토대로 하기 때문이다(Curtis 2009; Moodie 2004). 그럼에도 불구하고 기본적으로 다음과 같은 결과들을 관찰할 수 있다:

- 대부분의 학생 이동 또는 연계 교육이 교육 부문들 내에서 이루어진다(Curtis 2009).

- 2007년 학생들의 약 10%가 사전에 소지한 VET 자격에 의해 고등교육 부문으로 입학이 허용되었는데, 이중 부문대학(dual-sector universities)들이 가장 높은 비율의 학생들을 받아들였고(17.4%), 명문 대학들이 가장 낮은 비율의 학생들을 받아들였다(2.7%)(Wheelahan 2009c).[67]

- 2006년 고등교육 부문의 학생들 중 약 3.4%가 사전 VET 학습에 의해 학점을 인정받거나 면제 혜택을 받았다.

- 모든 VET 학생들이 VET 자격을 토대로 하여 입학하는 것이 아니기 때문에, '입학 기준'은 고등교육 부문 내에서 TAFE 사전 자격을 소지한 학생들의 비율을 과소평가하고, 또한 두 교육 부문 모두에 등록되어 있는 학생들 역시 고려하지 않는다(Moodie

---

66) http://www.aqf.edu.au/Portals/0/Documents/Credit%20Transfer%20Project%20-%20Final%20draft%20policy.pdf [22 Nov. 2009].

67) 이중 부문 대학인 스위번공과대학교가 사전 VET 자격에 의해 가장 많은 비율의 학생들을 받아들였다 - 2007년 27%.

2005a). 무디(idem, p. 3)의 연구에 따르면, 2003년 학사 과정을 갓 시작한 학생들의 25% 그리고 석사 과정을 시작한 학생들의 19%가 TAFE 과정에서 공부한 적이 있으며, 커티스의 연구에 따르면(Curtis, 2009, p. 4), 2007년 고등교육 부문에서 학사 과정을 갓 시작한 학생들의 16%가 본인이 가진 가장 높은 자격으로 VET 자격을 꼽았다.

- VET 준학사 및 고급 학사는 25세 이하 젊은이들에게 고등교육 부문으로 진학할 수 있는 중요한 경로를 제공한다. 2003년 VET 준학사 또는 그 이상을 취득한 25세 이하 학생들의 32%가 학사 학위 취득을 위해 학업을 계속했으며, 25세 이상 학생들의 경우 이 수치는 14%였다. 은행 및 회계와 같은 일부 교육 분야에서는 25세 이하 VET 준학사 취득자들의 50% 이상이 학사 학위를 위해 학업을 계속했다(Stanwick 2006, pp. 31-32).

- VET 준학사 및 고급 학사 과정의 등록은 주춤하고 있으며, 최근 들어 일부 지역에서는 감소 현상을 보이고 있는데(Karmel 2008b), 이로 인해 VET에서 고등교육 부문으로의 학생 이동이 저조해질 수 있다. 이러한 학생 이동에서 학생들이 가장 주로 사용하는 자격이 준학사이기 때문이다.

- VET 준학사/고급 학사를 통해 학사 학위 과정에 입학하고자 하는 대부분의 학생들은 학사 과정에 입학하며, 다른 부문의 지원자들과 비슷한 수준으로 대학 입학을 허가 받는다. 이는 호주의 활발한 경제와 3차 교육에 대한 상대적으로 낮은 수요를 보여준다. 그러나 이제 경제가 약화되었으며 고등교육의 수요가 늘어나는 현 상황에서, 앞으로도 VET 부문의 학생들이 계속해서 대학에 대한 접근권을 보장받을 수 있도록 하는 것이 중요하다(Wheelahan 2009c, p. 8).

- VET에서 고등교육으로의 학생 이동이 점차 중요해지고 있으나, 이러한 이동을 지원할만한 실질적인 국가 정책이 존재하지 않는다. 젊은 연령의 학생들이 고등교육에서 VET로 이동하는 경우가 있는데, 이는 학사 과정을 채 수료하지 않고 비슷한 전공 분야에

해당하는 VET 프로그램에 등록한 경우다. 반면 고등교육에서 VET로 이동하는 높은 연령의 학생들은 학사 학위를 취득한 뒤 전공과는 다른 분야에 속한 VET로 이동한 것인 경우가 많다(Curtis 2009).

- 2007년 VET 부문 내 모든 성공적인 과목 등록(subject enrolment)의 약 3.4%가 사전 학습 인정(RPL)을 기반으로 한 것이었다. 정부가 RPL의 중요성을 강조했으며 AQTF가 모든 RTO로 하여금 등록하는 모든 개인에게 RPL을 제공하도록 의무화했다는 사실을 감안하면, 낮은 수치다(NCVER 2008c, Table 13). 고등교육 부문 내 RPL에 대한 데이터는 최근의 것이 아니며 VET와는 다른 출처에서 수집되었으나, 2001년 고등교육 부문 내에서 RPL을 받았다고 보고한 학생들의 비율은 최저 수준이었다 (Wheelahan et al. 2002). 두 부문에서 RPL을 받은 학생들은 연령이 높고, 높은 수준의 자격들을 공부하며, 이미 취업된 경우가 많고, RPL 과정을 파악하는데 필요한 상당한 지식과 기술을 갖춘 경우가 대부분이다.

4.4 결과: 자격과 고용

자격과 고용 결과 간의 관계와 관련된 데이터는 한정되어 있다. 그러나 앞에서 살펴본 바와 같이, 규제되는 직종들을 제외하고는, 자격들 그리고 그 자격들이 의도하는 직업들 사이에서 '일치'가 제대로 이뤄지지 않는다(Karmel et al. 2008, p. 19). 공급과 수요 사이의 조화를 규제하는 합의가 사회적 협력자들 사이에 조성되어 있는 북유럽 국가들과 달리, 호주에서는 공급과 수요 사이의 조화가 시장을 통해서 규제된다. 리도우트 등 (Ridoutt et al, 2005a, b)의 연구에 따르면, 고용주들이 지식과 기술의 대리 지표로서 각종 자격을 중시하지만, 사업과 관련된 결정을 내리는 데 있어서는 경험을 더욱 중시하는 것으로 드러났다.

대규모 기업들은 규제요건을 의무적으로 준수해야 하는 기업들과 마찬가지로, 소규모 기업들보다 각종 자격을 더 중시하는 경향을 보였다. 리도우트 등(Ridoutt et al, 2005b, p. 7)이 실시한 소규모 연구에 의하면, '조사에 참여한 기업들 중 90%가 사업과 관련된 적어도 한 가지 중요한 위험 요소를 관리하는 과정에서 자격들을 중시한다고 응답한 반면, 25% 미만이 자격들을 무조건 중시한다고 응답했다고' 한다. 다른 연구에서 리도우트 등(Ridoutt et al, 2005a, p. 11)는 기업들이 VET 부문과 동일한 방식으로 자격들을 중시하지 않는다고 말했다. 즉, '기업 경영자들이 '자격들'에 대해 취하는 접근법을 보면, 이들이 대개 호주자격체계 전반이 아닌, 일부 역량들만을 인정하는 경향'이 있다는 것을 알 수 있다. 달리 말하면, 호주자격체계(AQF)의 도입이 인력의 자격 수준을 직접적으로 높였음을 보여주는 데이터가 없다는 얘기다. 이 둘 사이의 관계는 간접적이며, 이러한 관계는 중요하긴 하지만 더욱 광범위한 교육 및 고용 정책의 한 가지 요소에 불과하며 이 정책들이 교육기관, 전문기구, 산업협회, 노동조합, 고용주, 정부에 의해 중재되는 방식에 불과하다. 특히 중요한 것은 정부가 직업적 요건을 규제하는 정도다. 그에 따라 해당 분야에서 내 자격을 갖춘 사람들의 수가 많아지기 때문이다.

4.5 경로 지원 체계

부문들 간의 경로 개발을 뒷받침하기 위한 다양한 체계와 모델이 생겨났다. 필립스 KPA의 보고(PhillipsKPA, 2006c, p. 3)에 따르면, '기관 대 기관의 협력관계 내에서, 그리고 다양한 기관들 간의 협약 내에서, 더욱 체계적인 모델을 개발하려는 경향'이 생겨나고 있다고 한다. 경로 마련을 위한 부문간 협력을 증진하기 위하여 호주 주 정부들이 기울이는 노력의 정도는 다양하다. 몇몇 주 정부는 주 차원의 TAFE와 해당 주 내의 대학 전체 혹은 개별 대학 간에 양해각서를 체결하고 웹 사이트를 통해 경로에 대한 정보를 공개함으로써, 학점 이전에 대한 주 차원의 접근법을 내놓았다(PhillipsKPA 2006b, p. 85). 중앙 정부와 지방 정부 모두 두 부문 기관들 간의 원활한 협력과 경로를 촉진하고 자원 공유를 증진하기 위한 각종 계획에 재정을 지원해오고 있다.

빅토리아 등록자격국(VRQA)은 해당 주 내에서 학점 이전을 원활하게 하기 위한 '학점 행렬(credit-matrix)'을 개발했다. 여기에는 세 가지 영역(지식 및 기술, 적용, 독립의 정도)에 걸친 학습의 분류, 레벨, 학습 양에 대한 점수가 포함된다. 부문별로 구분된 AQF와 달리, 이 학점 행렬의 기술어들과 레벨들은 모든 부문을 포함하도록 고안되었다(Noonan et al. 2004). 이 학점 행렬은 (AQF와 마찬가지로) 전체 자격들이 아닌, 과목(subject)과 모듈의 수준에서 운영된다(Noonan 2003). 이 학점 행렬의 목적은 자격들 사이의 경로와 학점 이전을 원활히 하는 것이며, 인증 혹은 재인증을 위해 제출된 교과과정들은 '인증 신청서에 학점 행렬 수준과 점수'를 포함시켜야 한다.68) 학점 행렬을 사용하여 행렬 내에 있는 자격들의 모든 과목에 위치를 할당함으로써, 학점 행렬의 사용이 교육자들이 자신들의 논의를 중재하는 데 쓰는 도구 이상으로 확대된다. 이 점이야말로 학점 행렬이 가장 가치를 지니는 부분이다. 학점 행렬은 과목, 단위, 혹은 모듈들이 이것들이 속하는 자격들과 별개로 간주될 수 있으며 그래야 한다는 가정을 전제로 하고 있으므로, 그런 이점이 없다면 오히려 자격들을 개발하는 데 복잡함만 더할 것이다.

4.6 강점과 약점

AQF는 다양한 주요 측면에서 성공을 거두었다. 요약하면 다음과 같다:

- 기존에 존재하던 주 차원의 비교 불가하고 분열된 VET 체계들로부터 하나의 국가적인 VET 체계를 구축하는 데 기여했다.

- 의무교육 후 교육의 모든 자격을 거의 보편적으로 포함하며, 갖가지 자격들의 확산을 통제함으로써 부문 내 자격 제공과 관련하여 복잡함을 방지하고 기업, 학부모, 학생들이 자격들을 보다 쉽게 이해할 수 있도록 했다.

- 부문들 내에서 높은 수준의 수용성을 달성했다. 이는 부분적으로, 부문들이 AQF 내에서 자체적인 자격들을 '주관'하기 때문이다. 하지만 '그 대가로 얼마간의 불연속성과 비일관성'이 초래되었다(Keating 2008b, p. 10).

- VET 및 고등교육 자격들에 대해 국가적인 일관성을 제공하는 데 기여했으나, 고등학교 자격에 대해 일관성을 제공하는 데에는 그만큼 기여하지 못했다.

---

68) VRQA Credit Matrix 웹 사이트: http://www.vrqa.vic.gov.au/cmatrix/design.htm[15 June 2009].

- 국제적으로 상당한 인정을 받았으며, 전 세계적으로 호주자격체계의 위상을 크게 높이는 데 기여했다.

- 제한된 수준이긴 하나, 부문들 간의 대화를 위한 토대를 제공했으며 학점 이전 협약 및 경로를 뒷받침하는 데 사용되었다. 그러나 정부 내에서는 이 정도로는 충분치 않다는 인식이 있다.

- 분산된 소유권, 인증, 품질보증 협약과 관련하여 기타 국가자격체계들이 겪은 각종 문제를 피할 수 있었다(Keating 2008b).

그럼에도 상당한 약점들이 존재한다. 터크(Tuck, 2007, p. 21)가 지적한 바와 같이, 호주자격체계(AQF)는 국가적인 자격들로 구성된 통일된 보편적 체계라기보다는, 연계된 국가자격체계(NQF)의 특징에 더 가깝다. 현 AQFC(2009, p. 7) 자문 보고서에 따르면, AQF가 각각의 세 부문에 적용되는 각기 다른 세 개의 효과적인 체계라는 의견이 '몇몇 논평가들' 사이에서 제기되었다고 한다. 이에 따르면, AQF는 국제적인 발전에 뒤처지며 변화하는 환경에 즉각 대처하지 못하고 부문간 학점 이전 및 연계 교육을 제대로 뒷받침하지 못한다고 한다. 또 '불충분하고 유화적인 것'으로 간주되는 기술어들을 포함하며 학교 및 고등교육 부문에 큰 영향을 미치지 못했다고 한다(idem).

AQF의 학점 이전 및 사전 학습 인정(RPL) 지침들 그리고 MCEETYA의 '모범적' 학점 이전 원칙들은 규정으로서의 성격이 부재하며 '바람직한 권장 사항' 이상의 역할을 하지 않는다. 이는 특히 자체 인증기관으로서 각종 VET 자격들에 대해 학점을 제공할 것인지의 여부 그리고 이를 언제 어떻게 제공할 것인지의 여부에 대해 자유롭게 결정을 내리는 대학들과 관련하여 더욱 그러하다. 반면 VET 제공기관들은 이를 보다 의무적으로 준수해야 한다. VET 정책이 학점 이전과 RPL을 요구하지만, 이는 주로 VET 내에서의 일이며 고등교육 부문에서 VET 부문으로 이동하는 학생들을 위한 학점 이전은 포함하지 않기 때문이다. 대학들은 연례 보고서를 통해 학점 이전과 연계 교육 정책에 대해 정부에 보고해야 하며, 이로 인해 대학들은 저마다 그러한 정책이 있다는 사실을 밝혀야 한다는 어느 정도의 압력을 받게 된다. 그러나 그렇게 부담이 따르는 정도는 아니다.

AQF는 부문간 차이점들을 굳히는 데 일조를 했다. 준학사와 고급 준학사와 같이 VET 부문과 고등교육 부문이 자격들을 공유하는 경우나 자격들이 광범위하게 동일한 학습 결과를 지니는 경우에도, 이 자격들이 서로 다른 것이 되기 때문이다. 그 이유는 다음과 같다:

..........각기 다른 부문에서 발행되는 여러 자격들 사이에 표준화된 순위나 등가성이 존재하지 않는다. 이들 자격이 각 부문의 뚜렷한 교육적 책임들을 반영하는 각기 다른 유형의 학습을 인정하기 때문이다. 동일한 자격들이 한 가지 이상의 부문에서 발행되었으나 각 부문에 의해 각기 다르게 인정받을 경우(예: 준학사, 고급 학사), 이들 자격은 부문이 다름에도 동등한 자격으로 간주된다(AQFAB 2007, p. 2).

달리 말하면, 부문들의 자격들은 차별성의 원칙에 의해 서로 차별화된다. VET 자격들은 학습 결과를 교육기관 및 학습 과정으로부터 분리시키는 '산출'에 기반을 두는 반면, 고등교육 자격들은 과정 중심의 '투입'에 기반을 둔다. AQF가 명시한 바에 따르면, 고등교육 부문 자격들의 목표와 학문적 요건은 전문가 평가에서 정한 요건과 관련 전문기관 및 고용주 집단의 요건을 존중하는 고등교육 기관들에 의해 '정해진'다고 한다(idem, p. 7). 즉, 이 목표와 요건들은 강의계획, 학습과정, 평가, 결과에 대한 이해관계자들의 공유된 이해를 통해 마련된다.

AQF 내에 존재하는 등가성과 차별성 간의 긴장 그리고 투입과 산출 간의 긴장은 정책상에서 인식되지 않는다. 2005년 호주의 모든 연방 및 주 교육훈련부 장관들은 VET에서 고등교육 부문으로의 학점 이전을 위한 일련의 '모범적' 원칙들을 승인했다. 이 원칙들은 학습 과정과 별개로 학습 결과를 측정할 수 있음을 확실하게 가정한다. 첫 번째 원칙에 따르면, 학점 이전과 연계 교육은 '자격의 제공, 교수 방법, 평가, 혹은 자격을 제공하는 기관의 종류 같은 교육 과정의 유사성이나 차이점과 무관한 학습 결과의 등가성'을 확립하는 데 이용된다.(MCEETYA 2005).

5. '더 강력한' 미래의 AQF

이 장의 초반에서 언급했듯이, 새로운 AQF는 학습 결과에 대한 분류, 명확한 레벨, 그리고 학습의 양(또는 시간)에 대한 측정에 기반을 둘 것임이 거의 확실시된다. 그러나 다음과 같은 사실로부터 발생하는 딜레마를 극복하지 않고서는, 호주의 3차 교육의 핵심에 놓여 있는 모순을 해결할 수 있을지가 불분명하다:

- 각 교육 부문들이 차별성의 원칙에 기반을 두는 상황에서 유사성의 원칙에 기반을 두는 AQF

- 학교와 고등교육 부문의 자격들이 '투입'에 기반을 두는 상황에서 '산출'에 기반을 두는 VET 부문의 자격들

이것이 AQF의 문제로 간주되는지는 확실치 않다. 호주자격체계협의회(AQFC)는 장관의 요청에 따라, 역량 중심의 자격들과 고등교육 부문의 성적 중심의 자격들을 어떻게 더 조화롭게 '정비'할 수 있는지에 대해 연구를 시행하고 있다. 이와 더불어 AQFC는 각 부문들이 '완전한 연결성(seamlessness)'을 실현하는 데 사용할 수 있는 '공동의 언어'를 개발하는 계획 역시 실시해오고 있다. 여기서 부문들 간의 차이점이 실질적인 영향 요소로 간주되지는 않는 것으로 보인다.

키팅은 국가자격체계(NQF)가 '자격에 관한 두 가지 중요한 질문에 중립적 태도를 보일 가능성이 많지 않다'고 말했다(Keating, 2008b, p. 8). 두 가지 질문이란 자격이 대표하는 (기술을 포함한) 지식의 성격, 그리고 지식을 창출한 학습의 성격이다. 현 AQFC 자문 보고서에 제시된 제안은 관련 정책이 엄격한 체계를 초래할지 혹은 느슨한 체계를 초래할지에 따라 다른 결과를 갖게 될 것이다. 각기 다른 학습의 영역들은 자격들 간의 관계를 구조화하고 부문들 간의 논의의 방향을 이끄는 데 이용될 수 있는 대강의 지침으로 이해될 수 있다. 또는 결과를 토대로 하는 자격을 강요함으로써 자격들의 성격을 구체화하고 학습 결과의 성격을 변화시키는 데 이용될 수 있다. 후자는 학습 결과를

교육기관, 교수법, 강의계획으로부터 분리시키는 역할을 한다. 그러나 학습 결과들을 이들 과정과 따로 떼어서 개별적으로 고려할 수는 없다. 학습 결과는 학습 과정에 의해 결정되기 때문이다. 만약 그렇게 되어야 한다고 주장할 경우, 지식 그리고 지식에 대한 학생들의 접근을 단절시키는 끝없는 구체화의 과정이 이어질 것이다(Allais 2006, 2007a, 2007b). 이는 역량 중심의 훈련에 가장 크게 반영되어 있다. 이 훈련은 일터에서 적용될 경우 학생들에게 특정한 상황에 입각한 구체적인 지식을 제공하나, 그 지식이 기반을 두는 의미의 학문적인 체계는 제공하지 않는다(Wheelahan 2009a).

레벨(level)의 개념이 포함된 AQF는 자격들 간에 명확한 관계를 수립하고 '승급 체계'를 위한 기반을 제공하는 데 도움이 될 것이며(David, 1997, p. viii), '시간'에 대한 개념들은 동일한 레벨 그리고 각기 다른 레벨에 속하는 자격들 간에 널리 비교 가능한 학습 '노력'에 대한 개념들을 확립하는 데 도움이 될 것이다. 예를 들어 보통 1년에 걸쳐 실시되어야 하는데 단 3개월 만에 완료된 준학사 과정 또는 2년에 걸쳐 실시되어야 하는데 1년 혹은 6개월 만에 수료한 석사 과정의 품질에 대해 의문을 제기하기가 훨씬 수월해질 것이다. 레벨과 시간 모두 자격들 사이에서 학점의 공정하고 옹호할 수 있는 수준을 확립하는 데 도움이 될 것이다. 이 체계는 또한 긴밀하거나 느슨한 체계일 수 있으며, 어느 쪽이냐에 따라 각기 다른 결과를 초래할 것이다. 만약 느슨한 체계의 일부라면, AQF는 자격들이 어떻게 구조화될 수 있는지에 대한 그리고 자격들과 학점의 레벨들 사이의 관계에 대한 대강의 지침을 제공하는 것으로 이해될 수 있다. 예를 들어, 고급 준학사 과정을 수료하면 VET 준석사 학위 또는 준석사 과정에 접근할 수 있으나, 전자의 수료가 후자로의 승급을 위한 학점을 제공하지는 않는다고 이해할 수 있다. 후자의 자격들은 '보다 높은 수준'의 복잡성과 깊이가 필요하기 때문이다. 이것은 학사 학위 그리고 준석사 학위 및 준석사 수료 사이의 관계에 대한 논의의 토대를 제공할 수 있다. 많은 준석사 학위 및 준석사 수료(심지어 일부 석사 과정도 포함) 과정은 분명 학사 학위 소지 학생들에게 다른 분야로의 접근권을 제공하기 위해 사용되는 재편성된 학사 학위 과정이다. 그러나 어떤 준석사 학위 및 준석사 수료 과정들은 보다 높은 수요를 요구와 보다 높은 수준의 복잡성을 지닌다.

레벨(level)이라는 개념은 또한 자격체계 내의 한 레벨의 자격에서 다른 레벨의 자격으로의 이동이 현재 VET 자격들에게 요구되는 것처럼 직장이나 모의 직장 환경에서 입증되는 역량들이 아닌, 교육적 속성들을 토대로 할 것임을 암시한다.

현 AQFC (2009, p. 23) 자문 보고서는 자격들 내에서 레벨과 시간이 연결되는 방식을 보여주기 위한 예를 제공한다. 예를 들면, 수료증 IV는 (개념상의 학습 시간을 토대로) '이 자격의 최종 레벨의 최소 x %와' 90-150 학점을 가진다. 이는 이것이 보다 엄격한 체계의 일부임을 보여준다. 이 접근법에는 두 가지 문제가 존재한다. 첫 번째 문제는 자격이 모든 요소가 서로 연관되는 방식에 의해 **관계적으로만** 이해된다는 것이다 (Keating 2008b). 자격이 어떻게 구성되어야 한다는 주장은 학문 분야들 혹은 직업적 분야들 사이의 차이들을 고려하지 않는다. 두 번째 문제는 자격이 자격을 이루는 부분들의 합계로 전락하고 학습에 대한 파편화된 개념들이 초래된다는 점이다. 이것이 학점 누적 및 학점 이전을 뒷받침하는 데 꼭 필요하다는 주장이 있지만, 그에 대한 대가는 너무 크고 불필요하다. 무디(Moodie, 2008)년 많은 미국 주들의 경우, 지역사회 대학 (TAFE와 유사한 대학)에서 명문 대학으로의 학생 이동이 호주보다 더 활발한데, 이런 이동은 종종 명시된 학점에 의해 이루어진다고 했다. 이런 이동은 자격체계가 부재하지만 주의 정책 입안자들이 이러한 학습 결과를 중시하는 정책들을 통과시키는 '포괄적 정책적 토대(policy breadth)'가 존재하는 상황에서 이루어진다.

자격은 어떤 사람이 무엇을 할 수 있는지 무엇을 아는지 말함으로써가 아니라, 자격을 사용하는 사람들로부터 신뢰를 얻어야만 가치를 지닌다(Young 2003, p. 208). 콜스와 오츠(Coles and Oates, 2005, p. 12)는 학생 이동 경로, 학점 이전, 연계 교육이 자격들의 품질, 표준, 결과에 대한 핵심 주체들 사이의 합의로 구성되는 상호 신뢰구역 (ZMT)에서만 구축될 수 있다고 주장했다.[69] 이들은 상호 신뢰구역(ZMT)이 '이 구역에 참여하며 이를 운영하고 공동의 가치와 관심사를 기내하는 사람들의 행동을 통해 존재한다고' 설명한다. 상호 신뢰구역은 '강요될 수 없으며, 의견합일의 과정 그리고 자발적인 참여'에

---

[69] ZMT에 대해서 Raffe (2005) and Hart (2005) 참조. 마이클 영(2003)은 자격의 신뢰성의 기반으로 '신뢰의 공동체'라는 개념을 사용했다.

의존한다(idem, p. 13). 라페(Raffe, 2005, p. 36)는 이러한 구역들이 합의사항에 바탕을 두는데, 이로써 (자격과 같은) 구체적인 학습 결과들이 다른 기관이나 부문에 의해 자동적으로 받아들여지고 인정을 받으며, 학문 분야, 기관 혹은 네트워크의 수준에 존재할 수 있다고 말했다. 그는 '합의된 학점 체계의 존재가 이러한 구역에서의 협상을 쉽게 만든다'고 말한다(idem).

수정된 AQF는 이런 관계들에 기여할 수 있다. 혹은 이들 관계를 위해 스스로를 대체할 수 있다. 신뢰와 자격들의 문제는 관련 문헌에서 충분히 다뤄지지 않았으며, Young과 Allais (2009)는 신뢰의 문제를 피할 수 없다고 강조했다. 학생 이동과 학점의 수준들은 기관들 사이에 신뢰가 존재할 때 더 높다(PhillipsKPA 2006a). 이러한 신뢰는 교육, 학습 과정, 강의계획, 평가에 대한 확신에 바탕을 두며, 이것들과 따로 떼어서 생각할 수 없다. 따라서 이러한 합의를 구축하는 데 필요한 신뢰가 투입에 의존하는 상태에서, '투입'과 별개로 결과 중심의 체계에서 부문들 사이의 학점 이전 및 연계를 이야기하는 것은 의미가 없다. 물론 순수하게 결과에 의존하여 최소한의 학점 이전이 이루어질 수 있으며, 그 결과 특정 자격에 국한된 학점 이전에 관한 합의가 생겨날 수 있겠지만, 학점을 최대한 활용하고 학생들의 학습을 지원하는 보완적 프로그램 속에서 총체적으로 개발된 일관된 경로들이 생겨날 가능성은 희박하다.

각 부문들에서 주관하고 각 부문들을 통해 보급되어, 보조적 체계로서 역할을 하는 느슨한 체계는 강력하고 규제적인 체계보다 이러한 결과들을 달성할 가능성이 더 크다. 이는 교육학적인 이유 때문이기도 하고, 뉴질랜드와 남아프리카의 사례에서 볼 수 있듯이, 규제적인 체계가 교육 부문들로부터 필요한 지지를 얻지 못하기 때문이기도 하다. 느슨한 체계는 또한 부문간 자격들의 목적과 속성에 대해 더욱 일관적인 접근법으로 이행할 수 있는 기반을 제공할 수 있으며, 따라서 이 자격들이 서로 크게 차별화되지 않으므로 차별성과 유사성 사이의 긴장을 극복할 수 있다. 이러한 방식으로, AQF 체계는 자격들이 취업을 위해서는 물론 시민자격과 사회 참여를 위해 필요한 지식과 기술로의 접근을 조정할 수 있는 방식과 관련한 대화의 토대를 제공할 수 있다.

5.1 주요연도와 사건들

연도	주요 사건
1965	개별적인 고등교육 부문으로서 전문교육대학(CAE)이 설립되었다(Martin 1964). 호주 연방정부가 고등교육에 대해 책임(특히 재정 지원)을 지니고, 주 정부가 그 외 모든 것에 책임을 지닌다는 전제 하에 각 부문에 대한 재정 지원과 정책이 결정되었다. 연방 정부와 주 정부 간 '비용 전가(cost-shifting)'를 막기 위해 고안된 부문 정책들로 인해, 부문간 차이들이 심화되었다.
1974	'캉간위원회(Kangan Committee)'의 보고서를 통해, 호주 연방정부가 기술전문대학(TAFE)을 국가적인 3차 교육기관으로 인정하게 되었다. TAFE에 대한 재정 지원과 관리가 여전히 주 정부의 관할이긴 하나, TAFE에 대한 연방정부의 재정 지원이 늘어나기 시작했다. 캉간위원회는 '호주 기술전문대학(TAFE)의 뚜렷한 정체성 확립을 위한 철학적, 정책적 기반'을 제공했다(Anderson 1998, p. 3). 캉간위원회(1974, p. xxvi)의 정의에 따르면, TAFE는 '인성에 영향을 미치는 비직업적, 사회적 기술의 개발을 비롯하여, 개인을 사회의 일원으로 발전시킬 수 있는 직업 교육 및 취업 준비'를 포함한다.
1977	연방정부 3차교육위원회(CTEC)가 설립되어, 대학협의회, 고등교육협의회, 기술 및 계속 교육 협의회가 CTEC 산하 하위위원회로 통합되었다(Goozee 2001).
1975-82	캉간위원회의 권고안에 따라 TAFE의 성장 유도와 자본 및 지속적인 재정 지원에 대한 투자 강화가 실시되었다. 이 시기가 TAFE의 황금기에 해당한다(idem, p. 38).
1970년대 후반~ 1980년대 초반	15~19세의 실업률을 줄이기 위한 노동시장 프로그램이 마련되었다(idem, p. 53).
1980년대 중반	총리내각부, 재무, 재정, 산업, 기술 상업부, 과학부가 3차 교육에 관심을 갖기 시작했으며, 고등교육 및 TAFE와 경제 및 고용 결과를 연계시키는 데에도 관심을 갖기 시작했다.
1987	'Australia Reconstructed'라는 보고서가 발간되었다. 이는 호주노동조합협의회(ACTU)와 무역개발협의회(TDC)가 서유럽을 대상으로 실시한 공동 프로그램 하에서 공동 발간한 보고서다. 이 보고서는 호주의 생산성과 경쟁력을 국제적으로 강화하고 훈련 개혁과 산업 구조조정을 연계시키는 것과 관련한 교육의 역할과 기술에 중점을 둔다. 이 보고서를 기초로 하여 다양한 개혁이 실시되었다.

1988	'도킨스' 개혁이 실시되었다. 존 도킨스는 호주 고용교육훈련부 장관이다. 개혁의 내용은 다음과 같다: • 고급교육 부문의 2년제 대학들과 4년제 대학들을 통합하여 통일된 대학 부문 형성 • TAFE를 직장 업무를 위한 훈련 및 경제와 밀접하게 연관시킴 TAFE가 '시간 중심의' 체계에서 역량 중심의 체계로 전환되어야 하며, 산업 중심의 정식 훈련에 보다 치중해야 한다는 내용의 개혁 보고서가 발간되었다 (idem, p. 67).
1988	고등교육기여계획(HECS)이 대학에 도입되었다. 이는 학생들을 위한 취업 후 학자금 상환제(정부의 규제를 받음)다. 학생들이 지불해야 하는 금액이 시간에 따라 늘어난다.
1988	다음과 같은 네 개의 협의회를 포함하는 고용교육훈련국가위원회(NBEET)가 설립되었다. • 학교협의회 • 고등교육협의회 • 고용 및 기술육성 협의회(ESFC) • 호주연구협의회 구지(idem, p. 65)는 'NBEET와 그 협의회들이 고등교육 및 학교 부문을 충분히 대표하는 것처럼 보이지만, 특히 TAFE 부문을 충분히 대표하지 못한다고' 지적했다. 법적 권한이 있는 연방정부 3차교육위원회(CTEC)와 달리, NBEET는 순수한 자문의 역할을 행하는데, 이는 '행정권의 힘 여실히 보여준다(idem, p. 69). NBEET는 1998년 말까지 운영되다가 호주 보수당 정부에 의해 해체되었다 (NBEET는 노동당 정부가 설립한 기구다). (1995년에 마련된) AQF와는 별개로, 현재는 부문간 사안들에 대해 정부에 자문을 제공하는 기구가 없다. NBEET는 학생 연계 교육 및 학점 이전의 바람직한 방향에 대해 다양한 연구 보고서를 발간한 바 있다.
1990	국가훈련위원회(NTB)가 설립되어 국가 역량과 관련된 표준들을 개발, 승인하는 의무를 수행하게 되었다. 이 단계에서, 역량 기반 훈련(CBT)이 산업 직종 분류,

	산업 자격, 산업 협약과 연계되었다(idem, p. 68). 1996년 보수당 연방정부가 들어서면서 CBT, 산업 자격, 산업 협약 간의 연계성이 분리되었고, 그 결과 이 연계성을 산업 자격 협상에서 협상 카드로 사용하지 못하게 되었다. 단, 직종들과 CBT 간의 연계는 유지되었다.
1990-92	연방정부와 주 정부들이 국가훈련인정체계(NFROT)를 설립하는 데 동의했다. 이 체계의 목적은 VET 과정을 인가하고 이들 과정 사이의 학점 이전을 결정하는 국가적 체계 그리고 RPL 및 역량 평가를 위한 국가적 체계를 제공하는 것이다(idem, p. 81). 이 체계는 VET 자격들이 국가적으로 인정되는 기반을 제공했으며, VET 자격들의 토대가 되는 CBT를 위한 기반 역시 제공했다.
1991	핀(Finn) 보고서는 학교 재등록 비율 유지, 그리고 교육, 일터, 주요 역량 간의 연계 강화를 촉구했다(idem, p. 81).
1992	메이어 위원회(Mayer Committee) 보고서는 '주요 역량'을 일터에서 필요한 요소 일뿐만 아니라 '추가 교육 그리고 더 일반적으로는 성인 교육에 효과적으로 참여하는 데 필요한 요소'라고 규정했다(Goozee 2001, p. 82에 인용됨). 이 주요 역량들은 2000년대 중반에 VET 부문에서 '고용가능성 기술'로 수정되어, 기업 및 직장과 더 밀접한 관계를 갖게 되었다.
1992	카미켈 보고서는 '역량 중심의 호주 직업 인증 체계를 설립할 것을 권장했다(idem, p. 83).
1992-94	노동당 폴 키팅 총리는 만약 주들이 연방정부가 TAFE의 재정 지원 및 관리 권한을 인수하는 것에 대해 동의하지 않을 경우, 주 차원의 VET 체계에 맞서 자체적으로 국가적인 VET 체계를 만들겠다는 의지를 보였다(idem, p. 84). 이러한 입장이 후에 완화되어, 타협책으로 1994년에 호주국가훈련당국(ANTA)이 설립되었다. ANTA는 호주 연방정부와 주 및 준주 정부들 사이의 협력체로서 자체 장관급 협의회를 두었다. 이 기구는 모든 차원의 정부가 VET를 위한 정책을 마련하는 데 협조하는 '협력적 연방주의'에 바탕을 둔다. 이 기구는 국가적인 산업훈련자문기구(ITABS)를 재정 지원하는 임무를 인수했다.
1993	국가 경쟁 정책 보고서(힐머 보고서)가 발간되었다. 이 보고서는 공적 제공의 모든 부문에서 시장을 형성하기 위한 정책을 마련할 것을 권고한다. 구지(Goozee, 2001, p. 91)는 다음과 같이 설명한다: '호주 연방정부 및 주 정부 법무장관들의 법적 자문에 따르면 VET 부문이 국가 경쟁 정책의 범위에 속하지는 않지만, 이것이 국가 및 주 차원의 VET 정책에 영향을 미치며, 특히 공적 자금의 입찰과 관련하여 영향을 미친다.' 이후 VET를 하나의 시장으로 구축하기 위한 정책들이 마련되었다.

1993-95	연방 및 주 정부의 교육부 장관들이 호주자격체계(AQF)를 구축하는 데 동의했고, 이 체계가 1995년에 확립되었다. AQF는 고등학교, VET 부문, 고등교육 부문에서 각각 인정되는 모든 자격을 열거한다. AQF는 '호주 3차교육 등록 체계(Register of Australian Tertiary Education)에 의해 설립된 Major National Tertiary Course Award'를 대체했다(idem, p. 88). AQF가 구축되었을 당시 12개의 자격들이 있었지만, 2004년에 전문 학사가 추가되고 2005년에 VET 준석사 학위 및 준석사 수료가 추가되어 현재는 15개의 자격들이 있다 (AQFAB 2007).
1996	호주 연방 및 주 정부의 교육부 장관들이 NFROT를 대체하는 국가훈련체계(National Training System)를 설립하는 데 동의했다. 이 체계는 훈련 패키지(Training Packages)와 호주인정체계(Australian Recognition Framework)로 구성된다. 전자는 역량의 단위들에 기초한 자격들로 구성된다. 그리고 후자는 호주 전역의 기타 모든 VET 기관들이 모든 VET 기관 내 훈련 패키지에 속한 모든 역량 성과들을 국가적으로 인정하도록 보장하며, VET 자격들을 제공, 평가하기 위해 VET 기관들이 준수해야 할 요건들을 명시한다. TAFE는 민간 기관들을 포함하는 보다 폭넓고 시장화된 VET 체계 내에서 하나의 '훈련 제공 기관'이 되었다.
1997	호주에서 최초의 훈련 패키지가 도입되어 VET 자격의 의무적인 모델이 되었다.
2000	연방, 주, 준주 정부의 모든 관련 장관들로 구성된 교육, 고용, 훈련, 청소년 문제 각료협의회(MCEETYA)가 MCEETYA 고등교육 인가 절차를 위한 국가 협약(National Protocols for Higher Education Approval Processes)을 승인했다. 이 협약은 2006년에 개정되었고 다음을 위한 원칙, 기준, 절차를 포함한다: • 비대학 고등교육기관의 등록 및 이들 기관이 제공하는 교육과정의 승인 • 비대학 고등교육기관에 대한 자체 인증 권한 수여 • 신규 대학 설립 • 호주 내 해외 고등교육기관 설립에 대한 승인
2000	호주대학품질국(AUQA)이 설립되었다. 이 기관의 목적은 '호주 고등교육기관의 품질 보증을 증진, 감독하고 이에 대해 보고'하는 것이다.
2001	VET 부문 내 호주인정체계(ARF)가 호주품질훈련체계(AQTF)로 대체되었다.

	이 체계는 2005년과 2007년에 개정되었다. 이 체계는 부분적으로는, 호주 주 차원의 견습 및 수습 체계에 대한 우려에 반응하여 생겨났다. 이 체계에는 VET 기관들이 등록훈련기관(RTO)이 되기 위해 준수해야 할 기준들과 훈련기관을 등록하는 데 있어 주 훈련 및 인증 당국이 준수해야 할 기준들이 포함되어 있다(Smith and Keating 2003, p. 48).
2003	ITABS가 산업기술협의회(ISC)로 대체되었다. 이 기구는 훈련 패키지를 개발하는 임무를 수행한다.
2005	ANTA가 비협조적인 연방주의로 인해 보수당 정부에 의해 해체되었다. ANTA의 각종 임무가 당시 연방정부의 교육과학훈련부를 통해 수행되었다. 직업기술교육 각료협의회(MCVTE)라는 새로운 장관급 협의회가 구성되어 VET의 국가적 조율을 담당했다. 보수당 정부는 국가훈련체계 대신 국가기술체계를 구축했는데, 이 체계는 기존의 주요 요소(훈련 패키지 및 AQTF)를 그대로 두면서, 연방정부에 유리한 방향으로 국가적인 관리와 행정 협약을 강화하고 VET 부문의 시장화 원칙들을 추가로 개발했다.
2007	11년 만에 보수당 정부가 총선에서 패배하여 그 자리에 노동당 정부가 새로이 들어섰다.
2008	연방정부가 호주 고등교육 평가(브래들리 평가)를 실시했다. 평가에서 제시된 권고안 중 다수가 도입되었고 VET 부문과 관련하여 상당한 영향을 미쳤다. 이러한 영향으로는 3차교육 및 고용 각료협의회(MCTEE)라고 하는 새로운 장관급 회의의 설립이 포함된다. MCTEE는 MCVTE를 대체한다. 이 협의회는 VET, 고등교육, 성인 및 공동체 교육, 국제 교육, AQF를 포함하는 모든 3차 교육을 관장한다. 정부는 새로운 3차 교육 표준 및 품질 당국을 설립할 예정이다. 이 기구는 2010년까지 고등교육 부문을 담당하고 2013년까지 VET 부문을 담당할 예정이다. 2008년에 AQF 협의회가 설립되어, 더욱 '견고한' AQF를 마련하기 위한 평가가 실시되었다. 호주 총리와 모든 주 및 준주의 총리(이들 정부에서 선출된 지도자)들로 구성된 호주정부협의회(COAG)가 '인적 자본' 개혁을 마련하며, 많은 방면에서 VET를 위한 의사결정기구로서의 MCTEE를 대신한다.

> 호주 정부는 2012년까지 고등교육 부문에서 학생 바우처 제도를 실시하기로 결정했으며, 현재 COAG를 통해 각 주들과 함께 VET 부문에서 '완전한 경쟁이 가능한 시장' 협약을 마련하기 위해 노력하고 있다. 빅토리아 주 정부는 높은 수준의 VET 프로그램에 대해 학생 바우처 제도를 도입했으며, 이를 낮은 수준의 VET 자격들로까지 확대하려고 계획하고 있다.
>
> 호주 대부분의 주들이 이와 유사한 경로를 따를 것으로 예상된다.

제5장 남아프리카공화국 국가자격체계의 변화하는 모습들

- 스테파니 알레스

1. 서론

　남아프리카공화국의 국가자격체계(NQF)는 아파르트헤이트로 불리는 인종차별정책으로 인한 교육적, 사회적, 경제적 문제를 해결하기 위해 마련되었다. 세계 많은 국가의 자격체계들은 서로 유사한 동기에 의해 확립되는 반면, 남아프리카공화국에서는 인종차별정책에 의한 교육 체계 하에서의 극단적인 불평등, 극단적인 경제적, 사회적 불평등, 인종차별정책에 의한 경제의 비효율성, 세계 경제로의 재진입 이후 이루어진 급속한 자유화로 인해 국가자격체계가 특별한 중요성을 지니게 되었다(Allais 2007b; Mukora 2006).

　국제적으로 남아공의 국가자격체계는 가장 야심적인 자격체계 중 하나로 여겨진다. 남아공의 자격체계는 새로운 구조에 의해 고안된 일련의 새로운 자격들로 기존의 자격들을 모두 대체한다. 이 체계는 모든 학습 프로그램과 교과과정의 철저한 정비를 위해 고안되었다. 동시에 이 체계를 통해 많은 개인들이 기존에 갖고 있던 지식과 기술에 기반하여 자격을 얻고 새로운 자격들 및 기관들이 제공될 것이라는 기대가 형성되었다. 이 체계의 고안자들과 지지자들은 이해관계자 집단들을 통합하여 학습 결과들로 구성된 새로운 자격들과 단위표준(부분 자격)들을 개발함으로써, 새로운 자격체계가 남아공의 각종 교육적, 사회적, 경제적 문제를 해결하는 데 기여할 수 있을 것이라고 기대했다.

　초기에는 남아공 NQF에 대한 지지의 움직임이 '예사롭지 않은 수준'이라고 묘사되었다(Manganyi 1996, p. 5). 그런데 유감스럽게도, 의미 있고 가치 있는 목표에도 불구하고 남아공 NQF의 실행에는 많은 문제가 따랐다. NQF가 실행된 지 얼마 지나지 않아, 논란과 비판이 이어졌다(Allais 2003; Ensor 2003; Muller 2000; Breier 1998). 2001년에는 NQF를 관장하는 두 부서인 교육부와 노동부가 재검토를 실시했다. 재검토의 보고서는 '남아프리카공화국 자격국(SAQA)과 NQF에 대해 전반적으로 불만과 반대의 분위기가 조성'되었다고 언급했으며(RSA Departments of Education and Labour 2002, p. 143), 자격체계의 실행에 참여한 많은 사람들의 실망감, 난해한 전문용어의 확산에 따른 이질감, 급증하는 관료주의에 대한 인식, 전반적인 혼란을 강조했다. 그러나 이 재검토에서 제시된 변화들은 공식화되지 않았고, 몇 년 후 교육부와 노동부가 다른 변화들을 제시한 또 다른 문서를 발표했다. 그러나 이 변화들 역시 정책으로 옮겨지지 못했다. 아무런 해결책 없이 오랜 시간이 경과한 후 2008년이 돼서야 새로운 법이 통과되어 남아공의 국가자격체계(NQF)와 관련 기관들을 실질적으로 변화시켰다. 그러나 이러한 변화들이 실행되기도 전에 또 다른 변화가 일어날 가능성도 있다.

남아공 NQF의 목표가 문서상으로는 기존과 동일하게 남아 있었지만, 남아프리카공화국 자격국(SAQA)의 CEO는 'NQF에 대한 초창기의 야심적인 관점이 이제는 이를 점진적으로 성장하는 의사소통의 체계로 간주하는 보다 완화된 관점으로 대체되었다고' 말했다(Isaacs 2009).

남아공의 NQF가 마련되기까지의 이야기는 복잡하고 우여곡절이 있다. 이 체계가 형성된 복잡한 구조 그리고 체계가 생겨나면서 떠오른 복잡한 관계와 역학관계에 대해 다양한 설명이 존재하며, 체계의 강점, 약점 및 각종 문제에 대해서도 다양한 분석이 존재한다. 이로 인해 길고 긴 논평과 분석은 물론, 일련의 박사 연구와 저작물의 발행이 이어졌다. 이 짧은 사례 연구가 NQF의 세부사항과 미묘한 점들을 남아공 국민들이 만족할 만큼 포착하여 다룰 수는 없을 것이다. 그러나 남아공의 NQF는 자국을 비롯한 기타 여러 곳에서 영향력을 발휘했으며(Chisholm 2005), 지금까지도 계속해서 국제적으로 중요한 자격체계로 인식되고 있다. 따라서 이 연구에서는 남아프리카공화국 국가자격체계(NQF)의 설계 및 실행에 대해 설명과 분석을 제공하고, 현재까지 이 체계에서 발생한 일부 문제에 대해 논의하며, 그로부터 얻을 수 있는 얼마간의 교훈에 대해 간략하게 이야기해보고자 한다. 이 연구는 주로 발간된 연구물 및 공식 문서를 토대로 했다. 몇몇 예에서는 남아공 NQF의 정책 입안 과정에 참여한 사람으로서 본인의 생각과 경험을 제시했다.

이 장의 구조

2번 항목에서는 배경과 상황에 대해서 다루고 3번 항목에서는 남아공 NQF의 기원에 대해 다룰 것이다. 이어서 4번 항목에서는 남아공 NQF의 고안 및 실행에 대해서, 5번 항목에서는 그 영향 및 성과에 대해서, 그리고 6번 항목에서는 분석과 교훈에 대해서 다룰 것이다.

2. 배경과 상황

지금까지 남아프리카공화국의 국가자격체계의 도입에 영향을 미친 가장 중요한 요인은 전반적인 사회적, 경제적 문제와 더불어, 교육의 관점에서 볼 때 아파르트헤이트, 즉 인종차별정책의 잔재다. 아파르트헤이트는 남아프리카에서 NQF가 왜 그렇게 중요성을 갖게 되었는지 이해하는 것은 물론, 남아프리카 교육 체계의 지속적인 문제들을 이해하는 데 있어 매우 중요하다. NQF는 공식적으로 1994년 선거 이후 시작되어 자유주의 운동과 인종차별정책을 추구하는 정부 사이의 협상으로 이어진, 민주주의로 향하는 과도기의 일부로 비춰졌다. 따라서 여기서는 남아프리카공화국과 국가 내 교육 체계의 주요 특징에 대해 간략하게 알아본 다음 아파르트헤이트와 그 잔재에 대해 다룰 것이다. 그러나 남아공의 NQF에 영향을 미친 환경을 이해하는 것이 중요함에도, 남아공 NQF의 설계는 잉글랜드 및 웨일스의 국가직업자격(NVQ)과 뉴질랜드의 모델과 매우 유사했다. 달리 말하면, NQF의 도입이 기본적으로는 아파르트헤이트의 잔재 때문이긴 하지만, NQF의 설계는 남아공 고유의 상황에 대한 국부적인 정책의 산물이라기보다는, 정책 차용의 산물에 가깝다는 얘기다.

2.1 남아프리카공화국[70]

아프리카 남쪽에 위치한 남아프리카공화국은 대서양, 인도양와 맞닿아 있고, 북쪽으로 보스와나, 나미비아, 짐바브웨와 접해 있고, 동쪽으로는 모잠비크, 스와질란드와 접해 있으며, 레소토왕국을 둘러싸고 있다. 남아프리카공화국은 문화, 언어, 종교적 믿음이

---

70) http://www.gov.za [5 May 2009], http://www.southafrica.info [11 June 2009], http://www.worldbank.org [18 Mar. 2009], and http://www.undp.org [6 June 2009]. Figures from 2009.

다양한 것으로 유명하다. 현재 국가의 공식 언어가 11개이며, 영어는 공식적이고 상업적인 부문에서는 가장 널리 쓰이는 언어지만, 가장 많이 쓰는 모국어로 따지면 5번째에 속한다. 남아공의 인구는 약 4700만 명으로 추정된다.

UN의 분류에 따르면, 남아공은 풍부한 자원, 잘 개발된 인프라, 강력한 재정, 법, 통신, 에너지, 운송 부문을 갖춘 중진국에 속한다. 남아공은 사하라이남 아프리카 GDP의 38%를 차지하며, 자국내 9개의 대도시가 아프리카 GDP의 24%를 차지한다. 그러나 이 통계수치는 오해의 소지가 있을 수 있다. 남아공은 세계에서 지니계수(Gini coefficient)가 가장 높은 국가이기도 하다. 달리 말하면 국가 내 불평등이 가장 심하다는 얘기다. 대다수의 국민들 사이에 깊이 뿌리박힌 빈곤, 문맹률, 실업, 인간 존엄성의 상실이 경제적 부, 학문적 성과, 유럽 최부유국들과 동등한 '제 1세계' 생활양식과 공존한다.

남아공 인구의 45%는 국가적으로 설정된 빈곤선 이하의 수준에서 살고 있다. 국민들 대다수는 빈곤하며, 실업률이 극도로 높다(실업률에 대한 어떤 개념을 사용하는가에 따라 25~45%에 이른다). 유엔개발계획(UNDP)의 개발지수에 따르면, 40세 이후 사망률이 31%, 성인 문맹률이 17.6%, 안전한 식수를 이용하지 못하는 인구의 비율이 12%, 표준 체중에 미달되는 아동의 비율이 12%라고 한다. 남아공의 UNDP 인간개발지수(Human Development Index) 순위는 177개 국가 중 121위다. 남아공은 또한 범죄, 특히 폭력 범죄의 비율이 매우 높으며, HIV/AIDS 감염률 역시 매우 높다.

아파르트헤이트라고 불리는 아파르트헤이트 정책으로 인해 남아공은 전 세계에서 가장 불평등하고 인종 차별이 심한 사회가 되었다. 물론 1994년에 민주주의 정부가 집권하여 종합적인 법적, 정치적, 경제적, 사회적 개혁을 추진했으며 널리 진보적인 것으로 간주되는 헌법과 기타 법적 체계가 도입되었지만, 아파르트헤이트의 잔재가 쉽게 제거되지는 못했다. 남아공 전역에 불평등 문제가 아직까지도 고질적인 문제로 남아 있는 이유는 아파르트헤이트가 국민 다수를 이루는 흑인들의 권리를 박탈하는 단순한 정치적 과정에 그친 것이 아니라, 이들에게서 교육의 기회를 빼앗고 이들이 국가 경제에도 참여하지 못하도록 체계적으로 차단시킨 과정이었기 때문이다.

남아공에는 그보다 더 빈곤한 인접국들로부터 유입된 많은 난민들과 더불어, 콩고민주공화국, 말라위, 모잠비크, 짐바브웨 및 기타 국가에서 온 이주자들이 있다. 이들 중 많은 수는 기술과 자격을 갖춘 것으로 추정되나, 대부분은 비정규 부문에서 큰 비중을 차지한다.

남아공은 인기 있는 관광지로, 국가 수입의 상당 부분을 관광에 의존한다. 또한 자동차 산업과 광업 분야에서 두각을 드러내고 있다. 또 농업이 아직까지 중요한 부문으로 주요 수출 품목으로는 옥수수, 과일, 채소, 설탕, 양모가 있다. 남아공의 란드는 현재 세계에서 가장 활발하게 거래되는 신흥시장 화폐 단위다.

2.2 남아프리카공화국 교육훈련 체계

2007년 남아공에서 정규 교육을 받는 국민들은 14,167,086명이었고, 이 중에서 85%가 공립학교, 2.5%가 사립학교에 재학했고, 761,087명이 공립 고등교육 기관, 320,679명이 공립 계속교육 기관(직업교육), 292,734명이 공립 성인교육 센터, 289,312명이 공립 조기아동개발센터, 102,057명이 특수학교에 재학했다(RSA Department of Education 2009).

또한 많은 수가 민간 직업교육 기관에서 교육을 받고 직장 내에서 훈련을 받지만, 공식적인 기록은 존재하지 않는다. 남아공에는 26,065개의 학교가 있으며, 이 중 대다수는 공립학교이며, 사립학교는 1,086개다. 남아공에서는 공식적으로 10년간의 일반교육(general education)이 의무교육에 해당하며 무료로 제공된다. 그러나 무료 교육이 실제로 의미하는 바는 이론적으로 학비를 면제받는 것이 가능하다는 얘기다. 최근 수업료 전액 면제를 선언한 빈곤한 몇몇 학교를 제외하고는, 거의 모든 학교가 수업료를 요구한다. 많은 공립학교가 학비가 상대적으로 저렴한 사립학교보다 훨씬 더 높은 금액의 수업료를 요구한다. 물론 매우 높은 금액의 수업료를 요구하는 소수의 명문 사립학교도 있다. 실제로 대부분의 사람들은 본인의 소득 수준과 비교했을 때 상당한 금액의 돈을 수업료로 지불한다.

그럼에도 초등교육은 보편적으로 이루어지고 있다. 전체 아동의 98%가 7학년 과정까지

수료하고 있다. 그러나 초등교육의 질이 저마다 천차만별이어서 대부분의 학교의 질이 상당히 떨어지며, 남아공의 학생들은 그보다 더 빈곤한 국가의 학생들보다도 국제적인 시험에서 성적이 크게 떨어진다(Fleisch 2008). 중학교 과정까지가 무료 의무 교육의 끝임에도, 현재 중학교 마지막 학년에서 아무런 자격이 주어지지 않는 실정이다.

학생이 학교를 중퇴하는 경우가 10학년 무렵부터 시작되어 크게 늘어나며, 따라서 고등학교를 졸업하는 학생들의 수가 크게 줄어든다. 예를 들어 자세한 통계수치를 얻을 수 있었던 가장 최근의 해인 2007년에는 1,171,323명의 아동이 1학년으로 등록을 했다. 그리고 같은 해 564,775명의 학생들이 고교 졸업 시험에 응시했다(물론 두 집단이 동일한 집단은 아니지만, 수치만 봐도 확실하다). 이 전체 응시 학생들 중에서 368,217명이 합격을 하여 고등학교 자격(Senior Certificate)을 얻었다. 물론 대학 입시에 응시할 수 있는 최소 자격을 얻은 학생들은 단 85,454명이었다(RSA Department of Education 2009).

고등학교 말에 학교 자체 평가의 일부와 더불어 국가시험의 결과를 토대로 하여 국가 고등학교자격증(National Senior Certificate, NSC)이 발급된다. 이 자격증은 일반 교육, 계속 교육 훈련 품질보증 협의회(Umalusi)가 발급하는데, 교육부와 소규모 독립 시험이사회(주로 사립학교에서 운영함)가 주관하는 시험들의 결과를 기초로 한다.

남아공에는 기술대학(공식명칭은 테크니콘(technikon))을 포함하여 23개의 대학이 있으며, 이 중 일부 대학은 국제적으로도 명성이 높다. 이들 대학 대부분은 많은 캠퍼스를 갖고 있는데, 이는 아파르트헤이트에 의해 기존에 분리되어 있던 대학들의 합병으로 생긴 결과물이다. 2007년 127,154명의 학생들이 고등교육 기관으로부터 학사 학위와 준학사를 취득했다. 대학들은 자체적으로 자격을 부여한다. 또 의무교육 후 자격을 제공하는 민간 및 국제 프랜차이즈 대학 및 기관들이 있다. 77개 기관들이 남아공 정부에 등록되어 있다.[71]

---

71) http://www.education.gov.za [10 June 2009].

남아공에는 50개의 계속 교육훈련 대학(FET)이 있다. 이들 기관은 고등학교 3년 과정과 겹친다. 이들 기관은 대개 고등교육 기관으로는 간주되지 않지만 의무교육 후 교육의 자격을 제공한다. 대학들과 마찬가지로, 이들 기관은 캠퍼스가 여럿인 경우가 많은데 이는 기존에 존재하던 150개 이상의 기관들이 합병한 결과다. 교육부가 주관한 시험들의 결과에 기반하여 Umalusi가 2년제 대학 자격을 부여한다.

직업교육 부문에는 많은 민간 교육기관들이 있다. 이들 기관은 도시 및 길드 연구소(City and Guilds)와 같은 국제 자격을 제공하는 기관에서부터 대규모 원격 교육기관 그리고 맞춤화된 훈련을 제공하는 개인들까지 다양하다. 초기 단계의 인정 체계를 구축함으로써 이 분야를 규제하려는 노력이 이루어졌음에도, 이 분야에 대한 일관적인 기록이 거의 없다. Umalusi에 의하면, 인가를 받은 민간 계속 교육훈련(FET) 대학이 449개이지만[72], 실제로는 그보다 훨씬 더 많은 수의 교육기관이 운영되는 것으로 추정된다. 이 중 많은 수는 부문별 교육훈련당국(SETAs)의 인정을 받았지만, 인정받지 않은 기관도 많은 것으로 추정된다. 기관들은 대개 국제적인 프랜차이즈와 연결된 경우 혹은 (현재 변화하고 있는) 부문별 품질보증 당국에 의해 자격이 부여되는 경우를 제외하고는, 자체적으로 자격을 부여한다.

남아공에서는 교육기관의 등록 및 인정 절차가 중요한 문제다. 학생들의 등록을 유도한 다음 학생들의 수업료를 갈취하여 사라지는 불법 기관들이 많기 때문이다. 그러나 앞으로 볼 수 있듯이, 남아공의 등록 및 인정 절차가 새로이 진화하고는 있지만 아직까지는 불완전하다.

남아공 국민들의 문맹률은 비교적 높으며 많은 성인들의 교육 수준이 매우 낮다. 이에 따라 공공성인학습센터(PALCs)와 비정부기구를 통해 성인 교육이 제공되고 있다.

기술 육성 세금은 고용주들이 훈련을 실시하거나 직원들을 훈련기관에 보내도록 장려하기 위한 목적에서 만들어졌으나, 훈련이 실제로 실시되고 있는지에 대해서는 통계자료를 구하기가 쉽지 않다.

---

[72] http://www.umalusi.org.za [10 June 2009].

2.3 아파르트헤이트(Apartheid)

'세계대전 이후 전 세계에서 가장 악명 높은 형태의 인종차별'(Thompson 1990, p. 189)이라고 묘사되는 남아공의 아파르트헤이트, 즉 인종차별정책 체제는 공식적으로 1948년부터 시작되었다. 성문화되지 않은 관습들이 법으로 집행되면서, 기존 정부의 분리주의 정책들이 극도의 '편협함, 일관성, 무자비함'과 통합되었다(Muller 1969, p. 481). 사회적 삶의 거의 모든 측면을 지배하는 법들이 통과되어 각기 다른 '인종' 집단들이 여전히 분리된 상태로 남았으며, 자국 내 '흑인 분리거주 구역(black homeland)'에서만 흑인들이 살도록 했다. 공식적으로 이러한 '흑인 자치구'는 '백인이 지배하는 남아프리카'에 '거주'하는 흑인들을 포함하여 모든 흑인의 국가적 터전이었다(ibid.; Denoon and Nyeko 1984).

교육 정책은 아파르트헤이트의 핵심이었다. 민주주의의 결여, 사회적, 경제적 불평등을 더욱 심화시키기 위해 교육이 이용되었다. 즉, 교육에 대한 접근을 파괴, 부정하고, 대부분의 흑인들에게 열악한 수준의 교육을 제공하며, 아파르트헤이트 국가의 이해관계를 반영하도록 교육 내용을 통제함으로써 인종 차별의 의도를 달성했다.

1953년, 남아공 정부가 흑인에 대한 열등한 교육을 제도화하는 법을 통과시켰고, 이는 '반투교육(Bantu education)'이라 불리게 되었다. 당시 원주민부 장관이었다가 후에 수상이 된 헨드릭 페르부르트(Hendrik Verwoerd)는 이 법을 도입하면서 '유럽 공동체 내에서 특정 형태의 노동 수준을 넘어서 반투족이 설 곳은 없다.'라는 악명 높은 발언을 했다(페르부르트의 상원 연설에서 발췌, 1954년 6월 7일, (Rose and Tunmer 1975, p. 266)에서 인용됨). 이 법에 따라, 기존에 교회나 NGO에 의해 운영되면서 흑인 아동들에게 교육을 제공했던 학교들이 문을 닫거나 공립학교로 흡수되었고, 이들 학교에서는 정부가 생각하기에 흑인들에게 적합한 내용의 교육, 즉 흑인들을 '장작을 패고 물을 긷는 사람'으로 만들기 위한 내용의 교육만을 실시했다. 또 계속교육 법(Further education Acts)에 의해 강의내용 통제, 교사 고용, 학생 입학을 관장하는 고도로 중앙화된 권위주의적인 체계가 도입되었다(Lodge 1983).

아파르트헤이트 교육의 핵심은 각기 다른 인종집단에 대해 분리된 교육을 실시하고, 모든 아동에게 '기독교 민족주의'를 주입하며, 흑인 아동들에게 열등한 교육을 실시하고, 이들이 열등한 시민과 노동자의 역할을 하도록 준비시키는 것이다(Kallaway 1988). 각기 다른 '인종집단' 뿐만 아니라 흑인 공동체 내의 각기 다른 '민족' 집단들에 대해서도 분리된 학교와 대학들이 생겨났다(Muller 1969). 이에 따라 18개의 분리된 교육부들이 운영되어, 극도의 불평등과 비효율성으로 얼룩진 분열되고 비능률적인 교육 체계가 생겨났다. 재정 지원, 자원, 시설, 수준과 관련하여 차별적인 위계질서가 형성되었다(Hartshorne 1985). 남아공 정부는 백인 아동 교육에 흑인 학생의 일인 당 10배에 달하는 금액을 지출했다(Thompson 1990). 교육은 백인 아동에게는 의무였으나 흑인 아동에게는 의무가 아니었고, 그러다보니 흑인 아동은 초등학교를 마치는 경우가 드물었다. 흑인 교사들 역시 양질의 훈련을 받거나 보수를 제대로 받는 경우가 드물고 매우 열악한 학교에서 교육을 받은 경우가 대부분이었다. 남아공 정부는 흑인 교육에 소요되는 비용을 더욱 줄이기 위해, 흑인 학생들의 수업일수를 줄여 교사들이 2교대제로 수업을 하도록 했고 적절한 자질을 갖춘 교사 대신, 자격이 떨어지는 여성 '조수'들을 교사로 채용했다(Lodge 1983). 이러한 조처들로 인해 흑인 초등학교의 학교 당 학생 수가 많아졌다. 이는 더 많은 학생들이 더 적은 양의 교육을 받게 됨을 의미하며, 이러한 교육은 또한 사회 통제라는 중요한 역할을 수행했다(Hyslop 1993).

'반투교육'은 흑인들을 예속시키기 위한 의도로 널리 간주되었다(Buckland 1981; Kallaway 1988). 이들에 대한 교육 내용은 '복종, 집단의 충성심, 민족적, 국가적 다양성, 정해진 사회적 역할의 수용, 독실함, 토속 문화에 대한 동일시를 강조'했다(Lodge 1983, p. 116). 한편 더 나은 교육을 받았던 소수의 백인들 역시 특히 역사 교육과 관련하여 권위주의를 경험했다. 당시 역사 교육은 '남아프리카공화국 역사에 대한 아프리카너 민족주의(Afrikaner Nationalist)적인 해석을 영속시키기 위해' 고안된 것으로 묘사되었다(Lowry 1995, p. 106). 기타 교과목 역시 아파르트헤이트의 이데올로기를 위해 만들어졌다. 예를 들어 지리학 강의 및 교과서에서는 아파르트헤이트에 입각하여 자연환경을 묘사하고 아프리카 농업을 '원시적이고 비합리적이며 낮은 수준의 기술을 사용하는 생계형 농업'이라고 설명했다(Drummond and Paterson 1991, p. 66). 한편 직업 교육은 약하고 수준이 열악했으며, 교육 수준이 낮은 학습자들에게도 마지막 선택으로 여겨졌다. 단, 백인 남성들에게만 제공된 비교적 양질의 견습 프로그램이 주요 국가 사업 분야에서 기술자들을 양성했다 (Allais 2006).

한편 아프리카민족회의(ANC) 정부가 물려받은 경제 역시 많은 문제점을 안고 있었다. 남아공은 경제 제재와 아프리카너 민족주의자들의 자기 의존 철학으로 인해, 세계 경제에서 상대적으로 고립되어 있었다. 뿐만 아니라 국가 내에 부패, 권위주의, 불투명성, 비효율성, 파산과 같은 다양한 문제가 곳곳에 퍼져 있었다(Marais 2001; Bond 2000).

마지막으로 이 연구의 목적을 위해, 남아공에서는 아파르트헤이트로 인해 반대주의자들이 억압되고 조직과 사람들에게 갖가지 금지 사항이 내려졌으며 무고한 시민들을 체포하거나 죽이는 일이 감행되었음에도, 강력하고 견고한 시민사회 조직들이 생겨났다는 점을 알아둘 필요가 있다. 그 중에서 대표적인 조직이 바로 아프리카민족회의(ANC)다. 이 조직은 탄압 속에서 국외에 망명 본거지를 두고 활동했으며 많은 지도자들이 투옥되기도 했다. 그 밖의 중요한 조직으로는 남아프리카 공산당과 남아공 노동조합회의(COSATU)가 있다. 또한 강력한 NGO들이 활발하게 활동했는데, 그 중 다수가 다양한 방식으로 교육에 참여했다. 또 많은 청년, 학생, 기타 진보적인 조직들이 한데 협력하여 통일민주전선 (United Democratic Front)이라는 단체를 조직했다 .

2.4 민주주의로의 이행

1994년 남아공에서는 이른바 기적적인 과도기가 시작되었다. 헌법상의 협상을 통해 남아공은 극도의 부당한 아파르트헤이트 체제에서 세계에서 가장 진보적인 헌법을 갖춘 입헌 민주주의 체제로 가까스로 이행할 수 있었다. 이에 따라 내전이 일어날 수도 있었던 국가 전역에서 자유롭고 민주주의적인 선거가 실시되었다.

남아공은 복지국가에 반하는 강력한 신자유주의적인 여론이 대두되었던 시기에 민주주의를 실현하고 세계 경제로 재진입했다(Desaubin 2002). 세계 경제로의 재진입은 남아공의 노동조합 및 공산당 연합들에게는 놀랍고 실망스러운 일이지만, 그것은 민주주의 선거를 거쳐 새롭게 구성된 정부가 이끄는 남아공 경제의 신속하고 극적인 자유화를 의미했다 (idem; Bond 2000; Marais 2001). 시장화를 촉진하기 위한 다양한 개혁이 실행되었다. 따라서 많은 과도기 국가들과 마찬가지로, 남아공의 과도기 역시 한편으로는 권위주의적이고 인종주의적인 체제에서 민주주의로의 과도기와 또 한편으로는 복잡하지만 부분적으로는 중앙화되어 있고 고립된 경제에서 자유화된 경제로의 과도기라는 이중적인 특징을 지닌다.

'대화를 위한 대화'와 이후 공식적인 협상이 이루어졌던 1990년대 초반, 교육에 참여했던 활동가들은 대안적인 교육 정책을 개발하고자 노력했다. 이는 이들이 새로운 민주주의 정부가 '높은 수준의 성인 문맹률, 제 기능을 하지 못하는 학교 및 대학, 신빙성이 없는 교육과정, 부당한 지배 구조'와 더불어 '복잡하고 붕괴된' 교육 체계를 물려받을 것으로 예상했기 때문이다(Chisholm 2003, p. 269). 아프리카민족회의(ANC)가 남아공 정부가 되기 위한 준비 과정을 시작하면서 주도했던 자유 운동은 분열되고 불평등한 아파르트헤이트 교육 체계를 점검하고, 경제를 점검하고 사회적 불평등을 줄이는 데 있어 교육이 중요한 역할을 하도록 하고자 했다. 그러나 이러한 계획을 실행하는 데 투입할 국가의 자원이 부족하다는 사실을 점차 깨닫게 되었다. 필요한 것은 국가의 규모를 늘리지 않고 참여적이고 화합적이며 민주적인 방식으로 아파르트헤이트 교육 체계를 점검하고, 직업과 기술 교육 훈련만이 아닌 교육 전반의 수요와 질을 극적으로 강화하며, 많은 비용을 들이지 않고 국가의 경제를 살리는 데 있어 교육이 중요한 역할을 하도록 보장하기 위한 교육 정책이었다. 기적적인 전환기에는 기적적인 교육 정책이 필요했다. 남아공 국가자격체계(NQF)가 바로 그러한 정책이었다.

3. NQF: 기원, 영향력, 목적

국가자격체계(NQF)는 민주주의로의 이행에서 중요한 요소가 되었다. NQF는 민주주의 국가 남아공이 실현하고자 하는 단일한 양질의 국가 교육훈련 체계의 상징이자 도구로서 확립되었다(RSA Departments of Education and Labour, 2002, p. 5). NQF라는 개념은 각기 다른 집단들을 위한 수렴 지점이 되었다. 이는 다양한 정치적 범위 내의 조직들로 구성되고, 다양한 공동체의 교육자들로부터 지지를 받으며, 조직화된 기업 및 노동 분야, 정규 교육, 훈련, 고등교육 부문까지 두루 포함하는 지점이다. NQF는 교육, 훈련 정책에 대한 동시대적인 다양한 생각의 여러 관심사를 반영하는 것으로 간주되었다.

NQF라는 개념은 민주주의로의 이행이 시작되기 직전 1990년대 초반에 산업 훈련에 대한 노동조합과 기업 간의 협상 속에서 생겨났다. NQF의 기원은 다음과 같은 사안에 대한 노동조합의 관심에서 비롯되었다: NQF의 기원은 흑인에게 제공되는 열악한 수준의 교육, 흑인들이 교육에 접근하는 데 따르는 어려움, 능력 있는 흑인 인재들에게 자격과 일자리를 거부하는 인종주의적인 고용 할당제, 인재 및 노동 시장의 기술부족에 대한 산업계 및 아파르트헤이트 정부의 우려와 같은 문제들에 대한 노동조합의 관심에서 비롯되었다(Allais 2003; Ensor 2003; Cooper 1998; Badroodien and McGrath 2005; Mukora 2006).

산업계, 노동계, 아파르트헤이트 정부는 모두 남아공 인력의 낮은 교육수준과 기술부족으로 인해 경제 발전이 저해되고 국가 인력이 높은 수준으로 발전하지 못한다는 의견을 같이 했다. 많은 국가에서와 마찬가지로, 포스트포디즘(post- Fordism)[73]과 결부된 개념들 중 일부는 특정 종류의 교육훈련 체계의 실현을 토대로 중앙통제경제와 신자유주의 모두에 대한 대안들을 제공하는 것으로 보였다(Desaubin 2002; Lugg 2007; Kraak 1994). 또한 남아공의 낮은 기술 수준이 세계 경제에서 전략적 우위를 차지하는 데 주요 장애물이며, 유연한 전문화를 실현할 수 있는 고도의 기술을 갖춘 노동력이 그 해결책이라는 믿음이 있었다(Von Holdt 1991; Samson 1999, Mukora 2006).

노동 운동 내에서, 이 정책의 기원은 남아프리카공화국 금속노조(NUMSA)에서 비롯되었다.

---

[73] '포스트포디즘'이라는 말은 교육 정책의 담론에서 자주 사용되지만, 필자는 여기서 이 말을 조심스럽게 사용했다. 이 말은 지식과 분석의 복잡하고 여러 갈래로 갈라지는 속성을 나타내기 때문이다. 즉, 어떤 때는 생산과 산업 조직에 대한 이론을 나타내기도 하고 또 어떤 때는 거시경제, 문화, 정치를 나타내기도 하기 때문이다. 이 말은 때로는 도모하고자 하는 변화를 옹호하기 위해 처방적으로 사용되기도 하고 또 때로는 묘사적으로 사용되기도 한다. 또 이 말은 보다 혁신적인 일터, 즉 이 접근법의 지지자들이 생각하기에 본질적으로 더욱 민주적이고 근로자들이 더 많은 자율성과 자유를 보장받는 일터에 대한 논의와 자주 연관된다. 그리고 또 한편으로는 사회적 갈등을 규제하는 과정에서의 변화의 일부로서 추구되기도 한다. 여기서는 단체 교섭의 범위와 효과가 줄어들고 따라서 개별화된 민간 형태의 복지 소비가 도출된다.

데소빈(Desaubin, 2002), 스프린(Spreen, 2001)과 루그(Lugg, 2007)는 NUMSA가 교육훈련 정책에 참여하게 된 계기를 대규모 산업 구조조정 및 신기술 도입 등 1980년대 후반 금속산업계가 직면했던 구체적인 과제들에서 찾았다. NUMSA는 호주와의 협력으로, 남아공의 낮은 기술 수준과 위기에 직면한 교육 체계가 이른바 포스트포디즘의 발달에 어떻게 장애 요인으로 작용했는지에 대한 분석을 실시했다(Desaubin 2002; Lugg 2007). 포스트포디즘은 생산성과 번영 증대를 위한 공동-결정론적 체계의 접근법으로 간주되었으며, 그 안에서 더 나은 기술을 갖춘 인력이 '지적 설계(intelligent design)'에 기여하고 더 높은 임금과 산업계의 성공으로 혜택을 받았다(ISP 1994).

NUMSA가 내놓은 분석은 금속산업계의 특수한 상황에 큰 비중을 둔 것이었다. 따라서 각 분야마다 우세한 조직적, 산업적 접근법이 서로 크게 상이하므로, 노동 운동 내에서 상당한 논쟁이 초래되었다. 남아공이 포스트포디즘 생산 체제로 전환할 수 있는지의 여부, 이러한 전환이 제공할 혜택들, 남아공에 실제로 포디즘 산업이 존재했는지의 여부, 포스트포디즘을 기타 분야에 적용할 수 있는지의 여부에 대해 논쟁이 벌어졌다(Mukora 2006). 그러나 NUMSA가 내놓았던 포괄적인 개념들이 점차 노동 운동의 공식 정책으로 도입되었다.

흑인 근로자들에 대한 불충분한 급여, 직업적 기회 부족이 경제의 모든 부문에서 문제가 되며, 교육훈련에 대한 장애물을 제거하는 정책과 더불어 교육 부문과 근로 부문의 연계가 중요하다는 데 의견일치가 이루어졌다. 또 흑인 근로자들이 경험과 기술이 풍부함에도 정식 자격이 부족하다는 이유로 승진에서 배제된다는 사실로 인해, 이들이 기존에 갖고 있는 기술과 지식에 토대하여 이들에게 자격을 제공하자는 의견이 널리 지지를 받았다.

이러한 맥락에서 역량 중심의 교육과 결과 중심의 교육이라는 개념이 남아공에 도입되었다. 전 세계의 많은 진보주의 운동과 마찬가지로, NUMSA는 억량에 대한 생각들을 강조했다. 이러한 생각들이야말로 적절성을 보장하고 유연한 전문화를 촉진함으로써 NUMSA가 의도한 목표를 지지할 수 있다고 생각했기 때문이다. 이는 고도의 기술과 이동성을 갖춘 인력을 확보하고 따라서 국제적인 경쟁력을 갖출 수 있는 길로 인식되었다(Allais 2007b,

Lugg 2007). 또한 기술, 등급, 임금 간의 확실한 관계가 제 3자 기관에 의해 인증된 훈련의 제공을 통해 근로자들로 하여금 경력 경로의 상위 단계로 이동할 수 있게 한다는 믿음이 있었다(ISP 1994, p. 67). 무수한 의견 충돌과 논쟁이 이어진 복잡한 과정 속에서, 이 개념이 마침내 자유 운동의 공식적인 정책으로 탄생했다. 논의의 초점은 '공식적인 학문적 자격들과 완전히 통합된 국가적인 직업자격체계'를 위한 권고안에 맞춰졌다 (NECC [3] 1992a, p. 41).

동시에 아파르트헤이트 정부 역시 비슷한 노선에서 생각을 하기 시작했다(Mukora 2006). 교육훈련 체계가 경제 부문의 각종 요구를 충족시키는 데 실패했으며 기술의 변화로 기술 부족 현상이 더욱 심화된 점을 다양한 위원회들이 지적했다. 이 위원회들은 또한 훈련에 대한 역량 중심의 모듈 접근법과 함께 고용주들이 관리하는 산업 기반의 인증 체계 그리고 국가의 역할 축소를 권고했다(McGrath 1996).

아파르트헤이트 정부가 설립한 국가훈련위원회(NTB)에는 조직화된 기업 부문, 조직화된 노동 부문, 구체적인 정부 부서들이 포함되는데, 1994년 최초의 ANC 정부가 선출되기 전에 이 위원회 내에서 국가자격체계(NQF)에 대한 의견합일이 다양한 집단들 사이에서 이루어졌다. AQA가 발행한 논평에서 프렌치(French, 2009, p. 23)는 '국제적이고 지역적인 옹호에 대한, 그리고 증거 없는 논의의 설득력에 대한 상당한 신념이 존재했다.'고 주장한다. 기업 및 노동 부문의 대표들은 호주의 역량 중심의 교육과 뉴질랜드의 자격 체계로부터 아이디어를 차용했다. 노동조합들은 주로 역량 중심의 교육에 대한 호주의 접근법으로부터 영향을 받았다(Cooper 1998; Samson 1999; NECC 1992b; Spreen 2001; Lugg 2007). 기업들, 특히 채광기업인 젠코(Gencor)의 상당히 영향력 있는 대표가 뉴질랜드의 자격체계로부터 영향을 받아 이 체계를 논의에서 소개했다 (Badroodien and McGrath 2005). 민간 부문 교육 위원회(Private Sector Education Council)의 대표는 영국의 국가직업체계(NVQ), 준거 참조 도구 (criterion referenced instruction)에 대한 로버트 매거의 개념들, 그리고 호주의 주요 역량에 관한 1992년 메이어 보고서가 본인의 생각에 영향을 미쳤다고 설명했다 (Vorwerk 2004). 이들은 모두 남아공의 정규 교육훈련 기관들이 자국의 기술 부족과 생산성 저조에 책임이 있다는 데 동의했다. 이러한 맥락에서, 결과에 초점을 둔 체계가 국가의 경제적, 사회적 요구를 충족하고 개개인의 개발 필요성 역시 만족시킬 수 있다는 주장이 제기되었다. 이들은 자격들 그리고 부분 자격들로 구성된 학습 결과 중심의 국가적 체계가 남아공의 다양한 사안들을 해결할 수 있을 것이라는 공동의 결론에 도달했다(Lugg 2007; Spreen 2001).

국가자격체계(NQF)의 개념은 분열된 교육훈련 체계로부터 타당성과 일관성을 만들어내고, 바람직한 형태의 교육훈련 체계의 형성을 유도할 수 있는 메커니즘으로서 제안되었다. 프렌치(2009)에 의하면, NQF가 교육과 훈련의 변혁을 주도할 수 있는 핵심적인 메커니즘이자 중요한 초석으로 간주되었다.

이 과정에서 NQF를 위한 확실하고 뚜렷한 개념적 모델이 개발되었다. 이 모델은 자격체계를 사용하여 교육 개혁을 추진하는 것에 초점을 두는데, 이 체계는 학습 결과에 기반을 둔 자격과 부분 자격들의 레벨들로 이루어졌다(Allais 2007b). 처음 NQF의 개념을 도입한 노동 및 기업 분야의 대표들을 비롯한 개인들로 구성된 소규모 집단이 NQF를 위한 세부적인 제안들을 제시했다(Badroodien and McGrath 2005; Lugg 2007). 이들이 개발한 모델은 남아공의 NQF를 위한 청사진이 되었다. 이 모델의 주요 특징은 자격들 내에서 학습 결과의 역할이었다. 교육 기관 및 프로그램 외부의 이해관계자들이 규정한 학습 결과들이 핵심 메커니즘으로 간주되었으며, 이는 많은 정책 목표들의 실현을 가능하게 한다고 주장되었다.

1995년에 남아프리카공화국 자격국(SAQA) 법이 통과되었다(Republic of South Africa Act No. 58 of 1995). 이는 남아공에서 최초로 실시된 민주 선거에서 선출된 새로운 의회에서 통과된 최초의 교육훈련 법이었다. 이 법을 통해 NQF가 법적으로 존재하게 되었으며, SAQA가 NQF의 개발과 실행을 책임지는 기구가 되었다. 고위 책임자들이 모두 임명된 1997년 후반이 되어서야 NQF의 실행이 본격적으로 시작되었다(SAQA 1997, 1998).

앞서 언급했듯이, 남아공의 NQF는 세계에서 가장 야심적인 국가자격체계 중 하나로 간주되며, 그 '규모와 야심' 그리고 '아파르트헤이트 이후의 체제라는 정치적, 사회적 맥락에서 사회적 구조조정을 위한 핵심적 역할'이라는 측면에서 기타 자격체계들과 크게 구별된다(Granville 2004). 바로 이점이 가장 많은 찬사를 받는 부분인 동시에 가장 많은 비판을 받는 부분이기도 하다. 기타 모든 교육훈련 정책들을 뒷받침할 정책으로 간주된 NQF는 자격들을 이용하여 남아공의 깊이 분열된 불평등한 교육훈련 체계를 변화시키고, 교육의 접근성을 늘리며, 교육의 민주성을 보다 강화하면서 동시에 남아공의 경제 재건과 관련하여 교육이 중요한 역할을 하도록 보장할 목적으로 고안되었다. NQF의 목표는 다음과 같다:

- 학습 성과를 위한 통합된 국가적 체계 구축
- 교육훈련에 대한 접근성 강화
- 교육, 훈련, 경력 경로 내의 이동성 및 발전 촉진
- 교육훈련의 질 개선
- 과거 교육, 훈련, 고용 기회에 존재하던 부당한 차별의 철폐
- 각 학습자의 완전한 개인적 발전과 국가 전반의 사회적, 경제적 발전에 대한 기여[74]

하지만 어떤 면에서 본다면, NQF의 목적 또는 NQF에 대한 기대는 이 목록보다 더 광범위했다. NQF는 '사람들이 양질의 학습 및 자격을 얻을 수 있는 방법을 확대할' 변화의 수단으로 간주되었다(RSA Departments of Education and Labour 2002). 또한 NQF는 교육과 훈련의 통합을 위한 메커니즘, 그리고 각기 다른 자격들과 각기 다른 학습 형태들이 지닌 상대적 가치에 대한 인식 변화를 위한 메커니즘으로 간주되었다. 이에 따라 NQF가 공동체 및 산업계의 요구와 필요성에 반응하여 교육과정의 혁신을 주도할 것이라는 기대가 생겨났다(Gewer 2001, p. 135). 더불어 NQF를 통해 학습의 기회가 소외계층에게 확대되고 학습자들이 연계 자격 수준과 일관적인 경력 경로를 통해 발전할 수 있을 것이라는 기대도 생겨났다(RSA Departments of Education and Labour 2002). 또한 모든 교육기관이 동일한 결과들에 이르는 프로그램들을 제공할 것이므로 자격들이 교육기관들을 초월할 것이라는 기대가 있었고, 국가적 자격들이 학습이

---

[74] South African Qualifications Authority Act No. 58 of 1995.

어디서 이루어지는지에 대해서는 고려하지 않을 것이므로 기관의 학습을 개인의 가치를 판단하는 척도로 여기는 편견이 NQF를 통해 사라질 것이라는 기대가 있었다(HSRC 1995, p. 15).

NQF의 주된 이론적 근거는 영(Young, 2005)이 언급한 것처럼, NQF가 '과거와의 단절'을 위해 필요한 극적인 변화를 위한 도구로 간주되었다는 점이다. SAQA는 다음과 같이 설명한다:

> ....NQF는 주로 체계적 변화에 관한 것이다. 즉, 표준을 마련하는 과정에서 적응성, 유연성, 반응성, 책임성을 허용하는 체계의 마련, 학습 프로그램의 실행에 있어서의 적절성, 질, 창의성, 책임성, 그리고 자격 및 표준들의 우수성 보장에 관한 것이다(SAQA 2000b, p. 7).

그러나 SAQA가 NQF에 관한 설명에서 지적한 것처럼, '실제 상황에서 실제 사람들이 NQF의 기능들을 이용하는 것에 대한 상상에 입각한 검토만 있을 뿐, 지금까지 NQF의 구조나 개념이나 의도가 시나리오 계획의 시험대에 오른 적이 없다'(French 2009, p. 62). 앞으로 살펴보겠지만, 상황은 계획대로 진행되지 않았다.

4. 설계와 실행

자격들의 유형, 자격의 개발 및 수여를 위한 체계, 학습 결과에 대한 개념, 구조 및 관리에 관한 협약을 포함한 남아프리카 공화국 국가자격체계(NQF)의 설계는 시간이 지남에 따라 변화했다. 여기서는 우선 NQF가 설계된 배경에 대해 알아보기로 한다. 이를 NQF 1.0 버전 또는 청사진이라고 부른다. 어떤 의미에서 이 청사진은 여전히 NQF를 설명하는 것으로 간주된다. 이 청사진은 SAQA 웹 사이트에서 제시한 버전으로, SAQA가 NQF와 관련하여 개발한 일련의 모듈에서도 소개되어 있다. 그러나 NQF가 실행되기 시작하면서 청사진이 얼마간의 변화를 겪었다. 따라서 여기서는 이렇게 변화를 거친 청사진을 NQF 1.1 버전이라 부를 것이다. 이 청사진이 겪은 변화들은 공식 문서에 제대로 명시되지 않거나 중요성이 과소평가된 경향이 있으므로, 이를 이해하는 것이 중요하다.

앞으로도 살펴보겠지만, NQF는 오랜 기간 동안 정책 평가를 거쳤다. 이 기간에 NQF가 추가적으로 수정되었다. 여기서는 이를 NQF 1.2 버전이라 부를 것이다. 이어서 최근에도 교육부와 노동부 간의 의견 격차가 최종적으로 해결되어 또 한 번의 변화를 거친 NQF가 등장할 예정이다. 여기서는 이를 2.0 버전이라 부를 것이다. 그러나 새로 취임한 대통령이 내각을 재조직했고 그에 따른 영향이 아직 완전히 이해되지 않은 실정이다. 따라서 2.0 버전이 또 한 번의 변화를 거쳐 버전 2.1이 탄생할 가능성이 크다. 그러나 기존과 상당히 다른 NQF 3.0 버전이 등장할 가능성도 있다.

4.1 NQF 1.0버전(청사진)

남아공 NQF의 본래 설계는 그것이 고안된 목적과 매우 직접적인 연관이 있었다. 결과 중심의 자격들은 아파르트헤이트가 초래한 많은 교육적, 사회적, 경제적 문제의 해결책으로 여겨졌다. 모든 교육과 훈련을 관장하는 국가적인 자격체계는 학습의 '적절성'과 양질을 보장하고 직장에서 역량 있는 학습자들을 생산하며 교육에서 배제되었던 계층에게 교육을 제공하고 비공식적으로 이루어진 학습을 인정하며 모든 자격이 동등한 입지를 갖도록 하고 공정하고 투명한 평가를 보장하는 메커니즘으로 여겨졌다(Allais 2007b).

이 목적들과 연관된 주요 설계 특징은 학습 결과라는 개념이었다. 학습 결과는 교육 기관과 교육 프로그램과는 별개로 산출되는 것으로, 이를 위해 학습이 제공, 평가되고 이와 관련하여 품질 보증과 인증이 이루어지는 것이다. 이러한 방식으로 학습 결과를 이용하면 이해관계자들이 모두 표준들에 대해 결정권을 갖게 되므로, 교육의 민주화가 이루어질 것이라는 생각이 있었다(SAQA 2000a). 그리고 그 결과 지식이 민주화되고 투명해지며 전문가들의 전유물에서 벗어날 수 있다는 믿음이 있었다(idem). 따라서 NQF는 정규 교육기관에서 비롯되는 규정적인 지식과 기술의 힘을 제거하고 교육기관이 더 이상 자격에 대한 권한을 갖지 않도록 하기 위해 고안되었다. 따라서 이들 기관은 무엇을 아는 것이 가치 있는지에 대한 기준을 더 이상 규정할 수 없고 학습자들이 달성한 결과에 대한 유일한 결정권자가 더 이상 될 수 없다. 달리 말하면, 특정 분야의 전문가뿐이 아닌, 모든 이가 교육 과정의 결과에 결정권을 가진다는 얘기다. 교육기관은 학습자들이 명시된 결과를 '습득'할 수 있게 하는 한, 자체적으로 '교육 내용'이나 '지식'을 자유롭게 선택할 수 있을 것이라고 주장되었다(SAQA 2000b). 이는 아파르트헤이트 정부의 매우 권위주의적이고 규정적인 교육과정 접근법에 대한 대안으로 간주되었다.

동시에 이 과정은 (아마도 어느 면에서 본다면 민주화를 위한 열망과는 모순될 수도 있지만) 표준들을 규정하는 데 있어 산업계가 훨씬 더 큰 역할을 수행하도록 보장하고, 고용주들이 훈련에 대한 투자를 중요한 우선순위로 간주하도록 보장하기 위한 방법으로도 간주되었다.

더 나아가 독립적인 결과 진술(outcome statement)을 통해 교육의 제공이 늘어날 것이라는 믿음이 있었다. 어떤 '교육 제공기관'이든지 결과 진술에 따라 교육 프로그램을 제공할 수 있고, 따라서 새로운 교육기관이 생겨날 수 있기 때문이다(SAQA 2000a, e). 이렇게 교육기관이 늘어나면 교육에 대한 접근성도 커질 것이라는 기대가 있었다.

결과(outcome)는 또한 수준 개선을 위한 메커니즘으로 간주되었다. 결과는 모든 교육 제공을 위한 표준들을 명시하고, 모든 교육기관은 이 표준들을 준수해야 하며 따라서 모든 학습자에게 동등한 질의 교육이 제공되기 때문이다. 결과 기반의 자격들은 교육의 질을 개선시킬 것으로 보였다. 이 자격들을 통해 교육기관에게 기대되는 표준이 제시되고, 규제기구는 어떤 기관이 명시된 결과를 제대로 제공하는지 확인할 수 있기 때문이다(SAQA 2000e). 교육의 공급이 늘어나면 경쟁이 유도되고 그 결과 교육의 질이 개선된다. 뿐만 아니라, 누군가가 달성한 역량들이 투명하게 명시되고 그에 대해 전반적인 조사가 이뤄질 수 있으므로, 학습자가 이미 달성한 역량들이 그 학습자가 듣고자 하는 기타 교육 코스나 프로그램과 중복되는지의 여부를 직접 알 수 있게 되고, 그 결과 교육 체계 내에서 중복이 최소화되고 경제적 효율성이 증대된다(SAQA 2000a).

이와 동시에, 결과 중심의 자격체계 모델은 아파르트헤이트 교육 체계를 철저하게 재정비하는 방법으로도 간주되었다. 모든 기존의 자격들이 교육기관과 독립되도록 설계된 결과 중심의 자격들에 의해 대체되기 때문이다. 이는 기존의 모든 교육 제공이 영향을 받게 됨을 의미했다. 즉, 모든 교육기관이 이 명시된 결과들을 토대로 교육 프로그램을 재설계하거나 명시된 결과들의 요건을 만족시키기 위해 새로운 교육 프로그램을 마련해야 한다는 얘기다.

결과는 또한 정규 및 비정규 교육에 의한 학습 그리고 일터에서 그리고 아파르트헤이트에 맞선 투쟁을 통해 얻은 지식과 기술을 동등하게 하는 방법으로도 간주되었다. 결과들은 구체적인 교육기관이나 학습 프로그램과는 별개로 생성되기 때문에, 이 결과들이 모든 학습을 평가하는 기준이 될 수 있다는 믿음이 있었다. 앞에서도 살펴봤듯이, 이 점은 특히 노동조합에게 중요한 사안이었다. 이들은 많은 일터에서 흑인 근로자들이 정규 자격이 부족하다는 이유로 다른 근로자들과 기술 수준이 동등함에도 낮은 보수를 받는 경우가 많다는 점을 우려했기 때문이다(Bird 1992).

더 나아가, 모든 자격과 자격의 부분들을 레벨(level)들의 계층 구조로 조직하게 되면, 사회로 하여금 그동안 역사적으로 낮은 입지에 있었던 각종 유형의 학습 과정을 중시하도록 하고, 그 결과 효율성을 증대하고 더 많은 학습자들이 직업 교육에 참여하도록 유도할 수 있다는 기대가 있었다(Allais 2007b).

그러므로 결과 중심의 자격들은 아파르트헤이트가 초래한 각종 교육적, 경제적 문제들에 대한 해결책으로 비춰졌고, 교육기관 및 교육과정과 별개로 학습 결과들을 명시한다는 개념은 NQF의 목표와 설계를 연결시키는 NQF의 핵심적인 특징이었다.

이 개념의 본질은 결과 기반의 자격들과 단위 표준들이 역량에 대한 확실하고 명확한 진술을 제공한다는 점이다. '국가적 자격은 국가자격체계의 특정한 수준에서 특정한 역량을 규정한다(HSRC 1995, p. 15).' SAQA의 설명에 따르면, '결과(outcome)란 학습 과정의 완료 시점에 학습자들이 갖추게 될 것으로 기대되는 자질들이다.......결과의 의미는 역량의 개념과 유사하다(SAQA 2004d, p. 6).'

남아공의 NQF는 모든 부문, 모든 차원에서 교육 체계 전반을 포함하는 매우 종합적인 자격체계다. 8개 레벨과 12개 분야로 구성되는 이 체계는 남아공의 모든 부문, 모든 차원에서 이루어지는 모든 학습을 포함한다. 12개 분야는 이 장의 마지막에 수록된 부록 1에 나와 있다.

남아공은 단위 표준(unit standard)을 개발하는 과정에서 기능 분석을 공식적으로 도입하지 않았다. 일반적인 역량 중심의 모델들이 협소한 것으로 간주되어 NQF의 설계에 본래 참여했던 사람들이 결과에 대한 보다 넓은 개념을 만들어내기를 바랐기 때문이다(French 2009). 또한 남아공 NQF가 모든 수준의 모든 교육을 포함하는 종합적인 체계이므로 기능 분석이 불가능했다. 개발된 단위 표준 및 자격들의 많은 수가 구체적인 산업 분야들과 직접 연관을 갖지 않았기 때문이다. 그럼에도, 자격과 단위 표준들을 위한 세부적인 요건 및 명세와 더불어 이들의 개발을 위한 안내서와 지침이 마련되었고, 이 문서들은 기능 분석에 대한 매우 유사한 접근법을 사용했다(SAQA 2000a,b,c,d,e).

4.2 연합/지원 전략

NQF와 매우 밀접하게 연관되며 NQF와 유사한 목표를 지닌 두 가지 중요한 정책이 도입되었다. 그 중 하나는 학교 교육과정에 대한 결과 중심의 개혁으로, 이 개혁은 처음에 초등학교에 도입되어 중등학교로 확대되었다. 이것은 교육과정 2005(Curriculum 2005)이라고 불렸다. 그리고 나머지 하나는 국가기술개발전략(National Skills Development Strategy)이다. 이 전략은 임금 총액의 일정 비율의 비용을 직업 훈련에 의무적으로 투자하도록 하는 제도(payroll levy)를 도입하고 이 제도와 관련 과정을 감독하는 기관과 구조를 구축했다. 이러한 연합/지원 전략에 따라 남아공 경제의 다양한 부문에 부문별 교육훈련당국(Education and Training Authorities)이 설치되었으며, 이 당국들은 일부 NQF 자격들에 대한 중요한 품질보증 기구가 되었다.

4.3 구조 마련

앞서 언급했듯이, 1995년 의회 법에 의해 남아프리카공화국 자격당국(SAQA)이 설립되었다. SAQA는 교육부 및 노동부의 공동 감독을 받는 독립된 법정 기관으로, 표준들, 그리고 단위 표준이라 불리는 자격 혹은 부분 자격에 명시된 학습 결과들의 마련을 감독했다.

이 기관은 12개의 국가표준기구(NSB)를 설립했는데, 이는 이해관계자 중심의 기구로서 NQF의 12개 각 분야에서 자격들과 단위 표준들을 감독하는 임무를 수행했다. 각 국가표준기구(NSB) 아래에는 표준개발기구(SGB)가 설치되었다. 표준개발기구(SGB)는 전문가 및 이해관계 집단의 대표들로 구성되었다(SAQA 2000c, d). 표준개발기구(SGB)는 남아공의 모든 교육훈련을 위해 결과 중심의 자격들과 단위 표준들을 개발하는 임무를 수행했다. 이 자격들은 NQF의 8개 레벨과 12개 분야로 나뉘었다. 기존에 존재하던 자격들은 점진적으로 사라졌다. 교육기관과 관계가 없는 새로운 자격과 단위 표준들만이 SGB가 마련한 레벨과 분야에 할당되어, 처음에는 NSB 내의 이해관계자 대표들의 승인을 거치고 이후에는 SAQA 이사회의 이해관계자 대표들의 승인을 거쳤다. 이 자격들 중 어떤 것도 교육기관과 직접적인 관계가 없었고, 모두 국가자격에 해당했다.

교육 제공기관들은 특정 자격과 관련된 교육 과정을 제공하기 위해 품질보증 기구의 인정을 받아야 했다. 품질보증 기구는 교육기관들이 이 과정을 제대로 준수하는지 확인하고, 이들이 학습 결과에 기반하여 학습자들을 적절히 평가하는지 역시 감독했다(SAQA 2000e).

초기 문서에서 명확하게 제시되지 않은 점은 어떤 기관이 자격증을 발행하는가이다. 즉, 교육기관이 자격증을 발행할지, 품질보증 기구가 발행할지를 명확히 제시하지 않았다.

평가는 NQF의 설계에 있어 중요했다. 학습 결과가 특정 학습 프로그램과 연관되지 않는다는 점과 누구든 학습 결과를 기반으로 평가받는다는 점 때문이었다. 학습 결과는 평가의 표준을 포함할 것이므로 자격들이 신뢰성을 갖게 될 것이라는 믿음이 있었다. 초기 SAQA 발행물에 인용된 다음 구절을 보면 알 수 있다.

명시된 표준, 결과, 역량, 관련 기준이 평가를 계획, 실행하는 토대가 된다는 점에서, 신뢰성이 보장된다. 이러한 것들은 누가 평가를 실시하고 누가 평가의 대상이 되는지와 상관없이, 일정하다. 이러한 세부 사항들을 확립함으로써, 평가자가 평가를 계획, 개발, 실시하는 과정에서 이를 지침으로 이용하는 것이 의무화된다. 이런 것들은 구체적이고 모든 당사자들이 분명하게 이해할 수 있기 때문에, 평가자의 비일관성, 일탈, 혹은 오류를

방지하기 위한 메커니즘으로 작용한다.(Mokhobo-Nomvete 1999)

표준들이 공정한 평가를 가능하게 할 만큼 충분히 구체적이라는 믿음이 있었음에도, 모든 평가자들이 평가를 적절하게 실시하도록 보장할 추가적인 조처가 있어야 한다는 생각이 여전히 존재했다. 따라서 교육기관에 소속되어있건 그렇지 않건, 각 개별 평가자가 반드시 본인을 평가자로 등록하도록 하는 방안이 마련되었다. 앞으로 시작할 논의에서 살펴보겠지만, 단순해 보였던 모델이 실제로 적용되면서 처음보다 훨씬 더 복잡한 모델이 되어갔다.

4.4 시작: NQF 1.1

이 장의 마지막에 수록된 부록 2에 나타난 바와 같이 구조들이 확립되었다. 부록을 보면 주요 역할 수행자들과 이해관계자들 사이의 관계가 어떻게 작용하는지 알 수 있다. 본래의 계획에서 바뀐 가장 중요한 점은 SAQA 당국이 교육훈련부라는 단일 부서가 아닌, 교육부와 노동부, 이렇게 2개 부서의 감독을 받게 된 것이었다.

1997년 SAQA가 12개의 국가표준기구(NSB)를 설립했고, 그 아래에 수많은 표준 개발기구(SGB)가 설치되었다(French 2009). 그리고 이어서 품질보증기구들이 설립되었다. 그러나 경제의 25개 다양한 부문에 속한 일부 품질보증기구는 기술개발법(Skills Development Act)을 통해 노동부 산하에 설치되었다. 그리고 교육부 산하에 두 개의 품질보증기구가 설치되었다. 하나는 일반 및 계속 교육훈련(즉, 3차 교육 아래의 모든 교육)을 위한 기구였고, 나머지 하나는 의회 법을 통한 고등교육을 위한 기구였다. SAQA의 의도와는 상당히 다르게, 교육부 산하의 품질보증기구들에 지체적인 의회 제정법을 통한 입법권이 주어졌는데, 이는 이 기구들이 SAQA의 인정을 받아 임무를 수행하는 것이 아님을 뜻했다. 그러나 노동부 산하의 부문별 품질보증기구는 SAQA의 인정을 받아야만 품질보증 임무를 수행할 수 있다.

NQF의 8개 레벨(level)은 레벨 기술어(level descriptor)로 기술될 예정이었다. 그러나 2009년 현재에는 많은 NQF가 레벨 기술어를 갖지만(물론 주로 호주, 스코틀랜드, 그리고 점차 많은 수의 유럽 자격체계에 해당하는 이야기다), 1990년대 중반 남아공에서는 그러한 형태가 일반적이지 않았다. 기술어들을 먼저 개발해야 할지 혹은 먼저 개발할 수 있을지, 혹은 개발된 자격들 그리고 이 자격들이 나타내는 지식과 기술에 대한 분석을 토대로 하여 기술어들을 개발해야 할지에 대해 많은 논란이 있었다. 남아공 NQF가 처음 만들어졌을 당시, 기존의 자격들이 NQF에 의해 대체될 것임에도 불구하고, 사람들에게 익숙한 자격들과 관련하여 레벨이 무엇을 '의미'하는지를 나타내기 위해 기존의 자격들이 이용되었다. 따라서 레벨 1은 7학년의 끝, 또는 성인 기초교육의 끝으로 제시되었다. 그리고 레벨 4는 고등학교의 끝으로 제시되었고, 레벨 5는 고등교육의 첫 번째 수준으로 제시되었다. 예비 레벨 기술어들이 만들어졌으나 정책으로 도입되지는 않았고, 특히 다양한 고등교육 자격들과 레벨들을 연결시키는 것과 관련하여 수년에 걸쳐 많은 논의가 이루어졌다.

작업이 다음과 같이 진행되었다: 표준개발기구(SGB)가 표준들을 마련했고 국가표준기구(NSB)가 이 표준들을 승인했으며, SAQA 당국이 이 표준들을 NQF에 등록시켰다. 최초의 단위 표준들은 1998년 6월에 NQF에 등록되었으며, 1999년에 더 많은 수의 단위 표준들이 추가로 등록되었다(SAQA 1999). 2001년 SAQA는 65개의 표준개발기구(SGB)가 등록되었고 추가로 100개 기구가 '운영 중'이라고 보고했다. 또한 39개의 새로운 자격들과 655개의 단위 표준들이 NQF에 등록되었으며, 12개의 교육훈련품질보증기구(ETQA)가 인정을 받았다고 보고했다(SAQA 2001). 또 2002년 3월까지 추가로 48개의 신규 표준개발기구(SGB)가 등록되었다. 또 98개의 새로운 자격들과 2,413개의 새로운 표준들이 NQF에 등록되었다. 25개의 SETA 산하에 존재했던 기존의 모든 ETQA를 포함하여 31개의 ETQA가 인정을 받았다. 새로운 자격 및 단위 표준들의 일부 예가 이 장의 마지막에 수록된 부록 3에 제시되어 있다.

평가자의 등록

앞에서 살펴봤듯이, '등록된 평가자'라는 개념이 NQF의 본래 설계에 있어 중요했다. 자격의 수여와 평가가 어떤 특정 교육 프로그램이나 교육기관과 연계되지 않기 때문이다. SAQA는 처음에 학습자에게 자격을 수여하기 위해 학습자를 평가하고자 하는 남아공의 모든 사람은 본인을 평가자로 등록해야 한다고 발표한 바 있다. 평가 단위 표준이 마련되었고,

SAQA의 정책에 따라 남아공의 교육이나 훈련을 평가하기 위해서는 이 단위 표준에 입각하여 해당 개인을 평가하고 역량이 있는지의 여부를 결정해야 했다. SAQA는 이를 위해 2004년 5월까지 4년간의 유예 기간을 주었다(SAQA 2001).

그러나 논리적인 문제가 발생했다. 각 개인이 평가 단위 표준에 입각하여 역량이 있는지의 여부를 평가받기 위해서는, 등록된 평가자에 의해 평가를 받아야 한다. 오직 등록된 평가자만이 평가를 실시할 능력을 갖춘 것으로 간주되며, 따라서 신뢰할만한 판단을 내릴 수 있는 것으로 간주되기 때문이다. 하지만 처음에는 표준이 만들어진지 얼마 되지 않았기 때문에 등록된 평가자가 없었다. 따라서 SAQA 산하의 품질보증기구이자 단위 표준과 관련하여 의무를 수행하는 교육, 훈련, 개발 관행 품질보증 기구(Education, Training, and Development Practices Quality Assurance body)가 관련 표준에 입각하여 훈련을 제공하고 이를 토대로 평가를 실시할 능력이 있다고 여겨지는 '제공자' 집단을 선발했다.

특정 부문에서 평가 단위 표준에 입각하여 평가를 거쳐 역량이 있는 것으로 증명된 평가자가 등록을 해야 한다는 방침이 세워지면서, 많은 평가자들이 등록을 하려는 사태가 발생했고, 그에 따라 표준에 입각하여 '평가자 훈련'을 제공하는 기관들이 많은 수입을 올리게 되었다. 특히, 민간 교육기관에서 일하는 사람들, 평가를 실시하여 수입을 얻으려는 사람들, 계속 교육훈련 대학에서 일하는 사람들이 자격을 갖추기 위해 평가자 훈련 교육과정에 참여했다. 그러나 SAQA의 공식 선언에도 불구하고, 학교와 대학에서 일하는 교사들은 서둘러 참여하지 않았다.

'유산' 혹은 '교육기관'의 자격

앞에서 언급했듯이, 애초에 의도했던 바는 NQF가 기존의 모든 자격을 대체하고, 남아공의 모든 자격이 특정 교육기관과 연계되지 않고 국가적 차원에서 표준개발기구(SGB)를 통해 개발되도록 하려는 것이었다. NQF는 학습 결과를 명시하는 국가적 자격들로 구성된 체계가 되어야 했다. 그러나 분명 SAQA는 당시 새로운 자격들이 아직 존재하지 않은 상태에서, 기존의 모든 자격을 버리기를 원치 않았다(그리고 이후 밝혀진 것처럼,

당시에는 분명하지 않았으나 SAQA는 그렇게 할 법적 혹은 도덕적 권한을 갖고 있지 않았다). 그래서 SAQA는 '잠정적으로' 기존의 모든 자격을 등록하기로 결정했다 (SAQA 1997).

SAQA는 이 자격들을 '유산(legacy)' 자격이라 불렀고, 단위 표준들과 결과 중심의 자격들을 설계, 등록하는 새로운 체계를 완성한 후 이 자격들을 단계적으로 제거하기로 결정했다. 5년간의 과도기(1998년 1월 1일부터 2002년 12월 31일까지)가 정해졌고, 그 이후에는 모든 '유산' 자격들을 폐기하기로 했다(idem).

그 결과 NQF 내에 자격들이 생겨나면서, 자격들이 확실한 두 가지 종류로 나뉘었다. 하나는 기관들이 만든 자격이고 또 다른 하나는 SAQA의 구조 내에서 개발된 자격이다. 이러한 구별은 당시에는 즉시 명확하게 드러나지 않았다.

비판의 형성

NQF에 대한 대강의 개념에 대한 초기의 폭넓은 지지에도 불구하고 곧 난관에 봉착했다. 이르게는 1997년부터 NQF와 결과 중심의 교육에 대해 비판이 제기되었다. 당시 좌익 교육기관들이 주최한 NQF에 대한 회의에서는 NQF의 모델에 대한 강한 반대와 우려가 제기되었고(Breier 1998), NQF에 심각한 모순이 존재한다는 의견도 제기되었다 (Muller 1998; Cooper 1998). 비평가들은 NQF를 '복잡하고 소수만 이해하는'이라고 표현하거나(Breier 1998, p. 74) '규모만 크고 다루기 힘들며 비용이 많이 들고 복잡하며 어딘가 모르게 불안정한'이라고 표현하거나 '정규 교육 부문의 방식에서 벗어난'이라고 표현했다(Ensor 2003, p. 334).

많은 사람들과 기관들은 교육기관들의 전통적인 사안들과는 거리가 있는 SAQA와 NQF의 용어와 구조에 소외감을 느꼈다(RSA Departments of Education and Labour 2002). 러그(Lugg, 2007)는 당시 생겨난 많은 구조들에 의미 있게 참여하지 못한 노동조합원들의 불안이 커져갔던 사실을 기록하고 있다. SAQA의 일원인 나디나 쿳시는 NQF의 실행으로 '강한 논란과 대립과 심지어 저항'까지 초래되었다고 전한다(SAQA 2004a, p. 79). 얀센(Jansen, 2004, p. 89)은 다음과 같이 주장한다:

······· 통제가 가능했던 바람직한 개념들이 곧 강력한 관료적, 행정적 조직체에 의해 압도당하고 제압당한 결과, 단순한 기본 원칙들이 일반 사람들에게서 외면을 당하게 되었다.

이와 동시에, 교육과정 2005(Curriculum 2005)이라고 알려진 결과 중심의 교육과정이 1학년 수준에서 엄청난 어려움에 직면했고(Chisholm 2003; Taylor 2000; 2002; Taylor and Vinjevold 1999), 흑인과 백인 학교 사이의 불평등을 해결하는 대신 오히려 불평등을 조장할 수 있다는 우려가 제기되었다(Vally and Spreen 2003).

권력 관계와 모순적인 법안

앞서 언급했듯이, NQF가 처음 구상되었을 당시에는 교육훈련부라는 단일 부서가 생겨날 것으로 예상되었으나, 민주주의 선거 이후 교육부와 노동부라는 2개의 부서가 개별적으로 생겨났다. 이러한 분리와 두 부서 간의 양립할 수 없는 뚜렷한 차이는 NQF가 겪은 여러 문제의 한 요인이 된 것으로 간주된다(Lugg 2007; French 2009).

1998년에는 교육훈련의 개혁을 위한 새로운 일련의 법안이 마련되었다. 이 법들이 항상 서로를 보강한 것은 아니었으며, 때로는 서로 모순되는 경우도 있었다(Allais 2006; French 2009). 많은 수의 새로운 기구들이 서로 간의 아무런 확실한 관계없이 생겨났으며, 특히 각자의 책임, 권한, 의무에 대한 확실한 명시 없이 생겨났다. 예를 들면 법에 의해 SAQA가 NQF의 자격과 표준을 등록하는 권한과 더불어 ETQA를 인증하는 권한도 부여받았는데, 이는 이론적으로는 교육훈련 체계 전반을 관장해야 한다는 의미였다. 하지만 국가교육정책법(National Education Policy Act, Act No. 27 of 1997)에 의해 교육부 장관이 교육과정 체계, 주요 강의계획 및 교육 프로그램, 학습 표준, 시험, 자격의 수여와 같은 각종 교육 정책을 결정하는 권한을 지녔다. 이 법은 SAQA 법 이후 의회에 의해 통과되었다. 앞으로 살펴보겠지만, 교육부 장관은 자신의 의무를 SAQA의 구조와 체계를 벗어나서, 학교, 성인 교육, 계속 교육 대학(3차 교육 하의 정규 교육

체계 전반)의 자격들의 모든 측면을 규정하는 것으로 해석했다. 국가표준기구(NSB)가 교육훈련의 모든 부문에 걸쳐 표준들을 등록하는 의무를 부여받았지만, 실제로는 교육부가 학교의 교육과정을 개발했으며, 공립 대학들이 계속해서 전적으로 교육부의 프로그램들, 즉 3차 교육 하의 모든 정규 교육 체계를 제공했다. 고등교육 부문 전반 역시 교육부가 규제하는 자격들에 대하여 자체적인 교육과정을 계속해서 개발했다. 그리고 고등교육 기관들은 계속해서 자체적인 자격들을 발행했다.

이 장 마지막에 수록된 부록 2의 그림을 보면 알 수 있듯이, 품질보증 기구들의 구성으로 매우 심각한 문제가 초래되었다. 즉, 어떤 직업적, 기술적, 혹은 전문적 자격 혹은 단위 표준이든 두 개의 품질보증 기구, 즉 노동부의 품질보증 기구와 교육부의 품질보증 기구의 영향력 하에 놓이기 때문이다. 이러한 구조에서 생기는 또 다른 문제는 교육기관이 단 한 가지 종류의 학습 프로그램을 제공하지 않는 한, 해당 기관이 최대 26개의 각기 다른 품질보증 기구들을 상대해야 할 수 있다는 것이다. 따라서 이 문제를 각기 다른 품질보증 기구들 사이의 양해각서 체결로 해결하려 했다. 그러나 그 해결책은 품질보증 기구들에 대해 실행이 불가능했는데, 그 이유는 각 품질보증 기구들이 근본적으로 각기 다른 패러다임 하에서 운영되었기 때문이다. 일반 교육, 계속 교육훈련 품질보증 협의회(Umalusi)는 주로 시험 체계를 통해 운영되었는데, 단위 표준에 입각한 자격들의 체계에 참여하기를 거부했다. Umalusi와 관련하여 필자가 실시한 연구에서 언급되었듯이, Umalusi는 신뢰할 수 없는 품질보증 체계를 지닌 기구들과 양해각서를 체결할 수 없다는 뜻을 공개적으로 밝혔다(Allais et al. 2007).

파커(2001)는 역할과 관계에 대한 확실성 부족과 더불어 NQF에 관여된 많은 수의 구조들이 많은 양의 에너지를 흡수했다고 주장했다.

정책 평가

당시 교육부 장관이 2000년 NQF에 대한 재검토를 발표했다. 그는 초등 및 중등학교 체계에서 실시되었던 결과 기반의 교육과정에 대한 재검토도 실시했다. 많은 평론가들이 지적했듯이, 당시로서는 하나의 교육 정책이 극적으로 짧은 시간에 걸쳐 실행 기회를 얻은 경우였다. 그러나 앞에서도 간략하게 언급했듯이, 갖가지 문제들이 발생했다. 재검토를 실시한 국제적인 스터디 그룹(Study Group)이 대대적인 이해관계자 토론에 입각하여 작성한 보고서는 '공립기관 및 이해관계자 그리고 교육부와 노동부 내에 널리 퍼진 우려와 불만족(RSA Departments of Education and Labour 2002, p. 1)'과 더불어 'SAQA와 NQF에 대해 제기된 보편적인 불만과 문제들'을 언급했다(ibid., p. 143).

결과 중심의 학교 교육과정에 대한 재검토가 2000년까지 신속하게 진행되어 보고되었다 (RSA Department of Education 2000). 교육부는 교육과정에 큰 변화가 필요하다는 재검토의 내용을 받아들였고, 즉각 변화를 위한 구조와 과정을 마련했다.

하지만 NQF는 교육부는 물론 노동부의 권한 하에 있었고, 재검토를 실시해야 할지의 여부 그리고 어떤 속성의 재검토를 실시해야 할지에 대해 의견 일치가 이루어지지 않았다 (Lugg 2007). 이러한 조기 재검토에 대해 상당한 논쟁이 이루어진 후, '실행' 재검토 즉, NQF의 설계가 아닌, NQF가 어떻게 실행되는지에 대한 재검토를 실시하기로 결정했다. 2002년 이 재검토의 보고서가 발표된 이후, 노동부와 교육부가 서로 의견 합일을 이루지 못한 상황으로 인해, 정부 내에서 긴 혼란과 침체의 시기가 이어졌다(Lugg 2007; French 2009). 재검토 팀은 각종 문제에 대한 분석 그리고 각종 문제에 대해 어떤 조처를 취해야 할지에 대한 생각과 관련하여, 교육부와 노동부가 서로에 대해 '거울에 비친 듯한 정반대 입장'을 취한다고 지적했다(RSA Departments of Education and Labour 2002, p. 33).

따라서 상당한 규모의 변화가 권고되었음에도, 두 부서가 변화를 시도할 기미가 공식적으로 전혀 나타나지 않았다. 2003년 공공 의견수렴 기간이 지나고 '갈등과 은밀한 논의'로 대표되는 공식적인 침묵의 긴 시간이 흐른 후(Lugg 2007, p. 225), 노동부와 교육부가 NQF가 어떻게 변화되어야 하는지에 관한 협의 문서(Consultative document)를 발표했다. 이후 추가로 공개 의견수렴 과정이 실시되었으나 역시나 별다른 결론에 다다르지 못했다. 노동부와 교육부는 이 협의 문서가 다양한 모든 이해관계자에게 전달되어 그들의 각기 다른 문제를 해결해주기를 기대했다. 그러나 실은 정반대의 결과가 초래되어, 저마다 상이한 갖가지 이유에 의해 널리 반대 의견이 제기되었다(Allais 2007b). 협의 문서가 발표된 이후, 그 이전보다도 더 긴 침묵이 이어졌다.

4.5 NQF 1.2. 검토기간 동안 원래 모델 유지와 몇 가지 변화

교육부와 노동부가 아무런 해결책이나 정책도 발표하지 않았던 재검토 기간 동안 (2000~2008), SAQA는 본래 설계에 따라 NQF를 계속해서 개발했다.

이로 인해 장기간에 걸쳐 실질적인 변화를 제안하는 공식적인 문서가 유통되는 어려운 상황이 발생했다. 당시 일부 변화가 불가피하게 일어날 것이라는 인식이 있었으나, 사업은 평소처럼 계속되었다. 오랜 기간 동안 불확실한 정책 환경 하에 있었으며 주로 각자의 운영 범위 내에서 즉각적인 상황에만 반응했던 SAQA의 관리들과 NQF와 관계가 있는 기타 모든 조직들(Umalusi, 고등교육협의회, SETA)이 달리 어떤 조처를 취할 수 있었는지 알기는 어렵다. 그 결과, 표준개발기구(SGB)들이 계속해서 표준들을 개발했으며, 품질보증기구들이 교육 제공기관들을 인증했고, SAQA가 자격 및 단위 표준들을 등록했다. Merlyn Mehl은 SAQA Bulletin에서 다음과 같이 언급했다.

.......단위 표준, 자격, 자격 집합, 자격 체계가 점차 빠르게 생산 라인에서 나왔다 (Mehl 2004, p. 42)

2005년 3월까지 단위 표준을 기반으로 하는 696개의 자격들과 8,208개의 단위 표준들이 NQF에 등록되었다. SAQA는 '표준을 마련하는' 개념을 교육기관이나 학습 프로그램과 별개로, 자격 속에 포함시킬 학습 결과들을 결정하는 과정으로 계속 인식했다.

그러나 2003년 7월까지 수백 개의 자격과 수천 개의 단위 표준들이 개발되었음에도, SAQA에 따르면, 인정을 받아야 하는 약 19,078개 교육기관 중에서 단 1,036개 교육기관만이 SETA 품질보증 기구에 의해 등록되었고, 소수의 학습자들만이 SETA를 통해 자격을 수여받았다(SAQA 2004a). 개발된 자격들 중 많은 수는 어떤 품질보증 기구에 의해서도 위치를 지정받지 못했으며, SAQA는 2005년 8월까지 299개의 자격들이 (공식적으로) 어디에도 속하지 못한 '고아'와 같은 존재가 되었다고 말했다.[75]

이 기간에 NQF의 본래 설계에 대한 얼마간의 새로운 변화가 이루어졌다. 가장 주목할

---

[75] Presentation by Yvonne Shapiro, Director of the National Learner Records Database at SAQA, at the SAQA ETQA (Education and Training Quality Assurance) Forum, 3 Aug. 2005.

만한 변화에는 유산/교육기관 자격들의 지속적인 수용, 국가표준기구(NSB)의 해체, 대부분 평가자로 등록하지 않은 교육기관 소속 평가자들의 수용, 추가적인 두 개의 수준을 NQF로 통합한 것을 포함한 교육부의 고등교육 자격체계 개발 등이 있다. 앞으로 이 변화들을 간략하게 다뤄볼 것이다.

유산/교육기관 자격들의 지속적인 수용

초기에 설정된 시한과 다르게, '임시' 자격들의 등록을 위한 기간이 2006년 6월까지 또 다시 연장되었다(SAQA 2004b). 2005년 SAQA는 '임시' 자격 대신 '교육기관' 자격이라는 말을 사용함으로써, 이 자격들에 대한 인식이 변화했음과 더불어 교육기관 자격들을 NAF의 영구적인 일부로 수용할 수도 있다는 사실을 시사했다(SAQA 2005a).

또한 주요한 새로운 교육기관 자격이 개발되어 NQF에 등록되었다. 남아공에서 가장 중요한 자격 중 하나인 국가고등학교자격(National Senior Certificate, NSC)(고등학교 과정을 모두 수료했음을 증명하며 대학 입학을 결정하는 자격)이 NQF에 공식적으로 등록되었다. 물론 이 자격은 학습 결과가 아닌, 교육부가 개발한 교육과정에 기반을 둔 것이었다. SAQA가 발표한 NQF에 대한 평가에서 인정했듯이, 이 자격은 많은 방면에서 NQF와 관계없이 운영된다(French 2009).

평가자들의 등록 거부

남아공에서 평가를 실시하고자 할 경우 평가 단위 표준에 기반하여 역량이 있음을 검증받은 뒤 평가자로 등록해야 한다는 개념이 두 가지 평가 문서에서 거부되었다. 즉, 교육기관에 교육자로 고용된 모든 사람, 즉 교사와 강사들은 이 요건을 만족시킬 필요가 없다는 것이었다(RSA Departments of Education and Labour 2002; 2003). 불확실한 시기에 이 문제에 관한 공식적인 정책이 발표되지 않았지만, 대학과 학교 내에서 인정을 받으려는 대대적인 움직임이 분명히 없었으며, 이 요건이 서서히 사라질 것이라는 인식이 퍼져 있는 것처럼 보였다.

고등교육 체계와 새로운 레벨들

2004년 7월, 교육부가 고등교육 자격을 위한 체계를 발표했다(RSA Ministry of Education 2004). 고등교육을 위한 새로운 학계 정책(New academic policy for higher education)이라는 제목의 이 문서는 이 문서의 초안들에 대한 긴 자문의 과정을 거쳐 도출된 산물로, NQF 내 존재하는 문제들을 해결하는 특정한 방식을 가능하게 했다. 이 문서는 두 재검토 문서의 제안들과 마찬가지로, NQF의 레벨이 8개에서 10개로 늘어날 것임을 밝혔다. 여기에는 NQF의 고등교육을 위한 레벨 기술어의 초안들이 포함되었다. 또한 이 문서는 고등교육품질협의회(HEQC)가 고등교육 부문의 유일한 품질보증 기구가 될 것이며 표준 개발의 기능을 할 것이라는 점을 시사했다. 이는 NQF의 본래 개념으로부터 그리고 협의 문서(Consultative document)에 제시된 많은 제안들로부터 극적으로 방향이 바뀐 것이었다. 어떤 다른 기구도 고등교육 부문의 자격을 발행하지 못한다는 것을 명백히 하고 있기 때문이다. 또한 제시된 자격들의 체계는 자격 **유형**들의 등록부라는 의미에서의 체계였으며,76) 따라서 등록된 모든 결과 중심의 자격들을 포함하려 한 본래 NQF 모델과는 크게 다르다.

구조적 변화

SAQA(2005b)는 이 시기에 국가표준기구(NSB)의 해체를 비롯하여 자체적인 체계와 조직에 얼마간의 변화를 실행하기 시작했다. SAQA(2005b)는 표준 개발을 위한 '임시' 전략을 마련하여, NQF의 미래에 대한 방향 없이는 이 조직들이 재탄생할 수 없음을 강조했다. NQF 내 레벨(level)의 수는 공식적으로 8개에서 10개로 늘어났다(SAQA 2006).

4.6 NQF 2.0: 세 가지 연결된 체계

2008년 후반, NQF의 변화를 위한 일련의 법률 초안들이 마련되었다(RSA 2008a,b,c,d). 새로운 국가자격체계법(National Qualifications Framework Act) (Republic of South Africa Act No. 67 of 2008)은 NQF를 세 개의 서로 연결된

---

76) 자격 유형이란 예를 들면, '고급 준학사' 또는 '학사 학위' 또는 '고급 준학사(연극)' 또는 '학사 학위(언어학)'을 지칭한다. 그러나 실제로 수여된 자격들은 수여 기관과 연계되었으며, 과목 선택에 대한 해당 기관의 규정, 해당 기관의 교과과정 및 평가 정책에 바탕을 두었다.

체계들로 분할했고, 각 체계를 위한 세 개의 품질협의회(Quality Council)의 기반을 마련했다. 그리고 나머지 법들이 두 개의 품질협의회를 구성했고, 세 번째의 협의회를 구성하기 위해 기술개발법(Skills Development Act)을 수정했다. 표준을 개발하는 SAQA의 권한은 사라졌으며, 대신 이 권한이 세 개의 협의회에 주어졌다. 각 협의회는 SAQA의 결과 기반의 자격들과 실질적으로 다른 방식으로, 그리고 협의회들 간에 서로 다른 방식으로 표준을 개발하려는 경향을 보였다(Umalusi 2007; RSA Department of Labour 2008). 남아공 노동부와 독일기술협력(GTZ)이 제공한 보고서에 따르면, SAQA는 현재 각기 다른 세 개의 개별적인 자격 체계를 감독하는 세 개의 품질협의회들을 조율하는, 상당히 규모가 축소된 역할을 수행한다(Heitmann and Mummenthey 2009). NQF는 현재 자체적인 독립체로 규정되며, 오직 SAQA에만 연관이 있는 것이 아니다. SAQA는 이제 NQF를 관장하는 네 개의 조직들 중 하나에 불과하다. GTZ[77]와 노동부가 발간한 보고서에서 발췌한 부록 4의 그림은 이러한 관계의 구성을 보여준다.

새로운 NQF에서 SAQA가 하는 역할 중 하나는 NQF를 위한 레벨 기술어(level descriptor)들의 단일한 집합을 유지하는 것이다. 이 역할은 세 개의 연결된 체계들의 일관성을 보장한다. 앞에서 간략하게 살펴보았듯이, 레벨 기술어들은 NQF의 설계와 관련된 토론의 대상이었으며, 처음에는 완전한 무(無)의 상태에서 레벨 기술어들을 개발할 수 없다는 주장에 따라 공식적인 정책으로서 마련되지 못했다. 레벨 1에서 4까지를 위한 레벨 기술어들은 몇 년 후에 정책으로서 마련되었으며, 고등교육 부문의 레벨 기술어들은 그보다 훨씬 후에 마련되었다. 토론의 많은 부분은 동일한 기술어들이 각기 다른 지식 부문의 각기 다른 레벨의 핵심을 충분히 포착하여 기술할 수 있는지의 여부에 관한 것이었다. 이러한 토론들에도 불구하고, 남아공의 교육기관 내에서든 아니면 SAQA의 공식 표준을 개발하는 조직 내에서든, 사실상 이 문서들을 사용하는 사람들을 많이 볼 수 없을 것이다. 필자가 Umalusi에서 근무하던 당시, Umalusi의 CEO는 사람들이 레벨 기술어를 사용하지 않을 뿐만 아니라, 그 안에서 어떤 의미도 찾지 못한다고 확실히 말한 바 있다. 앞으로 살펴보겠지만, 표준과 레벨들은 교육과정과 시험 표준이 규정하는 것으로 간주되었다.

---

77) 이 점은 주목할 만하다. 정책 차용과 국제적인 기술 원조가 자격체계와 관련하여 국제적으로 계속해서 중요한 역할을 한다는 점 그리고 업종 및 직종 품질협의회(QCTO)를 위한 모든 초기의 작업이 GTZ의 재정 지원과 지원으로 이루어진 점을 생각하면 그렇다.

이러한 것들이 뜨거운 논쟁의 대상이 되었지만, 레벨 기술어는 이러한 논란을 잠재우는 데 별다른 도움이 되지 못하는 것으로 비춰졌다. 일례로 고등학교의 물리과학 교육과정과 시험 표준의 폭과 깊이에 대해 논의가 이루어졌다(Umalusi 2007). 레벨 기술어는 '업무 혹은 학업의 한 부문 내의 광범위한 맥락에 존재하는 포괄적인 실제적, 이론적 지식'과 같은 것을 말하거나 학습자의 자율성의 수준에 대해 말하는 경향이 있다. 어떠한 레벨 기술어도 교육과정과 시험에 대해 결정을 내려야 하는 Umalusi와 같은 기관에 도움이 되지 않는다.

새로운 체계는 자격들을 기관들에 더 가까이, 그리고 모든 것이 교육기관 밖에서 규정, 결정되는 결과 기반의 자격들이라는 개념으로부터 더 멀리 이동시켰다. 일반 및 계속 교육훈련 부문에서 Umalusi는 교과목의 수와 형태가 대강 명시되고 외부 시험을 개발, 관리하는 평가 기관이 개발한 교육과정이 동반되는 자격들을 주로 다룬다. Umalusi는 '표준'을 교육과정의 질, 학습자를 평가하는 데 사용된 시험의 질과 표준, 그리고 해당 교육을 제공한 교육기관의 질이라는 조합 속에 놓여 있는 것으로 간주한다(Umalusi 2007). 여기서 계속교육에는 교육부가 마련한 새 교육과정을 실행하고 있는 계속교육 훈련대학(FETC)에서 이루어지는 직업 교육이 포함된다는 점을 염두에 둘 필요가 있다.

고등교육품질협의회(HEQC)는 고등교육 부문에서 제공되는 다양한 자격의 명칭과 관계를 명시하는, 자격 유형들의 체계를 다룬다. 고등교육품질협의회(HEQC)는 또한 각기 다른 유형의 학위에 대해 개괄적인 역량 진술을 마련하는 과정에도 참여한다. 특히 Umalusi와 HEQC는 새로운 기구가 아니며, 이미 확립된 관계, 운영 방식, 체계와 더불어 명성을 지닌 기존 기관들에 바탕을 둔 조직이다. 이 두 기구는 부록 4의 그림에서 보듯이, 교육부 산하에 놓여 있다. HEQC 하에서 고등교육 기관들은 계속해서 자체적인 자격을 발행하고 자체적인 교육과정을 설계하게 된다. 고등교육 기관들은 현재 개발된 상태이나 여전히 논란에 직면해 있는 품질보증 절차를 거치게 될 예정이지만, 자체적인 자율성을 유지할 것이다.

앞서 살펴봤듯이, 노동부 산하의 조직체인 업종 및 직종 품질협의회(QCTO)의 설립을 가능하게 한 법이 통과되었고, 다른 두 개의 품질협의회가 독립적인 법정 기관인 반면, 이 법에서 QCTO는 노동부 산하의 기관으로 간주되었다. 이는 QCTO가 법적인 영향력을 적게 가짐을 의미한다. QCTO는 완전히 새로운 조직이므로 이미 확립된 운영 방식, 각기 다른 역할 수행자들과의 이미 확립된 관계나 전통 안에서 운영되지 않는다.

발표된 초기 문서들에 따르면, 어떤 방식으로든 QCTO가 NQF의 본래 설계와 가장 비슷한 방식으로 운영될 테지만 실질적인 차이가 존재할 것이라고 한다. 제시된 제안에 의하면 QCTO는 직종조직체계(Organizing Framework for Occupations, OFOs)에 토대하여 임무를 수행할 것이라고 한다.[78] 이 체계는 직업 교육과정의 개발을 위한 시작점으로 사용될 것이다. 체계 내의 각 자격은 특정한 교육과정과 구체적인 평가 세부사항과 연계될 것이다. 이 점은 결과들이 명시되어야 하는 반면, 교육과정은 개별 교육기관의 책임이 되어야 한다고 전제하는 NQF의 개념으로부터 크게 벗어난 것이다. 이 체계는 '단위 표준'이라는 용어를 사용하지만, 여기서 '단위 표준'은 극적으로 재개념화된 것이다. 본래의 단위 표준들이 1학점에서 990학점까지 어떤 학점도 가질 수 있었던 반면, 이 체계는 최소한의 학점을 지정함으로써 각 학점이 실질적인 학습의 양을 나타낼 수 있게 할 것이다. 단위 표준은 교육과정과 직접 연계될 것이며, 지식 표준, 실용 표준, 직장 표준이라는 세 가지 범주로 분류될 것이다.

아직 마무리되지 않았지만 현재 이용 가능한 공식문서에서는 '단위 표준'이 여기서 무엇을 의미하며 학습 결과가 어떤 역할을 하는지를 명확히 제시하지 않고 있다. '단위 표준'은 대개 '모듈(module)'이라고 설명되는 것에 가까우며, 학습결과는 교육과정의 개발을 위한 지침으로 간주되나 규정적인 문서로 간주되지는 않는 듯하다. 또 하나 확실하지 않은 것은 학습결과를 왜 개별적으로 명시해야 하는가, 그리고 실제로 그렇게 할 것인가이다. QCTO 모델을 Umalusi 모델에 가깝게 하는 또 다른 중요한 차이는 각 자격에 대해 국가직 평가가 명시될 것이라는 점이다. 이는 NQF에 등록된 단위 표준들을 기준으로 극도로 다양한 평가 기준들이 나타난 것에 대한 반응으로 간주될 수 있다. 또한 모든 평가가 장소 중심적이며 개별 평가자들에 의해 고안, 실시될 경우, 조정을 위한 노동

---

[78] http://www.labour.gov.za [10 June 2009].

효과적이고 비용효과적인 요건을 충족하기 위해서라고 간주될 수 있다. 이러한 품질보증의 개념에 대한 문제는 잠시 후에 논의할 것이다).

또한 모든 직업 자격에 대하여 기본적 진입 평가도 제안되었다. 이 평가에서 학습자들은 수학과 언어 부문에서 본인의 역량을 증명해야 한다. 이 평가는 정규 교육 체계에 대한 신뢰가 부족하다는 점과 많은 학습자들이 학교를 졸업했음에도 수학 및 언어 능력이 약하다는 점에 기초한 것이다. 역량이 부족한 것으로 판명된 학습자는 추가적인 강좌를 들어야 하며, 역량이 있는 것으로 평가 받아야만 직업 자격을 수여받을 수 있다.

두 가지 종류의 자격이 제안되었다. 하나는 국가직업자격(National Occupational Award)이고 또 다른 하나는 국가기술자격(National Skills Certificate)이다. 본래의 NQF에 있던 자격들이 확산되는 것을 막기 위해, 각 직종에 대하여 단 하나의 자격만 존재해야 한다는 의견이 제기되었다. 본래의 NQF처럼, 이것 역시 외부평가품질협력체(External Assessment Quality Partners)와 같은, 설립되어야 할 다양한 기관들에 의존하는 것처럼 보인다. 그러나 평가를 제도화하려는 확실한 움직임과 순수하게 개별적인 평가자라는 개념에서 벗어나려는 움직임이 존재한다.

4.7 끝날 때까지는 끝난 게 아니다: 2.1 또는 3.0 버전?

그러나 아무런 해결책이 없던 긴 기간이 끝나자 상황이 또 다시 변하기 시작했다. 남아공의 새로운 대통령이 2009년 5월에 취임하여 새로운 내각을 구성했고, 교육훈련에 실질적인 변화가 도래할 것을 알렸다. 이에 따라 단일한 교육부 대신, 기초교육부와 고등교육훈련부라는 두 개의 부서가 설치되었다. 기술 개발은 노동부에서 고등교육훈련부로 이동했고, QCTO 전반은 현재 더 이상 노동부 관할이 아니다(여전히 더 많은 법적 변화가 필요하다). 이 모든 것이 NQF 2.0 버전의 실질적인 변화를 의미하는지는 아직 두고 봐야 한다.

논의의 주요 쟁점은 제안된 직업 체계[79]가 NQF의 10개 레벨을 모두 포괄할 것이라는 점이다. 그러나 이 체계가 고등교육자격체계(HEQF)와 어떻게 연관될 것이며 직업 박사 학위가 실제로 무엇을 의미하게 될지는 아직 두고 봐야 한다. 지금까지 고등교육 부문은

---

79) http://www.labour.gov.za [10 June 2009].

이에 대해 반대해왔다. 새로운 구조적 배열이 이 문제를 해결할 기회들을 제공할 수도 있다.

또 다른 주요 쟁점은 직업 교육(occupational education)과 실업 교육(vocational education)의 분리다. 이 용어들이 실제로 무엇을 의미하는지 그리고 이 둘을 실제로 분리할 수 있는지, 실제로는 어떻게 작용할지가 주요 쟁점이다. 두 부서 간의 끈질긴 논쟁으로 볼 때, 이러한 분리가 직업 교육이 무엇이고 이 교육이 어떻게 작용해야 하는지에 대한 의미 있는 분석에 토대한 것이라기보다는, 각 부서에 저마다의 관할 영역을 주기 위한 것이라고 생각해볼 수 있다. 노동부는 직업 체계(occupational framework)가 전문적인 직종으로 이어지거나 특정 법의 대상이 되는 자격들, 그리고 실무 교육(work-integrated learning)을 포함하거나 다른 체계에 등록된 자격들을 배제한다는 점을 분명히 했다.80) 세 개의 연계된 NQF(이 중 어떤 것도 본래의 설계대로 운영되지 않는다)로 구성된 새로운 NQF가 자격들의 통합과 동등한 존중을 향한 길에서 한 발짝 퇴보하는 격이라는 우려가 제기되었다. 직업 자격들과 기타 자격들 간의 간극이 그 어느 때보다도 커보였기 때문이다. 따라서 업종 및 직종 체계가 새로운 고등교육훈련부로 이동해야 자격들 간의 통합이 이뤄질 수 있다는 기대가 있었다.

SAQA는 모든 자격이 2012년까지 공식 등록될 예정이라고 발표했다. 이 기간에 자격들을 감독할 새로운 구조와 체계가 현재 체계 내에 있는 자격들을 대체할 것으로 보인다.

4.8 남아프리카공화국 NQF의 현주소(2009월 6월)

SAQA 웹 사이트에 소개된 체계를 보면, 무수히 많은 등록된 자격들과 10,258개의 단위 표준들을 볼 수 있다.81) 이는 교육기관의 자격들과 SAQA를 통해 개발된 새로운 단위 표준 기반의 자격들이 섞여 있는 것이다. 교육기관 자격은 전체 자격 중 7,092개이며, SAQA의 표준 개발 과정을 통해 개발된 자격은 787 개다(Isaacs 2009).

NQF 내에 있는 이 두 가지 유형의 자격들 간의 구별이 중요하다. 한 가지는 교육기관이 개발한 자격이고, 나머지 하나는 SAQA의 조직을 통해 개발된 자격이다. 이러한 구분이 곧바로 분명하게 드러나지는 않으며 차이가 분명하지 않기 때문에, NQF가 본래의

---

80) http://www.labour.gov.za [11 June 2009].

81) http://www.saqa.org.za [4 June 2009].

모습과 다르다는 인식 역시 생겨났다. 그러나 이러한 점에서, SAQA의 웹 사이트 상에서 NQF는 자격들의 등록부이다. 공개적으로 이용 가능한 정보는 NQF가 대체로 본래의 설계대로 운영되고 있는 것 같은 인상을 만들어내지만, 사실은 그렇지 않다는 점을 강조할 필요가 있다. 어떤 이유에서건, 학습 결과를 교육과정 개발과 평가의 기반으로 삼는, 교육기관 밖에서 만들어진 구조들이라는 개념은 오늘날 남아프리카 공화국에서는 실제로 적용되지 않는다.

또 다른 측면에서, NQF는 세 개의 연계된 체계들의 조직체이다. 고등교육 체계는 자격 유형들의 체계이며, 이런 점에서 다른 많은 국가의 자격 체계들과 비슷해 보인다. 고등교육체계는 고등교육 내에 존재하는 자격들의 명칭을 제공하며 이 자격들이 서로 어떻게 연관되는지 보여준다. 특정 기관이 제공하는 특정 자격은 이 자격들의 유형 내에 속한다. Umalusi는 자체적으로 인증한 자격들로 구성된 체계를 개발하는 중이다. 각 자격은 특정 교과과정과 연계되며, 교육과 학습이 이루어지는 개별 장소(학교와 대학) 밖에서 실시되는 평가를 최소한 부분적으로 거치게 된다. 앞서 살펴보았듯이, 업종 및 직종 체계가 특정 교육과정 및 평가 요건과 연계된 전문 직업 자격 및 기술 자격의 체계로 제안되었다. 고등교육훈련부가 이를 어떻게 받아들일지 아직 두고 봐야 한다.

5. 영향과 성취

5.1 SAQA의 영향 분석

남아프리카공화국 자격당국(SAQA)은 세계에서 NQF의 전면적인 영향 평가를 시도한 몇 안 되는 기관 중 하나다. 이 평가는 2003년 SAQA가 실시한 'NQF 영향 연구 (impact study)'라고 하는 야심적인 대규모 프로젝트의 형태를 띠었다. 이 프로젝트는 일련의 주기에 따른 장기적인 종단 연구로서 개발되었다. 첫 번째 주기에서는 NQF의 발전을 평가할 기준(criteria)을 마련하고자 했으며 17개의 지표가 마련되었다.

두 번째 주기에서는 발전을 평가할 기준치(baseline)를 마련하고자 했고, 17개의 지표를 사용하여 이해관계자들로 구성된 표본 집단에게 제공할 조사 설문지를 개발했다. 인터뷰와 포커스 그룹 회의가 진행되었다. NQF에 등록된 자격들과 단위 표준들에 대한 분석이 실시되었고, 세 개 부문의 자격들에 대한 정성적 분석이 외부 계약업체에 의해 실시되었다. 조사 결과, 얼마간의 성공 또는 성패가 혼재된 결과가 나타났고, 일부 부문에서는 별다른 영향의 증거가 나타나지 않았다. 세 번째 주기의 조사 결과는 2007년에 보고될 예정이었으나 일정이 연기되었다. 그 이유는 NQF가 변화를 겪었고, 해당 연구의 설계에 몇 가지 문제가 있다는 사실이 발견되었기 때문이다.

어떤 정책이든 그 영향을 분석하는 것은 어려우며, NQF의 경우 특히 더 어려웠던 것으로 보인다. 그럼에도 해당 정책이 옹호되고 제도화되고 널리 지지를 받았다면, 정책의 유용성 그리고 정책이 어느 정도까지 목표를 달성했는지, 그리고 목표를 달성할 가능성이 있는지의 여부에 대해 얼마간의 증거를 제공할 수 있어야 한다. SAQA 영향 연구는 이를 실현할 방법론을 찾기 위한 대담한 시도이며, 몇 가지 흥미로운 사실을 발견했다. 그럼에도 이 연구는 문제가 많은 것으로 널리 인식되었다.

히그스와 키비(Higgs and Keevy, 2007)에 따르면, 많은 사람들이 이 연구를 SAQA를 대신하여 행해진 선전 활동으로 보았다고 한다. 필자가 다른 연구에서 지적한 것과 마찬가지로(Allais 2007b), 이들은 이 연구의 약점이 NQF의 설계 자체 혹은 NQF의 목표에 대해 의문을 제기하지 않았다는 점이라고 지적한다. 필자가 이미 지적한 바 있지만, 사람들을 대상으로 인터뷰를 실시할 당시, NQF는 단일한 개체로 취급되었다. 즉, SAQA의 체계와 구조를 통해 고안된 자격들 및 단위 표준들과 교육기관의 자격들이 분리되지 않았다. 더 문제가 되는 것은 인터뷰 대상자들에게 그들의 생각만을 물어본 점이었다. 즉, 그들에게 NQF가 관련 부문에 영향을 미쳤다고 생각하는지 혹은 영향을 미치지 않았다고 생각하는지의 여부만을 물어본 점이었다. 따라서 연구 결과는 NQF가 실제로 관련 부문에 영향을 미쳤는지의 여부가 아닌, 인터뷰에 응한 개인들의 표본 집단이 NQF가 좋은 제도라고 생각하는지 아닌지의 여부만을 반영한다고 할 수 있다. 예를 들어, 사실상 새로운 자격이 널리 이용되지 못하는 상황에서 일부 이해관계자들이 자격의 적절성이 개선되었다고 생각하는 사실이 어떤 가치를 지니는지를 묻거나, 영향을 받은 것으로 추정되는 프로그램에 대한 분석이 이뤄지지 않았는데도 인터뷰 대상자들이 NQF가 프로그램에 긍정적인 영향을 미쳤다고 생각하는 것이 어떤 의미인지를 묻지 않았다.

여러 평론가(예를 들면 Allais 2007b, Oberholzer 2005)들은 본 연구의 지표에 문제가 있다고 지적한다. 한 예로 본 연구에서 제시된 성공 중 하나는 체계에 등록된 자격의 수이다. 하지만 이 수치가 실제로 NQF의 목표 달성이라는 의미 있는 성공을 나타내는지의 여부는 확실치 않다. 뿐만 아니라 본 연구의 방법론 역시 선발된 이해관계자들에 대한 인터뷰에 주로 바탕을 두므로, 그에 대해 의문이 제기되었다. 따라서 SAQA가 발표한 평가에서조차 이 영향 연구를 '......사실상 NQF 및 NQF와 관련하여 등장한 여러 관행들에 대한 인식을 살펴보는 지속적인 시장 조사'라고 칭했다(French 2009).

5.2 이룬 것과 이루지 못한 것

그렇다면 남아프리카공화국의 NQF가 이룬 것과 이루지 못한 것은 무엇일까? 프렌치(2009)의 주장에 따르면, NQF가 본래 설계대로 실행되지는 못했고 NQF 내에 많은 문제점이 존재하긴 하지만, NQF에 의해 교육의 질, 교과과정 설계, 평가에 대한 생각이 바뀌었다고 한다. 물론 이와 같은 주장의 옳고 그름을 시험하기는 매우 어려우며, 앞서 말한 생각의 변화로 바람직한 결과들이 생겨났는지 역시 확실하지 않다. 한편 훈련 부담금과 NQF에 의해 직장 내 훈련의 양적, 질적 확대가 이루어졌다고 할 수 있다. 하지만 이 역시 실제 연구를 통해 증명된 바는 아니다. SAQA는 NQF가 존재함으로써 고등교육의 품질보증에 대한 인식이 강화되었다고 주장한다(Isaacs 2009).

새로운 NQF는 업종 및 직종 자격들을 제외하고는, 존재해야 하는 것들을 제안하는 모델이 아닌, 존재하는 것들을 묘사하는 모델로 더 가까이 옮겨갔다고 할 수 있다. 이 새로운 NQF는 장기적 측면에서 남아공 국민들과 다른 주체들에게 혜택을 제공할 것이다. 국가학습자기록 데이터베이스(NLRD)는 초기에 많은 문제를 겪긴 했지만, 장차 남아공 교육 체계를 위한 중요하고 유용한 데이터베이스가 될 것이라 기대된다. 이 데이터베이스는 분명 SAQA가 미래를 위해 중요한 것으로 강조하여 많은 힘을 쏟는 부문이다.

그러나 NQF의 가장 적극적인 옹호자들조차도 NQF가 널리 지지를 받았던 야심적인 목표를 달성하지 못했다는 결론을 내린다. 그 이유에 대해서는 이후에 간략하게 다뤄보기로 한다. 여기서는 우선 NQF가 이루지 못한 것(이것이 NQF 자체의 실패를 반드시 의미하는 것은 아니므로, 이를 실패라고 지칭하지는 않을 것이다)들을 대략적으로 살펴볼 것이다.

NQF를 담당하는 정부 부서들은 분명 NQF의 본래 모델과 그와 관련된 설계 기능들이 실행 가능하다고 보지 않았으며, 앞에서 살펴본 대로 이 모델과 기능들을 크게 변화시켰다. 물론 이러한 사실은 정책의 강점 및 약점에 대한 객관적인 분석의 결과라기보다는, 어떤 동기에 기인한 경우가 많다. 확실히 제도적 장치들은 다양한 이유에서 실패했다. 자주 거론되지 않는 한 가지 이유는 초기 품질보증 장치들의 복잡성과 많은 수의 기관들이다.

개발된 새로운 자격들의 수용 수준은 여전히 매우 낮다. 달리 말해, 자격들이 새로 개발되어 체계에 등록되었다고 해도, 이와 관련한 교육 프로그램들이 개발되지 않았다는 얘기다. 그 결과, SAQA의 2007/2008 연례 보고서에 따르면, NLRD에 기록된 자격 수여의 건수는 2000만 건인데, 이 중 27,425 건만이 16개 부문별 품질보증 기구들이 제출한 180개의 신규 자격들에 관한 것이라고 한다. 반면 NQF에 등록된 총 신규 자격의 수는 787개다(Isaacs 2009). 이는 개발된 무수한 자격들과 관련하여 교육이 실시되거나 평가되거나 자격이 수여되지 않았다는 얘기다.82) 이유가 무엇이 되었든(몇몇 이유들은 이후에 논의할 것이다), 이러한 현상은 NQF 모델의 실패로 간주할 수밖에 없다. 또한 NQF에 등록된 130개의 자격들이 공식적인 기간이 만료한 뒤 소멸되도록 허용되어, 어느 누구도 그 자격들을 수여하는 것에 관심이 없었음이 증명되었으며, 2,013개의 단위 표준들 역시 그와 비슷하게 소멸되었다. 물론 일부 단위 표준들은 대체된 바 있다.

한편 고등학교 자격을 수료한 학생들에게 주어지는 고등학교 자격(Senior Certificate)은 대학계와 산업계에서 널리 비판을 받았다. 그럼에도 이 자격은 계속해서 연령에 상관없이 모든 남아공 국민들이 얻고자 하는 주요 자격이 되었다. 이를 대체하는 국가고등학교 자격(National Senior Certificate, NSC)은 이 경향을 계속해서 이어가는 것처럼 보인다. 이러한 사실은 이 자격의 부정할 수 없는 문제들에도 불구하고, 그리고 새로운 자격의 마련에 대한 산업계 대표들의 관여에도 불구하고, 남아공 국민들이 제시된 대안들,

---

82) 2007년, 단위 표준을 기반으로 한 172개의 자격 및 2,211개의 단위 표준과 관련하여 각각 총 37,841명와 562,174명의 학습자들에게 자격이 수여되었다(이 중 많은 수는 동일한 학습자들에게 수여된 것이다. 이 숫자는 학습자 당 자격 수여의 건수가 아니라, 자격 수여의 총 건수를 나타낸 것이다). SAQA NLRD가 데이터를 제공했다.

즉 NQF가 개발한 새로운 결과 중심의 자격들을 사용하는 것이 더 낫다고 아직 확신하지 못함을 시사하는 것으로 보인다.

 2005년 SAQA 연구에 따르면, NQF가 '자격의 이동성과 관련하여 최소한의 긍정적인 영향 혹은 긍정적 영향과 부정적 영향'을 모두 미치지 못했으며(SAQA 2005, p. 45), NQF가 학점 누적 및 이전을 활발하게 촉진시키지 못했다고 한다(SAQA 2006). 또 OECD를 위해 최근에 작성된 보고서에서는 사전 학습이 널리 인정되지 못하고 있으며 오직 일부에서만 사전 학습의 인정이 이루어지고 있다는 사실이 지적되었다(Blom, Parker, and Keevy 2007).

 남아공의 교육과 기술 수준은 여전히 매우 낮으며, 기술 훈련을 활발히 촉진시키기 위해 정부 차원의 새롭고 다양한 계획들이 마련되었다. 남아공의 교육 체계는 분명 여전히 극단적인 불평등을 지니고 있으며 여러 부문에서 매우 취약점을 드러낸다. 남아공 학생들은 여전히 국제적인 시험에서 매우 낮은 성적을 내고 있으며, 자국보다 빈곤한 국가들의 학생들보다 성적이 낮다. 또한 중등 수준의 직업 교육과정에 등록한 학습자들의 수 역시 일반 학교에 등록한 학습자들의 수에 비해 여전히 낮다. 확실히 이러한 문제들은 NQF만으로 해결할 수 없다. 현재 널리 인정되는 사실은 NQF의 목표들이 지나치게 야심적이었으며, NQF는 기껏해야 그러한 목표의 실현에 기여할 수 있는 체계로밖에 비춰질 수 없다는 점이다(RSA Departments of Education and Labour 2002, 2003; Isaacs 2009). 남아공의 교육 문제는 심각하고 고질적이며, 이러한 문제를 개선하려는 시도는 한 세대가 지나서야 그 실질적인 결과가 드러날 것이다. NQF의 지지자들은 NQF에 더 많은 정치적 지지와 힘과 자원이 제공되었더라면 지금보다 훨씬 더 나은 결과가 도출되었을 것이라고 주장할 것이다. 그러나 필자의 의견은 반대다. NQF는 사실상 NQF의 목표 실현을 스스로 가로막았다. 관리하기 힘든 자격과 단위 표준들, 그리고 제 기능을 하지 못하는 품질보증 모델 때문이다. 뿐만 아니라 NQF가 문제를 해결할 수 있거나 혹은 최소한 문제 해결에 기여할 수 있다고 주장하고, 또한 교육 제공의 확대와 품질 개선을 유도하는 체계로서 위치를 정함으로써, 남아공 정부가 교육기관을 설립, 개발해야 할 필요성이 암묵적으로 제거되었기 때문이다(Allais 2007a).

NQF의 존재는 또한 기회비용을 의미하며, 그 결과, 특히 직업 및 직장 교육과 관련하여 자원과 에너지, 초점이 교육기관을 구축하는 것에서 다른 곳으로 옮겨졌다.

6. 분석과 교훈

NQF의 성과와 문제를 어떻게 이해, 분석해야 하며 그로부터 어떤 교훈을 얻을 수 있을까?

6.1 정책, 권력, 경제

자격은 어떤 국가에서든 상당한 힘을 발휘하며, 자격을 사용하여 교육의 개혁을 유도하려는 정부의 시도는 그러한 힘의 우선순위를 변화시키려는 시도를 반영한다. 분명 자격과 관련하여 뿌리박힌 권력 관계가 걸려있으며, 이를 제거하거나 변화시키기가 어렵다. 이 프로젝트에 관한 검토 문서에서 영과 필자(Young and Allais 2009)는 자격들이 역사적으로 뿌리 깊은 권력 관계 속에 존재하는 것이 단순히 역사의 임의적인 산물이 아니라고 주장했다. 대부분의 국가에서 자격들이 그 가치를 유지하고자 할 경우, 자격들을 획득하는 공간인 교육기관(개별적인 대학이든 혹은 중앙집중적 교육과정을 사용하는 학교와 같은 정부 교육 체계이든 상관없이)과 자격들이 분리되지 않는 실질적인 이유가 존재한다.

SAQA의 공식 발간물과 SAQA 직원들의 발표와 발간 자료에 따르면, NQF를 실행하면서 겪은 어려움들은 NQF를 지원하는 두 정부 부서들 간의 권력 다툼과 이들 부시의 정치적, 재정적 지원의 부족을 보여준다고 한다(예를 들면, Heyns and Needham 2004; SAQA 2004b; 2005a; Isaacs 2006; Keevy 2006; Isaacs 2004).

더 구체적으로 말해, 일부 비평가들은 교육부의 정치적 지원의 부족이 남아공 NQF를 실행하는 과정에서 발생한 많은 어려움의 원인 중 하나였다고 지적한다(e.g. French 2009). 필자는 다른 연구(2007b)에서, 정책 검토의 기간 중 교육부가 NQF를 와해시키는 것으로 보일 수 있는 다양한 결정을 내린 바 있다고 지적했다. 이러한 결정은 이르게는 2001년부터 시작되었다. 당시 일반 및 계속 교육 훈련법(No. 58 of 2001)이 통과되어

Umalusi가 품질보증 기관으로 설립되었다. 이 기관은 SAQA의 인증을 받지 않아도 되었고, NQF에 등록된 자격들을 기준으로 학습 프로그램들을 인정하지 않았다. 이는 분명 NQF를 위한 SAQA의 모델을 저해하는 처사였다. 물론 이것이 교육부를 위한 악의나 권력 정치를 의미한다는 얘기는 아니다. Umalusi가 발표한 연구에서 필자는 교육부가 자신이 직접 책임을 갖는 교육기관 내 품질 보증에 대해 더욱 신뢰할만하고 실행 가능성 있는 접근법을 주장했음을 지적했다(Allais et al. 2007).

사소하지만 분명한 한 가지 일화가 SAQA에 대한 일부 교육부 사람들의 태도를 보여준다. SAQA의 표준개발기구(SGB)에 의해 개발되어 국가표준기구(NSB)의 비준을 받고 SAQA에 의해 등록된, 학교 교사들을 위한 자격들이 이를 제공하고자 하는 대학 내의 프로그램 재정 지원을 위한 교육부의 승인을 얻지 못했다. 그 이유는 그 자격들이 공식적인 교육부 정책과는 다른 것으로 간주되었기 때문이다(Allais 2005).

일부 사람들은 지금까지 발생한 문제들을 SAQA에 의한 NQF의 지나친 관료화 그리고 두 정부 부서 사이의 권력 다툼의 결과로 간주한다(Jansen 2004; Keevy 2006). 러그(Lugg, 2007)는 NQF 내의 갈등이 교육부와 노동부의 서로 다르고 모순되는 구조를 보여준다고 주장하면서, NQF의 관행은 물론 남아공 정부 역시 그렇게 갈등에 빠진 채로 남을 것이라고 예상한다. 무코라(Mukora, 2006)는 NQF가 노동조합으로부터 지지를 받았음에도, NQF가 아파르트헤이트 정부의 교육 및 산업 정책에 기원을 두었기 때문에 지금까지 여러 문제가 발생했다고 주장한다. 그는 NQF가 바탕을 둔 포스트포디즘 모델이 남아공 경제에는 적용되지 않는다고 주장한다.

6.2 투명성

다양한 연구자들이 교육기관 및 교육과정으로부터 별개로 학습 결과들을 명시하려는 시도로 인해 생겨난 지나친 상세화와 지나친 정교화의 문제들을 지적했다(Wolf 1995; Hall and Woodhouse 1999). 이는 학습 결과들이 투명할 수 있으며 따라서 이 학습 결과들이 확실한 표준을 설정하고 또 사람들이 이를 토대로 교육과정을 개발하고 학생들을 가르치며 상당히 비슷한 방식으로 학생들을 평가할 수 있을 것이라는 가정 때문이다. 이 가정은 숙련된 기술을 갖춘 전문가들을 교사로 채용한 매우 강력한 교육기관들이 존재할 때, 그리고 이 전문가들이 서로 간에 그리고 산업계와의 강력한 연결망과 관계를 형성할 때 사실이 될 수 있다. 하지만 이러한 경우, 매우 일반적인 학습 결과들이 도출되며, 달리 말해 전문적인 판단을 통해 품질이 보장된다. 달리 말하면, 표준들이 그 자체로 투명하지 않지만, 특정 공동체 또는 전문 집단 내에서 해석될 수 있을 만큼 구체적이다. Guthrie는 다음과 같이 지적했다.

.......인간의 능력을 언어라는 수단을 통해 확실하게 묘사하고 정확하게 전달할 수 있다는 가정은 근거가 없다. 그러므로 글로 표현한 역량은 물론 유용한 지침이 될 수 있으나 대략적이고 임의적이며, 따라서 우리는 무엇이 역량인가에 대한 실제적인 현실이 역량을 묘사한 말들 속에 반영되어 있다고 가정할 때 신중해야 한다. 그러므로 중요한 것은 말들이 아니라 말들이 의미하는 내용이며, 말들이 의미하는 내용이 어느 정도까지 널리 이해되는가가 중요하다. 역량의 이러한 비가시적인 속성은 특정한 문제를 야기할 수 있다. 그 중에서 가장 중요한 문제는 역량의 평가다. 역량의 근원적인 속성에 제대로 집중하지 않고 역량의 가시적이고 명백한 속성에만 집중하려는 경향이 있기 때문이다(Harris et al. 1995). (Guthrie 2009)

전문가들의 공동체 내에서 널리 이해되고 그보다 더 넓은 공동체의 신뢰를 받는 표준들이 존재하지 않는다면, 달리 말해 표준이 무엇인지에 대해 이미 잘 아는 교사와 평가자들이 존재하지 않는다면, 학습 결과의 진술(outcome statement)은 도움이 되지 않는다. 이 진술들이 저마다 크게 다르게 해석될 수 있기 때문이다. 이러한 차이들을 해결하기 위해, 학습결과 개발자들은 학습결과를 더욱 더 상세하게 만든다. 그러나 이 과정에서 학습결과는 더욱 더 협소해지고 동시에 더욱 더 길어지며, 그 결과 교육과정 개발자, 교사, 평가사들이 다루기가 너욱 어려워진다. 동시에 결과는 결코 투명해지지 않는다. 필자(Allais 2007b)는 남아공 NQF에서 이것이 극단적인 형태를 취한다는 사실을 지적한 바 있다. 남아공 NQF에 등록된 단위 표준들의 많은 수는 극단적으로 협소하며 거의 대부분이 장황하다. 이는 왜 NQF가 고안한 자격들이 널리 이용되지 못하는지를 설명하는 한 가지 이유로 볼 수 있다. 즉, 이러한 체계를 다루는 데 실질적으로 어려움이 따르기 때문이다.

이러한 비판을 모든 사람이 받아들이는 것은 아니다. 예를 들어 프렌치(2009)는 내 연구가 많은 단위 표준들이 이치에 어긋난다는 점을 지적함과 동시에, 개발된 좋은 단위 표준들까지 간과해버린다고 주장한다. 반면 필자의 주장은 설계가 단위 표준에 내재한다는 것이다. 그러나 일부 단위 표준이 잘 설계되었든 아니든, 혹은 특정 맥락에서 사용되든 사용되지 않든, NQF의 변화로 인해 교육과정 및 교육기관 밖에서 명시된 결과들이라는 개념으로부터 모든 것이 멀어진 것이 남아공의 엄연한 현실이다. 하지만 심지어 강력한 교육기관과 전문가 집단들이 존재하며 역량 중심의 표준 혹은 학습결과가 무엇을 의미하는지에 대한 이해가 널리 이루어진 국가에서조차, 표준 중심의 모델에 대해 비판이 이루어진다. 한 예로, 성공적인 역량 기반 훈련 체계의 예로 간주되는 호주의 훈련 패키지 역시 지나치게 상세하고 다루기 불편하다는 비판을 받는다(Guthrie 2009).

일부 연구자들은 한발 더 나아가, 협소한 결과 기반 혹은 역량 기반의 접근법이 교육 프로그램의 지식 기반을 무너뜨린다고 주장한다. 일반 교육에서 이러한 유형의 접근법을 사용하려고 시도하면, 지식이 와해되거나 해체될 수 있다. 학문 분야와 지식 부문들을 학습결과 진술로 포착하여 기술할 수 없으며 이를 읽어낼 수도 없기 때문이다(Allais 2007b; Taylor 2000; Muller 2004). 또 다른 연구자들은 기능 지식(craft knowledge) 역시 단편화되어 학습결과 속으로 흡수됨으로써 앞서 예와 유사하게 와해될 수 있음을 지적했다(Gamble 2002, 2004). 이들은 또한 협소한 결과 혹은 역량 기반의 접근법이 근로자들로 하여금 협소하고 제한적인 교육을 받게 할 수 있다는 점 역시 지적했다 (Gamble 2005, Wheelahan 2008a).

분명 모든 교육 프로그램은 학습 결과라는 개념을 포함하며, 역량의 개념은 특히 직장 내 훈련은 물론 직업 및 전문 자격과 같은 많은 교육 프로그램에 있어 중요하다. 그러나 역량들이 자체적으로 명시될 수 있다고 가정하는 대신, 역량 또는 학습결과라는 개념을 교육과정 개발에서 반복적으로 사용하는 편이 훨씬 더 유용할 수 있다. 이는 표준 설정을 통한 산업계의 관여에 초점을 맞추기보다, 교육과정 개발의 차원에서 산업과의 관계, 그리고 교육기관과의 관계를 수반한다.

6.3 품질 보증

앞서 논의했듯이, NQF가 암시하는 품질보증 모델이 매우 복잡하고 많은 비용이 소요된다는 데 대한 의견일치가 있다. Umalusi의 연구에서는 NQF 하에서 도입된 품질보증 모델이 지닌 심각한 문제점들이 지적되었다(Allais et al. 2007). 즉, 품질보증 기구들이 단순히 많다는 점을 넘어서서, 서로 간의 관계들이 충분히 확실하지 않다는 점이 밝혀졌다. 또한 기관 중심의 분권화된 평가 모델이 매우 강력한 교육기관들에 의존해야 하며, 명문학교만이 아닌 대부분의 학교들이 표준에 대해 진지한 태도를 취하는 것으로 널리 인식되는 문화에 의존해야 한다는 주장도 있었다. 대학의 경우, 아파르트헤이트 정부로 인해 체계적으로 자금을 지원받지 못했던 취약한 대학들에게 상당한 지원과 개발이 뒷받침된다면, 이것이 가능할 수 있다. 남아공보다 더 평등이 보장되고 발전된 교육 체계가 존재하는 다른 국가들에서는 이것이 교육체계의 더 낮은 단계에서도 역시 가능할 수 있다. NQF의 본래 모델은 각 개별 장소, 심지어 학교와 대학에서도 모든 평가가 고안, 실시될 수 있다고 가정했다. 하지만 남아공의 교육기관들은 저마다 표준들이 크게 다르며, 평가 관행에 대해 Umalusi가 실시한 매우 소규모의 조사에서도 이 표준들이 극적으로 상이하다는 사실이 밝혀졌다. 달리 말해, 학습결과 진술들은 그 내용이 아무리 상세하다해도, '표준을 유지'하고 모든 평가가 동일한 혹은 비슷한 수준에서 실시되도록 보장하는 데 있어 충분하지 못했다.

품질보증 체계를 통해 낮은 품질이라는 문제를 해결하기 위해서는, 관련 분야에 대한 해박한 지식과 더불어 평가에 대한 전문지식을 갖춘 많은 중재자(남아공에 가장 필요한 존재다)들 그리고 이와 비슷한 자격을 갖췄으며 각 중재자의 작업을 확인할 수 있는 많은 검토자들이 있어야 한다. 하지만 어떤 국가도 교육 제공에 소요되는 비용보다 더 많은 금액을 품질보증에 투자하려고 하지 않는다. 따라서 남아공은 이 문제를 다르게 해결하려고 시도한 듯 보인다. 즉, 보다 중앙집중적 교과과정의 처방과 교육 및 개별적 학습 상소의 밖에서 실시되는 중앙집중적 평가를 통해 이 문제를 해결하려고 한 것으로 보인다.

등록 및 인증 절차는 중요하지만, 대학 체계 밖에서 처방된 교육과정과 중앙집중적 평가와 같은 보다 전통적인 품질 수단이 부재한 상태에서 많은 시간과 비용이 소요되며 궁극적으로는 비효과적인 것으로 판명되었다.

6.4 최종 예측

NQF는 시대의 산물이다. 이 개념은 많은 복잡한 교육 문제들의 해결책으로 제시되었으나, 아마도 엉뚱한 문제들을 해결하려는 것으로 보인다. 남아공에서 NQF는 자격들 간의 경로를 보장함으로써 교육훈련에 대한 접근성을 높이고 일상에서 기술을 습득한 사람들이 그에 맞는 자격을 취득할 수 있도록 보장하려 했다. 그러나 남아공 국민들은 교육기관에 접근할 수 없다. 이들에게 수업료를 지불할 돈이 없기 때문이고, 고용주들이 직원들에게 훈련을 제공하기를 원치 않기 때문이며, 부모가 AIDS 관련 질병으로 사망한 경우 아이들이 가정의 생계를 꾸리기 때문이다. 또한 아이들에게 충분히 먹을 음식이 없기 때문이며, 남아공에 안전하고 효율적이며 저렴한 대중교통 수단이 없기 때문이다. 그 외에도 여러 다른 이유가 있다. 남아공 국민들이 교육에 접근한다 해도, 학교의 시설이 열악하고 교사들 역시 자질이 부족하고 적극적인 동기가 없는 경우가 많다. 또 대학 강사들은 본인의 연구 결과물을 한 번도 출판하지 않은 경우가 많다(물론 예외는 있다). 고도의 기술을 필요로 하는 소수의 전문직을 제외하고, 학습자들은 학교 졸업 후 즉시 마땅한 일자리를 찾지 못한다.

자격만으로는 분명 이 문제들을 해결하지 못한다. 남아공 정부는 현재 다양하고 복잡한 개입 정책들을 통해 이러한 문제들의 상당수를 해결하려고 하고 있다. 하지만 필자는 국민들이 느끼는 일상생활의 질이 개선되지 않는 한, 문제 해결이 어렵다고 본다. 또 교육기관의 수준이 향상되지 않는 한, 경제가 일자리를 크게 늘리지 않는 한, 문제 해결이 어렵다고 본다(이러한 문제들은 서로 연관이 있다). 자격체계에 힘과 노력을 쏟아 붓는 일은 중요한 우선순위처럼 보이지는 않는다. 남아공의 경험에 비춰볼 때, 자격체계가 이러한 문제들을 해결하는 데 중요한 역할을 할 수 있다는 것은 의심스러운 주장이다. 새로운 제도적 형태로 자격체계가 남아공 교육 정책 내에서 보다 현실적인 위치를 취하게 되길 기대해본다.

6.5 남아프리카공화국에 대한 부록

부록 1: 남아공의 본래 NQF의 레벨과 분야

레벨	분야											
	1	2	3	4	5	6	7	8	9	10	11	12
8	농업 및 자연보호	문화 및 예술	비즈니스, 상업 및 경영학	커뮤니케이션, 이성한 및 언어	교육, 훈련 및 개발	제조, 공학 및 기술	인류학 및 사회학	법, 군사학 및 안보	보건학 및 사회 서비스	물리, 수학, 컴퓨터과학, 생명과학	서비스	물적 계획 및 건설
7												
6												
5												
4												
3												
2												
1												

부록 2: 표준 개발, 품질보증, 제공을 위해 고안된 본래의 구조와 절차

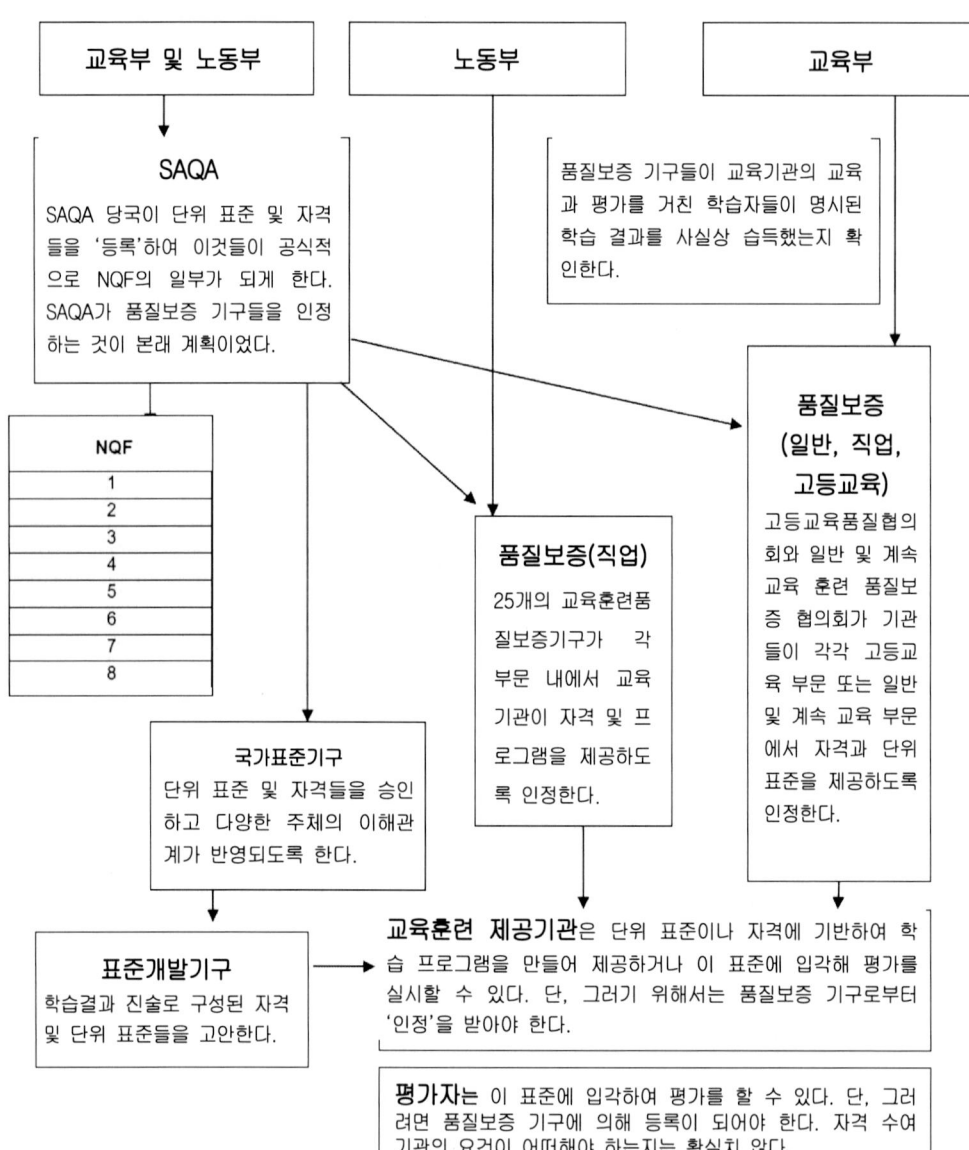

부록 3: 남아공 NQF를 통해 개발된 자격 및 단위 표준[83]

신규 자격의 예: 레벨 2~5
레벨 2 자격의 예
국가 자격(National Certificate): 소매 현장 업무
자격(Certificate): 응대 업무 및 서비스
강관 제조 국가 자격(이음매 없이 열 처리로 마무리된 혹은 냉각 처리로 마무리된 강관)
국가 자격: 에어컨, 냉각, 환기(레벨 3에도 해당)
국가 자격: 빵 및 밀가루 제과제빵
국가 자격: 콜 센터 지원
국가 자격: 마카다미아 생산 및 도정
국가 자격: 피해자 권리신장 및 지원

레벨 3 자격의 예
타이어 및 타이어 부품 품질 검사 국가 자격
국가 자격: 미용 기술
국가 자격: 담배 필터 로드 생산
국가 자격: 건축 도장
국가 자격: 패스트푸드 서비스
국가 자격: 식품 및 음료 가공: 유지 성분 제품 가공
국가 자격: 대량 생산 하에서의 장신구 제조
국가 자격: 종자 가공 및 포장

레벨 4 자격의 예
국가 자격: 공동체 기반의 언어 관행
계속 교육훈련 자격: 제조 및 조립 공정 감독
계속 교육훈련 자격: 공예 산업

---

[83] http://www.saqa.org.za [11 Oct. 2009].

국가 자격: 식품 및 음료 제조 기술: 분무 건조 식품 기술자
계속 교육훈련 자격: 부동산
계속 교육훈련 자격: 수송 관로 공사
계속 교육훈련 자격: 피해자 권리신장 조율
계속 교육훈련 자격: 사회 및 환경 상호작용에 대한 공동체 강화

레벨 5 자격의 예
국가 자격: 범죄 분석
국가 자격(National Diploma): 가축 생산
국가 자격: 긴급 구조 서비스 운영
국가 자격: 고속 생산 공정의 유지(일용 소비재)
국가 자격(National Diploma): 신발류 기술
국가 자격: 정보 기술: 시스템 지원
레벨 1 단위 표준의 예
바닥 쓸기(4점)
서비스: 개인 관리
기본 소방기술 적용(3점)
서비스: 교통, 운영, 물류
대표 땅콩 샘플 채취(2점)
농업 및 자연보호: 2차 농업
농장 내 긴급 상황 파악(7점)
농업 및 자연보호: 1차 농업
사회와 자연환경 사이의 관계를 제시, 설명, 논의, 분석함(4점)
인류학 및 사회학: 사람/인간 중심의 개발
변기를 이용하여 허약한 환자의 배변 활동을 도움(2점)
서비스: 청소, 가사, 고용, 재산, 구조 서비스
HIV 및 AIDS에 대한 정확한 정보를 실생활에 적용(2점)
보건학 및 사회과학: 보건 및 개발 서비스

레벨 2 단위 표준의 예

우유 트럭을 사용하여 농장으로부터 원유를 대량으로 수집(8학점)

제조, 공학 및 기술: 제조 및 조립

트랙터 운전(10학점)

농업 및 자연보호: 1차 농업

고압 전선 전원 조작(2학점)

제조, 공학 및 기술: 제작 및 추출

재생 에너지와 관련하여 기후 및 날씨를 이해(6학점)

물적 계획 및 건설: 전기 인프라 및 건설

고객 서비스의 기본 기술 적용(2학점)

비즈니스, 상업 및 경영학: 금융, 경제, 회계

판매 시점에 고객의 구매물을 포장(3학점)

서비스: 도매 및 소매

속을 채운 뜨거운 감자 요리를 준비(1학점)

서비스: 접대, 관광, 여행, 놀이, 여가

건조 분말법을 사용하여 카펫을 청소(6학점)

서비스: 청소, 가사, 고용, 재산, 구조 서비스

레벨 3 단위 표준의 예

과일 케이크에 마무리 장식을 함(3학점)

제조, 공학 및 기술: 제조 및 조립

주문 생산: 3차원의 규칙적 형태의 목재 패턴 장비의 제조(40학점)

제조, 공학 및 기술: 공학 및 관련 설계

공동체의 맥락에서 이데올로기를 설명(10학점)

교육, 훈련 및 개발: 성인 학습

지면 붕괴의 원인에 대한 기본적인 이해(2학점)

제조, 공학 및 기술: 제작 및 추출

컴퓨터에 대한 기본 지식(6학점)

물리, 수학, 컴퓨터과학, 생명과학: 정보기술 및 컴퓨터 과학
긴급 상황 시 유해한 환경에 대한 반응(10학점)
제조, 공학 및 기술: 공학 및 관련 설계
산탄총의 취급과 사용(2학점)
법, 군사학 및 안보: 안전 및 사회

레벨 4 단위 표준의 예
응고된 우유로 그린 모짜렐라 치즈 제조(30학점)
제조, 공학 및 기술: 제조 및 조립
ATM 설치(5학점)
비즈니스, 상업 및 경영학: 금융, 경제, 회계
독성 동물 관리(8학점)
농업 및 자연보호: 자연보호
남아공의 정보와 관련된 역사, 지리, 정치, 경제에 대한 근본적인 이해(4학점)
법, 군사학 및 안보: 국가 주권
개인적인 마케팅 문화를 본인에게 주입하기(4학점)
비즈니스, 상업 및 경영학: 마케팅
매우 복잡한 유형의 고객 장치를 설치(10학점)
제조, 공학 및 기술: 제조 및 조립
본인의 지식을 사용하여 창조적 분야에서 중대한 결정을 내림(5학점)
문화 및 예술: 시각 예술
공동체의 인지된 요구에 대해 성서와 관련된 변화의 모델을 적용(4점)
인류학 및 사회학: 사회의 종교적, 윤리적 토대

레벨 5 단위 표준의 예
붐 마이크로 양질의 소리를 잡아냄(5학점)
커뮤니케이션학 및 언어: 커뮤니케이션학
식당에서 음식을 준비, 조리, 접대하기(6학점)

서비스: 접대, 관광, 여행, 놀이, 여가
선택된 주제 분야의 근본적인 개념, 이론, 관련된 가치를 적용(15학점)
법, 군사학 및 안보: 사회 정의
관광지로서의 동부 아프리카, 인도양 섬, 몰디브에 대한 지식 보유(8학점)
서비스: 접대, 관광, 여행, 놀이, 여가
예술 및 문화 학습 환경에서 질서 확립(5학점)
문화 및 예술: 공연예술
분쟁 해결에 중재재판조례 적용(4학점)
비즈니스, 상업 및 경영학: 인적자원

레벨 6 단위 표준의 예
그린비어의 숙성과 저장(10학점)
제조, 공학 및 기술: 제조 및 조립
4GL을 사용한 프로그래밍을 위한 단일 사용자 개인 컴퓨터용 컴퓨터 애플리케이션의 설계(12학점)
물리, 수학, 컴퓨터과학, 생명과학: 정보기술 및 컴퓨터과학
기독교 영성의 연구 및 실천(12학점)
인류학 및 사회학: 사회의 종교적, 윤리적 토대
개념적 사고의 원칙들을 설명, 적용(10학점)
비즈니스, 상업, 경영학: 마케팅
무용 공연 기회(15학점)
문화 및 예술: 공연예술

레벨 7 단위 표준의 예
세계 경제 구조를 분석(10학점)
법, 군사학 및 안보: 국가의 주권
은행 법에 대한 수정안 마련(37학점)
비즈니스, 상업 및 경영학: 금융, 경제, 회계

문자의 시장성 평가(10학점)
커뮤니케이션학 및 언어: 커뮤니케이션학
모의법정의 실질적 측면 적용(19학점)
법, 군사학 및 안보: 사회 정의

1학점이 배정된 단위 표준의 예
기본적인 수질 유지
레벨 1, 농업 및 자연보호: 1차 농업

기계적 코어 드릴 작동
레벨 2, 물적 계획 및 건설: 건축 구조

기타 직원들과의 효과적인 작업 관계 유지
레벨 3: 비즈니스, 상업 및 경영학: 조달

학습자 지원 및 안내
레벨 4, 서비스: 접대, 관광, 여행, 놀이, 여가

원자력 발전소에 적용되는 원자력 안전 규제 요건 설명
레벨 5, 제조, 공학 및 기술: 제조 및 조립

관련 성 평등 법의 적용
레벨 7, 법, 군사학 및 안보: 사회 정의

많은 학점이 배정된 단위 표준의 예
은행 주택담보 대출의 대출 수익금에 대한 지불 처리(레벨 4, 59학점)
비즈니스, 상업 및 경영학: 금융, 경제, 회계

다이아몬드 원석 세공(레벨 4, 87학점)
제조, 공학 및 기술: 제조 및 조립
희미한 자취를 이용하여 동물을 추적하고 자취를 파악(레벨 6, 60학점)
서비스: 접대, 관광, 여행, 놀이, 여가
신발류의 무늬 및 디자인 절단을 위한 기술 강화 및 개발(레벨 5, 110학점)
제조, 공학 및 기술: 제조 및 조립
판단 정보의 산물을 생성, 제시(레벨 7, 60학점)
법, 군사학 및 안보: 국가의 주권
안내자와 함께 하는 등산을 계획, 실시(레벨 7, 60학점)
서비스: 접대, 관광, 여행, 놀이, 여가

214 초기자격체계에서 얻은 교훈

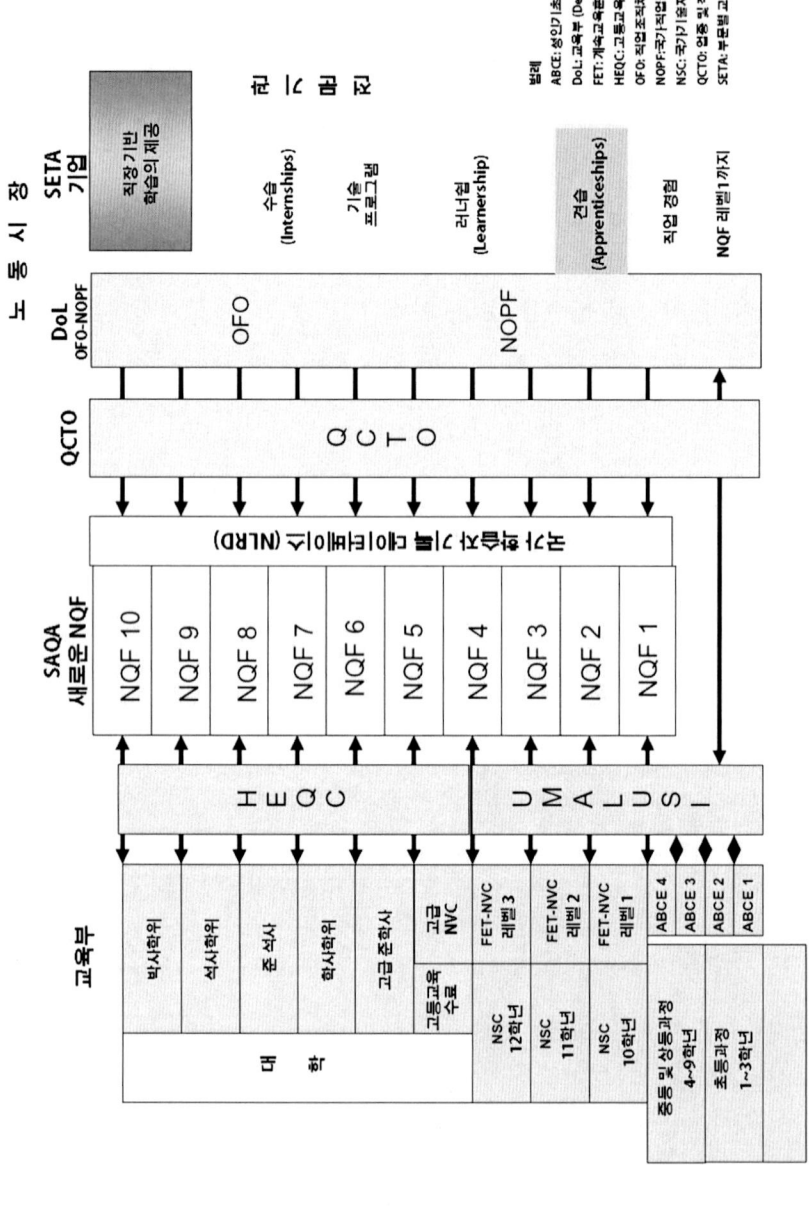

부록 4: 남아공 NQF를 위해 제안된 새로운 협약 (Heitmann과 Mummenthey(2009)에서 수정)

제6장 초기 자격체계의 교훈

 정책입안자들이 정책 차용을 통해 다른 국가의 정책을 재현하지 않고 다른 나라의 정책 경험으로부터 교훈을 얻기 위해, 이 다섯 건의 연구에서 무엇을 배울 수 있을까? 복잡한 교육적 문제들에 대해 단순한 답은 없는 법이다. 그러나 이 장은 몇 가지 중요한 추세와 다섯 연구에서 볼 수 있는 특징들을 발췌하고 거기에서 배울 수 있는 교훈을 소개해보겠다.

 아마도 여기서 강조해야 할 두 가지 중심적 메시지는 단 하나의 올바른 NQF 모델은 존재하지 않으며, NQF가 교육과 고용과 관련하여 국가들이 직면한 복잡한 문제에 대한 빠르고 쉬운 해결책을 제공하지는 않는다는 것이다. 이 활동 보고서에 포함된 다섯 건의 사례연구들은 '모범사례'나 '최고의 모델', 또는 '올바른 실행 과정'을 찾으려는 정책입안자들에게 단순한 답을 제공하지 않는다.

 서로간의 차이들에도 불구하고, 연구가 다루고 있는 자격 체계들은 대체로 비슷한 목적을 가졌다. 그러나 그 체계들의 설계와 실행 과정, 성취는 사뭇 다르다.

1. 목표, 설계 특징, 실행

몇 가지 주요 연구결과

- 이 활동 보고서에 포함된 다섯 개의 NQF는 대략 비슷한 목표를 갖지만, 설계는 아주 다르며 아주 다른 과정을 통해 실행되었다.
- 모든 체계들은 시간이 지남에 따라 변화를 겪었고, 재검토와 비난의 대상이 되었으며 진화하는 정책 과정의 일부가 되었다.
- 학습결과(outcome)로 표현되는 자격과 교육 프로그램을 명확히 분리하려는 '강력한 결과' 모델에 기초한 체계들이 가장 많은 문제들에 직면했다.

- 뉴질랜드와 남아프리카의 NQF는 도입되고 십년 만에 상당히 수정되었고, 잉글랜드와 웨일스, 북아일랜드의 NVQ는 도입 이래로 여러 차례 변경되었다.
- 학습결과를 정의하는 데 있어서 가장 덜 규정적인 두 체계의 경우 이해당사자들로부터의 저항이 가장 작았다.

다섯 개 자격 체계의 공식적 목표는 자격 체계의 한 가지 역할, 즉 자격체계가 교육훈련과 직장 사이의 소통을 증가시키는 역할에 대하여 아주 분명하게 표명하지 않고 있지만, 이런 역할은 사실 모든 자격들을 떠받치고 있는 관심사다. 스코틀랜드 자격은 교육 시스템과 일반 대중 간의 소통을 증진하고 직장에서 기술 수준을 향상시키는 것을 목적과 목표로 한다. 호주자격체계(AQF)는 학점 이전과 업무 및 삶의 경험을 비롯한 사전 학습 인정의 토대를 제공함으로써 사람들이 쉽게 교육훈련 부문들과 노동시장을 오갈 수 있도록 돕는 유연한 경로 개발을 목표로 한다. 흥미롭게도 아래에서 설명하는 것처럼, 스코틀랜드 체계는 개별 대학들과 대학, 전문학교, 학교를 대표하는 조직들을 비롯하여 교육에 관여하는 기관들이 가장 강력한 역할을 하고 고용주나 산업계가 가장 적은 역할을 하는 체계다.[84] 잉글랜드와 웨일스, 북아일랜드, 뉴질랜드, 남아프리카에서 자격체계는 교육 훈련에서 고용주들의 목소리가 점점 커지는 추세였다. 그러나 남아프리카에서는 다른 이해당사자들도 강조되었다.

그러나 잉글랜드와 웨일스, 북아일랜드의 NVQ는 호주의 역량 중심 훈련 모델(CBT)과 마찬가지로 산업 대표자들이 필요한 역량들을 명시하면 고용주들이 자격을 소지한 학습자들이 무엇을 할 수 있는지를 보다 쉽게 이해하도록 만들 것이며, 그들이 명시한 내용에 근거하여 제공되는 교육 프로그램은 직장의 필요에 적절할 것이라는 주장을 근거로 한다. 이 NVQ들은 자격에 수반되는 학습결과와 그것을 어떻게 달성했는지를 분리시키려 했는데, 이는 부분적으로 자격에 대한 제공자 독점을 막고 직업훈련 제공자의 '공개 시장'을 창조하기 위함이었다. 마이클 영이 제1장에서 지적한 것처럼, 구체적 학습 프로그램이나 기관으로부터 독립적인 자격이라는 개념은 정책입안자들에게 늘

---

[84] 고용주들은 스코틀랜드직업자격(SVQ)를 비롯하여 특정한 하위 체계의 측면에서는 보다 큰 역할을 하지만, 이런 측면에서 고용주들의 역할은 NVQ에서 영국 고용주들의 역할과 비슷하며, 비슷한 '고용주 참여'의 문제를 갖고 있다.

인기가 있는 것으로 입증되었으며, 전 세계의 많은 NQF 모델들과 이 연구에서는 뉴질랜드와 남아프리카 모델의 토대를 제공했다.

제1장에서 강조할 필요가 있는 한 가지는 국가직업자격(NVQ)이 원래는 제한적인 정책 메커니즘으로 생각되었다는 점이다. 즉, 청소년훈련(Youth Training) 같은 업무 경험 프로그램에서 청년들이 획득하는 기술을 인정하고 검정하기 위해 이용할 수 있는 자격을 도입하려는 것이었다. 원래의 발상은 대학에서의 훈련 제공에 이르는 자격이나 그런 훈련 제공을 인정하는 자격을 설계하는 것이 아니었다. NVQ는 두 가지 문제에 대응하기 위해 도입되었다. 두 가지 문제란 기존 자격들 중에는 청소년훈련 프로그램에 참여하는 사람들에게 마땅한 자격이 없다는 것과, 기존 직업자격 시스템에 대한 불만과 다른 유럽 국가들과 비교할 때 자격을 갖춘 노동력의 수가 떨어진다는 것에 대한 광범위한 불만이 존재했다는 것이다. 정부는 기존의 자격 설계에서 두 가지 요소를 배제하고자 했다. 그 중 한 가지는 노동조합의 과도한 통제권을 보여주는 투입시간 중심 접근법이고, 또 한 가지는 교육기관의 과도한 통제권을 보여주는 교수요목을 토대로 한 교수 및 평가였다. 이러한 생각은 뉴질랜드와 남아프리카 공화국까지 확대되었고, 보다 폭넓은 교육적, 사회적, 경제적 목표를 달성할 수 있는 방법으로 간주되었다.

뉴질랜드와 남아프리카공화국에서 국가자격체계(NQF)는 국가직업자격(NVQ)의 논리를 이용하여 교육훈련 시스템 전체를 개혁하려 했다. 이 NQF들은 모든 레벨의 모든 학습 유형과 교육부문의 모든 자격들에 대하여 학습결과를 명시함으로써, 기관들과 자격들 간의 관계를 끊으려 했다. 그렇게 함으로써 NQF의 보다 광범위한 목적들 (접근성 개선, 노동시장 성과 개선 등)을 달성할 수 있다고 믿었다. 뉴질랜드에서는 시장화와 효율성이 뚜렷하게 강조되었다. 더 많은 주자들이 훈련 시장에 진입할 수 있는 시스템을 만드는 것이었다. 남아프리카 공화국에서는 민주화와 부당함 해결, 평등을 강조했지만, 본질적으로 동일한 메커니즘에 의존했다.

세 모델이 공유하는 특징은 역량 또는 학습결과의 측면에서, 구체적인 학습 프로그램과 교수요목, 교육기관으로부터 독립적인 자격 규정을 강조했다는 점이다. 또한 NVQ의 경우는 고용주들이 업계에서 필요한 역량을 명시할 것을 강조했다. 남아프리카의 경우는 그런 생각이 보다 확대되어, 이 일을 담당하기 위하여 이해당사자들 중심의 단체가 설립되었다. 마찬가지로 뉴질랜드에서도 국가표준기구가 설립되어 모든 자격들의 토대가 될 단위 표준을 개발했다.

앞선 장들에서 본 것처럼, 세 경우 모두에서 실행 경로는 비슷했다. 잉글랜드와 웨일스, 북아일랜드의 경우, NVQ는 몇몇 특정 분야에서 채택되었지만, 연구자와 교육기관, 심지어 일부 고용주들로부터 거센 비난을 받았고 이후로 계속적인 변화와 재검토의 대상이 되었다. 몇몇 특정 직업 분야에서는, NVQ가 받아들여졌는데, 제 1장에서 이런 부문들 중 두 경우에 대하여 그 이유가 설명되어 있다. 뉴질랜드와 남아프리카공화국에서는 (단위 표준으로 알려진) 자격의 개별 구성요소들도 만들어졌다. 뉴질랜드에서 단위 표준에 기반한 자격이 학교 시스템에 도입되었지만, 대체로(특히 학술적 영역에서) 별다른 실효를 거두지 못하고 대체되었다. 뉴질랜드의 고등교육계는 자격 설계에 대한 새로운 접근법이 부적절하다고 느끼고 뒤로 물러났다. 남아프리카공화국에서는 NQF 표준수립기구들이 만든 새로운 자격을 이용할 수 있게 될 때까지 임시방편으로 대학들과 사립 전문학교를 비롯한 교육기관들이 기존 자격들을 제출하여 국가체계에 등록시켰다. 학교와 전문학교 자격이 개혁되었지만 NQF에 따른 개혁은 아니었으며, 두 자격 모두 기본적으로 교수요목인 교육과정 진술문(curriculum statements)을 갖고 있고 외부 시험에 의존했으며, 주로 교육부의 관리를 받았다. 대부분의 새로운 자격들은 사용되지 못했고, 구체적 제공자(특정 대학이나 전문학교, 또는 교육부)들과 관련된 자격들이 계속해서 제공되었다.

뉴질랜드와 남아프리카공화국 모두에서, 비판과 문제, 일반적 불만이 NQF에 대한 재검토와 변화로 이어졌다. 뉴질랜드 NQF는 현재 국가적으로 인정되는 자격들의 목록인 뉴질랜드 품질보증자격등록부의 작은 부분을 구성하고 있다. 단위 표준에 기반한 자격들은 일부 직업교육에 대해서만 이용되고 있다. 남아프리카공화국에서 NQF는 최근 세 개의 하위 체계로 갈라졌는데, 각 하위 체계는 원래의 설계와 아주 다른 방식으로 운영되는 것으로 보인다.

세 국가 모두에서 교수요목이나 교육기관, 교육과정과 무관한 자격을 창조하려는 시도는 성공적이라고 말하기 힘들다. 각 나라에서 가장 많이 이용되는 자격은 고등교육의 경우 교육기관, 학교와 전문학교의 경우 교육과정 진술문과 어느 정도의 외부 평가와 관련되어 있었다. 잉글랜드와 웨일스, 북아일랜드, 그리고 뉴질랜드에서는, 일부 직업 부문에서 여전히 학습결과 중심 자격이 이용되고 있으며, 뉴질랜드의 경우는 점차 기관 중심 자격들과 함께 이용되고 있다. 남아프리카에서는 단위 표준 모델이 대체로 폐기되었지만, 업종 및 직업(Trades and Occupations) 부문에 대한 새로운 하위 체계가 여전히 NQF의 용어를 일부 사용하고 있으며, 소수의 단위 표준과 단위표준에 기초한 자격들이 아직도 이용된다.

호주자격체계(AQF)는 아주 다르다. 다른 네 NQF를 비롯하여 나중에 개발된 대부분의 NQF와 달리, AQF는 레벨 기술어(level descriptor)가 있는 레벨들로 구성되어 있지 않고(하지만 이는 곧 변하게 될 것이다), 단순히 호주에서 이용 가능한 15가지의 자격 유형들과 그것들이 서로 어떻게 관련되어 있는지를 보여준다. 각 자격에 대한 '학습 결과의 특성들'에 관한 대강의 개요가 있지만, 각 자격과 그것이 인정되는 과정의 본성은 각 부문마다 다르다. AQF에는 자격들 간의 표준화된 등급 또는 등가성이 없으며, 자격들은 각각 고유한 교육적 책임을 반영하는 다양한 학습 유형에 기초한다고 간주된다. 자격들은 수료증이나 학사학위처럼 자격의 '유형'이므로, 교육 기관과 직접적으로 관련되어 있지 않다. 이런 의미에서 현재의 AQF는 초기 자격 시스템에 보다 가까운 형식으로 보인다. AQF가 NVQ와 원래의 뉴질랜드와 남아프리카공화국 체계들과 어느 정도 공통점을 갖는 부분은 직업 교육 자격을 관리하는 과정과 시스템, 그리고 직업교육훈련 부문 자격에 대한 역량중심훈련(CBT)을 토대로 하는 '훈련 패키지'의 설계에 있다.

스코틀랜드의 NQF인 스코틀랜드 학점 및 자격체계(SCQF) 역시 다르다. 제2장은 아주 긴 기간에 걸쳐서 개발된 NQF에 관해 이야기하고 있다. 그 기간 동안 일련의 개혁들이 다양한 부분과 다양한 수준에서 점차적으로 도입되었다. 개혁들은 자격을 보다 유연하게 만들고 노동시장과의 연계를 개선하고 다양한 부문과 수준의 자격들 간의 관계를 개선하는 것을 목표로 했다. 다양한 부문에서 15년 이상에 걸친 자격 개혁

이후에야 국가자격체계가 도입되었다. 이 개혁들은 세 개의 별도의 체계 개발로 이어졌고, 이 체계들이 마침내 다른 자격들과 규합되어 하나의 체계를 이루었다. 이 과정에서 가장 강력한 집단은 가장 중요한 두 개의 하위 체계를 관장하는 집단, 즉 학교와 전문학교 자격을 책임지는 스코틀랜드 자격국(SQA)과 고등교육 자격을 책임지는 고등교육 기관들이었다(SQA 자체는 종전 개혁들의 결과물이다). 이런 기관들은 국가적 체계를 만드는 과정을 주도했다.

SCQF의 목표는 이전 개혁들의 목표를 토대로 하고 있음을 이해할 필요가 있다. 여기에는 학습 제공을 보다 유연하게 만들고, 노동시장 성과와 승급 경로, 각 부문 안팎으로의 학점 이전을 개선하고, 직업 교육과 학술적 교육 사이의 동등한 존중을 증진하고, 학습 기회를 증가시키는 것 등이 포함되었다.

스코틀랜드 체계가 다른 체계들이 의도하고 자격체계를 옹호하는 많은 문서들이 예상한 것처럼 전문 교육자들에게 교육과 훈련에 대한 통제력을 박탈하려 하지 않았다는 점을 주목할 필요가 있다. 제2장에서 분명히 하고 있는 것처럼, SCQF 개발을 주도한 것은 교육에 직접 관여하는 기관들이었다.

2. 성공과 실패

주요 연구결과들

- 자격체계들은 목적 달성에 어느 정도 성공했지만, 많은 경우 상당한 어려움을 겪었다.
- 스코틀랜드 학점 및 자격체계(SCQF)가 이해당사자들에게 가장 많은 지지를 받았으며, 목표를 달성함에 있어서 다른 정책들에게 기여한 것으로 보인다.
- 뉴질랜드 NQF와 남아프리카공화국 NQF, 잉글랜드와 웨일스 NVQ는 목표 달성에 크게 실패하거나 예상하지 못한 부정적 결과를 낳았다.
- 5개국 중 어느 나라에서도 노동시장 성과 개선이나 직업 교육과 학술적 교육 간의 동등한 존중이 향상되었다는 증거는 많지 않다.

2.1 성공

스코틀랜드 학점 및 자격체계(SCQF)는 이 연구에서 보고한 다섯 개의 사례 중 가장 성공적인 사례로 널리 인정되며, 제2장에서 볼 수 있는 것처럼 그 성공은 매우 중요하다. 그러나 SCQF의 성공은 자격체계를 통해 국가가 이루려 했던 목표들과 비교하면 약소한 편임을 지적할 필요가 있다. 연구는 또한 성공들 중 어떤 것도 실제로 수량화된 적이 없음을 지적한다. 그럼에도 불구하고 SCQF는 다음과 같은 성공을 이루었다.

· SCQF는 접근과 이동, 승급의 긍정적 발전과 '관련되어' 있으며, 보다 투명하고 유연한 시스템에 기여하고, 모든 교육훈련 부문의 지지를 유지해왔다.
· SCQF는 접근과 이동, 승급을 뒷받침하기 위한 공통의 '언어'를 도입했다. 이는 기존 체계들을 강화하거나 이용을 용이하게 할 수 있다.
· SCQF는 어느 정도 사전 학습을 인정하기 위해 이용된다.
· Careers Scotland는 업무를 뒷받침하기 위해 SCQF를 어느 정도 이용해야 한다. 고용주와 동업자 조직들이 채용과 훈련 제공의 계획 및 조직을 위해 SCQF를 이용해왔지만, 지금까지 전면적 활동은 적었으며 주로 구체적 필요에서 나오는 경향이 있었다. 성인 교육과 다른 특정 분야에서도 비슷한 이용이 있었다.
· SCQF는 정책 개발과 지속적인 자격 개혁을 위한 상황을 제공한다.

성공의 많은 부분이 적어도 부분적으로는 종전의 개혁들 덕분이긴 하지만, SCQF를 현재의 범위만큼 이용할 수 있게 것은 다양한 체계들이 포괄적인 단일한 체계 속에서 규합된 이후였다. 그리고 SCQF의 성공은 변화의 원동력이기 보다는 변화이 수단, 즉 사용을 위한 도구 또는 다른 정책과 구상들에 의존하지 않기 위한 도구였다.

호주의 연구는 마찬가지로 다양한 교육 시스템을 단일한 체계 속에 규합함으로써 시스템를 산의 경로를 개선할 수 있고 경로의 문제가 있는 곳을 강조할 수 있음을 시사했다. 또한 호주의 NQF는 다음과 같은 성공을 거두었다.
· 산업과 긴밀하게 연계된 국가적 직업교육 시스템을 구축하는 데 중요한 역할을 해왔다.
· 자칫하면 부문별 훈련 제공에 복잡성을 더하고 기업과 학부모, 학생들이 자격을 이해하는

것을 어렵게 만들었을 다양한 자격들의 확산을 통제했다고 볼 수 있다.
• VET와 고등교육 자격에 국가 차원의 일관성을 부여하는 데 기여했다.

뉴질랜드에서는 결과 중심 자격 모델을 통해 만들어진 인정시스템이 새로운 훈련 제공자들의 등장에 기여한 것으로 보였다.

2.2 부분적, 조건부 성공

몇몇 연구에서 인용된 공식 문서에서는 학습 결과 또는 역량 진술에 기반한 새로운 자격을 만들고 자격체계에 이런 자격들을 배치한 것을 하나의 성취라고 주장한다. 그러나 이것이 정말로 성취인지는 의문의 여지가 있다. 남아프리카 공화국 NQF와 잉글랜드와 웨일스의 NVQ 모델, 그리고 원래의 뉴질랜드 NQF와 호주의 직업교육의 역량 기반 훈련(CBT) 시스템에 포함된 자격 중에는 상당수(경우에 따라서 대다수)가 어떤 제공자나 평가자도 사용하지 않고, 단지 '체계에 속하거나' 또는 호주의 경우 체계에 입각하여 인정되는 자격일 뿐이다.

잉글랜드와 웨일스, 북아일랜드에서, NVQ 모델은 몇몇 '특정' 분야에서 성공적인 것으로 볼 수 있다. 그러나 그러한 모델이 원래 기대한 것처럼 모든 직업자격의 모델이 되지는 못했다. 이런 특정 분야의 두 가지는 제2장에서 상세히 이야기했다. 제2장은 그 두 가지 성공에서, 한 경우는 NVQ가 규정한 것을 넘어서는 학습 기회에 의존했고, 다른 한 경우는 NVQ 모델의 성공의 증거가 됨으로써가 아니라, NVQ 모델을 준수하지 않음으로써 성공할 수 있었다.

자격 체계는 경로 개선을 돕는 역할을 한다고 볼 수 있다. 그러나 자격체계가 기관 대 기관의 제휴관계와 여러 기관이 개입된 체계들을 개입하지는 않았다. 스코틀랜드에서는 자격체계 자체가 세 주요 하위 체계들 간의 새로운 경로를 창조하지는 않았으며, 단지 그렇게 할 수 있는 도구를 제공했을 뿐이다. 제2장은 유연한 전달과 유연한 학습 결과 같은 유연성의 다양한 차원들이 서로 긴장 관계에 있으며, 다양한 자격들 간의 동등한 존중 측면에서 성과는 제한적이었다고 주장한다. 호주 자격체계는 제한된 수준으로 부문들 간의 대화의 토대를 제공했고, 학점 이전에 대한 합의와 경로들의 기초를 보강하는 데 이용되었다. 정부 내부의 인식은 이것으로 충분치 않다는 것이다. 여전히 몇몇 자격들 간의 승급에 어려움이 있다. 남아프리카공화국 NQF의 경우, 연구에서 언급한 몇몇 평론가들이 '태도 변화'를 달성했다고 평가했다.

2.3 노동시장 성과

고용주가 새로운 자격을 높이 평가하는가? 학습자들이 취업을 하는가? 학습자들의 성과가 더 나아졌는가? 정부는 고용주/산업계가 교육과 훈련에 투자하고(그들이 필요한 것을 충족하도록 하기 위해) 교육과 훈련을 이끌도록 유도하기를 원했고, 이 두 가지가 서로를 보강할 것이라고 생각했다. 자격체계와 특히 결과 기반 또는 역량 기반 훈련(CBT) 모델은 그것을 할 수 있는 하나의 방법으로 보였다. 현재 다섯 건의 사례연구에서 우리가 무엇을 알 수 있는가? 이는 국제노동기구(ILO)가 특별한 관심을 갖는 문제이니만큼 어느 정도 길게 살펴보았다. 그러나 국가들 자체가 명확한 평가 기준을 갖고 있지 않았고 원인이 되는 요소들을 따로 분리하기가 어렵기 때문에, 여기에서 얻은 교훈은 그리 단순하지 않다. 그러나 몇 가지 작은 성공을 볼 수 있다.

모든 국가에서 자격을 정의하고 가치 있는 지식과 기술을 규정할 때 고용주의 참여가 증가했다는 어느 정도의 증거가 있다. 그러나 고용주들이 새로운 NQF 자격을 기존 자격보다 더 신뢰하고 이용하는지에 대한 증거는 없으며, 몇몇 특정 분야를 제외하면 오히려 그렇지 않다는 증거가 나타난다. 모든 국가들에서 고용주의 참여 정도는 혼재되어 있어서 어떤 영역에서는 다른 영역보다 성과가 좋았다.

잉글랜드와 웨일스, 북아일랜드 정부는 고용주들이 '새로운 자격들'의 주인이기 때문에 그들이 피고용인을 평가하거나 직원을 채용하고 배치할 때 책임지고 그 자격을 이용하기를 희망했다. 그런데 실제로는 많은 고용주들이 개입을 원치 않았고, 많은 산업에서 여전히 보다 전통적인 자격에 의존했다.

이런 연구들에 따르면 고용주들은 정책입안자들이 기대한 대로 행동하지 않은 것으로 보인다. 예를 들어 2002년 무렵 뉴질랜드에서는 고용주들의 45%가 산업훈련기구에 포함되지 않았다. 이는 많은 고용주들이 자격을 규제하기 위해 대학 시스템에 의존하기 때문일 수도 있다(즉, 소위 '산업주도'라고 했지만, 고용주들이 정규 교육 시스템을 신뢰하고 새로운 자격을 신뢰하지 않았기 때문). 많은 경우 산업계는 고임금 요구를 초래할 수 있는 훈련에 개입하기를 주저했다. 뉴질랜드 연구는 많은 회사들이 하급 직원들의 기술 개선을 경쟁 전략의 일부로 보지 않았고, 많은 노동 시장 영역이 그런 노동자들에게 높은 수준의 기술을 보유할 것을 요구하지 않았다. 이는 아마도 5개국 모두에 적용되는 문제일 것이다.

산업계가 강력한 역할을 하는 곳에서도, 정부 주도 시스템은 산업체로부터 혼재된 반응을 얻은 증거가 있다(물론 국가들마다 상황은 다르지만). 예를 들어 호주에 대한 사례 연구는 직업교육훈련(VET) 시스템을 이용하는 고용주들은 결과에 만족하지만, 일부 고용주들, 특히 중소기업들은 그 시스템이 너무 복잡하다고 느끼고 있음을 보여준다. 또한 고용주들이 모두 VET 부문에서와 똑같은 방식으로 정식 자격들을 평가하고 있지 않다는 주장도 있다.

예를 들어 호주의 연구는 고용주들이 VET 부문에서와 똑같은 방식으로 자격들을 평가하고 있지 않다는 점을 보여주는 연구를 인용하며, 자격 개발자들이 '산업계의 필요와 동떨어져' 있음을 시사한다.

잉글랜드와 남아프리카공화국에서만 노동부/고용부가 직접 NQF를 책임지고 있었다(남아프리카공화국의 경우 교육부와 공동으로). 그런데 남아프리카공화국은 상황이 변해서, 이제 NQF는 전적으로 고등교육 및 기술부의 관할에 들어가 있다. 호주와 스코틀랜드에서는 고용에 관심이 있는 정부 기관들이 어느 정도 역할을 하고 있다.[85] 스코틀랜드 정부는 NQF를 공급보다 기술 수요와 활용에 초점을 맞추기 위한 수단으로 보았다.

자격체계가 교육기관과 노동시장 간의 공급과 수요를 맞추는 데 일조했다거나, 자격체계가 직장의 자격 수준을 높였다거나, 학습자들이 보다 적절한 기술 및 지식을 갖도록 기여했음을 보여주는 구체적인 자료는 어느 나라에서도 찾을 수 없다. 호주 연구는

---

[85] 호주자격체계(AQF)는 호주 교육고용직장관계부(DEEWR)가 관장하고 있지만, 교육을 담당하는 부서의 구성요소 내에 위치해있다.

직업을 보다 엄격하게 규제한다면 전자(직장의 자격 수준을 높이는 것)를 달성하는 데 도움이 될 것임을 보여준다. 사전 학습이나 경험적 학습의 인정에서 일부 제한된 성취가 후자(학습자들이 보다 적절한 기술 및 지식을 갖도록 기여하는 것)에 어느 정도 기여했다고 볼 수 있을 것이다.

성공이나 진전이 전혀 없는 것은 아니지만, NQF가 어느 정도 성취를 이루었느냐는 의문의 여지가 있다. 예를 들어 스코틀랜드 직업자격은 종전의 개혁들을 통해 노동시장의 필요와 보다 긴밀하게 조율되었고, 전문학교는 교과과정의 소요시간과 전달 방식, 내용, 수준이 다양하기 때문에 전통적으로 고용주와 개인의 필요에 대한 접근과 반응성이 큰 편이다. 그럼에도 불구하고 교육과 훈련, 기술 개발에서 고용주의 참여를 증진하는 것이 여전히 도전과제가 되고 있다. 제1장에서는 한 NVQ '성공' 사례는 지역 교육기관들과의 좋은 관계에 기초한 많은 훈련 기회를 비롯한 직장 내에서의 강력한 인적자원 개발을 토대로 했고, 다른 한 사례는 자격 설계에 영향을 미치고 시험에 기반한 평가를 유지하는 강력한 동업자 협회를 토대로 했다고 주장한다.

SCQF는 보건의료와 금융 같은 몇몇 직종에서 예를 들어 자격 요건을 면제해주는 용도로 광범위하게 이용된다. 고용주와 동업자 협회들이 채용을 위해, 또는 훈련 제공을 계획 및 조직하기 위해 체계를 이용하기도 한다.

2.4 문제와 실패

잉글랜드와 웨일스에서 NVQ는 문제 있는 모델로 널리 인식되고 있으며 도입 이후 여러 차례에 걸쳐 변화를 겪었다. 잉글랜드와 웨일스, 북아일랜드에서 NVQ 모델이 가져온 결과들 중 하나는 직업자격이 학교나 대학에서 획득한 자격보다 본질적으로 열등하다는 관점을 영속화시키고 심지어 강화했다는 것이다.

남아프리카공화국의 NQF는 가장 많은 문제에 부딪친 체계로 볼 수 있다. 구체적인 성취는 거의 보이지 않는다. 많은 자격들이 만들어졌지만, 이용되는 것은 아주 적다. 주된 교육 제공기관들, 특히 고등교육 제공기관들은 계속해서 제도에 기반하고 시간 구속적 요건들이 있는 교육부 관련 교수요목과 외부시험을 통해 정의된 기존 자격들을 제공했다. 남아프리카공화국의 NQF는 전적으로 변화되었고, 표준을 정하고 품질을 감시 및 유지하는 것과 관련된 모든 메커니즘 역시 변했다.

뉴질랜드 체계 역시 전적으로 변했지만, 원래 모델은 국가적으로 인정되는 자격들 전체의 목록인 자격등록부의 일부로 살아남았다. 산업훈련법은 산업 기반 훈련 및 평가를 NQF의 표준과 자격을 연결 짓는다.

리사 휠라헨은 호주에 관한 제4장에서 AQF가 부문별 차이를 확고하게 만든다고 주장한다. 왜냐하면 VET 자격은 결과 주도의 역량기반훈련(CBT)에 기초하는 반면, 고등교육은 교수요목과 학습과정, 평가, 결과에 대한 공유된 이해를 통해 확립된 학업 요건에 기초하고 있기 때문이다.

2.5 성공과 실패 이해하기

주요 연구결과물

- 자격은 사회 내에서의 많은 권력 관계에 영향을 미치며, 자격체계는 논쟁을 일으킬 가능성이 크다.
- 점진적 실행이 성공 확률이 높아 보인다.
- 자격체계를 설계하고 실행하는 다양한 방식, 그리고 자격체계에 관해 생각하는 다양한 방식이 존재한다. 문서상으로는 비슷해 보이는 NQF들이 실제로는 아주 다를 수 있다.
- 사례 연구들은 학습결과 중심 정책들을 향한 국제적 추세에 심각한 우려를 제기한다.
- 자격체계는 고정적이지 않으며, 단일한 모델도 존재하지 않는다.

5개국에서의 전개에서 몇 가지 패턴과 몇 가지 예외를 볼 수 있다. 분명한 패턴을 주목할 필요가 있을 것이다. 처음 다섯 개의 NQF와 많은 다른 국가로 확산된 NQF 모델들은 서로에게 영향을 미치고 부분적으로 공유된 역사를 지닌 교육 시스템을 가진 영연방국가 5개국에서 비롯되었다.

다섯 개의 사례연구는 모두 자격들, 특히 대학 입학이나 직업 입문과 관련된 자격들이 사회의 많은 권력관계를 건드리는 중요한 문제라는 점과 따라서 자격체계를 도입하는 것은 불가피하게 갈등과 논쟁을 일으킨다는 점을 강조한다. 스코틀랜드 체계의 개발에 대한 점진적 접근법이 성공적인 이유도 부분적으로는 이 때문일 것이다. 주요 교육 부문 주자들이 대개의 경우 개발 과정에 참여했고 자신들이 개발 과정을 책임지고 있다고 느꼈다. 스코틀랜드 모델의 강점은 그것이 다른 개혁들을 바탕으로 했다는 점과, 교육 시스템, 특히 고등교육 시스템의 주요 이해당사자들에 의해 주도되었다는 점, 그리고 관련된 기관들이 이용할 수 있는 변화의 수단으로 간주되었다는 점이다(그러나 그 자체로 변화의 원동력이라고 간주되지는 않았다). 스코틀랜드가 비교적 규모가 작고 비교적 균일한 정책 공동체를 가졌다는 사실이 여기에 어느 정도 일조했다. 이런 교육 중심의 점진적 모델이 산업계가 명시한 표준을 이용하려 한 학습결과 중심 모델보다 고용 목적으로 이용될 가능성이 높다는 사실은 흥미롭다. 오직 호주에서만 강력한 고용주 중심 모델의 성공을 보여주는 어느 정도의 증거가 있었다.

잉글랜드, 웨일스, 북아일랜드, 그리고 호주와 뉴질랜드, 남아프리카공화국에서는, 정부가 학습결과 기반 자격들을 이용함으로써 '제공자 문화' 또는 '제공자 장악' 시스템에서 '사용자 주도'의 시장화된 시스템으로 전환을 꾀하려 했다. 이는 신자유주의 시장 정책과 원칙을 토대로 한 것이었다. 남아프리카에서는 이런 경향이 항상 두드러지는 않았는데, NQF의 신자유주의적 목표들이 부당함의 해결, 평등, 민주화의 강력한 담론에 의해 어느 정도 가려졌기 때문이다. 반면 잉글랜드, 웨일스, 북아일랜드에서 신자유주의적 목표는 더 뚜렷했다. 이곳 정부는 노동조합을 약화시키려 했다. 마이클 영은 제2장에서 정부가 노조 주도의 '시간과 연관된' 견습제도에 반대한 주된 근거도 여기에 있다고 주장한다. 정부는 본질적으로 시장화 메커니즘을 통해 훈련제공과 경쟁력, 효율성을 증가시키기를 원했다. 호주에서 노동조합은 자격체계의 확립으로 이어진 과정들의 주요 부분이었지만, 이곳에서도 정책은 교육 분야의 시장과 직업교육훈련 제공자들과 독립된 '산업 주도'의 능력 기반 자격을 개발하는 것을 목표로 했다. 여기에서 스코틀랜드는 예외였다. 물론 이 나라 역시 신자유주의의 영향으로부터 자유롭지 않았지만, 무상 공교육의 전통이 더 강력했기 때문이다.

다른 면에서 남아프리카공화국도 예외였다. 이 나라는 '초기 출발국' 5개국 중에서 유일한 개발도상국이었다. 남아프리카공화국은 단연 가장 약한 경제와, 낮은 산업기반, 약한 교육 시스템, 낮은 기술 수준을 갖고 있다. 이런 의미에서 그것이 처한 극도의 도전들과 높은 기대치를 감안할 때, 남아프리카공화국 NQF가 마주친 어려움들은 어쩌면 피할 수 없는 것으로 보일 수도 있다.

연구들은 모두 각국 기관들이 NQF와 충돌할 수 있는 나름대로의 논리를 가지고 있음을 강조한다. 이런 저런 이유로, '포괄적 정책적 토대'가 중요하다. 다시 말해 역시 NQF의 목표에 부응하려는 다른 정책들이 NQF가 제 역할을 하고 목표를 달성하도록 뒷받침해주는 것이 중요하다.

평가와 인증은 교육 시스템의 주요 원동력이며, NQF를 개발할 때 이를 염두에 두어야 한다. 개인 평가자와 검증자 모델(남아프리카공화국의 NQF와 NVQ에서처럼)은 복잡하고 다루기 어려운 것으로 드러났으며, 신뢰성과 품질을 보증하는 데 성공적이지 않았다. 많은 경우 다시 시험이 돌아왔다. 뉴질랜드에서는 표준 기반 평가와 관련하여 다양한 문제들이 제기되었다. 학부모들은 그것이 학생들의 성취 동기를 저하시킴으로써 수준을 낮출 것을 우려했고, 그 결과 시험이 재도입되었다.

이해당사자들의 역할은 까다로운 개념이고 종종 전적으로 정치적인 우선순위를 가리곤 한다. 스코틀랜드와 남아프리카공화국의 연구가 분명하게 보여주는 한 가지는 자격체계 또는 하위자격을 집행하고 개발하기 위해 세워진 기관들 자체가 나름의 기득권 등을 가진 이해당사자가 되었다는 것이다.

2.6 학습결과와 역량

자격과 교육 시스템을 개혁하는 데 있어서 학습결과의 역할과 관련한 주장들은 NQF의 핵심에 있다. 따라서 다섯 건의 연구가 이 문제에 관해 무엇을 보여주는지, 그리고 그 연구들이 국가자격체계의 상대적인 성공과 실패를 어떻게 설명하고 있는지 숙고해 볼 필요가 있다.

첫째, 모든 자격들이 어떤 의미에서 학습결과와 관계가 있음을 지적하는 것이 중요하다. 왜냐하면 제1장에서 마이클 영이 지적한 것처럼, 자격들은 자격소지자가 무엇을 알고 있고 무엇을 할 수 있는지에 대한 진술이며, '학습'의 결과이기 때문이다. 특정한 해에 특정한 나라에서 얼마나 많은 사람들이 엔지니어가 될 자격을 획득했는지, 또는 특정 기관의 졸업률이나 작업처리율이 얼마인지, 또한 학생들이 획득한 수학적 능력의 수준은 어느 정도인지와 같은 교육적 '결과'는 분명 모든 정부들의 관심사였다. 그러나 정책 문서에서 이 학습결과라는 폭넓은 개념과 훨씬 더 구체적인 이용 사이에는 상당한 차이가 있으며, 이는 이 활동보고서 상의 몇몇 연구에서 볼 수 있다. 이 문제는 이 출판물과 더불어 고용활동보고서 제44호 『NQF 연구: 몇몇 개념적 문제들』(Allais et al.2009)에서 광범위하게 논하고 있다.

앞서 이야기한 것처럼, 현재 연구에서 다룬 체계들 중 세 개는 자격들에 대한 학습결과를 규정함으로써 자격을 교육기관이나 과정에서 철저히 분리시키려 시도했다. 그렇게 함으로써 자격 소지자들이 무엇을 할 수 있는지에 대한 명확한 개념이 모두에게 분명해지기를 희망했다. 사례 연구는 이런 접근법에 심각한 우려를 제기하고 있으며, 따라서 비슷한 경로를 취하려는 정책 입안자들이 주의 깊게 읽어볼 필요가 있다. 여기서 몇 가지를 간략하게 언급하겠다.

강조할 가치가 있는 문제들 중 하나는 학습결과 또는 역량의 진술이 학습 프로그램이나 교수요목과 학습 프로그램과 분리되면, 평가의 토대가 되는 문서가 과도하게 규정되고 상세하고 다루기 힘들고 협소화되는 경향이 있다. 이는 종종 그것들이 전혀 사용되지 않게 되는 사태를 초래하며, 사용되는 경우에도 협소한 평가 형식으로 파편화된 학습결과로 이어질 수 있다. 이는 그런 자격들과 특히 높은 수준의 자격들의 낮은 인기와 연결되며, NVQ와 남아프리카공화국 NQF에 관한 연구들, 그리고 제한적으로 뉴질랜드 연구에서 증명된다.

강력한 학습결과 중심 또는 성과 기반 접근법을 채택한 4개국(예를 들어 호주의 VET)에서, 심각한 비판이 계속해서 제기되어 왔다. 제1장에서 마이클 영은 영국에서의 주된 비판을 지적한다. 그런 평가가 늘 성과를 기초로 추론을 해야 한다는 것이다. 직장 내에서의 평가조차 평가자가 없을 때나 조금 다른 상황에서, 또는 심지어 단순히 같은 임무를 반복할 때도, 주어진 후보자의 업무 성과를 보여주지 못한다. 학습결과 기반 체계에서 평가자들은 성과에 기초하여 후보자의 기본 역량에 관하여 추론을 해야 한다. 평가 임무를 준비하고 후보자를 판단하는 일은 늘 단순한 문제가 아니다. 지식과 이해에 초점을 둔 평가가 특정한 수의 관찰가능한 성과보다 역량을 추론하는 데 더 나은 증거를 제공할 수 있는 상황이 존재하며, 자격 사다리를 높이 올라갈수록 더욱 그럴 가능성이 크다. 마이클 영은 또한 자격체계 옹호자들이 종종 하는 주장과 정반대로, 학습결과에 이르게 한 학습과정을 아는 것이 많은 경우 관찰된 성과에 관한 믿을만한 판단을 하기 위해 필수적일 수 있다고 주장한다.

영국과 뉴질랜드, 남아프리카공화국의 NVQ는 학습결과 중심 모델에 있어서 호주 VET 모델보다 한 발 더 나아가려 했다(앞선 두 국가에서는 일반 교육과 대학에서의 고등교육, 남아공의 경우 직업 자격에서). 이 국가들에서 NVQ는 효과를 발휘하지 못했으며, 연구들은 왜 그렇게 되었는지에 대한 흥미로운 주장을 내놓는다. 그러나 NVQ 경험은 이 접근법이 직업교육에 국한된 경우에도 문제들을 보였으며, 호주의 CBT 시스템의 경우, 여러 검토들이 훈련 패키지가 너무 상세하고 길고, 교육자들에게 사용자 친화적이지 않다고 주장했다. 남아프리카공화국에서 이 모델은 일반 교육과 고등 교육에 대해서 뿐 아니라 소위 업종 및 직업 교육에 대해서도 변화를 겪었다.

스코틀랜드 체계는 다른 방식으로 결과의 개념을 이용한다. 즉, 부문들 간에 공통 분모를 찾기 위한 언어로 이용한다. 결과는 기관과 자격들 간의 연계를 끊는 메커니즘이 아니라 교육 프로그램의 목표에 대한 이해를 돕는 방식으로 간주되었다. 그럼에도 불구하고 여기서 제기되는 문제는 둘 중에 무엇이 더 중요한가이다. 문서상에 기록된 학습결과가 더 중요한가? 아니면 학습결과를 초래한 과정과 논의, 합의, 이해가 더 중요한가? 문서화된 학습결과가 과정과 논의, 합의, 이해와 분리된다면, 그것은 어떤 가치를 갖는가? 학습결과가 스코틀랜드 밖의 사람들에게도 똑같은 것을 뜻하는가?

2.7 경로: 잃은 것과 얻은 것

자격체계는 직업교육과 학술적 교육 간의 동등한 존중을 증진하고 교육훈련 부문들 간, 그리고 교육과 노동시장 간의 경로를 개선하려는 목적으로 도입되었다. 이런 면에서 다섯 개의 사례들로부터 몇 가지 문제를 제기할 가치가 있다.

연구들(특히 호주와 스코틀랜드에 관한 장들)은 기관들 간의 관계와 배치, 그리고 시간이 지남에 따라 구축된 신뢰가 단일 교육부문 내에서건(예를 들어 한 고등교육 기관에서 다른 고등교육 기관으로), 아니면 부문 간에건(예를 들어 VET에서 고등교육으로) 학생들이 교육기관들 사이를 이동할 수 있도록 하는 데 있어서 아주 중요하다는 것을 보여준다. 자격체계는 공통의 언어를 제공하고 이 자격들을 공식화하는 데 있어서 일정 정도 영향을 줄 수 있지만, 신뢰의 관계를 대신할 수는 없다.

CBT 모델 또는 강력한 학습결과 중심 모델이 학교와 고등교육에서 통하지 않는다는 사실이 어느 정도 인정되고 있는 것으로 보인다. 그런 모델을 시도했던 뉴질랜드와 남아프리카공화국에서, 교육부는 교수요목/교육과정 모델로 회귀했다. 그러나 휠라헨이 제4장에서 지적하는 것처럼, 이 접근법이 VET에서 이용되지만 나머지 교육 시스템에서 이용되지 못한다면, 그것은 학교와 VET 간, VET와 고등교육 간의 새로운 분열을 초래한다. 그리고 제1장에서 NVQ와 관련하여 마이클 영이 주장하는 것처럼 직업자격에 대한 낮은 존중감을 심화시킬 수 있다.

이는 몇몇 연구들에서 자격체계의 다양한 목적들이 서로 긴장관계에 있다는 주장을 강화한다. VET와 고등교육 간의 경로 개선은 교육훈련 시스템과 노동시장 간의 경로 개선과 상충할 수 있다. 스코틀랜드에서 국가고등수료증(HND)이 어느 정도 하나의 경로로 인정받으면서, 고용에 이르는 출구 자격으로서의 특성을 잃기 시작했다. 이는 많은 국가들이 직면한 갈등이다. VET에서 고등교육으로의 승급을 증진하는 것은 VET가 좋게 받아들여지지 않는 국가에서 사회적 존중과 학습자들이 VET 프로그램에 등록할 가능성을 개선하는 중요한 방법이다. 이는 모든 국가들의 특징이며, 높이 존중되는 직업교육 시스템을 가진 국가도 마찬가지다. 그러나 남아프리카공화국의 경우처럼 개발도상국이라면 더욱 그럴 것이다.

학생들과 학부모, 고용주는 아마도 늘 대학 자격을 높이 평가할 것이고, 그와 연장선상에서 대학 진학으로 이어지는 자격을 선호할 것이다. 위에서 길게 이야기한 것처럼, 고용주들도 항상 산업주도 자격 과정에서 나온 자격들을 높이 평가하는 것처럼 보이지는 않는다.

제도적 상황이 중요해 보인다. 예를 들어 남아프리카공화국에서는 아주 적은 비율의 인구만이 직업 프로그램에 등록하고 있다. 전문학교는 최후의 보루로 보이며, 많은 경우 환영받는 기관으로 보이지 않는다. 반면 스코틀랜드에서는 학교 졸업생의 거의 1/4이 전문학교에서 풀타임 과정에 들어가며, 나머지는 파트타임으로 공부한다. 43개의 전문학교가 직업 기회와 일반적 기회를 제공하는 다목적 기관이다. 이들은 전통적으로 고용주와 개인의 필요에 대한 접근성과 반응성을 가졌으며, 이들의 교과과정은 소요시간과 전달 방식이 다양하다. 활기 넘치는 양질의 기관을 구축하는 데 정부 자원을 집중하는 것이 자격체계를 만드는 것보다 더 중요할 수 있다. 이런 점에서 스코틀랜드 체계의 개발을 뒷받침한 몇몇 개혁들이 직업교육과 관련하여 아주 강력한 중심적 역할을 담보했다는 점이 흥미롭다. 이는 남아프리카공화국에서 시도되었고 제5장에서 특히 교육시스템이 취약한 국가에서는 부적절하다고 주장한 모델과 대조된다.

2.8 NQF란 무엇인가

마지막으로 현재 연구들이 보여주는 자격체계에 관한 한 가지 요점을 강조할 필요가 있겠다. 그것은 바로 '국가자격체계'라는 용어로 표현할 수 있는 단일한 '것'은 없다는 사실이다. 이는 NQF를 개발할 압력을 느끼거나 NQF를 개발하려는 정책입안자들과 정부에게 있어서 중요하다.

NQF라는 용어는 특정 국가(부문)에 존재하는 모든 자격들, 또는 그 나라(부문)에서 공식적으로 인정되는 모든 자격들의 등록부를 지칭하는 말로 사용될 수 있다. NQF의 이런 개념은 뉴질랜드 품질보증자격 등록부에서 볼 수 있다. 남아프리카공화국의 NQF는 이런 식으로 설계되지 않았지만, 사실 이 NQF 역시 결국 자격들의 등록부가 되었다. 이는 NQF가 아주 많은 자격들을 포함할 가능성이 큼을 뜻한다(남아프리카공화국의 경우 11,856개).

반면 NQF라는 용어는 일련의 자격 유형들의 집합을 가리키는 것으로 사용될 수 있으며, 이 때 자격들 간의 경로를 보여준다. 호주자격체계는 인정 부문에 따라 차별화된 15개 유형의 자격들을 포함한다.

또한 NQF는 자격들이 어떤 레벨에 할당되고 따라서 다른 자격들과 비교하여 등급을 매길 수 있도록 해주는 레벨 기술어의 집합으로 볼 수 있다. 그러나 실제로는 자격들의 레벨 할당은 국가에서 대중적으로 알려진 자격들에 국한되거나, 특정 자격의 내용과 학습량 분석을 비롯하여 상세한 학점견적 과정을 통해 이루어지는 경향이 있다.

NQF는 또한 자격들을 생성하기 위한 레벨 기술어의 집합으로 볼 수도 있다. 남아프리카공화국의 NQF는 원래 이런 식으로 기능하게 되어있었다. 그러나 실제로는 레벨 기술어는 새로운 자격이 개발된 이후에 만들어졌다.

모든 자격체계가 레벨과 레벨 기술어를 가지지는 않는다는 사실을 인식할 필요가 있다. 호주체계는 그렇지 않으며, 따라서 초기 자격 시스템에 더 가깝다(그러나 이런 경향은 변화할 것으로 보인다).

스코틀랜드와 남아프리카공화국의 NQF는 아주 다른 유형의 사회에서 개발된 양극단의 NQF로 보인다. 스코틀랜드 체계는 다양한 부문에서 체계를 구축하고 주요 관계자들의 관계를 구축해온 오랜 교육적 개혁의 결과였다. 남아프리카공화국의 체계는 전체 교육 훈련 시스템을 변화시키려는 정책으로 설계되었고, 도입 이후 자격 결과에 포함된 표준에 대한 명확한 진술을 통해 품질을 개선하고, 제공을 증가시키고, 품질 보증을 위한 토대를 제공하고, 접근성을 개선하고, 사전 학습의 인정을 위한 분명한 토대를 만들어줄 새로운 자격들이 개발될 것이라고 기대되었다. 이 출판물과 짝을 이루는 다른 출판물 제2장 (Allais et al. 2009), 고용활동보고서 제44호 『NQF 조사: 몇몇 개념적 쟁점들』 (*Researching NQFs: Some conceptual issues*)은 NQF의 유형학을 개발하기 위한 접근법을 제공한다.

두 출판물이 결합하여 흥미로운 자료가 되고 NQF를 이해하거나 연구하거나 개발하거나 실행하는 사람들에게 새로운 지식과 통찰을 더해줄 수 있기를 바란다.

약어

전체
APEL	경험적 학습의 인정
CEDEFOP	유럽직업훈련개발원
EQF	유럽자격체계
ET	교육훈련
ETF	유럽훈련재단
NQF	국가자격체계
NVQ	국가직업자격
RPL	사전학습 인정
VET	직업교육훈련

제1장-영국
AAT	회계기술자협회
APEL	경험적 학습의 인정
CATERBASE	접객 및 요식조달업 고용주 훈련기구
CGLI	런던 도시 및 길드 연구소
DfID	국제개발부
EQF	유럽자격체계
HRD	인적자원개발
NCVQ	국가직업자격협의회
RVQ	국가자격검토
SKOPE	기술, 지식, 조직 성과 프로젝트(카디프 대학)
YT	청소년 훈련
YTS	청소년훈련계획

제2장-스코틀랜드
ACDP	고급 교과과정 개발 프로그램
CNAA	국가학위수여협의회
COSHEP	스코틀랜드 고등교육 교장 위원회
ECVET	직업교육훈련에 대한 유럽 학점 체계

EQF	유럽자격체계
HEI	고등교육기관
HNC	고급국가자격증
HND	고급국가수료증
ICT	정보통신기술
NC	국가자격증
QAA	고등교육 품질보증국
SACCA	학점 및 접근에 관한 스코틀랜드 자문위원회
SCQF	스코틀랜드 학점 및 자격 체계
SCOTCAT	스코틀랜드 학점 누적 및 이전 계획
SDS	스코틀랜드 기술개발
SQA	스코틀랜드 자격국
SQV	스코틀랜드 직업자격

제3장-뉴질랜드

GIF	성장혁신체계
ITF	산업훈련연맹
ITO	산업훈련기구
NCEA	국가교육성취자격
NZQA	뉴질랜드 자격국
QCA	자격 및 교육과정국
PCET	의무교육 이후 교육훈련
TEC	3차교육위원회
TEAC	3차교육자문위원회

제4장-호주

ABS	호주통계청
ACE	성인공동체교육
ACTU	호주노동조합협의회
AQF	호주자격체계
AQFAB	호주자격체계 자문위원회(2008년 5월에 AQFC로 바뀜)
AQFC	호주자격체계 협의회

AQTF	호주품질훈련체계
ARF	호주인정체계
AUQA	호주대학품질국
CAE	전문교육대학
CBT	역량 기반 훈련
COAG	호주정부협의회
CRICOS	연방정부 교육기관 교과과정 기록부
CTEC	연방정부 3차교육위원회
DEEWR	교육고용직장관계부(교육과 훈련 등을 담당하는 연방정부 부서)
DEST	교육과학훈련부(보수적인 하워드 정부 하에서 교육훈련 책임을 담당하는 연방정부 부서)
ESFC	고용 및 기술육성 협의회
EFTSL	기준시간 학생 학업 등가량(학생이 1년간 기준시간을 채워 공부했을 때 감당하게 되는 학업량)
HECS	고등교육기여계획
HEP	고등교육 제공기관
ISC	산업기술협의회
ITAB	산업훈련자문기구
MCTEE	3차교육 및 고용 각료협의회
MCEETYA	교육, 고용, 훈련, 청소년문제 각료협의회
MCEEDYA	교육, 조기 개발, 청소년 문제 각료협의회
MCVTE	직업기술교육 각료협의회
NCVER	국가직업교육연구센터
NFROT	국가훈련인정체계
NISC	국가산업기술협의회
NQC	국가품질협의회
NTB	국가훈련위원회
OECD	경제협력개발기구
RPL	사전학습인정
RTO	등록된 훈련기관
TAFE	기술 및 계속 교육(국립기술전문대학)
TAPEC	기술 및 계속 교육 협의회

TEQSA	3차교육 품질표준국
VRQA	빅토리아 등록자격국
ZMT	상호 신뢰구역

제5장-남아프리카 공화국

ABCE	성인교육기본자격증
ANC	아프리카 민족회의
COSATU	남아프리카 노동조합회의
ETQA	교육훈련품질보증
FET	계속 교육훈련 대학
GDP	국내총생산
GTZ	독일기술협력
HEQC	고등교육품질협의회
HEQF	고등교육품질체계
NECC	국가교육조율위원회
NGO	비정부기구
NLRD	국가학습자기록 데이터베이스(SAQA)
NOPF	국가직업경로체계
NSB	국가표준기구
NSC	국가고등학교자격(남아프리카 공화국의 수학능력평가)
NTB	국가훈련위원회
NUMSA	남아프리카공화국 금속노조
OFO	직종조직체계
NVQ	국가직업자격(잉글랜드와 웨일즈)
PALC	공공성인학습센터
QCTO	업종 및 직종 품질협의회
SAQA	남아프리카공화국 자격국
SETA	부문별 교육훈련국
SGB	표준개발기구
UNDP	유엔 개발 프로그램

참고문헌

제1장-영국

Barnett, M. 2006. "Vocational knowledge and vocational pedagogy" in M. Young; J. Gamble (eds): Knowledge, curriculum and qualifications for South African further education (Pretoria, Human Sciences Research Council (HSRC)), Ch. 8, pp. 143-157.

Brockman, M.; Clarke, L.; Winch, C. 2008. "Knowledge, skills and competence: European divergences in vocational education and training (VET): The English, German and Dutch cases", in Oxford Review of Education, Vol. 34, No. 5, pp. 547-567.

Callaghan, R. 1964. Education and the cult of efficiency: A study of the social forces that have shaped the administration of the public schools (Chicago, University of Chicago Press).

CEDEFOP (European Centre for the Development of Vocational Training). 2008. The shift to learning outcomes: Conceptual, political and practical developments in Europe (Luxembourg, Office for Official Publications of the European Communities).

Cox, A. 2007. Re-visiting the NVQ debate: 'Bad' qualifications, expansive learning environments and prospects for upskilling workers, ESRC Centre on Skills, Knowledge and Organizational Performance SKOPE Research Paper No. 71 (Oxford, University of Oxford), Apr.

Fuller, A.; Unwin, L. 2004. "Expansive learning environments: Integrating personal and organisational development", in H. Rainbird; A. Fuller; A. Munro (eds): Workplace learning in context (London, Routledge), pp. 126-144.

Grugulis, I. 2003. "The contribution of NVQs to the growth of skills in the United Kingdom", in British Journal of Industrial Relations, Vol. 45, No. 3, pp. 457-475.

Hyland, T. 1994. Competence, education and NVQs: Dissenting perspectives (London, Cassell).

James, S. 2006. Adding new ingredients to an old recipe: NVQs and the influence of CATERBASE, ESRC Centre on Skills, Knowledge and Organizational Performance, Issue Paper No. 13 (Universities of Cardiff and Oxford).

Jessup, G. 1991. Outcomes: NVQs and the emerging model of education and training (London, Falmer Press).

Kraak, A. 2001. Education in retrospect: Policy and implementation since 1990 (London, Human Sciences Research Council and Institute of Education, University of London).

Raggatt, P.; Unwin, L. 1990. Change and intervention: vocational education and training (London, Falmer).

Raggatt, P.; Williams, S. 1999. Government, markets and vocational qualifications: An anatomy of policy (London, Falmer Press).

Smithers, A. 1999. "A critique of NVQs and GNVQs", in M. Flude; S. Sieminski (eds): Education, training and the future of work II. Developments in vocational education and training (London, Routledge), pp. 143-157.

Strathdee, R. 2005. Social exclusion and the remaking of social networks (Aldershot, UK, Ashgate).

Unwin, L.; Fuller, A.; Turbin, J.; Young, M. 2004. What determines the impact of vocational qualifications? A literature review (London, DFES).

Unwin, L.; Fuller, A.; Bishop, D; Felstead, A.; Jewson, N.; Kakavelakis, K. 2008. Exploring the dangers and benefits of the United Kingdom's permissive competence-based approach: The use of vocational qualifications as learning artefacts and tools for measurement in the Automotive Sector, Learning as Work Research Paper, No. 15.

West, J. 2004. Dreams and nightmares: The NVQ experience, Centre for Labour Market Studies (CLMS) Working Paper No. 45 (Leicester, University of Leicester).

Wolf, A. 1995. Competence-based assessment (Buckingham, Open University Press).

Young, M. 2007. Bringing knowledge back in: Theoretical and applied studies in sociology education (London, RoutledgeFalmer).

—.; Allais, S. 2009 NQF research: Conceptualizing the role of qualifications in education reform, Discussion document (Geneva, International Labour Organization (ILO)), 31 Mar.

Young, M.; Gamble, J. (eds). 2006. Knowledge, curriculum and qualifications for South African further education (Pretoria, Human Sciences Research Council (HSRC)).

제2장-스코틀랜드

Allais, S. 2007. The rise and fall of the NQF: A critical analysis of the South African national qualifications framework. PhD thesis (Johannesburg, University of the Witwatersrand).

.. 2003. "The national qualifications framework in South Africa: A democratic project trapped in a neo-liberal paradigm?", in Journal of Education and Work, Vol. 16, No. 3, pp. 305-324.

Black, H.; Hall, J.; Martin, S. 1992. Units and competences: A case study of SCOTVEC's Advanced Courses Development Programme (Edinburgh, Scottish Centre for Research in Education (SCRE).

Canning, R. 1998. "The failure of competence-based qualifications: An analysis of work-based vocational education in Scotland", in Journal of Education Policy, Vol. 13, No. 5, pp. 625-639.

Committee of Scottish Higher Education Principals (COSHEP); The

Scottish Office; The Quality Assurance Agency for Higher Education; Scottish Advisory Committee on Credit and Access (SACCA); Scottish Qualifications Authority. 1999. Adding value to learning: The Scottish Credit and Qualifications Framework (Edinburgh).

Council for National Academic Awards (CNAA). 1991. The Scottish Credit Accumulation and Transfer Scheme: Regulations (London).

Croxford, L. 2009. Change over time in the context, outcomes and inequalities of secondary schooling in Scotland, 1985-2005 (Edinburgh, Scottish Government).

Croxford, L.; Howieson, C.; Raffe, D. 1991. Young people's experience of national certificate modules, Report to Scottish Office (Edinburgh, Centre for Educational Sociology (CES), University of Edinburgh).

Gallacher, J.; Toman, N.; Caldwell, J.; Edwards, R.; Raffe, D. 2005. Evaluation of the impact of the Scottish Credit and Qualifications Framework (Edinburgh, Scottish Executive).

Gamoran, A. 1996. Improving opportunities for disadvantaged students: Changes in S4 examination results, 1984-1990, Centre for Educational Sociology (CES) Briefing No. 6 (Edinburgh, CES, University of Edinburgh).

General Register Office for Scotland (GRO). 2009. High level summary of statistics trends. Available at:

http://www.groscotland.gov.uk/statistics/high-level-summary-of-statistics-trends/index.html [12 Nov. 2009].

Gray, J.; McPherson, A.; Raffe, D. 1983. Reconstructions of secondary education (London, Routledge and Kegan Paul).

Hart, J. 2009. Cross-referencing qualifications frameworks, Centre for Educational Sociology (CES) Briefing No. 49 (Edinburgh, CES, University of Edinburgh).

.. 2008. The development of the SCQF levels and 기술어s: A brief account

(Edinburgh, Centre for Educational Sociology (CES), University of Edinburgh).

Hart, J.; Tuck, R. 2007. "Policy continuity and policy learning in the Action Plan, Higher Still and beyond", in D. Raffe; K. Spours (eds): Policy-making and policy learning in 14-19 Education, Bedford Way Papers (London, University of London Institute of Education (IOE), pp. 103-132.

Higher Education Quality Council (HEQC). 1993. Choosing to change: Extending access, choice and mobility in higher education, Robertson Report (London).

Howieson, C. 1992. Modular approaches to initial vocational education and training: The Scottish approach, report for the PETRA Research Programme (Edinburgh, Centre of Educational Sociology (CES), University of Edinburgh).

Howieson, C.; Raffe, D.; Tinklin, T. 2002. "Institutional responses to a flexible unified system: The case of further education in Scotland", in W. Nijhof; A. Heikkinen; L. Nieuwenhuis (eds): Shaping flexibility in vocational education and training (Dordrecht, Kluwer).

Humes, W. 2008. "Policy-making in Scottish education", in T. Bryce; W. Humes (eds): Scottish education: Third edition beyond devolution (Edinburgh, Edinburgh University Press).

Inspire Scotland. 2008. A review of the recognition of prior learning. Final report (Glasgow, Scottish Credit and Qualifications Framework (SCQF)).

Knox, H.; Whittaker, R. 2009. Degree to higher national articulation: Final report (Glasgow, Quality Assurance Agency (QAA)).

McGoldrick, J. 1999. Project to promote the use of SCOTCAT: Report (Dundee, University of Abertay).

Mikuta, J. 2002. The educational qualifications framework of New Zealand, 1990-1996. DPhil Thesis (Oxford, University of Oxford).

National Committee of Inquiry into Higher Education (NCIHE). 1997. Higher education in the learning society: Report of the Scottish Committee (Garrick Report) (Norwich, Her Majesty's Stationery Office (HMSO)).

Organisation for Economic Cooperation and Development (OECD). 2007. Quality and equity of schooling in Scotland (Paris).

Paterson, L. 2000. Education and the Scottish Parliament (Dunedin, Edinburgh).

Philips, D.J. 1998. The switchmen of history: The development of a unitary qualifications framework. PhD Thesis (Victoria, University of Wellington).

Philip, H. 1992. The higher tradition: A history of public examinations in Scottish schools and how they influenced the development of secondary education (Dalkeith, Scottish Examination Board).

Raffe, D. 2009a. Towards a dynamic model of national qualifications frameworks.

Discussion Document (Geneva, International Labour Organization (ILO)), Mar.

.. 2009b. Can national qualifications frameworks be used to change education and training systems? Centre of Educational Sociology (CES) Briefing No. 48 (Edinburgh, CES, University of Edinburgh).

.. 2007. "Making haste slowly: The evolution of a unified qualifications framework in Scotland", in European Journal of Education, Vol. 42, No. 4, pp. 485-502

.. 2003a. "Bringing academic education and vocational training closer together", in J. Oelkers (ed.): Futures of education II (Bern, Peter Lang).

.. 2003b. "'Simplicity itself': The creation of the Scottish Credit and Qualifications Framework" in Journal of Education and Work, Vol. 16, No. 3), pp. 239-257.

.. (ed.). 1988. "Modules and the strategy of institutional versatility: The first two years of the 16-plus Action Plan in Scotland", in Education and the Youth Labour Market (London, Falmer).

.. 1985. "The extendable ladder: Scotland's 16-plus Action Plan", in Youth and Policy, Vol. 12, pp.27-33.

Raffe, D.; Howieson, C.; Tinklin, T. 2007. "The impact of a unified curriculum and qualifications system: The Higher Still reform of post-16 education in Scotland", in British Educational Research Journal, Vol. 33, No. 4, pp. 479-508.

.. 2002. "The Scottish educational crisis of 2000: An analysis of the policy process of unification", in Journal of Educational Policy, Vol. 17, No. 2, pp. 167-185.

Raffe, D.; Gallacher, J.; Toman, N. 2007-08. "The Scottish Credit and Qualifications Framework: Lessons for the EQF", in European Journal of Vocational Training, Vols. 2007/3 and 2008/1, Nos. 42 and 43, pp. 59-69.

Raggatt, P.; Williams, S. 1999. Government, markets and vocational qualifications: An anatomy of policy (London, Falmer Press).

Robinson, P. 1996. Rhetoric and reality: Britain's new vocational qualifications (London, Centre for Economic Performance (CEP), London School of Economics).

Scottish Credit and Qualifications Framework (SCQF). 2009. Delivering our strategic objectives: Executive summary of the Operational Plan 2009-2010 (Glasgow).

.. 2008. SCQF update, Issue 10 (Glasgow).

.. 2007. SCQF handbook (Glasgow).

.. 2001. An introduction to the Scottish Credit and Qualifications Framework (Glasgow).

Scottish Education Department (SED). 1983. 16-18s in Scotland: An action plan (Edinburgh).

Scottish Executive. 2006. More choices, more chances (Edinburgh).

Scottish Government (SG). 2008. A consultation on the next generation of national qualifications in Scotland (Edinburgh).

.. 2007. Skills for Scotland (Edinburgh).

Scottish Office. 1998. Opportunity Scotland: A paper on lifelong learning (Edinburgh, Her Majesty's Stationery Office (HMSO)).

.. 1994. Higher Still: Opportunity for all (Edinburgh, Her Majesty's Stationery Office (HMSO)).

.. 1991. Six years on: Teaching, learning and assessment in National Certificate programmes in Scottish Further Education colleges, a report by HM Inspectors of Schools (Edinburgh, Her Majesty's Stationery Office (HMSO)).

Scottish Parliament. 2002. Enterprise and Lifelong Learning Committee: 9th Report. Final report on Lifelong Learning, SP Paper No. 679 (Edinburgh, The Stationery Office (TSO)).

Scottish Vocational Education Council (SCOTVEC). 1988. Advanced courses development programme: A policy paper (Glasgow).

Simpson, M. 2006. Assessment (Edinburgh, Dunedin).

Young, M. 2007. "Qualifications frameworks: Some conceptual issues", in European Journal of Education, Vol. 42, No. 4, pp. 445-457.

.. 2005. National qualifications frameworks: Their feasibility and effective implementation in developing countries, Skills and Employability Department Working Paper No. 22 (Geneva, International Labour Organization (ILO)).

.. 2002. "Contrasting approaches to the role of qualifications in the promotion of lifelong learning", in K. Evans; P. Hodkinson; L.

Unwin (eds): Working to learn: Transforming learning in the workplace (London, Kogan Page), pp. 44-62.

.. 2001. "Educational reform in South Africa (1990-2000): An international perspective", in A. Kraak; M. Young (eds): Education in retrospect: Policy and implementation since 1990 (Pretoria, Human Sciences Research Council (HSRC)).

..; Allais, S. 2009 NQF research: Conceptualizing the role of qualifications in education reform, Discussion document (Geneva, International Labour Organization (ILO)), 31 Mar.

제3장-뉴질랜드

Barker, A. 1995. "Standards-based assessment: The vision and broader factors", in R. Peddie; B. Tuck (eds): Setting the standards: The assessment of competence in national qualifications (Palmerston North, NZ, Dunmore Press), pp. 15-31.

Black, P. 2001. Report to the Qualifications Development Group Ministry of Education, New Zealand on the proposals for the development of the National Certificate of Educational Achievement (London, School of Education, Kings College London).

Government of New Zealand. 1995. "Education Act 1989", in Reprinted Act: Education [with Amendments Incorporated] §246-248 (Wellington).

Hawke, G.R. 1988. Report of the Working Group on Post Compulsory Education and Training in New Zealand (Wellington, Government Printer).

Hirschman, A. 1970. Exit, voice and loyalty: Responses to decline in firms, organizations and states (Cambridge, Mass, Harvard University Press).

Hood, D. 1986. "Internal assessment in schools." in The Press (INL), 4 Dec., pp. 12.

Hughes, D.; Pearce, D. 2003. "Secondary school decile ratings and participation in tertiary education", in New Zealand Journal of Educational Studies, Vol. 38, No. 2, pp. 193-206.

Industry Training Federation (ITF). 2006. "Industry training skills leadership: The role of industry training organizations in shaping skills in the New Zealand economy" (Wellington).

Irwin, M.; Elley, W.; Hall, C. 1995. Unit standards in the national qualifications framework (Wellington, New Zealand Education Forum).

James, A.; Montelle, C.; Williams, P. 2008. "From lessons to lectures: NCEA mathematics results and first-year mathematics performance", in International Journal of Mathematical Education in Science and Technology, Vol. 39, Issue 8, pp. 1037-1050.

Jesson, J. 1995. The PPTA and the State: From militant to professions to bargaining agent: A study in rational opportunism (Auckland, NZ, Auckland University).

Jordan, S.; Strathdee, R. 2001. "The 'training gospel' and the commodification of skill: Some critical reflections on the politics of skill in Aotearoa/New Zealand", in Journal of Vocational Education and Training, Vol. 53, No. 3, pp. 391-405.

Kelsey, J. 1997. The New Zealand experiment: A world model for structural adjustment? (Auckland, Auckland University Press, Bridget Williams Books).

Long, M.; Ryan, R.; Burke, G.; Hopkins, S. 2000. "Enterprise-based education and training", report prepared for the New Zealand Ministry of Education (Wellington).

Mayer, L.; McClure, J.; Walkey, F.; McKenzie, L.; Weir, K. 2006. The impact of the NCEA on student motivation (Wellington, New Zealand Ministry of Education).

New Zealand Ministry of Education. 2007a. Boys' achievement: A synthesis of the data (Wellington).

—. 2007b. Profiles and trends 2006: New Zealand's Tertiary Education Sector (Wellington).

—. 1999. Report of the Literacy Taskforce (Wellington).

New Zealand Office of the Minister of Education. 1990. Learning for life: Two (Wellington, Government Printer).

—. 1989. Learning for life: Education and training beyond the age of fifteen (Wellington, Government Printer).

New Zealand Office of the Prime Minister. 2002. Growing an innovative New Zealand (Wellington).

New Zealand Qualifications Authority (NZQA). 1996. The national qualifications framework: Issues (Wellington).

—. 1991. Designing the framework (Wellington).

New Zealand Vice Chancellors Committee. 1994. The national qualifications framework and the universities (Wellington).

Palmer, G. 1979. Unbridled power (Oxford, Oxford University Press).

Qualifications and Curriculum Authority (QCA). 2005. Framework for achievement: Questions and answers (London).

Renwick, W. 1981. "Education and working life", in Post Primary Teachers Association Journal (Term 1), pp. 5-21.

Roberts, P. 1997. "A critique of the NZQA policy reforms", in M. Olssen; K. Morris-Mathews (eds): Education policy in New Zealand: The 1990s and beyond, (Palmerston North, NZ, Dunmore Press), pp. 162-189.

Robson, J. 1994. "The New Zealand national qualifications framework: A basis for action?", in Journal of Further and Higher Education, Vol. 18, No. 3, pp. 63-73.

Sako, M. 1999. "From individual skills to organizational capability in Japan", in Oxford Review of Economic Policy, Vol. 15, No. 1, pp. 114-126.

Selwood, S. 1991. Progress or paradox? NZQA: The genesis of a radical reconstruction of qualifications policy in New Zealand (New Zealand, Massey University).

Shulruf, B.; Hattie, J.; Tumen, S. 2008. "The predictability of enrolment and firstyear university results from secondary school performance: The New Zealand National Certificate of Educational Achievement", in Studies in Higher Education, Vol. 33, No. 6, pp. 685 - 698.

Statistics New Zealand. 2005. Projections overview (Wellington).

Strathdee, R. 2009a. "Tertiary education reform and legitimation in New Zealand: The case of Adult and Community Education as a 'local state of emergency'", in British Journal of Sociology of Education, Vol. 30, No. 3, pp. 303-316.

－. 2009b. "Reputation in the sociology of Education", in British Journal of Sociology of Education, Vol. 30, No. 1, pp. 83-96.

－. 2006. "The creation of contrasting education and training markets in England and New Zealand", in Journal of Education and Work, Vol. 19, No. 3, pp. 237-253.

－. 2005a. "Globalization, innovation and the declining significance of qualifications led social and economic change", in Journal of Education Policy, Vol. 20, No. 4, pp. 437-456.

－. 2005b. Social exclusion and the remaking of social networks (Aldershot, Ashgate).

－. 2004. "'The 'third way' and vocational education and training in New Zealand", in The Journal of Educational Enquiry, Vol. 4, No. 1, pp. 38-41.

－. 2003. "The qualifications framework in New Zealand: Reproducing existing inequalities or disrupting the positional conflict for credentials", in Journal of Education and Work, Vol. 16, No. 2, pp. 147-164.

Strathdee, R.; Hughes, D. 2009a. "Local tertiary education reform and legitimation in New Zealand: The case of Adult and Community Education as a 'local state of emergency'", in British Journal of Sociology of Education, Vol. 30, No. 3, pp. 303-316.

−. 2009b. "Reputation in the sociology of Education", in British Journal of Sociology of Education, Vol. 30, No. 1, pp. 83-96.

−. 2007. "Socio-economic status and participation in tertiary education in New Zealand", in New Zealand Journal of Educational Studies, Vol. 41, No. 2, pp. 45-89.

−. 2001. "The national qualifications framework and the discouraged worker effect", in New Zealand Journal of Educational Studies, Vol. 36, Nos. 1 and 2, pp. 155-169.

Sturrock, F.; May, S. 2002. PISA 2000: The New Zealand context (Wellington, Ministry of Education).

Tertiary Education Commission (TEC). 2006. Industry training 2006 (Wellington).

Vlaardingerbroek, B. 2006. "Transition to tertiary study in New Zealand under the national qualifications framework and 'the ghost of 1888'", in Journal of Further and Higher Education, Vol. 30, No. 1, pp. 75-85.

Young, M.; Allais, S. 2009. NQF research: Conceptualizing the role of qualifications in education reform. Discussion Document (Geneva, International Labour Organization (ILO)), 31 Mar.

제4장-호주

Agasisti, T.; Cappiello, G.; Catalano, G. 2009. "The effects of vouchers in higher education: An Italian case study", in Tertiary Education and Management, Vol. 14, No. 1, pp. 27-42.

Allais S. 2007a. The rise and fall of the NQF: A critical analysis of the South African nationalqQualificationsfFramework, PhD Thesis, Graduate School of Public Management and Development, Faculty of Commerce, Law, and Management (Johannesburg, University of the Witwatersrand).

.. 2007b. "Why the South African NQF failed: Lessons for countries wanting to introduce national qualifications frameworks", in European Journal of Education, Vol. 42, No. 4, pp. 523-547.

.. 2006. "Problems with qualification reform in senior secondary education in South Africa", in M. Young; J. Gamble (eds): Knowledge, curriculum and qualifications for South African further education (Cape Town, Human Sciences Research Council (HSRC)).

Anderson, D. 1998. 'Chameleon or phoenix: The metamorphosis of TAFE", in Australian & New Zealand Journal of Vocational Education Research, Vol. 6, No. 2, pp. 1-44.

Australian Bureau of Statistics (ABS). 2008a. 2006-2007 Migration Australia Catalogue No. 34120.0 (Canberra). Available at: http://www.ausstats.abs.gov.au/ausstats/subscriber.nsf/0/F15E154C9434F250CA2574170011B45B/$File/34120_2006-07.pdf [10 June 2009].

.. 2008b. 2008 Year book Australia (Canberra). Available at: http://www.abs.gov.au/AUSSTATS/abs@.nsf/DetailsPage/1301.02008?OpenDocument [10 June 2009].

.. 2008c. Education and work Catalogue No. 6227.0, 27 Nov. (Canberra). Available at: [10 June 2009].

.. 2008d. Schools 2007, Catalogue No. 42210.0 (Canberra). Available at: http://www.ausstats.abs.gov.au/ausstats/subscriber.nsf/0/91CC63D5C3277132CA2573FD0015D0EF/$File/42210_2007.pdf [10 June 2009].

.. 2007a. Adult learning Australia Catalogue No. 4229.0, 21 Dec. (Canberra). Available at:

http://www.ausstats.abs.gov.au/ausstats/subscriber.nsf/0/C617A03C5C06B489CA2573B70011D427/$File/42290_2006-07.pdf [12 June 2009].

.. 2007b. Australian social trends 2007 Article: Qualification profile of Australians, Catalogue No. 4102.0 (Canberra). Available at: http://www.ausstats.abs.gov.au/ausstats/subscriber.nsf/0/87EA37964AAF775FCA25732F001C999E/$File/41020_Qualification%20profile%20of%20Australians_2007.pdf [10 June 2009].

.. 2005. Education and training experience, Australia, Catalogue No. 62780.0 (Canberra). Available at:

http://www.abs.gov.au/AUSSTATS/abs@.nsf/DetailsPage/6278.02005?OpenDocument [12 June 2009].

Australian Labor Party. 2007a. The Australian economy needs an education revolution: New directions paper on the critical link between long term prosperity, productivity growth and human capital investment (Canberra).

.. 2007b. New directions for early childhood education universal access to early learning for 4 year olds (Canberra). Available at: http://www.alp.org.au/media/0107/ms290.php. [12 June 2009].

Australian Qualifications Framework Advisory Board (AQFAB). 2007. Australian qualifications implementation handbook (Melbourne). Available at: http://www.aqf.edu.au/implem.htm [9 Mar. 2009].

Australian Qualifications Framework Council (AQFC). 2009. Strengthening the AQF: A proposal, Consultation paper (Adelaide), May. Available at: http://www.aqf.edu.au/Portals/0/Documents/022105r08_AQF_StrengtheningTheAQF_A4_HR.pdf [1 Nov 2009].

Barnett, K.; Spoehr, J. 2008. Complex not simple: The vocational education and training pathway from welfare to work (Adelaide, National Centre for Vocational Education Research (NCVER)), 2 Apr. Available at: http://www.ncver.edu.au/publications/1987.html [1 Nov. 2009].

Bradley, D. (Chair). 2008. Review of Australian higher education final report (Canberra, Department of Education, Employment & Workplace Relations). Available at:

http://www.deewr.gov.au/HigherEducation/Review/Documents/PDF/Higher%20Education%20Review_one%20document_02.pdf [1 Nov. 2009].

Buchanan, J.; Yu, S.; Marginson, S.; Wheelahan, L. 2009. Education, work and economic renewal: An issues paper prepared for the Australian Education Union (Sydney, Workplace Research Centre, University of Sydney), June. Available at:

http://www.aeufederal.org.au/Publications/2009/JBuchananreport2009.pdf [1 Nov. 2009].

Carmichael, L. (Chair). 1992. The Australian vocational certificate training system (Canberra, Employment and Skills Formation Council (ESFC) and National Board of Employment, Education and Training (NBEET)). Available at:

http://www.voced.edu.au/docs/dest/TD_LMR_85_646.pdf [1 Nov. 2009].

Centre for the Study of Higher Education (CSHE). 2008. Participation and equity: A review of the participation in higher education of people from low socioeconomic backgrounds and indigenous people (Melbourne, CSHE, University of Melbourne). Available at: http://www.universitiesaustralia.edu.au/documents/publications/policy/equity/0308_Particip_Equity_CSHE_Final_Report.pdf [7 Apr. 2009].

Coles, M.; Oates, T. 2005. European reference levels for education and training promoting credit transfer and mutual trust, CEDEFOP Panorama Series No. 109, study commissioned to the Qualifications and Curriculum Authority (QCA), England (Luxembourg, Office for Official Publications of the European Communities). Available at: http://www2.trainingvillage.gr/etv/publication/download/panorama/5146_en.pdf [10 June 2009].

Commonwealth of Australia. 2009. Transforming Australia's higher education system (Canberra, Department of Education, Employment and Workplace Relations (DEEWR)). Available at: http://www.deewr.gov.au/HigherEducation/Pages/TransformingAustraliasHESystem.aspx [22 May 2009].

Cully, M. 2008. Working in harmony: The links between the labour market and the education and training market in Australia (Adelaide, National Centre for Vocational Education Research (NCVER)), 28 May. Available at:

http://www.ncver.edu.au/publications/1993.html [28 April 2009].

.. 2005. Employer-provided training: Findings from recent case studies - At a glance (Adelaide, (NCVER), 8 Nov. Available at: http://www.ncver.edu.au/publications/1636.html [11 June 2009].

Curtis, D. 2009. Student transfer: At a glance (Adelaide, (NCVER), 12 June. Available at: http://www.ncver.edu.au/publications/2144.html [15 June 2009].

David, T. 1997. "Foreword", in P. Oberhuemer; M. Ulich (eds): Working with young children in Europe: Provision and staff training (London, Paul Chapman), p. viii.

Dawkins, J. 2009. Speech at the Australian Higher Education Congress, Sydney, 24 Mar. 2009.

Department of Education, Employment and Workplace Relations (DEEWR). 2008a. Finance 2007 - Financial reports of higher education providers (Canberra). Available at:

http://www.dest.gov.au/sectors/higher_education/publications_resources/profiles/Finance_2007_stats.htm [13 Oct. 2008].

.. 2008b. Students 2007 [full year]: Selected higher education statistics (Canberra). Available at:

http://www.dest.gov.au/sectors/higher_education/publications_resources/pro files/Students_2007_full_year_.htm [22 Nov. 2009].

Department of Education, Science and Training (DEST). 2007a. AQTF 2007: Essential standards for registration (Canberra), June. Available at: http://www.training.com.au/AQTF2007/ [10 June 2009].

.. 2007b. Students 2006 [full year]: Selected higher education statistics (Canberra). Available at:

http://www.dest.gov.au/sectors/higher_education/publications_resources/pro files/Students_2007_full_year_.htm [22 Nov. 2009].

.. 2007c. Training package development handbook (Canberra), Sep. Available at:

http://www.dest.gov.au/sectors/training_skills/publications_resources/profil es/Training_Package_Development_Handbook.htm [12 June 2009].

.. 2003. The role of national qualifications systems in promoting lifelong learning: Background report for Australia (Canberra).

Finn, B. (Chair). 1991. Young people's participation in post-compulsory education and training: Report of the Australian Education Council Review Committee (Canberra, AGPS). Available at:

http://www.voced.edu.au/docs/dest/TD_LMR_85_641.pdf [2 Aug. 2009].

Foley, P. 2007. The socio-economic status of vocational education and training students in Australia (Adelaide, National Centre for Vocational Education Research (NCVER)). Available at:

http://www.ncver.edu.au/publications/1690.html [7 Apr. 2009].

Foster, S.; Delaney, B.; Bateman, A.; Dyson, C. 2007. Higher-level vocational education and training qualifications: Their importance in today's training market (Adelaide, National Centre for Vocational Education Research (NCVER)), Dec. Available at: http://www.ncver.edu.au/publications/1798.html [7 May 2008].

Gillard, J. 2009a. National Public Education Forum Speech, by Hon. J. Gillard MP, Australian Government Minister for Education, Employment and Workplace Relations (DEEWR), Public Education Forum, Canberra, 27 Mar. 2009. Available at: http://www.deewr.gov.au/Ministers/Gillard/Media/Speeches/Pages/Article_090327_173128.aspx [27 Mar. 2009].

.. 2009b. A resilient Australia, Address to the Sydney Institute, Sydney, 19 Feb. 2009. Available at: http://www.deewr.gov.au/Ministers/Gillard/Media/Speeches/Pages/Article_090220_085242.aspx [4 May 2009].

.. 2009c. Speech at the Big Skills Conference, Darling Harbour, Sydney, 5 Mar. 2009. Available at: http://www.deewr.gov.au/Ministers/Gillard/Media/Speeches/Pages/Article_090304_155721.aspx [5 Mar. 2009].

.. 2009d. Speech to the Universities Australia Conference, Canberra, 4 Mar. Available at: http://www.deewr.gov.au/Ministers/Gillard/Media/Speeches/Pages/Article_090304_155721.aspx [4 Mar. 2009].

.. 2008. Speech to the Australian Industry Group, 8 Dec. Available at: http://www.deewr.gov.au/Ministers/Gillard/Media/Speeches/Pages/Article_081208_160434.aspx [4 May 2009].

Goozee, G. 2001. The development of TAFE in Australia, 3rd Edition (Adelaide, National Centre for Vocational Education Research (NCVER)).

Guthrie, H. 2009. Competence and competency based training: What the literature says (Adelaide, National Centre for Vocational Education Research (NCVER)). Available at: http://www.nqc.tvetaustralia.com.au/__data/assets/pdf_file/0006/47940/CBT_literature_review_Occasional_paper_FINAL.pdf [13 Mar. 2009].

Hall, P.A.; Soskice, D. 2001. "An introduction to varieties of capitalism", in P.A. Hall; D. Soskice (eds): Varieties of capitalism The institutional foundations of comparative advantage (Oxford, Oxford University Press), pp. 1-68.

Hart, J. 2005. National qualifications frameworks as credit accumulation and transfer systems (Pretoria, South African Qualifications Authority (SAQA), Nov. Available in: http://www.saqa.org.za/ [13 June 2009].

Hoeckel, K.; Field, S.; Justesen, T.R.; Kim, M. 2008. Learning for jobs: OECD reviews of vocational education and training (Organization for Economic Co-operation and Development (OECD)), Nov. Available at: http://www.oecd.org/dataoecd/27/11/41631383.pdf [12 June 2009].

Jarvis, D.S.L. 2007. "Risk, globalisation and the State: A critical appraisal of Ulrich Beck and the world risk society thesis ", in Global Society, Vol. 21, No. 1, pp. 23-46.

Kangan, M. 1974. TAFE in Australia: Report on needs in technical and further education (Canberra, Australian Committee on Technical and Further Education (ACOTAFE)).

Karmel, T. 2009a. Global skills crunch: A case of dog eat dog? (Adelaide, National Centre for Vocational Education Research (NCVEER), 13 Mar. Available at: http://www.ncver.edu.au/publications/2107.html [13 Mar. 2009].

.. 2009b. Reflections on the tertiary education sector in Australia (Adelaide, NCVEER). Available at: http://www.ncver.edu.au/publications/2115.html [23 May 2009].

.. 2008a. A peripatetic research perspective on older workers and VET (Adelaide, NCVEER), 22 Jan. Available at: http://www.ncver.edu.au/publications/1939.html [12 June 2009].

.. 2008b. What has been happening to vocational education and training diplomas and advanced diplomas? (Adelaide, NCVEER), 23 Dec. Available at: http://www.ncver.edu.au/publications/2090.html [9 Feb. 2009].

..; Cully, M. 2009. The demand for training, (Adelaide, NCVEER), 27 Feb. Available at: http://www.ncver.edu.au/publications/2124.html [27 Feb. 2009].

Karmel, T.; Mlotkowski, P.; Awodeyi, T. 2008. Is VET vocational? The relevance of training to the occupations of vocational education and training graduates (Adelaide, National Centre for Vocational Education Research (NCVEER)). Available at: http://www.ncver.edu.au/publications/2013.html [10 June 2009].

Keating, J. 2008a. Matching supply and demand for skills: International perspectives (Adelaide, National Centre for Vocational Education Research (NCVEER)), June. Available at: http://www.ncver.edu.au/vetcontext/publications/2000.html [10 June 2009].

.. 2008b. Qualifications systems and national qualifications frameworks, paper presented at the Monash University-ACER Centre for the Economics of Education and Training Annual Conference, Melbourne, 31 Oct. 2008. Available at: http://www.education.monash.edu/centres/ceet/docs/conferencepapers/2008jackkeating.pdf [8 June 2009].

.. 2006. "Post-school articulation in Australia: A case of unresolved tensions", in Journal of Further and Higher Education, Vol. 30, No. 1, pp. 59-74.

.. 2003. "Qualifications frameworks in Australia", in Journal of Education and Work, Vol. 16, No. 3, pp. 271-288.

.. 2000. Qualifications frameworks in Britain and Australia - A comparative note (Melbourne, RMIT University), Jan.

Knight, B.; Mlotkowski, P. 2009. An overview of vocational education and training in Australia and its links to the labour market (Adelaide, National Centre for Vocational Education Research (NCVER)), 3 Mar. Available at: http://www.ncver.edu.au/publications/2117.html [13 Mar. 2009].

Lim, H. 2008. The impact of mutual obligation on Mature Age NewStart Allowance recipients: A program evaluation (Canberra, National Centre for Social and Economic Modelling (NATSEM), University of Canberra), Dec.

Marginson, S. 1997. Educating Australia: Government, economy and citizen since 1960 (Melbourne, Cambridge University Press).

Martin, L.H. (Chair). 1964. Australian Universities Commission, Committee on the Future of Tertiary Education in Australia Report (Canberra, Government Printer).

Mayer, E. (Chair). 1992. Putting general education to work: The key competencies report (Melbourne, Australian Education Council). Available at: http://www.voced.edu.au/docs/dest/TD_LMR_85_658.pdf [2 Aug. 2009].

Ministerial Council for Employment, Education, Training and Youth Affairs (MCEETYA). 2009. National report on schooling in Australia 2005 (Melbourne).

.. 2007. National protocols for higher education approval processes (Canberra). Available at: http://www.mceetya.edu.au/mceetya/default.asp?id=15212 [23 Feb. 2009].

.. 2005. Good practice principles for credit transfer and articulation from VET to Higher Education (Canberra), 13 May. http://www.dest.gov.au/sectors/higher_education/policy_issues_reviews/key_issues/assuring_quality_in_higher_education/good_practice.htm [2 Aug.2009].

Moodie, G. 2009. Bradley on VET: The implications of the final report of the review of Australian higher education for the future of work in vocational education and training, paper presented at the Australian Education Union 2009 National TAFE Council Annual General Meeting, Melbourne, 14 Jan. 2009.

.. 2008. From vocational to higher education: An international perspective (Berkshire, England, Open University Press).

.. 2005a. Reverse transfer in Australia, paper presented at the 14th National VET research conference, Wodonga Institute of TAFE, 8 July 2005. Available at: http://www.griffith.edu.au//vc/staff/moodie/pdf/05ncverpaper1.pdf [18 Feb. 2006].

.. 2005b. Roles of sectors in mass higher education: A study of effects of sectors on student transfer and national innovation, unpublished PhD thesis (Armidale, University of New England).

.. 2004. "Reverse transfer in Australia", in International Journal of Training Research, Vol. 2, No. 2, pp. 24-48.

.. 2003. VET-higher ed transfers and the structure of tertiary education, paper presented at The Changing Face of VET, Australian Vocational Education and Training Research Association Conference, Sydney, 9-11 Apr.

National Centre for Vocational Education Research (NCVER). 2008a. 2006 VET in Schools Statistics: A report for the Ministerial Council on Education, Employment, Training and Youth Affairs (MCEETYA) Secretariat: Draft report 1 (Adelaide), 10 Oct. Available at: http://www.mceetya.edu.au/verve/_resources/2006_MCEETYA_VET_in_Schools_report.pdf [8 Mar. 2009].

.. 2008b. Australian vocational education and training statistics: Employers' use and views of the VET system 2007 (Adelaide), 16 Jan. Available at: http://www.ncver.edu.au/statistics/surveys/seuv07/su07030.pdf [23 Nov. 2009].

.. 2008c. Australian vocational education and training statistics: Students and courses 2007 (Adelaide). Available at: http://www.ncver.edu.au/statistics/vet/ann07/students_courses2007.pdf [25 Mar. 2009].

Noonan, P. 2003. Credit Matrix initial design: Final report (Melbourne, Victorian Qualifications Authority (VQA)), Sep. Available at: http://www.eduweb.vic.gov.au/edulibrary/public/voced/Accreditation/Courses/Cmatrix_initial_designreport.pdf [23 Nov. 2009].

Noonan, P.; Bateman, A.; Gillis, S.; Keating, J. 2004. Credit Matrix draft model, final report: Volume One (Melbourne, Victorian Qualifications Authority (VQA)). Available at: http://www.eduweb.vic.gov.au/edulibrary/public/voced/Accreditation/Courses/CMdrftmodelVOL1.pdf [23 Nov. 2009].

PhillipsKPA. 2006a. A national study to improve outcomes in credit transfer and articulation from vocational and technical education to higher education: Final report (Canberra, Department of Education Science and Training (DEST)), June.

.. 2006b. Stage 1 Report: National study to improve outcomes in credit transfer and articulation from vocational and technical education to higher education (Canberra, DEST), Jan.

.. 2006c. Stage 2 Report: Case studies: National study to improve outcomes in credit transfer and articulation from vocational and technical education to higher education (Canberra, DEST), Apr.

Pocock, B. 2009. Low-paid workers, changing patterns of work and life, and participation in vocational education and training: A discussion starter (Adelaide, National Centre for Vocational Education Research (NCVER). Available at: http://www.ncver.edu.au/publications/2104.html [13 Mar. 2009].

Polesel, J. 2008. "Democratising the curriculum or training the children of the poor: School-based vocational training in Australia", in Journal of Education Policy, Vol. 23, No. 6, pp. 615-632.

Priestley, M. 2002. "Global discourses and national reconstruction: The impact of globalization on curriculum policy", in The Curriculum Journal, Vol. 13, No. 1, pp. 121-138.

Productivity Commission. 2009. Report on Government Services 2009 (Canberra, Productivity Commission), 30 Jan. Available at: http://www.pc.gov.au/gsp/reports/rogs/2009 [13 Feb. 2009].

Raffe, D. 2005. "National qualifications frameworks as integrated qualifications frameworks" in SAQA Bulletin, Vol. 8, No. 1, (Pretoria, South African Qualifications Authority (SAQA)), Nov. Available at: http://www.saqa.org.za/ [13 Feb. 2009].

.. 2002. Bringing academic education and vocational training closer together, Working Paper No. 5, Centre for Educational Sociology (CES) (Edinburgh, University of Edinburgh). Available at: http://www.ed.ac.uk/ces/IUS/IUS_papers.html [9 Mar. 2003].

Raffe, D.; Howieson, C.; Croxford, L. 1994. "The third face of modules: Gendered patterns of participation and progress in Scottish vocational education", in British Journal of Education and Work, Vol. 7, pp. 87-104.

Ridoutt, L., Hummel, K., Dutneal, R.; Selby Smith, C. 2005a. The place of recognised qualifications in the outcomes of training (Adelaide, National Centre for Vocational Education Research (NCVER). Available at: http://www.ncver.edu.au/publications/1569.html [27 July 2009].

Ridoutt, L.; Selby Smith, C.; Hummel, K.; Cheang, C. 2005b. What value do Australian employers give to qualifications? (Adelaide, National Centre for Vocational Education Research (NCVER). Available at: http://www.ncver.edu.au/publications/1553.html [27 July 2009].

Ross, J. 2008. "A discriminating revolution: Why VET and HE are divided", in Campus Review, 1, 4 (Sydney), 8 Dec. 2008. Available at: http://www.campusreview.com.au/pages/section/article.php?s=News&idArticle=6107 [15 June 2009].

Rudd, K. 2009. COAG secures a compact with young Australians, Prime Minister of Australia Media Release (Canberra), 30 Apr. Available at: http://www.pm.gov.au/media/Release/2009/media_release_0942.cfm [12 June 2009].

Ryan, R. 2008. "Evidence free policy", in Campus Review, 11 (Sydney). Available at: http://www.campusreview.com.au/pages/section/article.php?s=VET&idArticle=5917 [15 June 2009].

Ryan, C.; Watson, L. 2004. The drift to Private Schools in Australia: Understanding its features. Centre for Economic Policy Research Discussion Paper No. 479 (Canberra, Australian National University). Available at: http://econrsss.anu.edu.au/pdf/DP479.pdf [10 June 2009].

Santiago, P.; Tremblay, K.; Basri, E.; Arnal, E. 2008. Tertiary education for the knowledge society Volume 1 Special features: Governance, funding, quality (Paris, Organization for Economic Development and Cooperation (OECD).

Schofield, K.; McDonald, R. 2004. Moving on... Report of the high level review of training packages (Brisbane, Australian National Training Authority (ANTA)), Apr.

Schofield, K.; McDonald, R.; Leary, C. 2004. High level review of training packages: Working Paper 5: Training Package Qualifications(Brisbane, Australian National Training Authority (ANTA)). Available at: http://antapubs.dest.gov.au/publications/pubBundle.asp?qsID=40 [10 June 2009].

Smith, E.; Keating, J. 2003. From training reform to training packages (Tuggerah, Social Science Press).

Stanwick, J. 2009. Employer engagement with vocational education and training in Australia (Adelaide, National Centre for Vocational

Education Research (NCVER)). Available at: http://www.ncver.edu.au/publications/2135.html [9 Apr. 2009].

.. 2006. Outcomes from higher-level vocational education and training qualifications (Adelaide, NCVER). Available at: http://www.ncver.edu.au/publications/1702.html [10 June 2009].

Teese, R. 2000. Academic success and social power: Examinations and inequality (Carlton South, Melbourne University Press).

Teese, R.; Robinson, L.; Lamb, S.; Mason, K. 2006. The 2005 on track longitudinal survey: The destinations of 2003 school leavers in Victoria two years on (Melbourne, Office of Learning and Teaching, Department of Education and Training). Available at: http://www.sofweb.vic.edu.au/voced/ontrack/default.htm [10 June 2009].

Tuck, R. 2007. An introductory guide to national qualifications frameworks: Conceptual and practical issues for policy makers, Skills and Employability Department (Geneva, International Labour Office (ILO)).

van Wanrooy, B.; Oxenbridge, S.; Buchanan, J.; Jakubau, M. 2007. Australia at work: The benchmark report (Sydney, University of Sydney, Workplace Research Centre). Available at: http://www.wrc.org.au/freedownload.php?did=6&sid=1381 [30 Apr. 2009].

Watson, L. 2000. Survey of private providers in Australian higher education 1999 (Canberra, Evaluations and Investigations Program, Higher Education Division, Department of Education, Training and Youth Affairs), June. Available at: http://www.dest.gov.au/archive/highered/eippubs/eip00_4/survey.pdf [8 Mar. 2009].

Wheelahan, L. 2009a. "The limits of competency-based training and the implications for work", in J. Field; J. Gallacher; R. Ingram (eds): Researching transitions in lifelong learning (London, Routledge).

.. 2009b. "Market design and contestable funding" in Campus Review (Sydney), 2 Feb, pp. 18-19.

.. 2009c. What kind of access does VET provide to higher education for low SES students? Not a lot. Paper presented at the "Student equity in higher education: What we know. What we need to know", National Centre for Student Equity in Higher Education, University of South Australia, 25-26 Feb. Available at: http://www.unisa.edu.au/hawkeinstitute/events/default.asp [10 Mar. 2009].

Wheelahan, L.; Dennis, N.; Firth, J.; Miller, P.; Newton, D.; Pascoe, S.; Veenker, P. 2002. Recognition of prior learning: Policy and practice in Australia, report commissioned by the Australian Qualifications Framework (Lismore, Southern Cross University), 25 Oct. Available at: http://www98.griffith.edu.au/dspace/handle/10072/16707 [10 June 2009).

Wheelahan, L.; Moodie, G.; Billett, S.; Kelly, A. 2009. Higher education in TAFE, NCVER Monograph Series 01/2009 (Adelaide, National Centre for Vocational Education Research (NCVER), 3 Sep. 2009. Available at: http://www.ncver.edu.au/publications/2167.html [23 Nov. 2009].

Young, M. 2008. "Towards a European qualifications framework: Some cautionary observations" in Journal of European Industrial Training, Vol. 32, No. 2/3, pp. 128-137.

.. 2005. National qualifications frameworks: Their feasibility for effective implementation in developing countries, Skills and Employability Working Paper No. 22 (Geneva, International Labour Organization (ILO)).

.. 2003. "Comparing approaches to the role of qualifications in the promotion of lifelong learning", in European Journal of Education, Vol. 38, No. 2, pp. 199-211.

.. 2001. The role of national qualifications frameworks in promoting lifelong learning, Discussion paper, (Paris, Organization of Economic Co-operation and Development (OECD)).

Young, M.; Allais, S. 2009. NQF research: Conceptualizing the role of qualifications in education reform, Discussion Document (Geneva, International Labour Organization (ILO)), 31 Mar.

제5장-남아프리카 공화국

Allais, S. 2007a. "Education service delivery: The disastrous case of outcomes-based qualifications frameworks", in Progress in Development Studies, Vol. 7, No. 1, pp. 65-78.

.. 2007b. The rise and fall of the NQF: A critical analysis of the South African national qualifications framework. PhD Thesis, School of Public and Development Management (Johannesburg, University of the Witwatersrand).

.. 2006. "Problems with qualification reform in senior secondary education in South Africa", in M. Young; J. Gamble (eds): Knowledge, curriculum and qualifications for South African further education (Cape Town, Human Sciences Resource Council (HSRC) Press), pp. 11-45.

.. 2005. Emerging power relations: Possibilities and constraints for the vocational FETC. HSRC FET Curriculum Project (Cape Town).

.. 2003. "The national qualifications framework in South Africa: A democratic project trapped in a neo-liberal paradigm", in Journal of Education and Work, Vol. 16, No. 3, pp. 305-324.

Allais, S.; King, M.; Bowie, L.; Marock, C. 2007. The 'f' word: The quality of the 'fundamental' component of qualifications in general and further education and training (Pretoria, Umalusi).

Badroodien, A.; McGrath, S. 2005. International influences on the evolution of South Africa's National Skills Development Strategy, 1989-2004 (Eschborn, German Technical Cooperation (GTZ), Economic Development & Employment Division Technical & Vocational Education & Training Section).

Bird, A. 1992. "COSATU unions take initiatives in training", in South African Labour Bulletin, Vol. 16, No. 6, pp. 46-51.

Blom, R.; Parker, B.; Keevy, J. 2007. The recognition of non-formal and inform al learning in South Africa (Paris, Organisation for Economic Co-operation and Development (OECD)).

Bond, P. 2000. Elite transition (London, Pluto Press).

Breier, M. 1998. "Three questions for the designers of the NQF", in K. Pampallis (ed.): Reconstruction, development, and the national qualifications framework (Johannesburg, Centre for Education Policy Development and Education Policy Unit).

Buckland, P. 1981. "Another brick in the wall", in South African Outlook, No. 112, p. 1331.

Chisholm, L. 2005. Diffusion of the national qualifications framework and outcomes-based education in Southern and Eastern Africa, paper presented at the South African Comparative and History of Education Society (SACHES) Conference, Dar es Salaam, Sep. 2005.

.. 2003. "The state of curriculum reform in South Africa: The issue of Curriculum 2005", in J. Daniel; A. Habib; R. Southall (eds): State of the Nation: South Africa 2003-2004 (Pretoria, HSRC Press).

Cooper, L. 1998. "The implications of the national qualifications framework for emancipatory education in South Africa", in K. Pampallis (ed.): Reconstruction, development, and the national qualifications framework (Johannesburg, Centre for Education Policy Development and Education Policy Unit).

Denoon, D.; Nyeko, B. 1984. Southern Africa since 1800 (London and New York, Longman).

Desaubin, F. 2002. Politics and strategy of the Labour Movement in South Africa: A crisis of "strategic" and "social" unionism. Doctoral thesis (School of Social Sciences, Australia National University).

Drummond, J.H.; Paterson, A.N.M. 1991. "Apartheid and geography textbooks", in Perspectives in Education, Vol. 12, No. 2, pp. 65-76.

Ensor, P. 2003. "The national qualifications framework and higher education in South Africa: Some epistemological issues", in Journal of Education and Work, Vol. 16, No. 3, pp. 325-346.

Fleisch, B. 2008. Primary education in crisis: Why South African schoolchildren underachieve in reading and mathematics (Johannesburg, Juta & Co., Limited).

French, E. 2009. The NQF and its worlds (Pretoria, South African Qualifications Authority (SAQA)), Feb.

Gamble, J. 2005. Working for the bosses: Moral education in the vocational curriculum? Paper prepared for Kenton at Mpekweni: "(In)equality, democracy and quality", Mpekweni Beach Resort.

.. 2004. Tacit knowledge in craft pedagogy: A sociological analysis. PhD Thesis (Cape Town, School of Education, Graduate School of Humanities, University of Cape Town).

.. 2002. "Teaching without words: Tacit knowledge in apprenticeship, in Journal of Education, Vol. 28, pp. 63-82.

Gewer, A. 2001. "Macro-strategies and micro-realities: Evolving policy in FET", in A. Kraak; M. Young (eds): Education in retrospect (Pretoria, Human Sciences Resource Council (HSRC)).

Granville, G. 2004. "The national qualifications framework and the shaping of a new South Africa: Indications of the impact of the NQF in practice", in SAQA Bulletin, Vol. 6, No. 1, pp. 3-19.

Guthrie, H. 2009. Competence and competency based training: What the literature says, (Adelaide, National Centre for Vocational Education Research (NCVER)). Available at: Adelaide. http://www.nqc.tvetaustralia.com.au/__data/assets/pdf_file/0006/479 40/CBT_literature_review_Occasional_paper_FINAL.pdf [1 Nov. 2009].

Hall, C.; Woodhouse, D. 1999. "Accreditation and approval in New Zealand: Major surgery for the national qualifications framework?", in M. Fourie; A.H. Strydom; J. Stetar (eds): Reconsidering quality assurance in Higher Education: Perspectives on programme assessment and accreditation (Bloemfontein, The University of the Orange Free State).

Hartshorne, K. 1985. "The state of education in South Africa: Some indicators", in South African Journal of Science, Vol. 81.

Heitmann, W.; Mummenthey, C. 2009. The South African NQF Reform 2001 - 2008: From a single, integrated framework towards a tracked and linked NQF structure: South African - German Development Co-operation (GTZ) (Employment & Skills Development Services Programme).

Heyns, R.; Needham, S. 2004. "An integrated national framework for education and training in South Africa: Exploring the issues", in Qualifications-Africa Conference hosted by the South African Qualifications Authority (Midrand, Gallagher Estate).

Higgs, P.; Keevy, J. 2007. "The reliability of evidence contained in the national qualifications framework impact study : A critical reflection", in Perspectives of Education, Vol. 25, No. 4, pp. 17-28.

Higher Education Quality Council (HEQC). 2003. Improving teaching and learning resources: Draft policy document (Pretoria).

Human Sciences Resource Council (HSRC). 1995. Ways of seeing the NQF (Pretoria).

Hyslop, J. 1993. "'A destruction coming in': Bantu education as response to social crisis", in P. Bonner; P. Delius; D. Posel (eds): Apartheid's Genesis: 1935-1962 (Braamfontein, Raven Press and Wits University Press).

Industrial Strategy Project (ISP). 1994. "Industrial strategy for South Africa: Recommendations of the ISP", in South African Labour Bulletin, Vol. 18, No. 1, pp. 48-75.

Isaacs, S. 2009. Insights from the South African national qualifications framework, paper presented at the Gulf Co-operation Council Qualifications Going Global Conference, Abu Dhabi, 5-6 Apr. 2009.

.. 2006. Response to Dr Jim Gallacher's paper, National qualifications frameworks: Instruments of change or agents of change?, at the Second Annual National Qualifications Framework Colloquium hosted by the South African Qualifications Authority (Pretoria, Velmore Conference Estate, South African Qualifications Authority (SAQA)).

.. 2004. "Understanding systemic change in building a South African education and training system that is world class", in SAQA Bulletin, Vol. 5, No. 1, pp. 6-20.

Jansen, J. 2004. "Meta-evaluation study: the review of the South African Qualifications Authority and the national qualifications framework", in SAQA Bulletin, Vol. 5, No. 1, pp. 47-61.

Kallaway, P. 1988. "Privatisation as an aspect of the educational politics of the new right: Critical signposts for understanding shifts in education policy in South Africa during the eighties", in British Journal of Education Studies, Vol. 37, No. 3.

Keevy, J. 2006. A Foucauldian critique of the development and implementation of the South African national qualifications framework. Unpublished doctoral thesis (Pretoria, University of Pretoria, Philosophy of Education).

Kraak, A. 1994. "Lifelong learning and reconstruction: Can it deliver?", in South African Labour Bulletin, Vol. 18, No. 4, pp. 32-39.

Lodge, T. 1983. Black politics in South Africa since 1945 (Braamfontein, Raven Press).

Lowry, S. 1995. "A critique of the history curriculum in South Africa", in Perspectives in Education, Vol. 16, No. 1, pp. 105-129.

Lugg, R. 2007. Making different equal? Social practices of policy-making and the national qualifications framework in South Africa between 1985 and 2003 (London, University of London, Institute of Education).

Manganyi, N.C. 1996. The South African Qualifications Authority Act, paper presented at the Information Management Working Group on the NQF (IMWG) Conference. Proceedings, 22-24 Apr. 1996, at Johannesburg Technikon SA Conference Centre.

Marais, H. 2001. South Africa: Limits to change: The political economy of transition. Revised edition (Cape Town and London, UCT Press/Zed Books).

McGrath, S. 1996. "Learning to work? Changing discourses on education and training in South Africa, 1976-1996. Unpublished PhD thesis (Edinburgh, University of Edinburgh).

Mehl, M. 2004. 'The national qualifications framework: Quo vadis?', in SAQA Bulletin, Vol. 5, No. 1, pp. 21-46.

Mokhobo-Nomvete, S. 1999. "Assessment in an outcomes-based education and training system: An overview, in SAQA Bulletin, Vol. 2, No. 3.

Motala, E. 2001. "Policy analysis capacity in South Africa", in Y. Sayed; J. Jansen (eds): Implementing education policies: The South African experience (Cape Town, University of Cape Town Press), pp. 240-248.

Mukora, J. 2006. Social justice goals or economic rationality? The South African qualifications framework considered in the light of local and global experiences. PhD Thesis (Edinburgh, University of Edinburgh).

Muller, C.F.J. (ed.). 1969. 500 Years: A history of South Africa. Third, revised and illustrated edition (Pretoria, Academica).

Muller, J. 2004. "Assessment, qualifications and the national qualifications framework in South African schooling", in L. Chisholm (ed.): Changing Class: Education and Social Change in Post-Apartheid South Africa (Pretoria and London, HSRC Press & Zed Books), pp. 221-246.

Muller, J. 2000. "Reclaiming knowledge: Social theory, curriculum, and education policy", in P. Wexler; I. Goodson (eds): Knowledge, identity and school life series (London and New York, RoutledgeFalmer).

.. 1998. "NQF and outcomes-based education: Pedagogic models and hard choices", in K. Pampallis (ed.): Reconstruction, development, and the national qualifications framework (Johannesburg, Centre for Education Policy Development and Education Policy Unit).

National Education Co-ordinating Committee (NECC). 1992a. Human Resources Development: Report of the NEPI Human Resources Development Research Group. A project of the NECC (Cape Town, Oxford University Press/NECC).

.. 1992b. Adult basic education: Report of the NEPI Adult Basic Education Research Group. A project of the NECC (Cape Town, Oxford University Press/NECC).

National Training Board (NTB). 1994. A discussion document on a National Training Strategy Initiative: A preliminary report by the National Training Board (Pretoria).

Oberholzer, A. 2005. A national qualifications framework: No-quick-fix for lifelong learning and assessment. Paper presented at the International Association for Educational Assessment (IAEA) conference, Lagos, Nigeria, 5 Sep 2005.

Parker, B. 2001. Roles and responsibilities, Institutional Landscapes and Curriculum Mindscapes: A Partial View of Teacher Education Policy in South Africa: 1990 to 2000, paper presented at the Multi-site Teacher Education Research Project Symposium, Feb. 2001, at the University of Pretoria.

Republic of South Africa (RSA). 2008. National Qualifications Framework Act, No. 67 of 2008, Government Gazette Vol. 524 (Cape Town).

.. 2008b. General and Further Education and Training Quality Assurance Amendment Act, No. 50 of 2008. Government Gazette Vol. 523, No. 31785 (Act No. 50 of 2008) (Cape Town).

.. 2008c. Skills Development Amendment Act, No. 37 of 2008. Government Gazette Vol. 521, No. 31666 (Pretoria).

.. 2008d. Higher Education and Amendment Act, No. 39 of 2008. Government Gazette Vol. 521, No. 31651 (Pretoria).

.. 1995. South African Qualifications Authority Act, No. 58 of 1995. Government Gazette Vol. 1521 (Pretoria).

RSA Department of Education. 2009. Educational statistics at a glance (Pretoria).

.. 2000. A South African curriculum for the twenty-first century: A report of the Review Committee on Curriculum 2005 (Pretoria).

RSA Departments of Education and Labour. 2003. An interdependent national qualifications framework system: Consultative document (Pretoria), July.

.. 2002. Report of the Study Team on the implementation of the national qualifications framework (Pretoria).

RSA Ministry of Education. 2004. New academic policy for higher education.

Rose, B.; Tunmer, R. 1975. Documents in South African education (Johannesburg, AD Donker).

Samson, M. 1999. "Undressing redress: A feminist critique of the South African national qualifications framework", in Discourse: Studies in the cultural politics of education, Vol. 20, No. 3, pp. 433-460.

Shapiro, Y. 2005. Presentation at the SAQA ETQA (Education and Training Quality Assurance) Forum, Pretoria, 3 Aug. 2005.

South African Qualifications Authority (SAQA). 2006. "Credit accumulation and transfer in the context of the South African national qualifications framework. An exploratory investigation", in SAQA Bulletin, Vol. 9, No. 2, pp. 1-34.

.. 2005a. Annual Report: 2004/2005 (Pretoria).

.. 2005b. National qualifications framework impact study. Report 2. Establishing a baseline against which to measure the progress of the NQF (Pretoria).

.. 2004a. Trends emerging from the monitoring of education and training quality assurance bodies. Sep. 2002 - July 2003. (Pretoria).

.. 2004b. Annual Report: 2003/2004 (Pretoria).

.. 2004c. National qualifications framework impact study: Report 1: Establishing the criteria against which to measure progress of the NQF (Pretoria).

.. 2004d. NQF support link: Reader for Learning Programme 1 (Pretoria). Available at: http://www.nqf.org.za/download_files/library/Module_1_Reader1.pdf [3 Nov. 2009].

.. 2003. Response by the South African Qualifications Authority to the consultative document: An interdependent national qualifications framework system (Pretoria).

.. 2001. Criteria and guidelines for the registration of assessors (Pretoria).

.. 2000a. The national qualifications framework and standards setting (Pretoria).

.. 2000b. The national qualifications framework and curriculum development (Pretoria).

.. 2000c. SGB Manual Part One (Standards Generating Body) (Pretoria).

.. 2000d. SGB Manual Part Two (Standards Generating Body) (Pretoria).

.. 2000e. The national qualifications framework and quality assurance (Pretoria), May.

.. 1999. SAQA Bulletin, Vol. 3, No. 1 (Apr.).

.. 1998. SAQA Bulletin, Vol. 2, No. 1 (Aug.).

.. 1997. SAQA Bulletin, Vol. 1, No. 1 (May/June).

Spreen, C.A. 2001. Globalization and educational policy borrowing: Mapping outcomesbased education in South Africa. Doctoral thesis (New York, Columbia University, Comparative and International Education).

Taylor, N. 2002. "Curriculum 2005: Finding a balance between school and everyday knowledges", in Gultig, J.; Hoadley, U.; Jansen, J. (eds): Curriculum: From plans to practice (Cape Town, South African Institute for Distance Education (SAIDE)/Oxford University Press (OUP)).

.. 2000. Anything but knowledge: The case of the undisciplined curriculum, paper presented at the Designing Education for the Learning Society Conference, Enschede, The Netherlands, 5-8 Nov.

Taylor, N.; Vinjevold, L. 1999. Getting learning right (Johannesburg, Joint Education Trust).

Thompson, L. 1990. A history of South Africa (New Haven and London, Yale University Press).

Umalusi. 2007. Making educational judgements: Reflections on judging standards of intended and examined curricula (Pretoria).

United Nations Development Programme (UNDP). Human Development Index. Available at: http:// www.undp.org [6 June 2009].

Vally, S.; Spreen, C.A. 2003. "Education policy implementation, February to May 1998", in L. Chisholm; S. Motala; S. Vally (eds): South African Education Policy Review 1993-2000 (Sandown, Heinemann), extract from May 1998 edition.

Von Holdt, K. 1991. "Towards transforming SA industry: A 'reconstruction accord' between unions and the ANC?", in South African Labour Bulletin, Vol. 15, No. 6, pp. 17-25.

Vorwerk, C. 2004. "Essential embedded knowledge: The forgotten dimension", in SAQA Bulletin, Vol. 6, No. 2, pp. 67-86.

Wheelahan, L. 2008a. "Can learning outcomes be divorced from processes of learning? Or why training packages make very bad curriculum". Paper presented for the VET in Context: 11th Annual Australian Vocational Education and Training Research Association Conference, 3-4 Apr. 2008, Adelaide.

--. 2008b. "What about knowledge? The deskilling of teachers work", in The Australian TAFE Teacher, Vol. 42. No. 1, pp. 6-7.

Wolf, A. 1995. Competence-based assessment (Bristol, Open University Press).

Young, M. 2005. National qualifications frameworks: Their feasibility and effective implementation in developing countries, Skills and Employability Department Working

Paper No. 22 (Geneva, International Labour Organization (ILO)).

--. 2003. Options for the NQF in South Africa. A conceptual critique of 'An interdependent qualifications framework system: A consultative document' (Pretoria, Council on Higher Education (CHE)).

전체 참고문헌

Allais, S.; Raffe, D; Young, M. 2009. Researching NQFs: Some conceptual issues. Employment Working Paper No. 44 (Geneva, International Labour Organization (ILO)).

International Labour Organization (ILO). 2008. Report V: Skills for improved productivity, employment growth, and development. International Labour Conference, 97th Session, Geneva, 2008 (Geneva)

--. 2006. Implementing the Global Employment Agenda: Employment strategies in support of decent work, "Vision" document (Geneva). Also available at: http://www.ilo.org/gea [28 Oct. 2009].

―. 2003. Working out of poverty, Report of the Director-General, International Labour Conference, 91st Session, Geneva, 2003 (Geneva). Also available at:
http://www.oit.org/public/english/standards/relm/ilc/ilc91/pdf/rep-i-a.pdf [28 Oct. 2009].

―. 2001. Reducing the decent work deficit: A global challenge, Report of the Director General, International Labour Conference, 89th Session, Geneva, 2001 (Geneva). Also available at: http://www.ilo.org/public/english/standards/relm/ilc/ilc89/rep-i-a.htm [28 Oct. 2009].

―. 1999. Decent work, Report of the Director-General, International Labour Conference, 87th Session, Geneva, 1999 (Geneva). Also available at: http://www.ilo.org/public/english/standards/relm/ilc/ilc87/rep-i.htm [28 Oct. 2009].

한국산업인력공단 연구보고서 및 번역자료

1. 연구보고서

연도별	과　　　제　　　명
1994	1. 다기능기술자 양성에 따른 효율적 국가기술자격검정 방안연구 2. 신인력정책과 고용보험제도 도입에 따른 공단의 역할
1995	1. 훈련기준 및 출제기준개발을 위한 직무분석방법 개선에 관한 연구 2. 훈련체제 개편에 따른 효율적인 단기훈련 실시방안 3. 독일과 한국의 다기능기술자 양성과정 비교분석 연구
1996	1. 교육개혁 방안에 따른 공단의 역할 검토 2. 효율적 학사운영을 위한 지도업무개선 방안 3. 공단교원의 직무자격 향상방안
1997	1. 국가기술자격취득자의 산업사회 기여도 조사 2. 공단 고용안정기능의 활성화 방안 3. 공단 직업교육훈련기관 평가기준개발 4. 교육개혁과 기술변화에 따른 기능대학의 역할고찰
1998	1. 벤처기업 기술·기능인력 수요조사 2. 외국인 근로자 직종의 국내인력 대체가능성 조사 3. 실업자 재취업을 위한 기능인력 고용수요 및 구직자의 직업훈련 요구 조사 4. 실업대책 민간직업훈련 실태조사(인정직업훈련기관을 중심으로) 5. 사무관리분야 국가기술자격의 확대운영방안 연구
1999	1. 해외취업 현황과 해외취업 활성화 방안 2. 지식기반산업의 직업훈련 실시 가능 직종 선정을 위한 기준 설정 3. 사회안전망 측면에서의 공공직업훈련 역할 재정립 방안
2000	1. 직업능력개발 활성화를 위한 웹기반훈련 발전방안 2. 근로자 파견 사업 및 파견 근로자 교육사업 수행방안 3. 자격시장 실태분석 및 민간자격 개발 방향 4. 수익사업 개발 및 수행에 따른 예산운영제도 개선방안 5. 공단 직업훈련 과정별 모듈(Module)훈련개발 및 실시방안 6. 공단 훈련사업과 자활사업의 연계방안 7. 프랑스, 체코의 직업 훈련 및 자격검정 제도연구
2001	1. 지식정보화 사회에서의 새로운 직업교육훈련에 관한 이론적 고찰 2. 전통기능의 상품화 방안 기초연구 3. IT관련직종 인력양성 및 자격검정 활성화 방안 4. 여성 직업능력개발훈련 활성화 방안 5. 고용허가제 도입과 공단의 업무수행 방안 6. 국가간 자격의 상호인정에 대한 실태 및 추진방안 7. 공공직업훈련 투자효과 분석 기초연구 8. 공공직업훈련제도 개선 방안

연도별	과 제 명
2002	1. 직업능력개발훈련과 고용안정의 효율적인 연계방안 2. 한국산업인력공단 비전과 실천전략 방안 3. 21세기 공공직업훈련의 국제동향 4. 공단 직업훈련기관 자율운영체제 확대 방안 5. 전통기능의 상품화 방안 6. 통일을 대비한 북한 인적자원 개발방안 7. 면허와 자격의 비교연구 8. 동구권 국가 직업훈련제도 연구를 통한 교류 협력 확대방안 9. 기능사 양성과정 인력공급의 위기와 과제 10. 공단 직업능력개발훈련 효과분석 11. 국가기술자격에 대한 사회적 인식 및 활용도 조사
2003	1. 기술분야 원격대학 설립을 위한 수요조사 및 운영방안 2. 고령화 사회에 대비한 공공훈련기관의 직업능력개발체제 보완 방안 3. 북한이탈주민의 국가기간산업인력화 방안 4. 공공훈련기관의 산학협력 강화방안 5. 직업훈련기준과 국가기술자격 출제기준의 연계방안 강화 6. 고학력 청년층에 대한 직업능력개발 방안 7. 직업전문학교 수료 근로자의 장기근로 유도방안 8. 방송인력 양성을 위한 훈련직종 연구 9. 여성직종 노동시장 및 직업능력개발에 관한 연구
2004	1. 국가기술자격취득자 활용현황 2. 제1차 지식기반산업직종 개편사업에 대한 성과분석 3. 직업전문학교 고학력 훈련생 훈련실태 분석 및 개선방안 4. 지역본부의 역할 정립을 위한 업무매뉴얼 개발 5. 일본, 유럽국가의 기능장려제도 조사 6. 국가기술자격 기능사등급 자격종목의 수검자 실태분석과 예측 7. 부산지역본부내 직교 양성과정 수료생의 입직실태 분석을 통한 양성훈련 개선방안

연도별	과 제 명
2005	1. 국가기술 자격검정의 관리운영 혁신방안 2. 국가기술자격 기사, 산업기사, 자격종목의 수검자 실태분석 예측 3. 직원자질 향상 전략체계 설정 및 교육훈련체계 수립 4. 훈련생 취업 등 사후관리 실태분석 및 개선방안 5. 국가기술자격 검정합격자 자격증 교부 실태분석 및 개선방안 6. 중소기업 근로자 평생학습 지원을 위한 신규사업 개발 7. HRDKorea 학습조직 활성화 방안 8. '04 외부고객만족도조사 결과분석에 따른 고객만족도 향상방안
2006	1. 산업사회 변화에 부응하는 명장선정 직종 개편방안연구 2. 직업방송사업의 타당성 및 실행방안 연구 3. 우선선정직종 훈련수요조사 4. 2006년도 기초직업능력표준 훈련프로그램 (교재) 개발 5. e-Learning 콘텐츠개발 수요조사 6. 국가직업능력표준 실용화를 위한 제도화 방안 연구 7. 훈련비용 기준단가 조사분석 8. 국가기술자격등급체계 개선연구 9. 평생능력개발콘텐츠 계층별 수요조사 10. 평생능력개발 콘텐츠개발 보급활용 실태조사 및 체계화방안 연구 11. 국가자격시험 통합관리체계 개선방안 연구 12. 국가기술자격효용성 평가체계 구축연구 13. 국가시험 답안지 재배역 프로그램 도입방안 검증 연구 14. 국가기술자격실기검정 재료 및 기능경기대회 경기용 재료 입찰 방법 개선방안 연구 15. 2006년도 노사공동훈련 지도 및 모니터링 사업 결과 보고 16. 호주 뉴질랜드 해외자격조사 결과 보고서 17. 국가기술자격 조사 분석 중장기 기본계획 18. Vision 2010 출제관리 중장기 발전계획 19. 현장수요 중심의 국가기술자격 등급체계 설계 방안 20. 2006년도 중소기업 학습조직화 지원사업종합성과보고서 21. HRD 우수기관 인증사업 종합결과보고서-06년도 사업결과 및 활성화 방안 22. 2006년도 직업능력개발 훈련기관 및 과정평가

연도별	과　제　명
2007	1. 해외취업연수기관 평가 2. 조직진단 및 BSC 성과관리 체계구축 연구 3. 국내기능경기대회 직종개편 연구 4. 기초직업능력표준 제도화 방안 연구 5. 기초직업능력표준 직업교육훈련 프로그램 (교재) 개발 연구 6.. 기계 (금형) 분야 직업능력표준개발 연구 7. 사업지원서비스분야 영역체계화 및 직업능력표준개발 연구 8. 사무직 근로자 경력개발 제도화방안 연구 9. 백세장수사회 및 기술환경 변화에 대비한 평생능력개발 지원사업연구 10. 국가기술자격통계분석 11. 기능장려 사업 홍보전략 및 실행 방안 연구 12. 국가기술자격의 적정 검정 수수료 산정을 위한 제비용 원가분석 연구 13. 직업능력표준 효용성 분석 체계 구축방안 연구 14. 기술사 검정방식 개선 방안 연구 15. 수요자 중심의 직업능력개발훈련기준 체계구축을 위한 개선방안 연구 16. 중소기업학습조직화 지원사업 성과분석 연구 17. 국가자격시험 적정응시수수료 산정 연구 18. HRD 우수기관 인증사업 성과분석 및 발전 방안 연구 19. 국가기술자격종목의 07년도 효용성 평가 연구
2008	1. 국가기술자격 검정방식 개선방안 연구 2. 난이도, 변별도 개선을 통한 합격률 관리 방안에 관한 연구 3. 공단 R&D 활성화 방안 4. 국가직업능력표준-훈련-출제기준 연계방안에 관한 연구(자동차 분야) 5. 일본의 자격체계와 출제관리 연구 6. 국가기술자격 수험자 기초통계 7. 연구보고서 요약집 8. 국가기술자격종목 운영 모니터링<전문사무분야> 9. 국가기술자격 출제기준 서술체계 분석 연구 10. 호주의 자격체계와 훈련패키지에 관한 연구

	11. '08년 국가기술자격 수험자 동향 분석<학생, 취업자, 여성, 장애인 취약계층, 실업자, 준고령자 취약계층, 취소자, 결시자, 신설종목 및 수험인원 소수/급감종목 편>
	12. 국가직업능력표준–훈련–출제기준 연계방안에 관한 연구(가능분야 미용, 인쇄작종 중심)
	13. 국가직업능력표준·훈련기준·출제기준 연계방안
	14. 피부미용사 국가기술자격 종목의 수험자 특성 분석
	15. 영국의 자격체계와 검정·출제관리 연구
	16. 위탁제도 변화에 부합하는 검정관리 운영개선 방안연구
	17. 외국인 근로자 자발적 귀환 프로그램(AVR) 개발 연구
2009	1. 국제협력사업의 체계적인 추진방향에 관한 연구
	2. 저탄소 녹색성장에 따른 국가기술자격 발전방향에 관한 연구
	3. 국가기술자격 취득 외국인 현황분석에 관한 연구
	4. 2009년 국가기술자격 수험자 기초통계(상반기)
	5. 2009년 국가기술자격 수험자 동향분석(상반기)
	6. 국가기술자격 필기시험 주관식 문제의 문항구성에 관한 연구
	7. 산업별/직업별 생애주기를 고려한 국가기술 자격 효용성 평가에 관한 연구
	8. 국가기술자격 필기시험 주관식 문제의 문항구성에 관한 연구
	9. 한일 IT자격 상호인정 성과분석
	10. 사업내 자격 실태 및 개선방안 연구
	11. 일본 기술사제도 운영 실태에 관한 연구
	12. AHP기법을 이용한 합격률 예측모델 개발에 관한 연구
	13. 실기검정 합격률 분석을 통한 자격검정 효율화방안 연구
	14. 국가기술자격 효용성 제고방안(전기 · 정보처리 · 정보통신분야)
	15. 호주 기술사제도 운영 실대에 관한 연구
	16. 2009년 국가기술자격 수험자 기초통계(하반기)
	17. 2009년 국가기술자격 수험자 동향분석(하반기)
	18. 국가기술자격시험 수험자 점수특성 분석
	19. 미국의 자격제도 연구 - P.E 제도를 중심으로 -
	20. 캐나다 자격제도 연구 - P.Eng 제도를 중심으로 -
	21. 국가기술자격 응시자 특성별 합격률에 관한 연구
	22. 출제의 질관리를 위한 문항분석 및 문항관리 방안

연도별	과 제 명
2010	1. 외국의 자격제도 운영에 관한 연구 2. 국가기술자격시험 면제제도 개선방안에 관한 연구 3. 공단R&D인프라 및 프로세스 개선방안 연구 4. 표준활용 최적화를 위한 표준-훈련-출제기준 개정주기 연계방안 연구 5. 미국연방자격 표준제도 및 시행지침에 관한 연구 6. 소수업종 기능수준 등 평가문제개발 연구 7. 합격률 변동에 따른 국가기술자격 특성 분석 8. 직업능력개발 분류 체계 개편 방안 9. 국가기술자격 종목별 변천 실태 및 과제 연구 10. 국가기술자격 취득자 활용 법령 연구 11. 영국의 교육훈련 및 자격제도에 관한 연구 12. 사업 내 자격 지원사업의 효과성 분석 13. 국가기술자격 수험인원 결정요인 분석 14. 문항 및 통개분석시스템을 활용한 합격률 예측 및 난이도 결정에 관한 연구 15. 2010년도 국가기술자격 수험인원 급변종목 수험자 특성분석 16. 국가직업능력표준 표준프로세서 업무지침 17. 국가기술자격 고객소리의 유형별 분석을 통한 만족도 향상 방안 18. 독일의 자격제도에 관한 연구 19. 국가기술자격 수험자 동향분석(상 · 하반기) 20. 국가기술자격 수험자 기초통계(상 · 하반기) 21. 사업내 자격관리 가이드북

2011	1. 국가직무능력표준을 활용한 자격종목 재설계 방안에 관한 연구
	   - 도장도금 · 용접 · 자동차 · 제과제빵 · 조경 -
	2. 2010년도 국가기술자격 수험자 기초통계
	3. 2011년 국가기술자격 수험자 동향분석
	4. 국가직무능력표준을 활용한 자격종목 재설계 방안에 관한 연구
	   - 의복 · 비파괴검사 · 조리 · 인쇄 및 사진 · 섬유 분야 -
	5. 2011년 국가기술자격 종목별 기업 효용성 평가 연구
	6. 제조업 기능수준 등 평가 평가지 개발에 관한 연구
	7. 영국의 서비스분야 자격제도 및 자격종목 조사연구
	8. 호주의 서비스분야 자격제도 및 자격종목 조사연구
	9. 미국의 서비스분야 자격제도 및 자격종목 조사연구
	10. 독일의 서비스분야 자격제도 및 자격종목 조사연구
	11. 모의평가를 통한 기능장 검정방법 개선 연구
	12. 직업능력개발을 위한 국가기술자격제도의 역할 및 기능

2. 번역자료

연도별	자 료 명	발 행 처
1994	1. 미국의 실업보험 2. 프랑스의 고용보험 3. 독일직업훈련규정·교과과정(전기, 전자) 4. 개정 직업자격개발촉진법의 해설	미국 위스콘신대 출판국 프랑스정부 독일연방통신조합 일본 노동성
1995	1. 외국의 직업훈련관계법(합본) 　(미국, 노르웨이, 스위스) 2. 일본의 직업자격개발 행정 3. 직업훈련에 있어서 지도의 이론과 실제 4. 직업훈련정책과 방법에 대한 스웨덴, 독일, 　일본의 비교 연구 5. 노동시장과 직업연구 보고서 6. 직업훈련 적정성 7. 직업훈련교사론	미국, 노르웨이 및 스위스 정부 일본 노동성 일본 노동성 〃 유네스코 독일 노동시장 및 직업훈련연구소 독일 직업교육경제관리국 독일 연방직업훈련연구소
1996	1. 영국의 직업교육훈련 2. 프랑스의 직업교육훈련 3. 독일의 직업교육훈련 4. EC자격증 상호인정에 관한 제안서 5. 호주의 자격중심훈련(CBT)제도 6. 독일의 직업훈련규정·교과 　과정(금속가공분야) 7. 금속가공기술의 새로운 훈련방법 8. 직업교육과 중소기업촉진 9. 사업내 직업훈련의 효용성 10. 독일대학의 산학협동 교육과정 11. 지식의 측정과 인적자본 회계	유럽직업훈련개발센터 〃 〃 OECD 호주연방 및 주훈련 자문위원회 독일연방직업훈련연구소 〃 〃 쾰른 독일경제연구소 독일경제연구소 OECD
1997	1. 네덜란드 직업교육훈련 2. 일본의 국가시험 자격시험전서 3. 스위스 성인수료검정보고서 4. 교육훈련의 일·독·한 비교 5. 청소년을 위한 직업교육훈련 6. 데마크의 직업교육훈련 7. 직업교육훈련에서 직업기능과 　직업자격의 평가와 자격검정 8. 독일의 직업훈련법 9. 일본의 직업자격개발조사연구 보고서 10. 일본의 직업자격개발 관계자료	유럽직업훈련개발센터 일본 자유국민사 스위스Zürich주 직업교육청, 직업교육연구소 일본중앙대학 출판부 OECD 유럽직업훈련개발센타 OECD 독일정부 일본노동성 〃

연도별	자 료 명	발 행 처
1998	1. 직업훈련교사와 직업훈련 담당자 제도 2. 첨단기술매체를 이용한 원격교육 3. 중국의 국가직업기능검정 제도 4. 미국의 성공적인 직업훈련 전략과 프로그램 5. 독일의 직업교육훈련 개혁 방안 6. 지식경제의 기업가치 7. 영국의 교육과 고용 8. 자격의 경제학	유럽직업훈련개발센터 OECD 중국 노동성 미국 회계감사원(GAO) 독일 연방교육과학기술부 OECD, Ernst & Young 영국정부 今野浩一郎, 下田健人 공저(일본)
1999	1. 미국의 청소년훈련과 실업자훈련 특성 및 효과 2. 수요자 중심의 실업자 직업훈련 3. 직업교육훈련 평가 4. 직업교육훈련의 국제 비교 (대만, 싱가폴, 남아공) 5. 브라질의 직업훈련 제도 6. 캐나다(퀘벡), 이탈리아의 직업훈련제도	GAO, Job Corps EC 미국 노동부 영국 Routeledge社 독일 국제기술교류재단(CDG) OECD
2000	1. 일본의 사무·기술자격과 유네스코의 학교검정연구 2. 체코, 포르투갈의 직업훈련 3. 인력의 고급화를 위한 계속전문교육 4. 컴피턴시 중심의 직업교육훈련과 자격검정 5. 미래의 새로운 직업들 6. 미국의 공공고용촉진서비스	일본중앙직업능력개발협회, UNESCO 체코직업기술교육연구소, 포르투갈고용연구소 OECD 호주 Pitman Publishing 독일 Die Zeit OECD
2001	1. 일본 정보처리기술자 Skill표준 및 시험 (Skill표준, 시험신제도의 개요, 시험출제범위 및 시험문제) 2. 대외적 능력에 기반한 평가 3. 모듈 훈련의 이론과 실제 4. 직업교육훈련에서의 열린훈련, 유연한 학습 5. 통합자격 시험	일본정보처리개발협회 Alison Wolf(영국) 필리핀 콜롬보플랜 영국 Kogan Page 독일 Reiss/Lippitz/Geb
2002	1. 직업훈련시스템 관리 : 고위 관리자용 편람 2. 정부, 시장과 직업자격 : 정책의 해부 3. 청년실업 및 고용정책 : 국제적인 시각 4. 노동시장 정책과 공공고용서비스 5. 직업교육 연구의 전망	Vladimir Gasskov Peter Raggatt and Steve Williams ILO OECD BIBB

연도별	자 료 명	발 행 처
2003	1. 일본의 직업능력개발행정 　(1999년도 노동행정요람 中)	일본노동기구
	2. 해설 일본의 직업능력개발(2000년도판)	인재개발연구회
	3. 일본의 제7차 직업능력개발기본계획	일본후생성
	4. 메카트로닉스기능사 및 기타직종의 훈련기준	독일연방직업훈련연구소(BIBB)
	5. MEA97 항공기술 훈련과정	호주훈련청(ANTA)
	6. 이탈리아 직업훈련제도 및 ISFOL의 역할	이탈리아 근로자 직업훈련개발연구소(ISFOL)
	7. 유럽 직업 및 자격검정의 신경향	유럽직업훈련개발센타(CEDEFOP)
2004	1. HRD프로그램의 실행 및 평가	캐나다 Harcourt College Publishes
	2. 미국 기술사면허 및 국제엔지니어링협회 검정평가보고서	미국 국제기술사등록위원회(USCIEP)
	3. 미래직업 전망	캐나다 Government Pub Center
	4. 독일 개정수공업법	독일중앙수공업협회(ZDH)
	5. 독일 수공업계 직업양성 및 향상교육의 유럽화 및 차별화	〃
2005	1. 평생학습 촉진을 위한 국가자격제도의 역할 　- 호주실태 보고서 -	OECD (경제협력개발기구)
	2. 체계적 교수 설계	Center on Education and Training for Employment
	3. 훈련요구 분석	International Training Centre of the ILO
	4. NVQ 검사인 및 평가인 안내서 　- A1, A2, V1 단위에 대한 실용적인 입문서 -	Kogan Page
	5. 공공능력개발 시설에서 수행하는 훈련효과 측정	Stylus Public
2006	1. 레드씰 프로그램 통합기준	캐나다 알버타 주정부 도제산업 훈련정
	2. 평생학습 촉진을 위한 국가자격제도의 역할 　- 독일실태 보고서 -	OECD(경제협력개발기구)
	3. 평생학습 촉진을 위한 국가자격제도의 역할 　- 영국 실태 보고서 -	OECD(경제협력개발기구)
	4. 비즈니스 커리어 제도 능력개발의 기준 　(강좌인정기준)	중앙직업능력개발협회

연도별	자료명	발행처
2007	1. 성인의 평생직업능력개발 촉진	OECD(경제협력개발기구)
	2. 근로자 직업능력향상 실증적 분석 및 사회적 파트너의 역할	OECD(경제협력개발기구)
	3. 유럽의 직장내 학습	CIPD(영국 공인인력개발 연구소)
	4. 태즈먼해 양한 상호인정 협정	호주, 뉴질랜드 정부
	5. 임금과 훈련의 상관관계(유럽의 경우)	OECD(경제협력개발기구)
2008	1. 훈련기준 생성과정	독일연방직업교육연구소
	2. 캐나다 알버타주 도제제도와 산업훈련	캐나다, 알버타 주정부
	3. 평생학습과 연계한 자격제도	OECD(경제협력개발기구)
	4. 대학생과 취직	일본, 노동정책연구·연수기구
	5. 아시아의 외국인 근로자 도입제도와 실태	일본, 노동정책연구·연수기구
2009	1. 레드 씰 캐나다 국가직업분석(배관/2008)	캐나다 인적자원 및 사회개발부
	2. 국가자격체계 도입 길잡이	ILO - Ron Tuck -
	3. 캐나다 알바타주 도제 훈련과정 개요- 배관 -	캐나다 알바타주 도제 및 산업훈련청
	4. 캐나다 연차훈련보고서 - 2007~2008년, 브리티시 콜롬비아주 -	브리티시 콜롬비아 주 산업훈련청
	5. 학습성과의 이행 - 유럽의 정책과 실행 -	CEDEFOP(유럽직업훈련개발센터)
	6. 유럽고등교육 통합구역 자격을 위한 기본체계	볼로냐 프로세스 실무그룹
	7. 직업훈련 기준의 분야별 개정에 관한 기초 연구 - 2006년도 전기 전자 분야 -	일본, 직업능력개발종합대학교 능력개발연구센터
	8. 미국의 15개 산업분야의 직업세계 탐험	미국행정부
2010	1. 유럽의 국가자격검정 체계 개발	CEDEFOP(유럽직업교육훈련개발센터)
	2. 발전적 방향으로의 노동이주-아시아태평양 지역에서의 실행	ILO(국제노동기구)
	3. 컨설팅 서비스 매뉴얼	World Bank
	4. 국경 간 이주 및 개발 -내부 및 국제 이주에 대한 연구 및 정책 관점	Renouf Pub Co
	5. 직업교육 및 훈련 현대화 -제4차 유럽의 직업 및 훈련 종합보고서	CEDEFOP(유럽직업교육훈련개발센터)
	6. 프랑스의 직업교육과 훈련	CEDEFOP(유럽직업교육훈련개발센터)
2011	1. 산업/기업과 등록훈련기관의 협력관계	TVET Australia
	2. 평가 절차의 품질	TVET Australia
	3. 자격체계와 학점제도의 연계 - 국제비교 분석 -	CEDEFOP(유럽직업교육훈련개발센터)
	4. 변화하는 자격 - 자격정책 및 실무 검토 -	CEDEFOP(유럽직업교육훈련개발센터)
	5. 사회서비스분야의 품질보증/훈련의 역할	CEDEFOP(유럽직업교육훈련개발센터)
	6. 호주 직업교육훈련 평가 모음집	TVET Australia